Benjamin Jörissen
Beobachtungen der Realität

Für Vera

Benjamin Jörissen (Dr. phil.) lehrt Bildungswissenschaft und Medienbildung an der Universität Magdeburg. Seine Forschungsschwerpunkte sind Visuelle Bildungskulturen in den Neuen Medien, Identitätstheorie, Ritualforschung und Historische Anthropologie.

BENJAMIN JÖRISSEN
Beobachtungen der Realität
Die Frage nach der Wirklichkeit im Zeitalter der Neuen Medien

[transcript]

Bibliografische Information der Deutschen Bibliothek
Die Deutsche Bibliothek verzeichnet diese Publikation in der Deutschen Nationalbibliografie; detaillierte bibliografische Daten sind im Internet über http://dnb.ddb.de abrufbar.

© 2007 transcript Verlag, Bielefeld

Die Verwertung der Texte und Bilder ist ohne Zustimmung des Verlages urheberrechtswidrig und strafbar. Das gilt auch für Vervielfältigungen, Übersetzungen, Mikroverfilmungen und für die Verarbeitung mit elektronischen Systemen.

Umschlaggestaltung & Innenlayout: Kordula Röckenhaus, Bielefeld
Lektorat & Satz: Benjamin Jörissen
Druck: Majuskel Medienproduktion GmbH, Wetzlar
ISBN 978-3-89942-586-4

Gedruckt auf alterungsbeständigem Papier mit chlorfrei gebleichtem Zellstoff.

Besuchen Sie uns im Internet: *http://www.transcript-verlag.de*

Bitte fordern Sie unser Gesamtverzeichnis und andere Broschüren an unter: *info@transcript-verlag.de*

Inhalt

Vorwort   9

Erster Teil: Verortungen

1 Einleitung   13

1.1 Wirklichkeit und Virtualität: erste Begriffsklärungen 17
1.2 Gliederung und Thesenverlauf 24

2 Die Ambivalenz des Bildes: Medienkritik bei Platon   31

2.1 Eikôn, eidôlon und phantasma: Das Bild im Medium des Bildes . . 31
2.2 Kosmos und Ritual: Medien als Erziehungsmittel 52
2.3 Die Disziplinierung des Körpers zum ›guten Medium‹ 58
2.4 »Referenzlose Bilder«: Platons Medienkritik avant la lettre 64

3 Zur Topologie ontologischer und postontologischer Realitätsmodelle   67

3.1 Transzendenz vs. weltliche Immanenz 68
3.2 Außenwelt vs. Innenwelt 68
3.3 Die Dimension der Zeitlichkeit 70
3.4 Postontologische Referenzmodelle 78

4 Mimetische Wirklichkeiten   81

4.1 Mimesis – zur Geschichte und Relevanz des Begriffs 81
4.2 Grundzüge des »Radikalen Relativismus« Nelson Goodmans . . . 85
4.3 »Mimetische Wirklichkeit«, empirische Realität und
    das Nichtidentische 87

Zweiter Teil:
Erkenntnistheoretische Erkundungen

5 Über Realität sprechen: Realismus,   97
Antirealismus und Antirepräsentationalismus

5.1 Realismus zwischen Erkenntnistheorie und (impliziter) Ontologie:
John R. Searle 99
5.2 Jenseits von Realismus und Antirealismus:
Antirepräsentationalismus 104
5.3 Richard Rortys antirepräsentationalistische Relativismuskritik . . . 107

6 Wirklichkeiten des Konstruktivismus   111

6.1 Konstruktivistischer Quasi-Realismus 114
6.2 Konstruktivistischer Antirealismus 117
6.3 Konstruktivistischer Antirepräsentationalismus 121

7 Die Beobachtung der Realität des Beobachtens   135

7.1 Die »Auto-Ontologisierung« der Luhmann'schen Systemtheorie
der 1980er Jahre 136
7.2 »Realität« als Korrelat der Beobachtung von Beobachtern 142
7.3 Derealisierungsdiagnosen als unreflektierte »Beobachtungen
zweiter Ordnung« 146
7.4 Die konstruktive »Realisierung« des Anderen – »Derealisierung«
als Alteritätsarmut 150

Dritter Teil:
Von der Erkenntnistheorie zur Erkenntnisanthropologie

8 Körper als Beobachter   157

8.1 Der Körper als Differenz 160
8.2 Der Körper »am Grunde des Sprachspiels« 162
8.3 Körper als Beobachter 165
8.4 *Exkurs:* Das Phantasma des Beobachters in der Systemtheorie . . . 167

9 Realität, Alterität, »Körper«:   173
Zwischenstand der Untersuchung

9.1 Realität und Alterität 173
9.2 Körper im Kontext: emergente soziale Situationen 174

10 Die virtuelle Realität der Perspektiven. 179
*Umrisse eines pragmatistischen Konstruktivismus
im Anschluss an George Herbert Mead*

10.1 Verkörperte Perspektiven: Kontaktrealität und die virtuelle
 Welt der Distanzobjekte 181
10.2 »Pragmatische Realität«: die Emergenz des Sozialen 186
10.3 Die Nichtidentität der Anderen: Zur Idee einer Pragmatik
 der Differenz 193

Vierter Teil:
Soziale Vergegenwärtigung im Bild.
Visuelle Interaktionskulturen in den Neuen Medien

11 Systemdeterminismus vs. Gebrauchsdimension: 197
alte vs. neue Medien

11.1 Medien als Selbstreferenz, prothetischer Apparat und
 Emanzipationshoffnung (Marshall McLuhan) 198
11.2 Massenmedien als System (Niklas Luhmann) 203
11.3 Die pragmatische Dimension der Medien (Mike Sandbothe) ... 209
11.4 Neue Medien: neue Bilder. Zur Ikonologie des Performativen
 in den Neuen Medien 212

12 Die Vergegenwärtigung von Sozialität im 219
virtuellen Bild: Die *Counterstrike*-Spielercommunity

12.1 Zur (Sub-)Kulturgeschichte der Netzwerk-Computerspiele 221
12.2 *Counterstrike* – Gamedesign und Visualität 224
12.3 Die Aufführung des Teamkörpers – visuelle und performative
 Aspekte des Spiels 226
12.4 Clan-Identität und Online-Spiel 231
12.5 Spill over: Die LAN-Party als soziales Ritual 237

13 Resümee 247

Siglenverzeichnis 255

Literaturverzeichnis 257

Vorwort

Die vorliegende Untersuchung ist eine in Teilen überarbeitete Fassung einer Dissertation, die im Jahr 2004 unter dem Titel »Bild – Medium – Realität. Die Wirklichkeit des Sozialen und die Neuen Medien« am Fachbereich Erziehungswissenschaft und Psychologie der Freien Universität Berlin eingereicht wurde. Wie es im dichtgedrängten akademischen Arbeitsalltag so ist, bleiben manche Projekte notgedrungen etwas länger liegen. Im Fall dieses Buches hat dies, obwohl es mit dem schnelllebigen Thema der Neuen Medien befasst ist, nicht unbedingt geschadet.

Die Festlegung auf das Thema nämlich erfolgte im Frühjahr 2000 – der bald darauf folgende Dotcom-Crash brachte eine globale Ernüchterung in Bezug auf neue Technologien mit sich. Die in medialer Hinsicht sehr experimentelle und verspielte Dekade der 1990er Jahre wurde von den harten Realitäten der ökonomischen Krise abgelöst, welche im Zuge der Anschlage vom 11. September 2001, dieser »monstrous dose of reality« (Sontag 2001), in ungeahntem Ausmaß verstärkt wurde. Inmitten einer derartig dramatischen historischen Situation erschienen die in den 90er Jahren gestellten Fragen nach Derealisierungseffekten von Virtualität schlagartig deplatziert (auch wenn die Maschinerie der Massenmedien sich anschickte, die *monstrous dose of reality* mit allen Kräften in eine *monstrous dose of pictures* zu verwandeln).

Es war allerdings abzusehen, dass es sich nur um eine vorübergehende Pause der Technologisierungsschübe handeln konnte. Im Schatten der Ereignisse und der Baisse der IT-Branche hat sich das *World Wide Web* von einer Sammlung überwiegend statischer, in sich geschlossener Webauftritte zu einem interaktiven, partizipativen Kulturraum entwickelt, der enorme Massen von Menschen anzieht und fasziniert. Mit dem sogenannten »Web 2.0« ist die Durchdringung von Alltagswelt und Internet in einem enormen Maße fortgeschritten (vgl. Jörissen/Marotzki 2007) – und die gegenwärtigen Tendenzen weisen deutlich darauf hin, dass die Durchdringung von außermedialer und medialer Sphäre – sei es durch »augmented reality«, netzfähige Gadgets, die ubiquitäre Verfügbarkeit von Funk-Datennetzen im urbanen Raum, oder einfach durch die weiter zunehmende Verbreitung von Hochgeschwindigkeits-Internetzugängen – erst am Anfang steht.

Die gegenwärtige Wahrnehmung der Neuen Medien ist dabei nicht zuletzt von einer Welle neuer Bilder und Bildpraxen geprägt – wie etwa jenen sozialen Netzwerken wie flickr.com oder youtube.com, die millionenfach private Fotos und Videos speichern und verbreiten. Der nächste Schritt in die »Virtualität« steht zudem offenbar bevor. Wenn man aus den Meldungen um steigende Nutzerzahlen und massive Investitionen durch Medien- und Technologieunternehmen[1] in Welten wie »Second Life« eine Tendenz ableiten darf, so wird der Aufenthalt in solchen dreidimensionalen Umgebungen – etwa in virtuellen Universitäten oder an virtuellen Arbeitsplätzen – möglicherweise in absehbarer Zeit für viele Menschen unvermeidbar sein.

Auch wenn die Skepsis gegenüber den Neuen Medien mittlerweile deutlich abgenommen hat (abgesehen von der immer wieder aufflammenden und medienwirksamen, dabei durchweg uninformierten Hysterie um die sogenannten »Killerspiele«), ist doch die Frage nach den Auswirkungen solch massiver Virtualisierungstendenzen auf die Welt- und Selbstverhältnisse von Individuen, auf Bildung, Lernen, Sozialisation, Identität, Partizipation durchaus berechtigt. Die Naivität der in den 1990er Jahren verbreiteten Besorgnis eines »Verschwindens der Wirklichkeit« ist aus heutiger Perspektive zwar unübersehbar. Dennoch artikuliert sich in derlei Bedenken ein Unbehagen, das auf eine Spur führt, der nachzugehen sich lohnt – denn es veranlasst dazu, das Verhältnis von Medialität und Realität und damit die Art des menschlichen In-der-Welt-Seins zu überdenken. Ich hoffe, mit der vorliegenden, wahrscheinlich nicht immer leicht lesbaren und nicht immer sehr linear verfahrenden Arbeit dazu einige Gedankenkörnchen beigetragen zu haben.

---

1 | Vgl. http://www.diigo.com/user/benjamin/secondlife

Vorwort

Mein Dank geht an die Betreuer dieser Arbeit – Prof. Dr. Christoph Wulf und Prof. Dr. Gunter Gebauer –, deren langjährige Bemühungen um die Etablierung eines historisch-anthropologischen Denkens mich nachhaltig geprägt und beeindruckt haben. Ich danke Prof. Dr. Dieter Geulen und Prof. Dr. Hermann Veith an dieser Stelle nochmals besonders dafür, dass beide mich in einer frühen Phase akademischer Sozialisation stets ermuntert haben, Erziehungs- und Bildungswissenschaft als als ein Fach zu verstehen, das einer breiten interdisziplinären Fundierung ebenso bedarf wie einer soliden historischen und philosophisch-epistemologischen Basis. Meinen Freunden Tina Jahn und Dr. Charles Woyth danke ich herzlich für ihre bereitwillige Hilfe beim Korrekturlesen des Typoskripts.

Dieser Band wäre nicht entstanden ohne die stete Unterstützung und den liebevollen Zuspruch meiner Frau, Vera Jörissen. Ihr ist er, in großer Dankbarkeit, gewidmet.

Berlin, 15. Mai 2007

1 Einleitung

Alle Beobachter gewinnen Realitätskontakt nur dadurch, daß sie Beobachter beobachten.

(Luhmann 1992:97)

Anlass der vorliegenden Untersuchung sind die Diskussionen um die Neuen Medien, die insbesondere in den 90er Jahren des vergangenen Jahrhunderts der damals verbreiteten These anhingen, dass Mediengebrauch und mediale »Bilderfluten«, insbesondere im Kontext der Neuen Medien Effekte zeitigen, die sich als »Virtualisierung«, »Derealisierung«, »Entwirklichung«, »Verschwinden der Wirklichkeit« etc. beschreiben lassen. Tatsächlich war die Frage nach Wirkung und Effekten von Medialität ausgesprochen häufig mit dem Wort »Wirklichkeit« bzw. »Realität« verbunden: »Die Wirklichkeit der Medien« (Merten/Schmidt/Weischenberg 1994) ist der Titel einer wohlbekannten Einführung in die junge Disziplin der Kommunikationswissenschaft, »Medien – Computer – Realität« (Krämer 1998a) und »Medienwelten – Wirklichkeiten« (Vattimo/Welsch 1998) lauten zwei zentrale Sammelbände zum Phänomen der Neuen Medien, der Band »Die Realität der Massenmedien« untersucht die Auswirkungen von Medien auf die Realitätsentwürfe sozialer und psychischer Systeme (Luhmann 1996); unzählige Aufsätze mit ähnlich lautenden Titeln und Fragestellungen ergänzen dieses Bild. Medienkritische bis kulturpessimistische Töne zeigen Titel wie »Digitaler Schein« (Rötzer 1991), »Phänomene der Derealisierung« (Porombka/Scharnowski 1999); und das allmähliche bzw. »gar nicht mehr allmähliche Verschwinden der Realität« durch Neue Medien, die »Virtualisierung des Sozialen«, die »Entfernung der Körper« und die medienbedingte »Pest der Phantasmen« boten sowohl in außerakademischen wie auch akademischen und insbesondere pädagogischen Diskussionen Anlass zur Sorge.[1]

Dabei ist es freilich naheliegend, dass eine These vom »Verschwinden der Wirklichkeit« schon aus logischen Gründen in dieser umfassenden Form nicht ganz wörtlich gemeint sein kann – immerhin würde mit dem »Verschwinden der Wirklichkeit« dann wohl auch die These verschwinden. »Niemand bewohnt faktisch eine unwirkliche Wirklichkeit«, wie Albrecht Koschorke diese Diskussion kommentierte (Koschorke 1999:139). Doch spricht aus den besorgten Formulierungen die Ahnung, dass sich die lebensweltliche »Wirklichkeit«, die wir immer, und nach wie vor, bewohnen, strukturell geändert hat. Denn wenn wir von »Wirklichkeit« in diesem Sinne sprechen, schwingt zumindest implizit der Asspruch mit, dass diese Wirklichkeit in einer »dahinter« stehenden, sie fundierenden »Realität« gründet. Dieses Verhältnis ist nicht erst mit den Neuen Medien fragwürdig geworden – doch tragen diese, als ein Massenphänomen, das Problem, das zuvor eher Gegenstand akademischer oder künstlerischer Diskurse war, machtvoll in die Alltagswelten der Menschen hinein.

Im Kontext dieser Verunsicherung fällt die Aufmerksamkeit auf die so auffällig gestellte *Frage nach der Wirklichkeit*, die das beginnende Zeitalter der Neuen Medien einleitete. Was bedeutet es (noch), nach der Wirklichkeit zu fragen? Ergibt diese Frage, jenseits rein erkenntnistheoretischer Diskussionen, überhaupt noch einen Sinn?

Man kann indes hinter den erwähnten Derealisierungsthesen – zunächst – wohl ein Klischee vermuten, das sich bereits einige Zeit vor der massenhaften Verbreitung leistungsfähiger Rechner und computervermittelter Kommunikation etabliert und im Zuge der Verbreitung neuer Informations- und Kommunikationstechnologien zu einer ubiquitären Form kultureller Selbstbeschreibung bzw. -befragung entwickelt hat. Weit über die akademische Reflexion hinaus, findet sie sich etwa im Film

---

1 | Für die zitierten Titel vgl. v. Hentig 1984; Steurer 1996; Becker/Paetau 1997; Flessner 1997; Guggenberger 1999; Kamper 1999; Žižek 1999; Urban/Engelhardt 2000; v. Hentig 2002.

der 1990er Jahre, für den die Verwechslungsgefahren von »virtueller« und »echter« Realität ein zentrales Motiv darstellt.² Spätestens dies zeigt an, dass man es hier mit einem Phänomen zu tun hat, das weiter zurück reicht als etwa die Verbreitung von Computer und Internet.

Dass die Idee der Derealisierung am Ende des zwanzigsten Jahrhunderts augenscheinlich zu einer etablierten Folie des kulturellen Imaginären avancieren konnte, verweist auf eine tief gehende Verunsicherung, die nicht zuletzt das Ergebnis eines monumentalen Projekts der Abschaffung ontologisch (und auch kosmologisch) geschlossener Weltbilder darstellt, das in seinen Ausmaßen durchaus einen historischen Wendepunkt markiert. Angesprochen ist damit eine breite, verschiedenste Kulturbereiche umfassende Dynamik. In der Philosophie etwa kam diese in den grundlegenden Erkenntnis- und Ontologiekritiken Nietzsches, des Pragmatismus Peirce' und Deweys, der Phänomenologie, des Existenzialismus Heideggers, der Sprachphilosophie Wittgensteins, des Dekonstruktivismus Derridas, des Radikalen Konstruktivismus etc. zum Ausdruck; im gleichen Zeitraum haben die Erkenntnisse der Physik alle mesokosmischen Vorstellungen von Raum, Zeit, Kausalität, Ordnung und Materie erschüttert – zu erinnern wäre z.B. an Einsteins Relativitätstheorie, Schrödingers (un)tote Katze, Heisenbergs Unschärferelation und Stephen W. Hawkings multi- und massenmedial aufbereitete kosmologische Dekonstruktionsarbeit. Mit der Entstehung der Soziologie ging eine Einsicht in die Konstitutionsweisen »sozialer Tatsachen« (Durkheim 1984:105) einher, die als Konsequenz der Entfaltung der Soziologie in Wissenssoziologie und Sozialkonstruktivismus mündeten und die ontologische Fragestellung zu einer institutionstheoretischen transformierten, während in der modernen Kunst die Bewegungen der kubistischen, konstruktivistischen, surrealistischen und mehr noch der nachfolgenden Kunststile als unzweideutige und provokante Stellungnahmen gegen subjektzentriert-dualistische Weltsicht, Realismus und Repräsentationsfixiertheit auftraten. Diese Aufzählung macht deutlich, auf welcher enorm breiten kulturellen Basis und aus welchen ganz unterschiedlichen Per-

---

2 | Vgl. bspw. bekannte Filme wie *Total Recall* (USA 1990), *The Lawnmower Man* (Großbritannien/USA 1992), *eXistenZ* (Kanada/Großbritannien/Frankreich 1999), *Vanilla Sky* (USA 2001) oder *The Matrix* (USA 1999), dessen immanenten »filmphilosophischen« Beitrag zur »Frage nach der Wirklichkeit der Wirklichkeit« Mike Sandbothe herausgestellt hat (Sandbothe 2004).

spektiven die Vorstellung einer autonom »bestehenden«, authentischen, unabhängigen, eindeutigen – und als solcher repräsentierbaren – »Realität« verabschiedet wurde. Die kulturelle »Kränkung« (Reich 1998) ontologischer Weltbilder ist also bei weitem nicht, womit sie sich häufig in einer zu engen Perspektive identifiziert findet, eine Spezialität etwa des Dekonstruktivismus oder des Radikalen Konstruktivismus. Das im Zuge des *linguistic turns* manifest in die »Krise« geratene Paradigma der Repräsentation (Rorty 1987; vgl. Wimmer/Schäfer 1999) – und mit ihm ein Wahrheitsbegriff als *adaequatio rerum et intellectus*, der von der Antike ausgehend über die Scholastik und Descartes die neuzeitlich-moderne Wissenschaft bestimmt hat – hat sich seither kaum erholt. Im Gegenteil legen auch die neuesten Tendenzen – die Hinwendung zur *visual culture* (Sturken/Cartwright 2001) und der *performative turn* in den Kultur- und Sozialwissenschaften einerseits (Fischer-Lichte 1998) andererseits nahe, dass der Patient wohl nicht mehr zu retten ist.

Umso bemerkenswerter – oder vielleicht auch wieder: wenig verwunderlich, dass just am Ende des 20. Jahrhunderts ein Begriff der Realität zu neuen Ehren kommt, der offenbar nicht als Bezeichnung für bloße Konstruktionsprozesse (seien es narrative, soziale, psychische oder systemische) stehen will. Und dies ist nur teilweise das Echo eines ontologischen Bedürfnisses, das als nunmehr naive Vorstellung von »authentischer Erfahrung« oder ähnlichen Konstruktionen in einigen Diskussionsbeiträgen nachhallt. Vermehrt artikulieren sich »post-ontologische« Fragestellungen nach Wirklichkeit und Realität: So spricht sich die Sprach- und Medienphilosophin Sybille Krämer dafür aus, »das Ineinssetzen von ›Virtualität‹, ›Simulation‹ und ›Realität‹ nicht mitzumachen, vielmehr einer konstitutionellen Unterscheidbarkeit von ›wirklich‹ und ›nicht wirklich‹ gerade unter den Bedingungen virtueller Computerwelten theoretisches – und praktisches – Gewicht beizumessen« (Krämer 1998a:15). Dies impliziert die Frage nach einem geeigneten theoretischen Bezugsrahmen, der eine solche Differenz bereitstellen kann, ohne in ontologische oder gar metaphysische Vorannahmen zurückzufallen. Bevor man sich aber im Interesse einer Revalidierung des Realitätskonzepts auf die Suche nach einer konstitutiven Unterscheidbarkeit von »Realität« und »Virtualität« macht, sollte die Eignung dieser Differenz eine kritische Prüfung erfahren.

1.1 Wirklichkeit und Virtualität: erste Begriffsklärungen

In zwei thematisch aufeinander aufbauenden Aufsätzen, die eine hervorragende Gelegenheit zur Einleitung in die Problematik dieses Themenkomplexes bieten, hat sich Wolfgang Welsch der begrifflichen Diskussion und Differenzierung der Termini »Wirklichkeit« und »Virtualität« sowie der Frage ihres Zusammenhanges gewidmet. Welsch zeigt zunächst anhand einer Analyse der kurrenten Verwendungsweisen der Worte »Wirklichkeit« und »wirklich« sowie einiger philosophiegeschichtlicher Modelle von Realitätsverständnissen die Bandbreite möglicher Bedeutungen auf (Welsch 1998).

Dabei zeigt sich, dass Inhalte und Extensionen des Begriffs sowohl alltagssprachlich als auch den philosophischen Terminologien außerordentlich variieren. So steht die Vorstellung von Wirklichkeit in der basalen Bedeutung eines ›Insgesamt des Seienden, das unabhängig von Interpretationen allem zu Grunde liegt‹ und damit auch Virtuelles und Nichtiges einschließt neben Abgrenzungsbestimmungen, in denen das Attribut »wirklich« in Opposition zum Nicht-Existenten, Vorgetäuschten, Simulierten, nicht Wahrhaften, Uneigentlichen oder auch Alltäglichen steht (Welsch 1998:174 ff.). Diese Entgegensetzungen bilden die Basis verschiedener Sprachspiele, bei denen »Wirklichkeit« ggf. nur implizit thematisch wird (bspw. die Sprachspiele der »Erwähnung« und der »Ironie«), wie auch des alltäglichen Erlebens. Dabei hebt Welsch hervor, dass einige kulturelle Erfahrungsformen wie Theater und Kunst einerseits nur auf der Basis der Unterscheidung ›wirklich vs. nicht-wirklich‹ funktionieren können, dass zugleich aber durch diese Erfahrungen Wirkliches und Nicht-Wirkliches (i.S.v. Illusion, Fiktion, Schein) zueinander in Bezug gesetzt werden. Das Fiktive, so Welsch (1998:206), schreibt sich in das als »wirklich« Erfahrene ein, sodass die Grenzen fließend werden. Aus dieser Perspektive erweisen sich das »Wirkliche und das Virtuelle durchlässig gegeneinander und miteinander verwoben […]. Das Wirkliche ist nicht durch und durch wirklich, sondern schließt Virtualitätsanteile ein, und ebenso gehören zum Virtuellen zu viele Wirklichkeitsmomente, als dass es als schlechthin virtuell gelten könnte« (Welsch 1998:210).

Im zweiten Aufsatz nimmt Welsch, diesen Eindruck aufgreifend, zunächst die Kategorie des Virtuellen in die begriffshistorische Analyse (Welsch 2000c). Sowohl in der Antike (Aristoteles) als auch im Mittelalter und der Renaissance wird das Virtuelle als Potentialität betrachtet, das Reale hingegen als Aktualität. Insofern nicht aktualisierbar ist, was nicht vorher bereits als Potentialität vorhanden war (Welsch 2000c:28), zeigen sich Virtualität und Realität als aufs Engste miteinander verknüpft: das Reale bestünde nicht ohne seine Potentialität, das Virtuelle ist im Gegenzug bereits »halb-aktuell«. In der Neuzeit wird mit Leibniz' Modell der angeborenen Ideen (*virtualités naturelles*) der Terminus zwar in einer erkenntnistheoretischen Perspektive rekontextualisiert (ebd. 30), jedoch bleibt das Virtuelle als Potentialität an das Aktuelle gebunden, es besteht in dieser Perspektive nur im Hinblick auf seine Aktualisierung. Dies ändert sich, wie Welsch aufzeigt, mit der Moderne, indem das Virtuelle zunehmend als eigenständiger Bereich entdeckt wird. Welsch rekurriert vor allem auf Bergson, der in aller Deutlichkeit die Unterordnung des Möglichen unter das Wirkliche und seine reduktive Behandlung kritisiert hat (Bergson 1948:119). Das Virtuelle und das Reale werden hier als zwei getrennte autonome Sphären begriffen; weder wird das Virtuelle in seiner Aktualisierung einfach »repliziert«, noch kann das Virtuelle das Reale absorbieren (Welsch 2000c:34).

Aus diesem, Bergson entlehnten Modell leitet Welsch die Empfehlung ab, die Beziehung von Virtuellem und Realem als eine komplexe Beziehung zweier Bereiche zu betrachten, die zugleich von »intertwinement as well as distinction« gekennzeichnet sind (Welsch 2000c:35), und die daher in der Beschränkung auf einen traditionell-realistischen oder einen postmodern-›virtualistischen‹ Monismus nicht adäquat wahrgenommen werden. Bezogen auf mediale und außermediale Alltagserfahrung bedeutet dies, dass Derealisierungsbefürchtungen einem Tunnelblick auf Virtualität und elektronische Technik erliegen. Welsch konstatiert, dass *neben* – nicht als Gegenprogramm – der etablierten medialen Alltagserfahrung eine Revalidierung außermedialer Erfahrung stattfindet, ein »cultural turn« zur Langsamkeit, Einmaligkeit, Körperlichkeit nicht nur im Lebensstil, sondern auch in den Diskursen (Welsch 2000c: 43 f.). Außermediale und mediale Erfahrungswelten, so Welschs These im Anschluss an das Bergsonsche Modell, seien nicht wechselseitig substituierbar. So wenig die außermediale Erfahrungswelt »virtualisierbar« sei, seien die medialen Erfahrungsformen minderwertige Simulationen, denn sie eröffnen Handlungs- und Erfahrungsräume *sui generis:* »This is why for some people *virtual reality* may very well be altogether more real and relevant than everyday reality« (ebd.).

Welschs Diskussionsbeitrag macht deutlich, dass der um die Frage von Realität und Virtualität entstandene Problemkomplex eine komplexe und plurale Struktur aufweist und mit reduktionistischen Theorieperspektiven nicht angemessen zu erfassen ist. Die Analyse der Verwendungsweisen des *Wortes* Wirklichkeit und seiner Derivate kann sich besonders insofern als wertvoll erweisen, als die Derealisierungs- und Virtualisierungsbefürchtungen sich häufig auf die eine oder andere dieser intuitiven Begriffsvarianten verlassen, und dies nur mit einem diese Vielfalt erfassenden Ansatz ins Blickfeld gerät.

Virtuelle Realität / reale Virtualität

Wenn Welsch jedoch (wie oben paraphrasiert) das »Virtuelle« mit medialer und das »Aktuelle« mit außermedialer Erfahrung identifiziert, so artikuliert sich gerade darin ein verbreitetes Vorurteil im Diskurs um die Neuen Medien, das bei genauerer Betrachtung der Komplexität des Problems nicht gerecht wird. Denn weder verhält sich mediale zu außermedialer Erfahrung etwa wie die aristotelische *dynamis* (*vis, potentia*) zur *energeia* bzw. *entelecheia* (*actus* bzw. *actualitas* i. S. Th. v. Aquins) – also wie Möglichkeit zu Wirklichkeit –, noch wäre es mit dem Virtuellen im Bergsonschen Sinne gleichzusetzen, denn schließlich sind die Erfahrungen im Umgang mit Neuen Medien und ihren Inhalten durchaus »real« (bspw. als technische Dingerfahrung, als Bilderfahrung, als soziale Erfahrung), und zwar nicht nur nach Maßgabe der *User,* sondern durchaus auch des äußeren Beobachters. Es ist, ganz intuitiv betrachtet und noch ohne die Komplexion der Ergebnisse der anschließenden Diskussionen des Realitätsproblems, kaum zu bestreiten, dass selbst der ›virtuellste‹ Avatar eines Computerspiels *als dieser Komplex* von Bildeigenschaften, Bewegungs-, Aktions- und Reaktionsmöglichkeiten nicht weniger ›real‹ ist als der Bildschirm, auf dem er erscheint – und zwar sozusagen in seiner *actualitas* als Bild. Er ist, mit Elena Esposito gesprochen, kein falsches reales Objekt, sondern ein wahres virtuelles Objekt (Esposito 1998:270).

Wenn man gewohnt ist, die elektronisch erzeugten Bilderwelten als ›virtuelle‹ zu bezeichnen, so muss, wie dieser Einwand zeigt, diese Verwendung i. S. des Ausdrucks ›virtuelle Realität‹ von der Differenz virtuell/real (bzw. aktual) unterschieden werden. Was bewegt aber begriffsfeste Philosophen wie Welsch, das alltagssprachliche Antonym der ›virtuellen Realität‹ in dieser Weise wörtlich zu nehmen und philosophisch zu nobilitieren? Wenn man davon ausgeht, dass sich in der Rede von ›virtueller Realität‹, die sich trotz ihrer in sich widersprüchlichen Struktur in der fachlichen Debatte und im öffentlichen Diskurs etabliert hat,[3] eine verbreitete und vielleicht auch nicht ganz unberechtigte Wahrnehmung artikuliert – worin läge diese?

Wenig Sinn macht die direkte Übersetzung als eine »der Kraft (oder Möglichkeit) nach bestehende Realität«: Die wenigsten der auf Computerbildschirmen vorzufindenden Bilder und Szenen dürften in diesem Sinne außerhalb ihrer Bildhaftigkeit für ›realisierbar‹ gehalten werden.[4] Die Diskussion führt vielmehr in einen Bereich, der nur vermittelt mit elektronischen Medien zu tun hat.

Halten wir zur Verdeutlichung fest, dass die sogenannte »virtuelle Realität« formal betrachtet *erstens* nicht virtuell ist (sondern immer nur aus ihren Aktualisierungen besteht, die wie bemerkt *als* solche real sind) und *zweitens* nicht als Realität bezeichnet werden kann – sie ist als Bild oder Darstellung »real«, aber sie ist keine »Realität« oder »Wirklichkeit«, wenn man diesen Ausdruck zunächst alltagsontologisch angemessen beschreiben könnte als »Gesamtheit der Vorstellungs-, Denk-, Gefühls- und Wahrnehmungsinhalte, die das Erleben und Verhalten eines Individuums bestimmten«,[5] die als solche unter anderem *auch*, aber sicherlich nicht ausschließlich aus Bildern besteht. Unter dieser Voraussetzung

---

3 | Weniger paradoxe Alternativen sind vorhanden, finden jedoch – »Cyberspace« ausgenommen – kaum Verwendung. Encarnação/Felger (1997:11) nennen als Synonyme die Ausdrücke »Artificial Reality, Virtual Environments, Telepresence, Cyberspace, Tele-Existence oder Tele-Symbiosis«.
4 | Dies gilt allenfalls (aber auch nur unter Inkaufname erheblicher Vereinfachungen des Sachverhalts) für *Simulationen*, und zwar in dem engen, technisch verstandenen Sinn etwa eines ›virtuellen‹ Architekturmodells.
5 | So der »dtv-Brockhaus« unter dem Stichwort »Wirklichkeit« (Mannheim: dtv, 1989, Bd. 20).

kann der Begriff ›Virtuelle Realität‹ nur unter einer Bedingung eine sinnvolle Bedeutung annehmen: nämlich der, dass von der Bildhaftigkeit dieser »Realität« abstrahiert, also die *Rahmung* als Bild ausgeblendet wird.[6] Dann nämlich können die Bildinhalte i. S. einer »Simulation von Welt« als Realität aufgefasst werden, wobei nun tatsächlich der adjektivische Zusatz »virtuell« die Differenz zur Aktualität außerhalb der bildlichen »Realität« markieren kann. Dieser Markierung liegt – ganz nach platonischem Muster – die Differenz »Realität vs. Bild« bereits zugrunde: Das Bild wird als (quasi magisches) Vorbild oder Nachbild, als Repräsentation einer möglichen Aktualität verstanden und gerade darin nicht *als* Bild, als ein – wenn auch seiner Natur nach besonderes – »Ding« unter anderen, gesehen.

Wir sind es in einem solch hohen Maße gewohnt, Bilder als Repräsentationen zu verstehen *und* sie darauf zu reduzieren, dass selbst die Erfahrung der bildenden Kunst des zwanzigsten Jahrhunderts, die diese Vorstellung gründlich erschüttert hat (vgl. Boehm 1994b:327), anscheinend wenig an dieser alltagsweltlichen Einstellung geändert hat. Es ist essentiell zu sehen, dass diese Sichtweise dem kulturellen Objekt »Bild« nicht irgendwie ontologisch anhaftet, sondern dass sie ihm *angetragen* wird, d.h., dass sie *eine* Art unter anderen bezeichnet, mit Bildern umzugehen – und zwar eine, die mehr über die (auf Repräsentation fixierte) Kultur verrät, in der sie betrieben wird, als über das Bild selbst. Für diese Art des kulturellen Umgangs mit Bildern ist die Ausblendung des Rahmens konstitutiv, und zwar als weitestgehend nicht reflektierte, automatisierte Verhaltensweise. Diese kulturelle Disposition manifestiert sich in Ausdrücken wie dem der ›virtuellen Realität‹. Der Ausdruck ›Virtuelle Realität‹ verweist so betrachtet auf eine konstruierte Differenz von Bild und Wirklichkeit, die zugleich das *Vergessen* dieser Differenz bezeichnet und sogar inszeniert – d.h. das Vergessen der Bildhaftigkeit des wahrgenommenen Bildes, seiner »medialen Verkörperung« (Belting 2001:15).

---

6 | Es wäre indes wenig sinnvoll, den weithin etablierten Ausdruck »virtuelle Welt« oder »virtuelle Umgebung« als Bezeichnung für simulierte dreidimensionale Kultur- und Interaktionsräume zu verwerfen – das würde letztlich nur zu sperrigen Umbenennungen führen. Insofern es sich dabei also um konventionalisierte Bezeichnungen handelt, wird auch in dieser Arbeit bisweilen von »virtuellen Welten« gesprochen, ohne dass damit das ontologische Problemfeld »Virtualität vs. Realität« evoziert werden soll.

Spezifische Praxen und Traditionen des Umgangs mit und der Herstellung von Bildern gehen mit dieser Differenz einher. Das Moment des Vergessens verweist auf diese beiden Aspekte: einerseits auf eine entsprechende Disposition des Betrachters, der bereit sein muss, dieses Vergessen zumindest bedingt zu leisten und sich auf die Illusion der ›virtuellen‹ Realität einzulassen, andererseits auf eine entsprechende historisch stark variierende Tendenz des Bildes selbst, seine Darstellungsgehalte mehr oder auch weniger als Realität zu inszenieren. Von der zentralperspektivischen Malerei über die Technik des *tromp-l'œil* bis hin zur Inszenierung von Realität im Film sind reichhaltige Beispiele einer Kulturgeschichte der bildlichen Illusion bzw. des Illusionismus[7] vorhanden, deren Krönung die dreidimensionale, multisensorielle und interaktiv in Echtzeit errechnete ›virtuelle Realität‹ anscheinend darstellt – es existiert aber von der kultisch-magischen Vergegenwärtigungserfahrung (Belting 1990, Wulf 1999b:334) bis zur abstrakten Kunst ebenfalls eine Kulturgeschichte des nicht-illusionistischen, nicht repräsentationalistischen Bildes.

Die Fixierung auf die elektronische Technik jedenfalls lenkt vom entscheidenden Punkt ab: Was die Bezeichnung des »Virtuellen«, so unglücklich gewählt sie im objektiven Wortsinn sein mag, registriert, ist weniger eine immanente Eigenschaft bilderzeugender Geräte als vielmehr eine Art kulturell organisierten (das bedeutet nicht unbedingt zugleich: sozial erwünschten) Ausblendens solcher Rahmungen, die den *medialen Gebrauch* von Bildern als solchen markieren und damit »Realität« und Bildwelt voneinander trennen. Erst die Aufhebung oder Aussetzung dieses »Medialitätsbewusstseins« (Aufenanger 2002) ermöglicht *Illusion* – diese aber ist nicht einfach als Verlust zu verstehen, sondern sie setzt bereits ein praktisches Wissen voraus, welches das Eintauchen in und den Glauben an das *Spiel des Bildes* – i.S. des Ausdrucks *il-lusio* (vgl. Bourdieu 1993:123) – überhaupt erst ermöglicht und eine Kenntnis des jeweiligen illusionistischen Codes voraussetzt. Dabei ist die mit der Rede von der ›virtuellen Realität‹ zugleich implizierte Diagnose der Gefahr des Vergessens bereits *normativ* in dem Sinne, dass sie eine bestimmte Rahmung von Bildbetrachtungshandlungen als richtige *setzt*[8] – in der Tat

---

7 | Zum Illusionismus vgl. auch Gombrich (1967); Grau (2001); Sachs-Hombach (2003).
8 | Das heißt konkret, der Ausdruck »virtuelle Realität« hat nur unter der Voraussetzung spezifischer kultureller Dispositionen einen Sinngehalt.

hängt es vom kulturellen Standpunkt ab, ob die *illusio* als Rahmungsverlust registriert wird, oder ob nicht vielmehr die Desillusionierung bereits Produkt einer rationalistischen Kultur ist (im Sinne der Entzauberungsthese Horkheimer/Adornos[9]), die besorgt ist, jede Bilderfahrung mit einem rationalisierten Rahmen zu versehen.

Referenz, Medialität, Praxis

Wenn man dieser Argumentation folgt, nach der das ›Virtuelle‹ (im nicht-philosophischen Gebrauch dieses Ausdrucks) a) auf einer spezifischen, kulturell-historisch gesetzten *Differenz* von Bild und Wirklichkeit beruht und sich *erst* in diesem Kontext dann b) als *Repräsentation* einer nichtbildlichen Wirklichkeit erweist, die mit jener ›verwechselt‹ werden kann oder soll und so ihre Stelle einzunehmen droht bzw. vermag, so folgt aus dieser Sichtweise erstens der thematische Fokus der *Referenz* (verstanden als symbolischer oder auch deiktischer Bezug auf »Etwas«)[10]: Wenn Bilder repräsentational gedacht werden, so ist die Frage ihrer Bezüglichkeit von zentraler Bedeutung und steter Anlass zur Sorge. Für diese formale These ist die Art der angenommenen Referenz (seien es »Ideen«, sei es die »empirische Wirklichkeit«) unerheblich: sie lässt sich an Platons Bildkritik grundsätzlich ebenso demonstrieren wie an der postmodernen Sorge um die Wirkung »referenzloser« Bilder, und in jedem Fall verlangen solche normativ eingebrachten *Referenzmodelle* nach ihrer kritisch-erkenntnistheoretischen Problematisierung.

Die Frage der *Medialität* von Bildern stellt sich als zweiter Fokus, insofern wie bereits angedeutet ein Gegensatz von Bild und Wirklichkeit nur dann konstruiert werden kann, wenn die Medialität des Bildes *invisibilisiert* wird. Die dezidierte Thematisierung des Bildes im Kontext von Medialität ist in der Debatte verhältnismäßig jung. Während die Beiträge

---

9 | Vgl. Horkheimer/Adorno, *Dialektik der Aufklärung*, S. 9.
10 | Unter »Referenz« wird hier allgemein das intendierte oder imaginäre Bezugsfeld eines signifikanten Ausdrucks verstanden. Referenzierung in diesem Sinne wäre als symbolisches ›Sich-beziehen-auf‹ oder »Sich-hinwenden-zu« zu verstehen. Der Referenzbegriff wird damit absichtlich zunächst offen gehalten, um eine Diskussion auf der Metaebene von historischen Referenzierungsweisen und epistemologischen Referenzmodellen zu ermöglichen (Abschnitte I und II dieser Arbeit). Für eine ebenso solide wie detaillierte philosophische Diskussion des Referenzbegriffs vgl. indes Müller (1999).

wichtiger bildtheoretischer Sammelbände (Boehm 1994; Schäfer/Wulf 1999) eher wenig auf die Differenz von Bild und Medialität reflektieren, wurde dieser Problemzusammenhang von Hans Belting (2001) mit Nachdruck in die Diskussion eingebracht.

Wie gerade auch Beltings Bildanthropologie deutlich macht, ist drittens die *Reflexion auf die sozialen Praxen*, innerhalb derer der Komplex Bild/Medialität/Virtualität seine spezifische Ausformung und kulturelle Bedeutung annimmt, ein in der Debatte nur zu oft vernachlässigter Aspekt. Es ist davon auszugehen, dass die Implikationen der auf diese Weise in die Welt tretenden *Ambivalenz* von Bildern bei weitem nicht nur erkenntnistheoretischer, sondern vor allem sozialer und anthropologischer Natur sind. Bilder sind Gegenstände und Produkte sozialer Praxen, Rituale und Inszenierungsprozesse. Ihre Herstellung, Aufführung, Wahrnehmung ist wesentlich performativ und ereignishaft, und sie teilen diese Eigenschaft mit dem, als dessen Gegenteil sie in der offenbar kulturell verwurzelten platonischen Sichtweise auf Bilder ausgegeben werden – der »Realität«. Diese drei Aspekte: *Referenz* – verstanden als Bezugnahme auf das, was man überhaupt »Wirklichkeit« oder »Realität« nennen möchte –, *Medialität* und *Praxis* bezeichnen mithin die Leitperspektiven der vorliegenden Untersuchung.

1.2 Gliederung und Thesenverlauf

Die zugegebenermaßen nicht geringe Komplexität des solchermaßen abgesteckten Feldes wird im Folgenden zunächst exemplarisch anhand einer Diskussion des Verhältnisses von Bild und Realität bei Platon, dargestellt (Kap. 2). Platon steht dabei nicht nur für den wohl wirkmächtigsten Bildkritiker der Kulturgeschichte; er ist zugleich derjenige, der die Idee einer transzendenten, ›wahren‹ Realität einer Weise konzipierte, die Erkenntnistheorie, Anthropologie und Pädagogik im Bildungsgedanken zu einer untrennbaren Einheit verband, die im Grunde, durch all ihre kritischen Revisionen hindurch, *als* diese Verbindung bis heute gültig ist, und die somit als Figuration auch für die heutige Bild- und Medienkritik eine konstitutive Bedeutung einnimmt. Anhand der Diskussion der platonischen Bildtheorie entfaltet sich eine Konstellation von Realität, Bild, Medium, Anthropologie (Seelenlehre), Ritualität sowie Bildungs- bzw. Entbildungsgedanke, die in vielen Aspekten ihrer Bezüge nicht nur von historischem Interesse ist.

Sind an Platons Philosophie auch heute noch wirksame Reflexionsmuster ablesbar, so müssen doch auch die historischen Differenzen in den Blick genommen werden. Im Verlauf der europäischen Geschichte, haben sich, wie man spätestens seit Michel Foucaults *Ordnung der Dinge* sagen kann (Foucault 1974), mehrere epistemologische Brüche mit weit reichenden Folgen ereignet. Kap. 3 versucht entlang dieser historischen Bruchlinien eine Topologie von »Referenzmodellen« zu entwickeln, die einerseits den Pluralisierungsprozess von Realitätsauffassungen nachzeichnet, andererseits aber auch ein Schema anbietet, um »Familienähnlichkeiten« zwischen inhaltlich konkurrierenden Positionen zu erfassen. Im Ergebnis entsteht ein heuristisches Instrument, das eine Differenzierung von ›Referenzmodellen‹ auch gegenwärtiger Diskussionsbeiträge erlaubt und Derealisierungsthesen als nach Typen differenzierbare Referenzverlustthesen zu betrachten erlaubt.

Damit sind schließlich die Voraussetzungen erarbeitet, die im Kontext dieser Arbeit besonders relevanten Diskussionen aus dem Kontext der historisch-pädagogischen Anthropologie hinsichtlich ihrer expliziten und impliziten Bezugnahmen auf »Realität« zu befragen und dabei besonders den Rekurs auf bildanthropologische Perspektiven einzubinden (Kap. 4). Dabei ist festzustellen, dass insbesondere die in diesem Bereich zentrale Mimesistheorie a) eine Mehrzahl von Referenzmodellen verwendet, die b) für die bild- und medienkritischen Einschätzungen der Mimesistheorie eine zentrale Rolle spielen. Es zeigt sich, dass einige der implizierten Positionierungen nicht frei von normativen Setzungen sind, die letztendlich einer relativistischen – und damit repräsentationalistischen – Theorieanlage zuzuschreiben sind.

Dies lässt deutlich werden, dass die Frage repräsentationalistischer Theorierahmen diskussionswürdig ist. Daher schließt das folgende Kapitel (Kap. 5) mit einer Diskussion der epistemologischen Grundpositionen des Realismus, Relativismus und des Antirepräsentationalismus an. Hierbei geht es nicht etwa darum, die aktuellen philosophischen Debatten umfassend einzuholen und darzustellen, sondern vielmehr um eine klärende und differenzierende Orientierung. Diese führt (mit Mike Sandbothe und Richard Rorty) zu der Einsicht, dass ein neutraler Standpunkt zur Beurteilung dieser divergierenden epistemologischen Grundpositionen nicht einnehmbar ist, und dass daher letztlich pragmatische Argumente die einzig verbleibenden Entscheidungskriterien ausmachen. Insofern wird, nicht zuletzt aufgrund der besonderen (fachgeschichtlichen) Sensibilität sowohl der Anthropologie als auch der Pädagogik für normativ-theoretische Setzungen der antirepräsentationalistischen Position der Vorzug gegeben. Die Bezeichnung »Antirepräsentationalismus« verweist auf die Verabschiedung einer Idee von Erkenntnis in Form einer Bezugnahme von (vereinfacht gesagt) Konzepten auf der *einen* Seite zu »an sich« unverbundenen *Entitäten* auf der *anderen* – seien diese nun i.s. des Goodmanschen Relativismus andere »Welten« oder i.s. realistischer Positionen objektive, autark existierende ›externe‹ Sachverhalte. Statt dessen sei anzuerkennen, dass auch der wissenschaftliche Diskurs sich nicht als ein »Wissen von«, sondern lediglich als ein »Sprechen über« verstehen sollte. Rortys Argumentation ist an dieser Stelle stark von der Positionen des späten Wittgenstein geprägt, insofern auch der wissenschaftliche Diskurs qualitativ nichts anderes als ein Sprachspiel unter anderen – wenn auch sicherlich eines mit sehr spezifischen Eigenschaften – ist.[11]

Unglücklicher Weise führt eine solche Positionierung, jedenfalls nach Rorty, zu der Empfehlung, repräsentationalistische Konzepte wie »Realität« aus dem Vokabular zu streichen und schlichtweg nicht weiter zu verwenden. Dies dürfte, wie die Diskussionen um die Neuen Medien seit langem eindrucksvoll belegen, eine, wenn das Wortspiel erlaubt sei, ziemlich unrealistische Forderung sein. Sie führt unmittelbar zu der Unzufriedenheit, die Sybille Krämer (wie eingangs zitiert) und viele andere gerade heute dazu bewegt, das ehemalige postmoderne Anathema der Realität wieder in die Diskussion einzubringen. Dass selbst Theodor W. Adorno, als dezidierter Kritiker des Existenzialismus, dem »ontologischen Bedürfnis« ein Anrecht eingeräumt hatte (Adorno 1970; 2002),

---

11 | Diese Konzeption führt außerdem zu der bereits im Platon-Kapitel andeutungsweise sichtbar werdenden Perspektive, ontologische und epistemologische Diskurse als politische Handlungspraxis zu betrachten, also als Diskurse, deren Bedeutung nicht in einer Abbildung oder »Erfassung« einer wahren Wirklichkeit, sondern vielmehr in einer pragmatischen Dimension, etwa einem Ordnungsvorschlag, liegt.

mag darauf verweisen, dass die Frage nach der Realität nicht mit dem lapidaren Hinweis auf ihre Inadäquanz aus der Welt zu schaffen ist.

Diese Frage lässt sich nun wie folgt präzisieren: Aus welcher Position heraus wäre es möglich, in nicht-repräsentationalistischer Weise über Realität ›zu sprechen‹? Nachdem die sozialphänomenologischen/wissenssoziologischen Theoriebeträge sich auf dem Hintergrund eines deutlich institutionentheoretisch (also soziologisch) fundierten Lebensweltkonzepts von philosophischen Fragestellungen distanziert haben – was nirgendwo so explizit zugestanden wird wie in Berger/Luckmanns (1980) Einleitung ihres wissenssoziologischen Klassikers – erschienen die epistemologischen Beiträge aus dem Kontext des »Radikalen Konstruktivismus« in dieser Hinsicht vielversprechend (Kap. 6), da sie einerseits reklamieren, das Thema Realität auf eine neue Weise zu behandeln, andererseits aber ihr zentrales Diktum der (operationalen) Geschlossenheit der Wahrnehmung zumindest auf den ersten Blick repräsentationalistische Bezüge ausschließt. Aus erkenntnistheoretischer Perspektive erweist sich dies allerdings teilweise als Trugschluss.

Der differenztheoretische Konstruktivismus Niklas Luhmanns – die systemtheoretische Beobachtungstheorie – bietet eine gangbare Alternative, die im anschließenden Kapitel entfaltet wird (Kap. 7). Eine De-Ontologisierung des Realitätsverständnisses ist, wie sich dabei herausstellen wird, nur um den Preis einer konsequenten und insistierenden Berücksichtigung der eigenen Beobachterposition zu bekommen. Die dabei entstehenden theoretischen Komplexitäten sind insofern lohnenswert, als daraus ein neues – und sehr anderes – Verständnis dessen, was man Realität nennen kann, resultiert. Aus dieser Perspektive lässt sich einerseits die Struktur von Referenzverlustthesen explizieren, womit eine der untersuchungsmotivierenden Problematiken als ein bestimmter Beobachtungstyp isoliert und somit einer grundsätzlichen kritischen Reflexion zugänglich gemacht wird, die für Anhänger von Referenzverlustthesen eher ernüchternd ausfallen dürfte. Als zusätzliches Ergebnis stellt sich – aus neuer Perspektive – die Frage der Alterität, die bereits im Kontext der Diskussion der Mimesistheorie als bedeutendes Movens sichtbar wurde, abermals und in noch radikalerer Form als ebenso unverzichtbares wie auch unhintergehbares Bezugsmoment des (beobachtungstheoretisch geläuterten) Realitätsverständnisses dar. Der Andere kann dabei nicht mehr als ontologisierte (wie immer auch differenztheoretisch oder negativistisch gebrochene) Figur in Anspruch genommen werden.

Wenn man sich, um der Normativitätsproblematik des Realitätsbegriffs zu entrinnen, auf Luhmann bezieht – auch wenn dabei nicht die eigentliche Systemtheorie, sondern die differenztheoretische Beobachtungstheorie im Mittelpunkt der Betrachtung steht –, so hat man aus anthropologischer Sicht wohl den Teufel mit dem Beelzebub ausgetrieben (oder vielleicht auch umgekehrt). Es ist nicht nur so, dass Luhmanns Systemtheorie ein eher schlichtes (traditionalistisches) Verständnis von Anthropologie transportiert und die neueren Entwicklung im Rahmen der Historischen Anthropologie ignoriert – insbesondere etwa was die Thematik des Körpers angeht (während ironischerweise die historisch-anthropologisch längst dekonstruierte Figur »Mensch« unter Systemtheoretikern als »Medium« wieder eingeführt werden wollte, vgl. Fuchs 1994). Vielmehr liegt das Problem darin, dass die Systemtheorie Glättungen und Selektionen vornimmt – und auch so verfahren *muss*, wenn sie eine universalistische Großtheorie des Großphänomens »Gesellschaft« sein möchte – die aus anthropologischer Sicht mit inakzeptablen Komplexitätsreduktionen einhergehen.

Es stellt sich an diesem Punkt der Untersuchung die Frage, ob man etwa zwischen Normativität und technizistischer Systemmetaphorik zu wählen habe. In Kapitel 8 wird dafür plädiert, die Alternativen anders zu verorten. Insofern jede externe Kritik an der selbstreferenziellen Architektur der differenztheoretischen Beobachtungstheorie notwendig abgleiten muss, lässt sich diese Frage nur in Form einer Reflexion auf die beobachtungstheoretischen Grundlagen und Konsequenzen adäquat behandeln. Auf der Basis einer sprachphilosophisch motivierten, am späteren Wittgenstein orientierten Reflexion auf das körperliche »Handeln am Grunde des Sprachspiels« wird mit Gunter Gebauer eine im Kontext unserer Untersuchung entscheidende Differenzierung der Vorstellung von »Körper« gewonnen, die sich im Fortgang als geeignet erweist, das gleichermaßen fundamentale wie phantasmatische Objekt der Systemtheorie – den »Beobachter« – mit entsprechenden theoretischen Konsequenzen zu ersetzen. Deutlich wird dabei zwar, dass der Beschreibungshorizont der Systemtheorie damit verlassen wird – ein aus anthropologisch interessierter Sicht wohl hinnehmbarer Verlust –, dafür aber (als Folge der

Auseinandersetzung mit der Systemtheorie) neue Anschlussmöglichkeiten und Perspektiven dazugewonnen werden, die sowohl theoretisch als auch forschungspraktisch interessant sind. Insbesondere ergibt sich von hier aus ein spezieller Blick auf die konstitutiven Bedingungen »emergenter sozialer Situationen«, der zumindest im Hinblick auf die Beobachtung von Online-Situationen von Relevanz ist, sich jedoch auch im ritualtheoretischen Kontext als fruchtbar erweist.[12]

In diesem Sinne bringt, nach einem Blick auf den Zwischenstand der Untersuchung (Kapitel 9), das anschließende Kapitel unter Rekurs auf George Herbert Meads Theorie der *Sozialität* unter pragmatistischen Vorzeichen die Einsichten der beobachtungstheoretischen Diskussion mit den anthropologischen Themen Körper, Geste und Sozialität zusammen (Kapitel 10). Hierbei werden die Zusammenhänge von Körper/Geste und Performativität sowie das diese integrierende Konzept der Sozialität bedeutsam. »Virtualität« wird vor dem Hintergrund der Perspektiventheorie Meads, sich ihrerseits von der Philosophie Alfred N. Whiteheads inspiriert war, als integrales Moment einer immer sozial zu denkenden Konstitution von »Realität«, mithin im Kontext eines komplexen erkenntnisanthropologischen Verweisungsgefüges, sichtbar.

Auf dieser konzeptionellen Basis widmet sich die Untersuchung im Fortgang einigen Aspekten der visuellen Praxen und Interaktionskulturen in den Neuen Medien. Eine Problem der gegenwärtigen Debatten um Medialität, Bildlichkeit und Anthropologie liegt darin, dass entweder der Bildbegriff oder der Medienbegriff häufig nur verkürzt in den Blick genommen wird. Dies ist insbesondere im Hinblick auf die differentielle Erfassung der Bildlichkeit im Kontext ›alter‹ versus Neuer Medien bedauerlich. Zumindest in Grundzügen gilt es daher die Frage der Abgrenzbarkeit »alter« und »neuer« Medien zu erörtern – dies geschieht unter Bezug auf Luhmanns soziologische Theorie der Massenmedien und Sandbothes pragmatistischer Medienphilosophie –, um von dort ausgehend einige bisher so nicht beschriebene Spezifika des Zusammenhangs von Bildlichkeit und Sozialität in interaktiven multimedialen Online-Umgebungen zu erörtern (Kapitel 11).

---

12 | Die ritualtheoretische Diskussion des Konzepts *emergenter sozialer Situationen* erfolgt später im Zusammenhang der Analyse des sozialen Rituals einer »LAN-Party«; vgl. Kap. 12.4.

Im Anschluss (Kapitel 12) werden die Grundthesen der vorliegenden Untersuchung anhand eines konkreten Beispiels illustriert und expliziert. Hierbei rückt ein signifikantes und sowohl technisch als auch medien(sub)kulturell avanciertes Feld in den Fokus, nämlich die Online-Community des Kampfspiels *Counterstrike*, dem – insbesondere im Kontext jugendlicher Amokläufe an Schulen – eine ausgesprochen ambivalente öffentliche Aufmerksamkeit zuteil wurde. *Counterstrike*-Spieler, die häufig recht intensiv ihr – oft als Sport betriebenes – Hobby pflegen, wären prototypische Zielfiguren von Derealisierungs- und Referenzverlustthesen. Dass die Dinge nicht so einfach liegen, erweist sich, wenn man die konkrete soziale Medienpraxis dieser Subkultur in den Blick nimmt. Dabei kommt ein hohes Maß an Komplexität, Sozialität und Kulturalität dieses Bereiches zum Vorschein, anhand dessen die zuvor theoretisch geleistete Analyse und Kritik von Derealisierungsthesen illustriert und auch in ihrem positiven konzeptionellen Potential verdeutlicht wird.

2 Die Ambivalenz des Bildes: Medienkritik bei Platon

2.1 *Eikôn, eidôlon* und *phantasma*: Das Bild im Medium des Bildes

Platon wird traditionellerweise als Gegner sinnlicher Erkenntnis und als kompromissloser Bildkritiker aufgefasst. An einschlägigen Passagen aus dem Dialog *Sophistes*[1] (240a ff.) und der harschen Kritik an Poesie und Malerei in der *Politeia* (596e ff.) etwa orientiert, ist diese Lesart gerade auch in der Historischen Anthropologie und der Bildanthropologie verbreitet (Gebauer/Wulf 1992:64; Belting 2001:173). Diese Lesart erfährt durch die neuen, die sog. »ungeschriebenen Lehren« Platons (Reale 1993) stärker berücksichtigenden Interpretationsansätze entscheidende Differenzierungen. Der Gedanke dieser neuen Interpretationsweise ist dabei folgender: Typischerweise wurden mythische und bildhaft verdichtete Redeweisen in den Platonischen Dialogen als erkenntnismäßig minderwertig, als reine Phantasieprodukte oder bestenfalls im Sinne der »These Schleiermachers vom Mythos als Mittel der – in der Sache verzichtbaren – Leserpädagogik« (Pietsch 2002) aufgefasst. Platons *Timaios*, so schreibt beispielsweise Eric A. Havelock in seinem schrift- medientheoretisch einflussreichen Werk *Preface to Plato*, sei »a vision, not an argument« (Havelock 1963:271); seine Elementenlehre erhalte »to be sure a kind of algebra [...] but it is well overlaid with the dream-clothes of mythology, and precisely for that reason the dialogue became the favourite reading of an age which clung to faith rather than science as its guide.

---

1 | Platons Dialoge und einige andere klassische Werke werden entgegen der üblichen Verweismethode als Siglen zitiert; vgl. dazu die Siglenliste im Anhang.

Yet the day would come when the original drive of the Platonic method would revive [...]. And when this day came, science would awaken again« (ebd.). Platon-Interpreten wie Giovanni Reale gehen hingegen davon aus, dass die »andere«, anspielungsreiche Sprache Platons »sich häufig eines ironischen Spiels bedient und nur in Andeutungen etwas verstehen lässt. Mittels dieser Sprache konnte Platon genaue Botschaften für diejenigen Leser reservieren, die die ›ungeschriebenen Lehren‹ auf anderen Wegen kennen gelernt hatten und folglich auch die in Anspielungen formulierten Mitteilungen ohne weiteres verstehen konnten« (Reale 1996:6). Das Resultat dieser Betrachtungsweise ist eine ganzheitlichere Sicht auf Platons Schriften, eine Aufwertung der gleichnishaften Rede (*eikos logos*) und insbesondere die Diskussion der kosmologischen Passagen auf Augenhöhe mit Platons expliziten, kritisch-dialektisch verfahrenden Schriften, die eine neue Sicht auf Platons Werk ermöglicht (vgl. Rudolph 1996; Janka/Schäfer 2002). Die nachfolgende Betrachtung orientiert sich wesentlich an dieser Lesart, insbesondere aber an Teilen der wiederveröffentlichten Platon-Interpretation Gernot Böhmes (1996a), der den Stellenwert der bildhaften Rede bei Platon bereits früh hervorgehoben hat.

Böhme macht in seiner Exegese deutlich, dass die Trennung von Ideen- und Wahrnehmungswelt in der platonischen Philosophie – Kernthema der traditionellen Sicht auf Platon – nicht unbedingt als unüberbrückbar aufgefasst werden muss. Im Gegenteil bestehe »Platons entschiedenes Bemühen in der Vermittlung zwischen wahrem Sein und sinnlicher Wirklichkeit« (Böhme 1996a:45); mithin wird die Frage der *Teilhabe* der sinnlichen Welt an den Ideen – und damit die Kosmologie – zentral. Denn der Begriff des *kosmos* zielt auf die gewordene, sinnliche Welt: *Kosmos* »ist sichtbar und fühlbar und hat einen Körper; alles so Beschaffene aber ist sinnlich wahrnehmbar, und das sinnlich Wahrnehmbare [...] erschien uns als das Werdende und Entstandene« (*Timaios* 28b). Gegenüber dem »wahrhaft Seienden« der Ideenwelt (*ontos on*; vgl. etwa *Sophistes* 240b) ist der Kosmos zwar nur ein Abbild, allerdings ein sehr besonderes, denn es umfasst »alles Sichtbare« (wie es am Ende des *Timaios*-Mythos heißt) und wird damit »zum Abbilde des Schöpfers, zum sinnlich wahrnehmbaren Gott« (*Timaios* 92c). Der Ausdruck *Kosmos* bezeichnet mithin die Gesamtheit der sinnlich erfahrbaren Dinge in ihrer

(An-)Ordnung *im Gegensatz* zu ihren idealen Vorbildern, und obwohl bloßes Abbild, partizipiert er an ihrer Dignität.

Nun beurteilt Platon das Bild, sei es göttlich hervorgebracht oder nicht, wie es in der vielzitierten Passage des *Sophistes* (240b) heißt, »ein scheinbares gewiß« und in genau dieser Hinsicht »nichtseiend«.[2] Wie soll die Quasi-Apotheose eines wenn auch besonderen Abbildes zum »sinnlich wahrnehmbaren Gott« mit diesem ontologisch defizienten Status, »nichtseiend« zu sein, vereinbar sein? Die Frage verlangt nach einer genaueren Betrachtung des Bildes im Kontext des Verhältnisses von Vor- oder Urbild (*paradeigma*) und Abbild (*eikôn*).

Paradeigma und *eikôn* bilden in der Philosophie Platons ein *komplementäres* Begriffspaar (Böhme 1996a:29f.), was in der deutschen Übersetzung als Vorbild/Abbild nicht mehr erkennbar ist: denn ein »Vor-Bild« ist bereits selbst bildhaft und bedürfte insofern, im Gegensatz zum platonischen *paradeigma*, nicht des Abbildes, um zur Darstellung zu kommen. Doch die platonische Idee (*eidos, paradeigma*) ist gerade *nicht* Bild (*eikôn*). Schon mathematische Gegenstände, etwa ein ideelles Dreieck, sind Abbilder von Ideen. Die Abstraktheit der Ideen als ideale Formbestimmungen, als reine »Vorschriften«, die dann bildhaft umgesetzt werden können, entbehrt vollkommen der Bildhaftigkeit.

Wenn nun, dies vorausgesetzt, bei Platon alles »wahrhaft Seiende« der idealen Sphäre angehört, ist es ausgeschlossen, dass auf der Ebene der sinnlichen Erscheinung autarke Form- oder Formungsprinzipien existieren, die der Erscheinung einen konkreten »Darstellungscharakter« (ebd. 43) geben könnten. Die Bildmetapher stößt mithin hier an ihre Grenzen (jedenfalls wenn man sie vom Bild als Alltagsgegenstand her

---

2 | Hier ist allerdings der Umstand anzuzeigen, dass im Dialog *Sophistes* der Kosmos im Sinne der sinnlich erfahrbaren Natur (Physis) gerade nicht wie im Timaios (37d, Kosmos als »bewegtes Bild der Ewigkeit«) als *bildhafte* Hervorbringung geschildert wird. Im *Sophistes* unterscheidet Platon unter dem Oberbegriff der »hervorbringenden Kunst« die Hervorbringung von Dingen (»was man der Natur zuschreibt, das werde durch göttliche Kunst hervorgebracht«; 265e) von göttlich hervorgebrachten Bildern – wie z.B. Träume, Schatten, den »Doppelschein, wenn an glänzenden und glatten Dingen eigentümliches Licht und fremdes zusammenkommend ein Bild hervorbringen, welches einen dem vorigen gewohnten Anblick entgegengesetzten Sinneseindruck gibt« (266c). Es entzieht sich unserem Urteil, ob dies tatsächlich auf einer Inkonstistenz in Platons Dialogen oder etwa auf erheblich divergierenden Bedeutungen der Termini *kosmos* einerseits und *physis* andererseits beruht.

versteht). Denn am Bild lässt sich das Dargestellte von der Existenz des Bildes selbst – weniger in seiner Materialität als Gegenstand, sondern als *Darstellungsform* verstanden – unterscheiden. Für die Abbilder der Ideen hingegen gilt dies nicht: »Jede Bestimmtheit am Sinnlichen ist nur geliehene, sie ist nur als Abglanz einer Idee« (ebd. 48).

Das Bild als *Darstellungsform*, so lässt sich daraus *erstens* schließen, ist im platonischen Sinn selbst nur Abglanz (*eikôn*) einer notwendig anzunehmenden *Idee des Bildes* – einer Idee, die selbst *per definitionem* nicht bildhaft sein kann (denn Ideen sind nicht sinnlich wahrnehmbar). Diese These lässt sich unter Verweis auf Böhmes Analyse folgendermaßen erhärten: Die im Dialog *Sophistes* gestellte Seinsfrage des Bildes – dass es ein »Nichtseiendes« sei, aber als solches ein »Seiendes« (*Sophistes* 240b) – verweist nach Böhme auf die Differenz von Bildbedeutung und Eigenwesen des Bildes (Böhme 1996a:34): »Ein Bild ist etwas, das so beschaffen ist, wie ein anderes, – ohne aber selbst das zu sein, was es durch seine Beschaffenheit darstellt. Wenn man mit der Frage *ti esti* an ein Bild herantritt, kann man nur die Antwort erhalten, daß es eben ein Bild ist, – jedenfalls wenn man diese Frage platonisch als eine Frage nach dem Wesen der Sache versteht« (Böhme ebd. 37). Aus der Möglichkeit, diese Wesensfrage aus der Perspektive der platonischen Philosophie zu stellen, ergibt sich u. E. als notwendige Schlussfolgerung die Annahme einer zumindest impliziten »Idee des Bildes« bei Platon. Genauer: *Entweder* ist das Bild in seinem Ding-Aspekt das Abbild einer Idee des Bildes, *oder* es gäbe im platonischen Universum nicht so etwas wie »das Bild« (sei es als *eidôlon, eikôn* oder auch als *pínax*).

Dies kann aber nun *zweitens* nur auf einen sozusagen ›dinglichen‹ Bildbegriff, auf das Bild als Wahrnehmungsding, zutreffen. Denn die *eikônes* i.S.v. Ideenabbildern dürfen als sinnlich wahrnehmbare Dinge an sich selbst – per definitionem – keine Darstellungsform aufweisen, sonst könnten sie nicht ›reines‹ Abbild ihrer Idee sein. Böhme unterscheidet in diesem Sinne eine kosmologische und eine ontologische Verwendungsweise des Abbildbegriffs; die kosmologische ist eine *metaphorische*, die ontologische eine unmetaphorische Verwendung des Bildbegriffs (wie sie etwa in der Bildkritik der *Politeia* zu finden ist). Wenn das Verhältnis von *paradeigma* und *eikôn* als bildhaft aufgefasst wird, so geschieht dies selbst innerhalb der nur bildhaft angelegten Rede des *eikos logos*. Dabei handelt es sich um die metaphorische Verwendungsweise: Tatsächlich, so zeigt Böhmes Analyse, kann das Verhältnis zwischen *paradeigma* und *eikôn* letztendlich gar nicht als Abbildungsverhältnis gedacht werden – denn als »Bild« im nichtmetaphorischen Sinn müsste jedes *eikôn*, also jeder nach dem *Vorbild* einer Idee hergestellte Gegenstand sinnlicher Wahrnehmung *zugleich* Abbild seiner Idee wie auch Abbild der Idee der Abbildung sein, es müsste Bild (als Darstellungsinhalt) und zugleich Idee des Bildes (als Darstellungsform) sein: »Es ist wohl hier die Stelle, an der Platon die Metapher von Original und Bild endgültig verläßt. Auch auf seiten des sinnlichen Gegenstands läßt er keine Zwiefältigkeit des Seins gelten. Man kann nicht am sinnlichen Ding unterscheiden, was es von sich aus ist und was es darstellt: Alles, was es ist, ist es durch Darstellung«; andernfalls wäre es »nicht nur Bild von etwas, sondern auch noch Bild des Bildes« (Böhme ebd. 48 f.).

Wenn die sinnlichen Gegenstände nicht zugleich »Bild des Bildes« sein können, dann liegt das daran, dass sie keinen eigenen Darstellungscharakter aufweisen. Das Bild im alltäglichen Sinn (i.S. etwa von *eidôlon*, dem »Bildchen«) hat aber einen solchen Darstellungscharakter und *muss* daher mit Notwendigkeit, da die sinnliche Welt an sich (ohne Ideen) formlos ist, als »Abbild« einer Idee des Bildes sein (so wurde oben argumentiert). Insofern wäre jedes Bild tatsächlich in seinem ideellen Gehalt ein ›Bild des Bildes‹. Indes ist der Ausdruck zwar in attraktiver Weise selbstreferenziell, jedoch irreführend. Interessanterweise nämlich wäre nur in der *metaphorischen* Rede das Bild »Abbild« einer Idee des Bildes zu nennen. »Abbild« ist in dieser Verwendungsweise ein Gleichnis des abstrakten Vorgangs der Darstellung von Ideen. Diesen beschreibt Böhme (der in seiner Analyse insofern mit Platon über Platon hinausdenkt, als er den nichtbildlichen Sinn der bildhaften Rede rekonstruiert) folgendermaßen: Erstens besteht die »Darstellung von Ideen [...] offenbar darin, daß sie, die an sich nicht Bestimmungen von etwas sind, als Bestimmungen von etwas auftreten« (Böhme ebd. 49). Zweitens ist festzuhalten, dass diese Darstellung ohne spezifische Darstellungsprinzipien auskommen muss (denn die sinnliche Sphäre ist ›an sich‹ vollkommen formlos; ebd.). Daher muss drittens das *paradeigma* selbst die Weise seiner Darstellung enthalten: »Die Idee ihrerseits wird so zum Prinzip, nach dem ein Etwas als Darstellung hervortritt« (ebd. 50), indem es sich gegen die

Unbestimmtheit abhebt: »Wir verstehen also die Darstellung der Idee als ihr Hervortreten aus dem Unbestimmten« (ebd.).

Damit aber wird die repräsentationalistische Abbildmetapher auf einen *nicht-repräsentationalen* Vorgang zurückgeführt. Die Ausdrücke »Auftreten« und »Hervortreten« verweisen auf *performative Prozesse*. Wenn die Idee tatsächlich als »Prinzip, nach dem ein Etwas als Darstellung hervortritt« (ebd.) verstanden werden muss, ist ihr die Bewegung ihres Erscheinens bereits eingeschrieben.[3] Das Bild im platonischen Sinn (als Produkt von nachbildenden Verfahren, *mimetike techne*) ist aber gerade als Repräsentationsverhältnis beschrieben. Insofern also beinhaltet der Ausdruck »das (Ab)Bild ist die Abbildung der Idee des (Ab)Bildes« zwei völlig verschiedene Abbildungsbegriffe – einen repräsentationalen und einen nicht-repräsentationalen.

Aus dieser Diskussion sind zwei Schlüsse zu ziehen: *erstens* muss der nichtmetaphorische Bildbegriff bei Platon als Abbild einer *Idee des Bildes* gedacht werden (das Bild als »Bild-Ding«), und *zweitens* wird das Verhältnis von *paradeigma* und *eikôn* durch die Urbild-Abbild-Metapher im Grunde verfehlt (d.h., der Bildbegriff als Metapher für den Prozess des erscheinenden Hervortretens der Idee aus dem Ungeformten ist strukturell irreführend). Ganz entgegen dieser Schlussfolgerungen ist in Platons Schriften jedoch gerade der umgekehrte Sachverhalt anzutreffen. Zum einen behält dort die Abbildmetapher als Erklärungsmodell des Verhältnisses von *paradeigma* und *eikôn* im Rahmen der gleichnishaften Rede, des *eikôs logos,* ihre Gültigkeit. Platon kann nicht ›hinter‹ die bildhafte Rede zurückgehen, weil sie sich bereits auf etwas Bildhaftes, auf den Kosmos als *eikôn,* bezieht: »Der *eikôs logos* muß sich zu den Aussagen über das wahre Sein so verhalten, wie der Kosmos sich als Bild verhält zum wahren Sein als dessen Vorlage« (Böhme 1996a:51). Zum anderen thematisiert Platon m.W. an keiner Stelle eine »Idee des Bildes«. Im *Sophistes* (240a-b) wird zwar eine Definition des Bildes als eines scheinbaren, dem wahren ähnlich Gemachten gegeben – jedoch wird diese nicht wei-

---

3 | Aus der Perspektive Platons wäre diese Interpretation wahrscheinlich weniger glücklich, denn aus der repräsentationalistischen Sicht (und nur aus dieser) hätte Böhme mit dieser Definition wohl die »Idee der Idee« bezeichnet, die alle Ideen ihrerseits abbilden. Dadurch aber wären die Ideen nicht mehr jeweils eins, denn sie wären sie selbst plus Erscheinungsprinzip, also z.B. das Gute selbst *plus* das Prinzip, nach dem das Gute »hervortritt« etc.

ter ausgeführt.[4] Folglich bleibt der Bildbegriff verhältnismäßig unbestimmt: insofern das Bild zugleich »seiend« und »nichtseiend« ist, könnte es kein Abbild einer Idee sein (denn Ideen enthalten nichts Nichtseiendes, Abbilder nichts Seiendes). Als »seiende« Darstellungsform wird das Bild von Platon auch nicht definiert, weil, wie man vermuten könnte, dies unmittelbar die metaphorische Verwendung des Abbildbegriffs, deren »Abbild« ja eben keine Form haben darf, angreifen würde.[5]

So stehen sich das undefinierte/undefinierbare Bild einerseits und die ebenfalls unspezifizierbare Abbildmetapher andererseits gegenüber und bilden einen scheinbaren Zusammenhang, der zwar der Analyse nicht standhält, der jedoch sowohl für die Einschätzung des Bildes innerhalb der platonischen Schriften als auch darüber hinaus für den größten Teil der nachplatonischen Tradition bestimmend war – nicht zuletzt etwa hinsichtlich der Entwicklung des Bildungsbegriffs. Die ontologische und kosmologische Bildmetapher stellt dabei das Bildideal und den Maßstab zur Beurteilung des *eidôlon* dar. Wie Böhmes Interpretation verdeutlicht, handelt es sich dabei (und dies ist die Pointe der bisherigen Argumentation) um einen Maßstab, der in jeder Hinsicht unerreichbar ist – nicht nur in der Weise unerreichbar, wie für Platon auch die vollkommensten Ideenabbilder niemals an die Dignität der Ideen selbst heranreichen, sondern vielmehr darin unerreichbar, dass das Ideal der Abbildung – wie es in der metaphorischen Verwendung des *eikôn*-Begriffs aufgestellt wird – Regeln für die *eidôla* aufstellt, die es selbst nicht einhält. Weil es wie gesehen gar nicht als *Repräsentationsphänomen* verstanden werden kann, aber als solches dargestellt wird, erscheint es stets als eine solche »Abbildung«, deren Qualität als absolut vollkommen, aber in ihrem Zustandekommen uneinsehbar gelten muss (wer die Ideen nicht »sehen« kann, kann auch nicht erfassen, wie diese zur Erscheinung kommen). Der Ausdruck *eikôn* hat folglich gleichsam eine Scharnierfunktion, indem er zwischen diesen implizit divergenten Konzepten vermittelt: Sowohl der Kosmos als auch die gleichnishafte Rede (der *eikôs logos*) sind abbildhaft i.S.

4 | Die ontologische Ambivalenz des Bildes – »Ist es nun also nicht wirklich nicht seiend, doch wirklich das, was wir ein Bild nennen?« (ebd.) – führt geradewegs zur Parmenides-Kritik, die den Fortgang des Dialogs bestimmt und abschließend in der Demaskierung des sophistischen »Dünkelnachahmers« mündet.
5 | Immerhin lässt Platon im *Parmenides* (129a) den jungen Sokrates die Idee der Ähnlichkeit verteidigen, allerdings nicht i.S.v. *eikôs*, sondern i.S.v. *homoios* und insofern ohne etymologischen Bezug auf das Bild (*eikôs ~ eikôn*).

des Ausdrucks *eikôn*, aber beide täuschen nicht, sind keine *eidôla* oder gar Trugbilder (*phantasmata*). Es existiert also eine Abgrenzung zwischen *eikôn* auf der einen und *eidôlon* bzw. *phantasma* auf der anderen Seite. Platon greift diese Differenzierung im *Sophistes* (236c) auf und macht sie für die Diskussion des Bildes (des Bild-Dinges) fruchtbar. In dieser Diskussion bilden *eikôn* und *phantasma* unzweifelhaft ein Gegensatzpaar (»Ebenbild« vs. »Trugbild«), wie auch *eikôn* und *eidôlon* dort durchgehend in diesem Sinne unterschieden werden. In der *Politeia* (509e f.) hingegen findet man *eikôn* mit Schatten und Erscheinungen (*phantasmata*) gleichgesetzt.

In der Tat ist die Unterscheidung *eikôn* vs. *eidôlon* durchaus nicht trivial. Im philosophischen Sprachgebrauch der Antike wird zwischen diesen Ausdrücken nicht unbedingt differenziert. Das *Wörterbuch der antiken Philosophie* (Horn/Rapp 2002) übersetzt *eikôn* als Synonym von *mimêma* mit den Begriffen »Bild, Abbild, Gleichnis, Scheinbild« (ebd. 123), *eidôlon* mit »Bild, Abbild, Trugbild, lat.: idolum, imago, simulacrum« und vermerkt, beide Ausdrücke dienten bei Platon »zur Bezeichnung einer von einer höheren abgeleiteten niedrigeren Seinsstufe« (ebd. 119). Schleiermacher übersetzt beide Ausdrücke bisweilen schlicht als »Bild«, und nach Böhme (1996a:32) stellt Hans Willms in seiner begriffsgeschichtlichen Studie zu Platon (Willms 1935) *eikôn* und *eidôlon* als weitestgehend synonym vor (wobei letzterer Ausdruck i.d.R. weiter gefasst sei). Doch der Umstand, dass der Ausdruck *eidôlon* »bei Platon durchaus auch an zentralen Stellen im Wechsel mit *eikôn* verwendet wird« (Böhme 2004:14), sollte keinesfalls über die grundlegende – nicht nur etymologisch begründete – Differenz beider Termini bei Platon hinwegtäuschen, die wir im Anschluss an Böhme als zentral begreifen und im folgenden für die Diskussion des platonischen Bildverständnisses fruchtbar machen wollen.

Mal tritt *eikôn* also als hehres Ideenabbild auf, mal als bloßes, gleichsam moralisch indifferentes Ähnlichkeitsabbild, und genau durch diese Ambivalenz ermöglicht es der Ausdruck *eikôn*, das Ungleiche aufeinander zu beziehen. So wird es möglich, *erstens* Ideenabbild und dingliches Bild zu vergleichen (und letzteres dabei ontologisch abzuwerten), sowie *zweitens* das Bild auf seine Repräsentationsfunktion zu beschränken. Was nun die Abbildmetapher suggeriert und als Maßstab des Bildes setzt, kann in folgenden Thesen paraphrasiert werden (die folgenden Punkte sollen Platons Argumentationshorizont darstellen und sind insofern in Parenthese zu verstehen):

In gewisser Weise ist es immer die Idee selbst, die ›scheint‹, wenn sie in der sinnlichen Welt zur Erscheinung kommt. Das Bild (*eikôn*) selbst ist ›an sich‹ nicht nur ein ontologisch zweitrangiges Derivat: es partizipiert immerhin am Prinzip der Hervorbringung von Welt, so wie der Kosmos als Abbild der Idee hervorgebracht wurde (und so, wie das Handwerk, der Werkbildner Gegenstände erschafft, die jeweils ihrer Idee ähnlich sind). Der Kosmos als einziger und gesamter Bereich des sinnlichen Erscheinens, als bildhafte Darstellung des wahrhaft Seienden und diesem so ähnlich wie möglich gemacht (Gebauer/Wulf 1992:52), ist *eikôs*, »wahr-scheinlich« in diesem (und nicht im probabilistischen) Sinne des Wortes (Böhme 1996a:18).[6]

Diese Wahr-Scheinlichkeit als spezifische Art der *Ähnlichkeit* zwischen Ideen- und Dingwelt setzt den absoluten Maßstab für jede Art von Bild: Wer in »Ebenbildern«, d.h. in Kenntnis der Ideen (*Sophistes* 266d) denkt bzw. spricht und das ›Wahr-Scheinliche‹ aussagt (*eikôs logos*), macht seine Rede der Ordnung des »wirklich Seienden« ähnlich. Die Ordnung dieses Wahren (*ontos on*) kann umgekehrt an seinem Bild (*kosmos*) erfahren werden, denn der Kosmos ist nicht nur einfaches Abbild des »wirklich Seienden«, sondern als von diesem Hervorgebrachtes sozusagen das »Wahr-Scheinlichste« überhaupt.

Dieser Maßstab wirkt zugleich als eine Art *implizite*, prinzipiell erkennbare *Rahmung* der Bilder: Es gibt nach Platons Darstellung so etwas wie einen moralisch guten Gebrauch von Bildern, der sich an ihrer Wahr-Scheinlichkeit bemisst – was sich sowohl auf die Herstellung, als auch auf die Wahrnehmung von Bildern bezieht. Erst wenn diese Rahmung übersehen oder ignoriert wird, kommt es zur Herstellung von Schatten- und Trugbildern bzw. zur Verwechslung von Bildinhalt und Wirklichkeit. Weil der Weise im *Höhlengleichnis* die Wahrheit außerhalb der Höhle kennen gelernt hat – und in diesem Bildungsprozess[7] v. a.

---

6 | Böhme diskutiert diese Differenz im Rahmen des Lehrgedichts des Parmenides anhand der Ausdrücke *probabile* vs. *versimile* (vgl. Böhme 1996a:18 ff.); die beste Übersetzung für diesen Sinn von ›Wahrscheinlichkeit‹ wäre das englische Wort *likeliness* (ebd. 27).

7 | Vgl. Benner/Brüggen (1997); Kauder (2001).

auch die Wahrheit über die Natur der Trugbilder und das Wahrheitspotential der Bilder (im Gleichnis durch die von der Sonne bestrahlten Gegenstände außerhalb der Höhle repräsentiert) erfahren hat – kann er zurück in die Höhle herabsteigen, ohne Gefahr zu laufen, der Illusion der künstlichen Bilder erneut zu verfallen. Er kann von nun an solche »wahr-scheinlichen« Bilder von den Schatten- und Trugbildern unterscheiden.

Wie daran deutlich wird, sind Schatten- und Trugbilder für Platon deswegen problematisch, weil sie eben nicht »wahr-scheinlich« sind. Sie verursachen eine Verkennung der wahren Wirklichkeit (*ontos on*) und verhindern auf diese Weise, dass die wahre Ordnung in der sinnlichen Welt (*kosmos*) erkannt wird. Wenn die Menschen aber die eigentliche Ordnung der Dinge nicht erkennen, entfernen sie sich von der wahren Wirklichkeit analog des ontologischen Abstiegs vom Abbild zum Abbild des Abbilds – dies wäre also der berühmte Aufenthalt in der Höhle, ein Leben in und mit Trugbildern. Dabei geht nicht nur um so etwas wie eine Ethik des Selbst. Denn es war, so Thomas Szlezák (1996:41), »die feste Überzeugung Platons, daß Seele, Staat und Kosmos in einem ontologisch begründeten Zusammenhang stehen […]. Einheit der Seele, Einheit des Staates und Einheit der Welt bedeuten unmittelbar auch das Gutsein des betreffenden Bereichs.« Die Seele, so lehrt der *Timaios*-Mythos, ist nach dem Vorbild des Kosmos gemacht, und der Staat, so heißt es in der *Politeia*, kann in seinen Teilen nur den Seelenteilen entsprechen, wenn er funktionieren soll. Die falschen Bilder jedoch stiften Unordnung in den Seelen; sie bringen »ungerechte« Seelen hervor (denn gerecht ist es, dass der vernünftige Teil der Seele herrschen soll), und analog ungerechte Staatsformen. So entfernt sich das ganze Erscheinungsbild der Welt von der Harmonie der Ideenordnung, wie sie anhand des Kosmos ablesbar wäre – sozusagen liegt die Rettung auch inmitten chaotischer Zustände stets greifbar nahe. Daher muss alles daran gesetzt werden, dass alle – auch diejenigen, denen ein rein vernunftmäßig-abstrakter Zugang zu den Ideen nicht gegeben ist, die kosmische Ordnung erfahren und in ihren Seelen die entsprechende Harmonie herstellen können. Diese Ordnung muss politisch gewollt und pädagogisch ermöglicht werden. Ontologie und Kosmologie münden in politische und pädagogische Entwürfe – sie entwerfen und reglementieren den Weg zur wahren Wirklichkeit des »Einen-Guten«.

So weit die platonische Heilsutopie. Bevor wir diese in einzelnen, sozusagen ›bild-pädagogisch‹ relevanten Aspekten näher betrachten, ist auf der Basis der bis hierhin erfolgten Diskussion die Frage zu erläutern, woran eigentlich im Sinne Platons »gute« von »schlechten« Abbildern unterschieden werden können – denn diese Unterscheidungsmöglichkeiten sind letztlich die politisch bzw. pädagogisch relevanten. Philologisch (wie bereits angemerkt) möglicherweise nicht vollkommen exakt, aber konzeptionell durchaus sinnvoll, werden im Folgenden zunächst das »gute« Ideenabbild unter dem Titel der *eikôn* von dem alltagsweltlichen Bild ohne besondere Täuschungsambition (*eidôlon*) einerseits bzw. dem eher gezielt täuschenden Abbild (*phantasma*) andererseits unterschieden.[8]

Eikôn und *eidôlon* bzw. *phantasma* lassen sich strukturell in dreierlei Hinsicht differenzieren: Erstens in ihrer *Referenz*, also im Bezugsbereich der Abbildung, zweitens hinsichtlich ihres *Hervorbringungsmodus* (ebenbildnerische vs. trugbildnerische Kunst), und drittens schließlich hinsichtlich ihres *Darstellungsmediums*.

1) Zum *Referenzaspekt*: *Eikônes* in dem hier angedachten Verständnis (d.h. i. S.v. Böhmes Interpretation des Verhältnisses von *paradeigma* und *eikôn*) bilden nicht irgendetwas *bereits* Bildhaftes ab, sondern bringen vielmehr die an sich nicht bildhaften Ideen zur Darstellung. Dabei ist als einzige Ausnahme möglich, dass sich *eikônes* auf den Kosmos beziehen, da dieser das vollkommene, göttlich geschaffene Bild der Ideenwelt darstellt. Genau dies wäre eine (um nicht zu sagen die einzig denkbare) Legitimation der bildhaften Rede (*eikôs logos*) wie überhaupt aller »ideenkundigen« Hervorbringungen: dass sie transzendente »Wahrheiten«, die anders nicht verstehbar sind, dennoch zur Darstellung bringen und somit zumindest sinnlich erfahrbar machen. Der Referenzbereich, also der Bereich, auf den die *eikônes* sich *letztendlich* richten, ist die Ideenwelt, also das unbildliche, unsinnliche »wirklich Seiende« (*ontos on*).[9] Der Re-

---

8 | Vgl. Böhme (1996a:39), dessen Abgrenzung von *eikôn* und *eidôlon* wir hier folgen. *Eikôn* sei aufgrund seines etymologischen Anklangs an *eoikôs* (»gleichend«) eingeführt worden; insofern sei davon auszugehen, »dass Platon unter dem Titel *eikôn* allein an Darstellung und Ähnlichkeit denkt. […] Das Bild ist Bild, weil es dem Wahren, dem Echten gleicht.«

9 | Dies in dem Sinne u verstehen, dass bspw. die Darstellung des Kosmos im *eikôs logos* keine »bildmalerische« Absicht bezweckt. Die Schönheit des Kosmos soll nicht etwa dem aisthetisch/ästhetischen Genuss oder der Zerstreuung dienen, son-

ferenzbereich der *eidôla* hingegen wäre bereits etwas Bildhaftes, also entweder *eikônes* (Vorbilder aus der sinnlich erfahrbaren Welt) oder denkbarerweise auch andere *eidôla*.

2) Der Aspekt des *Hervorbringungsmodus*: Nicht alle durch »nachahmende Kunst« hervorgebrachten Bilder sind (ontologisch, praktisch und ethisch) niederwertige *eidôla*: Während das Kriterium der Referenz eine eindeutige Unterscheidung von Abbildern und Schattenbildern ermöglicht, ist die Lage hinsichtlich der Hervorbringungsmodi weniger eindeutig, zumal dieser Begriff bei Platon ausgesprochen mehrdeutig verwendet wird (vgl. Gebauer/Wulf 1992: 50 ff.). Halten wir uns an die engere Begriffsvariante der nachbildenden Mimesis i. S. der »Nachahmungskunst« (*mimêtikês*, Sophistes 235c). Bekannt sind Platons abwertende Bemerkungen in der *Politeia*, nach welcher der

> »Nachbildner [*mimêtikon*] nichts der Rede wertes versteht von dem, was er nachbildet [*mimeitai*], sondern die Nachbildung [*mimêsin*] eben nur ein Spiel ist und kein Ernst, und daß, die sich mit der tragischen Dichtung beschäftigen in Jamben, sowohl als in Hexametern, insgesamt Nachbildner sind so gut als irgendeiner.« (*Politeia* 602b)

Sie dichten bloße Erscheinungen (*phantasmata*), Illusionen, die geeignet sind, Kinder und Unkundige zu täuschen – Schattenbilder im pejorativen Sinn des Ausdrucks *eidôlon*, die in Unkenntnis des Wahren und Guten die Sitten verwirren und insofern verboten gehören (*Politeia* 599, pass.).

Im Dialog *Sophistes* ist hingegen eine wesentlich differenziertere Diskussion der nachahmenden Kunst zu finden; selbst der Ausdruck *eidôlon* findet sich hier in offenbar neutraler Besetzung: Ergänzend zum Begriff *mimêtikês* findet sich das Kompositum *eidôlopoiikês*, welches Schleiermacher als »bildermachende Kunst« übersetzt (*Sophistes* 236c). Im Zuge des Unternehmens dieses Dialogs, die Sophisten als trugbildnerische »Dünkelnachahmer« zu demaskieren, führt Platon die Unterscheidung zwischen Trugbildern (*phantasmata*) und Ebenbildern (*eikona*) ein. Das Bemerkenswerte daran ist, dass hiermit der *eikôn*-Begriff in den Kontext der »ebenbildnerische[n] Kunst der Ebenbilder [*eikastikên*]« (ebd. 235d), gebracht wird. Diese ebenbildnerische Kunst wird der trug-

---

dern letztlich dessen Zusammenhang mit der Ideenwelt aufweisen und einen indirekten, bildhaften Zugang zu derselben gewähren.

bildnerischen Kunst gegenübergestellt. Mit dieser Aufwertung zielt Platon jedoch kaum auf das, was in einem künstlerischen Sinne »Bild« genannt würde. Denn das »wahre« Bild würde die Proportionen seines Vorbildes genau wiedergeben und insofern eine auf gute Weise »ähnliche« Darstellung sein. Werden die Proportionen zu Darstellungszwecken geändert – durch perspektivische Darstellung etwa – so werden sie verzerrt: und dies bedeutet konkret, dass die Darstellungsform den Darstellungsinhalt (das wiedergegebene Ding) so weit dominiert, dass dieser zwar vorgetäuscht wird, jedoch nicht mehr in seinen *objektiven* Eigenschaften »ähnlich« wiedergegeben wird. Der einzige Bildtypus, der folglich zu den *eikônes* gerechnet werden kann, ist derjenige, dessen Darstellungsform dem Zweck der Abbildung der objektiven proportionalen etc. Eigenschaften des Vorbilds (ohne Rücksicht auf Erkennbarkeit von einem Betrachterstandpunkt aus) entspricht – man könnte wohl an mathematische oder technische Zeichnungen, Sternkarten etc. denken.[10]

In seinem berühmten Aufsatz über die »Perspektive als symbolische Form« erwähnt Erwin Panofsky (1985), dass es in der Antike üblich war, große Bauten wie etwa Tempel so zu errichten, dass bestimmte typische Verzerrungen des menschlichen Auges (leichte kissen- oder tonnenförmige Verzerrungen, wie man sie etwa in stärkerer Form von Weitwinkel-Fotografien kennt) durch die Bauweise ausgeglichen wurden. Bestimmte Gebäudelinien wurden etwa leicht gebogen ausgeführt, damit sie vom am Boden befindlichen Betrachter gerade *aussehen* würden. Platon wendet sich im Grunde gegen solche »rezeptionsästhetischen« Ansätze, die für ihn nur *phantasmata* der ›eigentlichen‹ Formen hervorbringen, welche allein zum Zweck des Sinneneindrucks verzerrt werden – ein Sakrileg dort, wo gerade die Form (*eidos*) als heilig instauriert werden soll. Die ›wirklichen‹ zeitlichen und räumlichen Proportionen können jedoch gebunden an die Perspektivität eines raumzeitlichen Punktes (zumal in Kombination mit der Unvollkommenheit sinnlicher Wahrnehmungsvor-

---

10 | Gernot Böhme (2004:23 f.) schlussfolgert anders: »Insofern die mimetische Kunst für die Anschauuung produziert, wird sie immer phantastike techne sein und Phantasmata produzieren. [...] Für den Bereich der sinnlich erfaßbaren Bilder scheint also die phantastike techne überhaupt zuständig zu sein.« Wir würden uns kaum anmaßen, Böhmes Platon-Lektüre anzuzweifeln, doch wird man in der Sache vielleicht zugeben, dass ›proportionsechte‹ Abbildung wie technische Zeichnungen hinsichtlich ihrer Ideenähnlichkeit zumindest dem Status hergestellter Dinge (*erga*) gleichen.

gänge) niemals als solche erfasst werden. Daher plädiert Platon im Grunde für die *Habitualisierung eines perspektivlosen, depersonalisierten Blicks*. Jede verzerrende Darstellungsform verhindert die Einübung eines solchen Blicks; jede nicht verzerrende Darstellungsform bringt ›gute‹ Abbildungen hervor, die sich dadurch auszeichnen, dass der *Inhalt* des Bildes *eikôn* ist und nicht *phantasma*. Genau dieser Umstand, dass also auch die Produkte der »bildermachenden Kunst« unter bestimmten Bedingungen ideenähnlich (*eikôs*) sein können (und diesen Aspekt unterschlägt der Staatsmann Platon in der *Politeia* durchaus), macht die Diskussion der Bildlichkeit bei Platon zu einer ausgesprochen unübersichtlichen Angelegenheit – es sei denn, man differenziert mit Böhme zwischen einer metaphorischen und einer nichtmetaphorischen Verwendungsweise des *eikôn*-Begriffs. Es kann nämlich etwa auf der Basis der Lehre von der generellen ontologischen Zweitrangigkeit von Bildern, wie sie in der *Politeia* nicht zuletzt auch aus politischen Gründen vertreten wird (vgl. die aufschlussreiche Diskussion durch Lüdeking 1994:347), im Grunde kaum einsichtig gemacht werden, warum und inwiefern überhaupt Bilder ›gut‹ und sogar wertvolle pädagogische Mittel sein können, die – vor allem im rituellen Rahmen von Tanz, Musik und Bewegung – zur Einübung in die wahre Ordnung (die der Kosmos sinnlich repräsentiert) geeignet sind.

3) Zum Aspekt des *Mediums*: Platon kannte keinen expliziten Medienbegriff. Erst Aristoteles' Wahrnehmungsmodell verwendet den Begriff der *metaxy* in der engen Bedeutung sinnlicher Wahrnehmungsmedien wie Luft oder Wasser (*De anima* II 7). Dennoch bilden Medien ein herausragendes Thema für Platon: So spielen beispielsweise *Chora* und *Zahl* eine konstitutive Rolle bei der Erzählung von der Erschaffung des Kosmos;[11] bei der Diskussion der Differenz zwischen Sprache und Schrift im *Phaidros* wird letztere als (lebloses) Erinnerungsmedium kritisiert (vgl. Szlezák 1985); die zentrale Bedeutung des Bildes dingliches Medium für Bilder wurde im Vorhergehenden bereits hinreichend verdeutlicht. Die Thematisierung der Bedeutung von Medien bei Platon gewährt die

---

11 | Die Zahl bzw. der mathematische Gegenstand ist die entscheidende Verbindung, mittels derer die Ideen in eine materielle Welt nachgebildet werden können. Denn die »Zahl ist Ausdruck der Einheit in der Vielheit. Und es ist der Demiurgos, der die synthetische Vermittlung zwischen der Einheit jeder Idee und dem materiellen Prinzip mittels des *Mediums* der mathematischen Gegenstände, also der Zahlen und geometrischen Figuren bewirkt« (Reale 1996:17; Herv. im Original. Vgl. auch Böhme 1996a:130 ff.).

Chance, *erstens* die Einsicht in Platons Bildverständnis weiter zu vertiefen und *zweitens* einen differenzierteren Zugriff auf die Bedeutung des Bildes in sozialen Praxen (im Kontext der platonischen »Sozialpädagogik«, s.u.) zu erhalten, was in der Beschränkung auf den (wie bereits zu erkennen war ohnehin ausgesprochen uneinheitlichen) Bildbegriff nicht ohne weiteres möglich wäre.

Dabei wird an dieser Stelle mit Absicht noch kein elaborierter Medienbegriff zugrundegelegt (denn es geht hier zunächst darum, Phänomenbereiche von Medialität zu erschließen); statt dessen soll unter »Medium«, angepasst an die hier geführte Bilddiskussion, schlicht das »Worin« verstanden werden, in dem ein Bild – im weitesten Sinne – erscheint. Genauer: es geht darum sichtbar zu machen, dass Platon mit einem solchen »Worin«, in dem die Formen, die das Bild zu sehen gibt, erscheinen, operiert und dabei implizit reine von unreinen Medien unterscheidet.

Reine und unreine Medien

Der Prototyp einer »guten« *eikôn* bei Platon ist der Kosmos – wir kehren hiermit zurück zur eingangs gestellten Frage, wie es möglich sei, dass der Kosmos ein gutes Abbild, ein ›sinnlich wahrnehmbarer Gott‹ (vgl. oben S. 29) ist. Zunächst ist zu bemerken, dass der Kosmos bei Platon in zweifacher Hinsicht die Differenz von Bild und »Werkstück« unterläuft. Zwar ist er *erstens* ein Werk eines ›göttlichen Handwerkers‹ (des Demiurgen), und gehört als solcher zur Ordnung der hervorgebrachten Dinge. Doch ist es nicht nur Werkstück im herkömmlichen Sinn. Denn was das Ding (*hekastôn*) vom *eidôlon* unterscheidet, ist der Umstand, dass es nichts anderem ähnlich ist als seinem *paradeigma* – deshalb ist es als *eikôn* zugleich *eikos*, also ähnlich. Der Kosmos jedoch ist *unmittelbar* Abbildung der Ideenwelt und insofern das sinnlich erfahrbare *Prinzip* der »Abbildung« von Ideen[12], er ist jedoch sicherlich nicht in der Weise Abbild einer »Idee des Kosmos« wie das Bett Abbild einer Idee des Bettes ist, nach dessen Vorschrift es hervorgebracht wurde. Somit kann man feststellen, dass es nicht ganz korrekt wäre, davon zu sprechen, dass der Kosmos ›et-

---

12 | Wenn man differenzieren will: er ist das bildliche Gleichnis dieses Prinzips, dem jedoch m.W. keine gesonderte Idee entspricht, allenfalls die der Ähnlichkeit selbst.

was‹ abbilde, sondern man vielmehr sagen muss, dass im Kosmos etwas ›zur Darstellung kommt‹. In diesem Zusammenhang ist Böhmes These aufschlussreich, dass die Entstehung der sinnlichen Welt nicht als »Werden« übersetzt und verstanden werden sollte (denn dies, so argumentiert Böhme, impliziert eine vorgängige Zeitlichkeit i. S. des *chronos*, aber *chronos* ist selbst, wie Böhme (1996a:68 ff.) aufweist, ein Abbild des *Äon*): »Wir übersetzen deshalb nicht durch das missverständliche ›Werden‹, sondern durch Hervortreten« (ebd. 61): der Kosmos *wird* nicht in der Weise, wie ein Bett (hergestellt) wird, denn er befindet sich nicht innerhalb der Ordnung des *chronos*, sondern etabliert diese selbst (nur deshalb kann er sinnlich, also zeitlich und zugleich ewig bzw. außerzeitlich sein). Darin genau ähnelt der Kosmos nun aber dem Bild (i. S.v. *eidôlon*), dessen Darstellungsinhalt in dieser Hinsicht ebenso wenig »wird« als vielmehr »hervortritt« und ebenso unvergänglich ist.[13] Der Kosmos ist mithin nicht nur als Werkstück eines Handwerkers, sondern *ebenso* als Bildnis zu verstehen.[14]

Zweitens – und dies leitet zum Thema der Medialität über – werden Dinge im Gegensatz zum Kosmos aus Materie (*hylê*; vgl. *Philebos* 54c) hergestellt. Der Kosmos aber »besteht« nicht einfach aus Materie. Denn erst »indem in die Chora erste Ordnungsprinzipien eingetragen werden,

---

13 | Interessanterweise ist auch der Bildinhalt nur sinnlich, also zeitlich erfahrbar, aber zugleich außerzeitlich. Zwar kann, wie bei alten Fotografien, die Materialität des Bildes verfallen, nicht jedoch sein abgebildeter Inhalt altern. Man denke etwa an Oscar Wildes *Dorian Grey*, der natürlich genau mit dieser Eigenschaft spielt und den Protagonisten im Austausch mit seinem Gemälde genau diese Außerzeitlichkeit des Bildinhalts annehmen lässt.

14 | Diese Ambivalenz zwischen Bildwerdung im Sinne eines »zu-sehen-Gebens« einerseits und der Entstehung i. S.v. Genesis andererseits äußert sich recht deutlich im Kontext der gleichnishaften Rede. So heißt es bspw. im Sonnengleichnis der *Politeia*: »*Die Sonne, denke ich, wirst du sagen, verleihe dem Sichtbaren nicht nur Vermögen, gesehen zu werden, sondern auch das Werden und Wachstum und Nahrung, ungeachtet sie selber nicht Werden ist. [...] Ebenso nun sage auch, dass dem Erkennbaren nicht nur das Erkanntwerden von dem Guten komme, sondern auch das Sein und Wesen habe es von ihm, obwohl das Gute selbst nicht das Sein ist, sondern noch über das Sein an Würde und Kraft hinauslangt.*« (Platon, *Politeia 509 b*). Analog, noch enger auf den Kosmos bezogen, lautet es im Höhlengleichnis (die Sonne fungiert hier ebenfalls als Verbildlichung der Idee des Guten): »*Zuletzt aber, denke ich, wird er auch die Sonne selbst [...] zu betrachten imstande sein. [...] Und dann wird er schon herausbringen von ihr, dass sie es ist, die alle Zeiten und Jahre schafft und alles ordnet in dem sichtbaren Raume und auch von dem, was sie dort [in der Höhle] sahen, gewissermaßen die Ursache ist*«. (ebd., *516 b*)

entsteht Materie, nämlich die vier Elemente Feuer, Wasser, Erde, Luft« (Böhme 1996b:18). Das Chaos der Chora ist also kein »Rohmaterial« oder dergleichen. Sie ist die *Formlosigkeit* selbst und vollkommen frei von positiven Eigenschaften gedacht. Walter Mesch formuliert, die Chora sei »jenes Medium, in dem alles Werden geschieht« (Mesch 2002:201) – wir würden, Böhme (1996a:50) folgend, eher sagen wollen, sie sei dasjenige Medium, in dem sich die »Darstellung der Idee als ihr Hervortreten aus dem Unbestimmten« ereignet.

Als reine Unbestimmtheit ist die Chora das perfekte Medium zur prinzipiell unverfälschten Darstellung jeglicher Form. Deswegen ist der Kosmos tatsächlich das göttliche, reine Abbild der Ideen. Was ihn ontologisch zweitrangig macht, ist nicht etwa so etwas wie ein Mangel an Darstellungskapazität, eine Verzerrung der Formen aufgrund einer unperfekten Struktur der Chora. Vielmehr ist, wie Mesch (2002:201) vermutet, gerade das, was die Chora ein ideales Darstellungsmedium sein lässt – ihre Formlosigkeit – zugleich der Grund für die grundsätzliche Mangelhaftigkeit des Kosmos: »Es ist [...] die Formlosigkeit, die sich als Quasi-Eigenschaft des kosmischen Stoffes dem geformten Abbild mitteilt und zum Grund für dessen Defizienz gegenüber dem Vorbild wird« (ebd.). Folgt man dieser These, so ergibt sich daraus bei genauerer Betrachtung, dass die Defizienz *logisch* bereits vor dem Abbild vorhanden ist, denn die Chora ist logisch der Abbildung der Ideen, also der Erschaffung des Kosmos als *eikôn*, vorausgesetzt. Das *eikôn* kann folglich seiner Vorschrift so ähnlich sein wie nur möglich, defizient ist es zu allererst – welche Gründe sich dem auch immer anschließen mögen – deshalb, weil es *Bild-in-einem-Medium* ist. Vielleicht sperren sich die Ideen bzw. *paradeigmata* nicht zuletzt deswegen gegen ihre Übersetzung als »Vorbild«, weil sie sich zu *jeder* Medialität antithetisch verhalten.

Im Gegensatz zum ›reinen‹, weil formlosen Medium der Chora gehören die *eidôla* der bereits ›durchgeformten‹ sinnlichen Welt an, in der insofern nichts »an sich« Formloses nach Art der Chora existiert. In das Bild, selbst wo es Darstellung eines *paradeigma* sein wollte, fließen notwendig »fremde« Formaspekte ein. Mesch stellt anhand der Bilddiskussion des *Sophistes* drei Typen medial bedingter Abweichung heraus (hier und im folgenden Mesch 2002:199 f.): Erstens das »stoffliche *Medium der Abbildung* [...] Gemalte Kirschen sind nicht essbar, und seien sie auch noch so schön gemalt.« Dieses Moment führe zweitens zu einer Beschränkung der Form, die umso schwerer zu durchschauen ist, je ähnlicher sich Form und Inhalt sind.»Auch wer gemalte Kirschen nicht essen will, wird vielleicht versucht sein, dem Geheimnis der Illusion durch Betasten der Leinwand auf die Spur zu kommen. Dabei kommt es für den Rezipienten nur auf den rechten Standort im Verhältnis zum Kunstwerk an, nämlich auf jenen Standort, im Hinblick auf den die Illusion vom Produzenten berechnet worden ist [...]«. Schließlich nennt Mesch als dritten Aspekt und »größte Täuschungsgefahr« für Platon, »dass das Abgebildete auch im *Inhalt* der Abbildung so abgebildet werden kann, wie es *nicht* ist«, also bspw. zu Illusionszwecken perspektivisch ›verzerrt‹. Schließlich wirken diese drei Aspekte zusammen; es »gibt einen Zusammenhang zwischen der inhaltlichen und der formalen Abweichung, die ihrerseits mit den Beschränkungen des verwandten Stoffes zusammenhängt.«

Anzumerken ist zunächst, dass die Rede von dem »stofflichen Medium der Abbildung« recht unglücklich gewählt ist. Man würde Schwierigkeiten haben anzugeben, inwiefern genau etwa die verwendeten Farbpigmente »Medium« einer Abbildung sind. Zudem ist davon auszugehen, dass gerade der »stoffliche« Aspekt in Platons Sinne nichts mit dem zu tun hätte, was hier als Medialität des Bildes herausgearbeitet werden kann. Denn – um beim Beispiel des Gemäldes zu bleiben – Rahmen, Leinwand, Firnis, Öl und Pigmente, die ein Bild ›stofflich‹ ausmachen, gehören eher der Ordnung der handwerklichen als der künstlerischen *Poiesis* an; sie sind materielle und instrumentelle Bestandteile des Hervorbringungsprozesses des Bildes als gegenständliches Ding, jedoch nicht Bestandteile der Medialität des Bildes i. S.v. Farblichkeit, Dimensionalität, Oberfläche etc.[15]

Bleiben die Aspekte der »Form« und des »Inhalts«, mit denen Mesch zwei Aspekte desselben Sachverhalts anspricht, der oben als »Darstellungsform« bezeichnet wurde.[16] Ob man nun jene Terminologie bevor-

---

15 | Vgl. das Wort »pínax«: »Brett«, später in der Bedeutung von »Gemälde« verwendet (Böhme 2004:14). Es ist damit nicht intendiert, Medialität von jeglicher Materialität zu abstrahieren. Doch dies sollte nicht dazu verleiten, Materialität und Medialität ineinszusetzen und damit diese konzeptionell fruchtbare Differenz implodieren zu lassen.
16 | Die Trennung dieser Aspekte bei Mesch ist insofern unklar, als der »Inhalt« eines *eikōn* i.S. Platons seine Form (*idea*) ist und dies nicht getrennt werden kann.

zugt oder diese, ist für den hier interessierenden Aspekt zweitrangig. Deutlich ist allemal, dass *eidôla* (aus Platons Perspektive betrachtet) immer von unvermeidlichen medialen Verzerrungen begleitet sind, von denen der Kosmos als *eikôn* im Medium der Chora frei ist: Überall in der sinnlichen Welt, wo ein Bild *als* Bild (und nicht metaphorisch verstanden ein Werkstück als Abbild eines *paradeigma*) entsteht, kollidiert die Form des Darzustellenden mit den medial bestehenden Formen, welche jede Bildlichkeit überhaupt erst ermöglichen.

An dieser Stelle besteht die Notwendigkeit, die hier eingeführte Unterscheidung von Bild und Medium zu differenzieren. Denn auch ein »Bild« kann in dem hier intendierten Sinn »Medium« eines Bildes sein; allerdings liegen dem zwei ganz unterschiedliche Bildbegriffe zugrunde. Die Zeichnung, das Gemälde, in erweitertem Sinne das Relief und die Plastik, heutige Verhältnisse einbezogen die Fotografie, das Fernsehbild und das sog. »virtuelle« Bild auf dem Bildschirm – all dies sind »Bilder« i. S. der *eidôla*. Im Sinne des Vorschlags von Hans Belting (2002) lassen sich diese Bildformen als Medien (im Sinne der medialen »Verkörperung« von Bildern) verstehen, und zwar aufgrund ihrer je eigenen Darstellungsformen und -charakteristika, welche die Möglichkeiten und Grenzen der Darstellung von Darstellungsinhalten determinieren. Diese Bildgehalte selbst wären für Platon dann entweder durch Ideenähnlichkeit ausgezeichnet – sie wären *eikôn* –, oder aber durch Vernachlässigung des Bezugs auf die Ideen, dann wären sie *phantasma*. Ob etwas eher *eikôn* oder *phantasma* ist, wird sicherlich durch die Darstellungsform mitbestimmt, ist aber wesentlich auch eine »bildethische« Frage der Bemühung um einen vernunftgemäßen Bezug zur kosmischen oder Ideenordnung. Ein »platonischer Bildinhalt« erscheint als Zeichnung anders denn als Plastik oder als Wandgemälde: er selbst ist entweder *eikôn* oder *phantasma*, jene sind verschiedene Formen von *eidôla*. Es geht darum zu zeigen, dass v. a. der platonische Bildbegriff »*eikôn*« von dem abstrahiert, was hier – noch ganz vorläufig und heuristisch – als Medium bezeichnet wird, und dass Platons Bildkritik gerade deswegen nicht zuletzt auch eine Kritik von Medialität *avant la lettre* ist. Als »ideenfremde« oder »ideen-

---

Die Darstellungsform ist entsprechend nichts anderes als bspw. die Verzerrung der »wahren« Proportionen eines Gegenstandes bzw. seines *paradeigma*.

ferne« Form hat Platon gewissermaßen erkannt, dass das Medium eine ihm durchaus eigene »Message« hat.

Dieser Zusammenhang lässt sich nun wie folgt schematisieren (wobei die drei diskutierten Aspekte der Bildreferenz, des Herstellungsmodus sowie der Medialität zusammengefasst werden):

- Das Ideenabbild als Idealtyp der *eikôn* ist dinghaft und insofern niemals *eidôlon*. Es ist notwendig ideenähnlich (*eikos*). Ein Bett kann ein schlecht hergestelltes Bett sein, aber niemals das Schatten- oder Trugbild eines Bettes. Die Eigenform der Materie, z.B. des Holzes, das ihrem Begriff *hylê* den Namen gibt, hat daher keinen verzerrenden Einfluss auf die Form der abgebildeten *eikôn* (etwa des Bettes).
- Wenn das Bild (*eikôn*) als Produkt von *Mimesis* verstanden wird, ist entweder der Kosmos (als mimetisch hergestelltes Abbild der Ideen; *Timaios* 28d ff.) oder das *eidôlon* angesprochen. Das Medium des Kosmos ist formlos (Chora), das Medium des *eidôlon* ist nicht formlos, sondern impliziert eigene Darstellungsformen, die Platon als Verzerrung der eigentlichen Proportionen und Eigenschaften der dargestellten Sache registriert.
- Die *eidôla* wiederum weisen sich entweder durch ihre Referenz auf Ideen i. S. ›guter‹ Abbildungen aus, indem die dargestellten Formen durch Vernunftgebrauch nach Maßgabe der Ordnung unterschieden werden – nur dann sind sie *eikôn* im positiven Sinn –, oder sie orientieren sich nicht in vernünftiger Weise an Ideen, dann sind sie *eikônes, eidôla* oder *phantasmata* im pejorativen Wortsinn, wie v. a. in der *Politeia* vorherrschend. Hier könnte man noch zwischen arbiträrem Ideenbezug, also der bloßen Unkenntnis einerseits und der gezielten Ignoranz des eigentlichen Sachverhalts andererseits (beispielsweise in der illusionistischen Kunst oder auch der sophistischen Rede) unterscheiden.

Man kann also keineswegs sagen, dass es Platon um eine generelle Verurteilung des Bildes geht. Vielmehr existieren grundsätzlich drei Formen des Bezugs auf Ideen: erstens der anästhetisch-rationale Weg der Ideenerkenntnis durch den Logos, zweitens die Herstellung von Dingen und drittens die mimetische Herstellung von Abbildern unter vernunftgemäßem, also kritischem Bezug auf die *paradeigmata*. Unter diesen drei Varianten ist der Bereich der hergestellten Dinge nur bedingt tauglich zur Gewinnung von Erkenntnissen: denn einerseits sind diese eben nur mehr oder minder exemplarische Abbilder, andererseits aber dienen sie pragmatischen und gerade nicht erkenntnismäßigen Zielen – und zwar im Gegensatz zum Prototyp aller »hergestellten Dinge«, dem Kosmos. Es ist gerade die »Nichtverwendbarkeit« der Bilder, also ihr »nichtseiendes« Moment, das den Weg zu einem *sinnlich-ästhetischen Erkenntnismodus* eröffnet. Sie sind, auch darin dem Kosmos strukturverwandt, geradezu Aufforderung zu einer lesenden Deutung der enthaltenen (bzw. dargestellten) Formen. Genau dieses Verhältnis zur Bildlichkeit praktiziert Platon in der gleichnishaften Rede auf exemplarische Weise und schreibt es so als normative Vorgabe eines ›rechten Bildgebrauchs‹ fest; wie umgekehrt unter dieser normativen Vorschrift die *phantasmata* geradezu als Provokation erscheinen müssen, weil sie den sie Entziffernden in die Irre führen. Die Schriften Platons lassen sich insofern nicht nur als abstrakt-theoretische Diskurse, sondern auch als konkrete Exempla einer guten Bildpraxis – nämlich der Kritik der Bilder, gleichsam der Dekonstruktion ihrer Wirkung durch rationale Rekonstruktion ihrer Rahmungen – betrachten. Sie führen – in verschiedenen Varianten und gerade auch exemplarisch mittels des *eikôs logos* – Bildpraxen auf und beinhalten insofern durchaus ein performatives Moment.

Doch mit dieser Aufführung einer Bildethik als Bildkritik, das darf nicht übersehen werden, zielt Platon bereits auf eine kulturell avancierte Ebene ab, die nur die wenigen Privilegierten – oder, wie es die *Politeia* (519a) ausdrückt, die »trefflichsten Naturen« – erreicht, zu deren Ausbildung und Berufung die Philosophie gehört. Sie ist hochgradig rationalisiert, setzt die Einsicht und Teilhabe am Logos bereits voraus.[17] Die platonische Heilsutopie verlangt aber *allen* ein vernunftgemäßes Leben ab. Erst dann kann Gerechtigkeit herrschen, wenn alle Einsicht in die kosmische Ordnung erhalten und in allen Seelen Gerechtigkeit herrscht – damit ist eine Bildungsidee initiiert, die bis zu Comenius' berühmtem

---

17 | Im Staat sind es »nur die trefflichsten Naturen« unter den Bewohnern, die von Kind an »gehörig beschnitten« und denen »das dem Werden und der Zeitlichkeit Verwandte […] ausgeschnitten worden wäre«, damit sie »das Gute zu sehen und die Reise aufwärts dahin anzutreten« in der Lage seien (Platon, *Politeia* 519a-519d).

Wahlspruch wirksam bleibt, der schließlich einer ›Pädagogik der guten Bilder‹ programmatischen Status zuwies. Während für Platon, der über keine Differenzierung von Bild und Medium verfügte, das Medium Bild ungeachtet seines (von Comenius kultivierten) Potentials zur ›guten Abbildung‹ überwiegend mit der verzerrenden Seite der *phantasmata* bzw. den *eidôla* im pejorativen Sinn identifiziert wurde, wurden andere Medien – Ton/Harmonie, Geste und Körper – als erzieherische Instrumente zur sinnlichen Vermittlung der kosmischen Ordnung durchaus geschätzt. Musik, Tanz und Gymnastik sind für Platon – vor allem im Rahmen ritueller Kontexte – willkommene Erziehungsmittel, die den Körper selbst zum Medium, zum Bildträger der kosmischen *eikônes* werden lassen.

2.2 Kosmos und Ritual: Medien als Erziehungsmittel

Die oben vorgenommene Analyse hat ergeben, dass im Bereich des Mimetischen einerseits die Frage der Referenz und andererseits die Frage des Mediums über den Status des Bildes entscheiden. Es sind die unvollkommenen, also bereits formhaltigen Medien, welche eine Vermischung von Formen von vornherein provozieren und somit dort, wo ohnehin Unvernunft und Unkenntnis herrscht, die Entstehung von ideenfernen *phantasmata* begünstigen. Nun ist es sicherlich eine Angelegenheit der Medien, die Bildhaftigkeit der Bilder eher sichtbar zu machen oder aber (wie im Illusionismus) zu verbergen. Hierbei nimmt das Bild als Medium jedoch, und das eben dürfte der Grund für Platons weitgehende Verdächtigung des Bildmediums sein, eine besondere Position ein. Andere Medien, wie Ton und Harmonie in der Musik oder Geste und Körper in Tanz und Gymnastik, eignen sich kaum in so hohem Maße wie das Bild zum Illusionismus, also zur Verdeckung ihres medialen Moments. Die Gefahr liegt weniger in einer Verwechslung von Bild und Wirklichkeit, sondern vielmehr darin, dass das »unvernünftige Bild« zum Vorbild des Verhaltens generalisiert wird. Gefürchtet wird also die Performativität des aufgeführten Bildes: seine Macht, (neue) soziale Ordnungen zu etablieren. Dazu ein Kommentar aus den *Nomoi* (669c-d):

»Denn diese [die Musen, B.J.] würden sich wohl nie so weit vergreifen, dass sie Worte, welche sie Männern in den Mund legten, mit weiblichen Tanzbewegungen und Tonweisen begleiteten, noch auch dass, wenn sie Tonweisen und Tänze für Freie gesetzt, sie diese dann mit Rhythmen verbänden, wie sie für Sklaven oder Leute von sklavischem Sinne sich eignen, oder endlich zu edlen Rhythmen und Tanzbewegungen eine Tonweise oder Worte lieferten, die mit jenen Rhythmen im Widerspruch ständen. Auch würden sie schwerlich die Stimmen von Tieren, Menschen und Instrumenten, kurz aller Arten von Schall in eins verbinden, gerade als ob eine solche Darstellung Einheit hätte. Die menschlichen Dichter und Tonsetzer aber mischen und rühren dergleichen alles unverständig durcheinander [...]«.

Konstitutive Differenzen der antiken Gesellschaftsordnung – Männlichkeit vs. Weiblichkeit, Freie vs. Sklaven, Menschen vs. Tiere[18] – erscheinen hier als ewige Merkmale eines göttlich geschaffenen Kosmos. Die Werke der Menschen vermischen dies alles, sie erzeugen unbeständige, vieldeutige Bilder. Eine durch diese Merkmale gekennzeichnete Welt fesselt die sinnliche Erfahrung ans Vergängliche und Diffuse, und erzeugt ›verwirrte Seelen‹, die schließlich die Welt durch ihre Werke und ihr Handeln noch mehr in Unordnung bringen.

Dieselbe Kraft, welche der sinnlichen Erfahrung hier im Negativen zugeschrieben wird, spielt aber auch für die Umwendung dieser schlechten Dynamik eine Schlüsselrolle. Sie ist eine Instanz der Kehrtwendung und Rettung, denn sie ermöglicht die sinnliche Erfahrung der Harmonie des Kosmos und auf diesem Weg das Wiedererinnern der verloren gegangenen guten Ordnung. So lehrt Platon im *Timaios* über die Sehkraft:

18 | Die Mensch-Tier-Differenz ist in der griechischen Antike ein für das Selbstverständnis als Subjekt offenbar wesentlicher Aspekt, der in den Gleichnissen der platonischen Seelenlehre eine entsprechend zentrale Rolle einnimmt (s.u. S. 55). In diesem Zusammenhang wäre auch an die Kirke-Episode der Odyssee zu denken, in der Odysseus' Kameraden in ihrer Triebhaftigkeit zu Schweinen regredieren, während das Urbild des europäischen Bürger-Subjekts, Odysseus, Mensch bleibt (vgl. Horkheimer/Adorno 1980). Anthropologische und Geschlechterdifferenz bilden eine Stufenfolge abnehmender Subjektivität; s. dazu im *Timaios* (42a-42e) dargelegten Mythos, welcher die ›zwiespältige Natur‹ des Menschen wie folgt erläutert: das edlere der beiden Geschlechter ist der Mann; wer nicht gerecht lebt, der »werde in eines Weibes Natur bei seiner zweiten Geburt verwandelt werden«; wenn er dann immer noch nicht »seiner Schlechtigkeit Einhalt täte, solle er der Art derselben entsprechend jedesmal in einer Tiergattung von ähnlicher Art, wie er sie sich angebildet, übergehen und [...] nicht eher ans Ziel seiner Leiden gelangen, als bis er [...] jener wirren und vernunftlosen Masse [...] durch die Vernunft Herr geworden wäre.«

Die Ambivalenz des Bildes: Medienkritik bei Platon

»Nun aber nehmen wir durch ihre Vermittlung Tag und Nacht und auch die Monate und die Jahresumläufe wahr, und haben so durch dies alles die Zahl sowie den Begriff der Zeit empfangen und sind zur Untersuchung über die Natur des All angeregt worden, und dadurch erst sind wir zur Philosophie vorgedrungen, welche das größte Gut ist, was dem sterblichen Geschlechte als eine Gabe der Götter zuteil ward und jemals zuteil werden wird. [...] Gott [hat] die Sehkraft für uns erfunden und uns verliehen [...], damit wir die Umläufe der Vernunft im Weltgebäude betrachten und sie auf die Kreisbewegungen unseres eigenen Nachdenkens anwenden könnten, welche jenen verwandt sind, soweit es das Durchschütterte mit dem Unerschütterlichen sein kann, und damit wir nach ihrer genauen Durchforschung und nachdem uns die Berechnung ihres richtigen Ganges, wie er ihrem Wesen entspricht, gelungen, in Nachahmung der von allem Irrsal freien Umkreisungen des Gottes die in uns selber ordneten.« (Platon, *Timaios* 47a-47c)

In analoger Weise vermitteln Stimme (Gesang) und Gehör »dem, welcher vernunftgemäß des Umgangs mit den Musen pflegt« (ebd. 47d), Harmonie. Alle Sinne können Ordnung, Harmonie, Rhythmus und Schönheit vermitteln. In mimetischen Prozessen, die das ganze Spektrum von körperlichen Bewegungen und Gesten bis hin zu kognitiven und reflexiven Tätigkeiten abdecken, gleicht sich das Individuum dem sinnlich Erfahrenen an (Gebauer/Wulf 1992:52 ff.), wobei folgende Asymmetrie die normativen Anforderungen festschreibt: das Sinnliche als solches ist Vielheit und Unbeständigkeit. Wird in diesem Sinne das Sinnliche *nur* sinnlich, d.h. distanzlos erfahren, so resultiert keine transzendente Dynamik, sondern lediglich eine Verhaftung an diese Sphäre des Uneigentlichen: strukturanalog zur Ausblendung des Bildmediums wird dann die sinnliche Erfahrung irrtümlicher Weise *schon* für das Wahre genommen. Wird das Sinnliche aber als bloßer Durchgang einer ihm zugrunde liegenden Ordnung wahrgenommen – somit als das, was es seiner Natur nach in der platonischen Ontologie ohnehin ist, so wird die Sinnlichkeit der Erfahrung als solche unmittelbar suspendiert und in eine transzendente Ordnungserfahrung überführt: der Blick hat dann die Kraft, die *hinter* der sinnlich vermittelten Fassade liegende Ordnung der Welt sinnlich erfahrbar zu vermitteln.

Es muss Platon insofern um eine *Kritik des sozialen Gebrauchs der Sinnlichkeit* gehen, und nicht um ihre Desavouierung. Die Menschen sind schlechte Schöpfer, deren mediale Produkte die Seelen in Unordnung bringen, aber als Geschöpfe der Götter, die an der Vernunft selbst teilzuhaben vermögen, liegt es in ihrer Hand, diesen Zustand zu verbessern. Es ist die Aufgabe der Weisen und Vernünftigen, die rechte Ordnung zu erkennen. Diese soll nicht nur in esoterischen Zirkeln gelehrt werden, sondern es ist darüber hinaus dafür zu sorgen, dass diese Ordnung sinnlich-konkret erfahren werden kann, so dass durch die sinnliche Erfahrung *hindurch* eine Mimesis an die ideale Ordnung stattfinden kann. Die Architektonik der platonischen Ontologie ist hierfür wesentlich; insbesondere dadurch, dass die ideale Welt *selbst* sozusagen ›aktiv‹ in den Bereich des Sinnlichen scheint, dass der Schein, die Ähnlichkeit, das Bild an sich nicht ›falsch‹ sind, sondern ebenfalls göttlicher Abkunft, und dass die Idee als das wahrhaft Seiende in den Dingen durch ihre Teilhabe (*methexis*) anwesend ist.

Es war Platon ganz offenbar bewusst, dass mimetische Prozesse in der Erziehung und soziale Rituale die primären Orte dieser konkreten Erfahrung darstellen: in der Mimesis wird der Körper zum Medium, sei es von Ordnung oder von Unordnung. Sowohl in der *Politeia* als auch in den *Nomoi* werden deshalb Musik und Gymnastik, Tanz und Gesang als zentrale Anliegen im Rahmen der Erörterung der Funktionen des Erziehungswesens, das der Gesetzgeber »nie irgendetwas anderem nachstellen oder zur Nebensache werden lassen« darf (Platon, *Nomoi* 766a), hervorgehoben. In den pädagogischen Passagen der Schriften Platons erzeugt ein Nebeneinander von pragmatischen, tradierend-normativen und kosmisch-einbindenden Aspekten von Musik und harmonischer Bewegung eine scheinbar natürliche Verbundenheit dieser verschiedenen Bereiche. Das Programm der platonischen *Paideia* verbindet kosmische Ordnung, soziale Normen und sinnliche Ordnungserfahrungen (Harmonie und Rhythmus) zu einem Ganzen, für das als paradigmatische Struktur der *Chorreigen* steht.[19] Dieser ist in der griechischen Antike ein generationenübergreifendes soziales Ritual, welches von Platon in eine die ganze Gesellschaft umfassende, quasi »sozial-pädagogisch« angedachte Normierungsinstanz transformiert wird.

In der Erziehung darf selbstverständlich nur Vorbildliches zur Anwendung kommen, nur solche Tonarten, Musikinstrumente und Gesän-

---

19 | Wie der Athener in den *Nomoi* (672e) seine pädagogischen Untersuchungen zusammenfasst, bezieht sich das »Ganze des Chorreigens [...] auf das Ganze der Erziehung«.

ge dürften verwendet werden, die eine Harmonie in der Seele hervorrufen (Gebauer/Wulf 1992:55), während durch Gymnastik und Tanz die Form des Schönen in die Gesten, Bewegungen und Rhythmen des Körpers schon im Mutterleib[20] eingeschrieben wird. Die vernunftgeleitete Erziehung erfüllt eine korrektive soziale Funktion. Denn indem dafür gesorgt wird, dass die Einzelnen die kosmischen Gesetze erfahren, verinnerlichen und zu Leitprinzipien ihrer Lebensführung machen, wird die Ordnung des Ganzen erreichbar: »Wenn aber die Knaben schon beim Spiel auf die gehörige Art angefangen haben und gute Ordnung [*eunomîa*] durch die Musik in sich aufgenommen, so wird auch, ganz im Gegensatz mit jenen, diese sie überall begleiten und mit ihnen wachsend auch das berichtigen, was etwa vorher im Staat in Unordnung geraten war« (Platon, *Politeia* 425a). Die Musik bewirkt eine unmittelbare Verbindung mit der göttlichen Harmonie, denn sie hat »mit den Umkreisungen der Seele in uns verwandte Umläufe« (Platon, *Timaios* 47d) und vermag »den in Zwiespalt geratenen Umlauf der Seele in uns zur Ordnung und Übereinstimmung mit sich selber zurückzuführen« (ebd.).

Ton und Harmonie sind für Platon aber nicht nur Medien kosmischer Ordnungserfahrungen, sondern wie bereits gesehen ebenso eines der praktischen Vermittlung tradierter normativer Gehalte, die von Platon sozusagen rückwirkend ontologisiert werden. Verschiedene Harmonien und Rhythmen stehen für Wesensunterschiede – im Medium des Tons erscheinen Abbilder von Ideen (oder aber Vermischungen, Phantasmen). Daher ist es nicht nur notwendig, »nach einem festen Muster Gesänge, welche für das weibliche, und solche, welche für das männliche Geschlecht sich eignen zu unterscheiden und demgemäß auch Harmonie und Rhythmus ihnen anzupassen«, sondern

>»man muss die dem weiblichen geziemenden auch aus jenem Naturunterschiede beider Geschlechter noch besonders deutlich machen. Wenn daher eine erhabene Musik, welche Mut und Tapferkeit atmet, dem männlichen Charakter entspricht, so ist nicht bloß gesetzlich festzustellen, sondern auch den Bürgern noch beson-

---

20 | »Wollen wir denn allem Gelächter zum Trotz es zum ausdrücklichen Gesetze erheben: eine schwangere Frau soll fleißig spazierengehen […]« (Platon, *Politeia* 789d-e). »Und folglich werden wir auch mit Grund behaupten, dass auch die Gymnastik der ganz zarten Kinder, welche lediglich darin besteht, dass man ihnen Bewegung macht, eins von den Mitteln ist, welche viel zu einem Teile der Tugend beitragen« (ebd. 791c).

ders auseinanderzusetzen, dass eben hiernach diejenige, welche mehr zum Ausdrucke der Sittsamkeit und Besonnenheit neigt, auch mehr dem weiblichen angemessen ist« (Platon, *Nomoi* 802d-802e).

Auch das Ritual des Märchenerzählens, das Platon zum Bereich der Musik zählt (vgl. Platon, *Politeia* 376e), wird mit gleicher Absicht als normatives Erziehungsinstrument eingesetzt, denn gerade bei den »jungen und zarten Wesen [...] wird vornehmlich das Gepränge gebildet und angelegt, welches man jedem einzeichnen will«; die Mütter sollen »noch weit sorgfältiger die Seele durch Erzählungen bilden, als mit ihren Händen den Leib« (Platon, *Politeia* 377a-c).

In ähnlicher Weise wie bei Musik und Gesang spielt sich auch die Bedeutung der Gymnastik auf verschiedenen Ebenen ab. Hier gibt es zunächst die ganz pragmatische Dimension der Körperbeherrschung – im idealen Staat ist die Gymnastik als Kampf- und Kriegsübung auszurichten, durch Behendigkeit, Schnelligkeit und Kraft des Leibes sichergestellt wird (*Nomoi* 830d, 832e ff.). Auf einer zweiten Ebene ist eine tradierend-normative Funktion zu erkennen: Körperbildung durch Gymnastik und Sport sind Teil des antiken Erziehungskanons; sie erzeugen einen dem sozialen Stand angemessenen Bewegungshabitus. Schließlich ist auch der Gymnastik, wiewohl sie es im Gegensatz zur Musik primär nicht mit der Seele, sondern dem Körper zu tun hat, eine kosmologische Konnotation nicht abzusprechen. Denn das Prinzip »Ordnung durch Bewegung« ist der antiken Kosmologie, wie in Platons *Timaios* wiedergegeben, entnommen:

»[...] wenn man aber dem Beispiele der von uns so genannten Ernährerin und Amme des Alls folgt und den Körper am liebsten niemals in untätiger Ruhe beläßt, sondern in steter Bewegung erhält und durch gewisse angemessene Erschütterungen, die man in ihm seinem ganzen Umfange nach hervorruft, sich jener äußeren und inneren Erregungen auf eine naturgemäße Weise erwehrt und dadurch die durch den Körper umherirrenden Bestandteile und Eindrücke, dergestalt daß sich Verwandtes zu Verwandtem fügt, in die gehörige Ordnung untereinander bringt, so wird man nach unserer voraufgehenden Auseinandersetzung über die Natur des Alls es hierdurch verhindern, dass sich Feindliches zu Feindlichem geselle und dadurch im Körper Kämpfe und Krankheiten erzeuge, und vielmehr bewirken, daß Befreundetes sich mit dem Befreundeten verbinde und dadurch Gesundheit verleihe. Von allen Bewegungen nun aber ist die des Körpers in sich selbst und durch sich selbst die beste, denn sie ist am meisten der Bewegung des Denkens und des All verwandt.« (*Timaios* 88d-89a)

Das Prinzip der Selbstbewegung steht in der antiken Philosophie für das höchste Seiende. In der Gymnastik geschieht, nach Platons Darstellung, eine mimetische Angleichung an dieses höchste Seiende und an den Kosmos: der Körper wird selbst zum Medium, in dem das Bild der göttlich-selbstbewegten Ordnung hervortritt und sinnlich erfahrbar wird. Die Isomorphie der leiblichen Bewegungen mit den kosmischen Gesetzen bewirkt eine gute Ordnung des Körpers (Gesundheit) sowie die Harmonie des Körpers im Verhältnis zur Seele; vor allem aber taugt nur der in diesem Sinne harmonisierte Körper zu seiner eigentlichen Aufgabe, als Sitz der sterblichen Seele und zeitlicher Sitz der unsterblichen Seele die Voraussetzungen dafür bereit zu stellen, dass die Seele selbst das *eikôn* der kosmischen Ordnung sein kann.

2.3 Die Disziplinierung des Körpers zum ›guten Medium‹

Motiviert sich das pädagogische Programm Platons auf der Basis der Ideenmetaphysik, indem das höchste Seiende und zugleich die Notwendigkeit seiner Nachahmung durch die Menschen als normative Vorgaben präsentiert werden, so zeigen die entsprechenden Passagen, dass der Begriff der *Seele* (*psychê*) in diesem Kontext eine zentrale Vermittlerfunktion einnimmt. Dies in zweierlei Hinsicht: erstens liefert erst Platons Theorie der Seele eine Erklärung der pädagogischen Maßnahmen, insbesondere der Bedeutung von Musik und Gymnastik im Rahmen einer spezifischen und differenzierten Leib-Seele-Anthropologie, andererseits verbindet die Seele den Menschen mit dem Kosmos (Wulf 1991:4). Platon artikuliert diese Verbindung in seinen Schriften auf zweifache Weise – einerseits durch den Mythos der Erschaffung des Kosmos und der individuellen Seelen, also gleichsam einer makrokosmischen und einer mikrokosmischen Version von Seele (Treusch-Dieter 1991), andererseits durch die Theorie der harmonischen Selbstbewegung der Seele, wie sie bereits im Vorhergehenden Erwähnung fand. Der erste Aspekt bezieht sich auf ihren Aufbau, der zweite auf das Prinzip der Bewegung, welches sie – in der Antike generell (Stadler 1991:180) – verkörpert. Die Vermittlung beider Aspekte liegt in der Überzeugung, dass die rechte, der kosmischen Ordnung entsprechenden Bewegungsweise eng mit der guten Ordnung (*eunomía*) zusammenhängt.

Was den Aufbau der Seele angeht, folgt sie einer strengen Analogie von Kosmos, Polis und Psyche (vgl. Szlezák 1996; auch daran ist übrigens der enge begründungslogische Zusammenhang von Kosmologie, Politik und Pädagogik ablesbar). Jeder dieser drei Bereiche ist in wiederum drei (in ihren Verhältnissen zueinander analoge) Teile aufgeteilt: der Kosmos in »Erde, Himmel und einen ›überhimmlichen Ort‹ der Vernunft« (Treusch-Dieter 1991:16), die Polis in Philosophen-Herrscher, Beamte/Wächter/Krieger und Bauern/Handwerker, die Seele schließlich in Vernunft, ›mutartigen‹ und begehrlichen Teil. Wenn Dieter Geulen (1991) hervorhebt, dass »Platons Auffassung […] einerseits einen theoretisch präzisierten metaphysischen Bezug, andererseits aber auch eine Säkularisierung, ja Politisierung der Persönlichkeitslehre erkennen« lässt (Geulen 1991:531), so trifft dies den hier herauszustellenden Zusammenhang von Kosmologie und normativer Pädagogik, und in diesem Kontext auch den Gedanken der Bildung und die Kritik der Bilder, zentral.

Im Seelengleichnis des *Phaidros* findet sich das Menschliche mit dem Vernünftigen bzw. das Nicht-Vernünftige mit dem Tierischen mythisch konfundiert. Nachdem Platon die Unsterblichkeit der Seele aufweist, beschreibt er ihr Wesen als »der zusammengewachsenen Kraft eines befiederten Gespannes und seines Führers« gleichend (Platon, *Phaidros* 246a). Im Gegensatz zu den Göttern sei beim Menschen eines der beiden Rosse – unschwer als der ›mutartige‹ Teil der Seele erkennbar – »gut und edel und solchen Ursprungs, das andere aber entgegengesetzter Abstammung und Beschaffenheit« (ebd. 246b). Weniger von pädagogischer Zuversichtlichkeit erfüllt als in der *Politeia* (s.u.), heißt es hier über letzteres, es sei »plump, schlecht gebaut, […] glasäugig und rot unterlaufen, aller Wildheit und Starrsinnigkeit Freund, rauh um die Ohren, taub, der Peitsche und dem Stachel kaum gehorchend« (ebd. 253e).

Der im *Timaios* erzählte Mythos inszeniert diese anthropologische Differenz als ontologische und schließt damit indirekt – vermittelt über den oben rekonstruierten Zusammenhang der platonischen Ideenlehre mit ihren bildhaft-mythischen Darstellungen im Sinne des *eikôs logos* – Seelenlehre, Kosmologie und Ontologie zusammen. Wie hier berichtet wird, ist nämlich nicht die ganze Seele unsterblich, sondern lediglich der vom Schöpfer selbst geschaffene Teil. Die von diesem erschaffenen anderen göttlichen Wesen ahmten seine Schöpfung nach und erschufen so die anderen beiden Seelenteile: Sie

»umwölbten die überkommene unsterbliche Grundlage der Seele rings herum mit einem sterblichen Körper, gaben ihr den ganzen Leib gleichsam zum Fahrzeug und legten in ihm noch eine andere Art Seele, die sterbliche, an, welche gefährliche und der blinden Notwendigkeit folgende Eindrücke aufnimmt, zunächst die Lust [...], dann den Schmerz, [...] fernerhin Mut und Furcht [...], schwer zu besänftigenden Zorn und leicht verlockende Hoffnung [...]. Demgemäß ferner aus Scheu, das Göttliche in der Seele zu beflecken, weisen sie dem Sterblichen in ihr, getrennt von demselben, einen anderen Teil des Körpers zum Wohnsitze an [...].« (Platon, *Timaios* 69c-69e)

Das ›Mutartige‹, hier der ›streitliebende Teil der Seele‹ genannt, ist vom Vernünftigen durch den Hals getrennt und vom Begehrenden durch das Zwerchfell. Der Erschaffungsmythos des Menschen im *Timaios* stellt die beiden unteren Seelenteile ganz offenbar als mit dem Körper verschmolzene dar, denn zuerst wird der Leib geschaffen, der die unsterbliche Seele umwölbt, und danach erst werden die sterblichen Seelenteile hinzugefügt. Der platonischen Ontologie zufolge könnte im Übrigen eine sterbliche Seele nicht unkörperlich gedacht werden, denn wäre sie reine ›Seelensubstanz‹, so wäre sie notwendig ›unerschaffen und unvergänglich‹ (so wie die »Weltseele«, vgl. Stadler 1991:180).

Ganz in diesem Sinne bezieht sich Platon im Dialog *Phaidon*, der ebenfalls die Unsterblichkeit der Seele ausführlich abhandelt, unter dem Titel ›Seele‹ nur auf diesen göttlichen, oberen Seelenteil:

»[...] dünkt dich nicht das Göttliche so geartet zu sein, daß es herrscht und regiert, das Sterbliche aber, daß es sich beherrschen läßt und dient? – Das dünkt mich. – Welchem nun gleicht die Seele? – Offenbar, o Sokrates, die Seele dem Göttlichen und der Leib dem Sterblichen. – Sieh nun zu, sprach er, o Kebes, ob aus all dem Gesagten uns dieses hervorgeht, daß dem Göttlichen, Unsterblichen, Vernünftigen, Eingestaltigen, Unauflöslichen und immer einerlei und sich selbst gleich sich Verhaltenden am ähnlichsten ist die Seele, dem Menschlichen aber und Sterblichen und Unvernünftigen und Vielgestaltigen und Auflöslichen und nie einerlei und sich selbst gleich Bleibenden, diesem wiederum der Leib am ähnlichsten ist?« (Platon, *Phaidon* 80a-80b)

Auf die unteren Seelenteile treffen eben die Eigenschaften zu, welche hier dem Körperlichen zugerechnet werden: Unvernunft, Vielgestaltigkeit (vgl. unten das ›vielköpfige Wesen‹ im neunten Buch der *Politeia*), Sterblichkeit; sie lassen sich beherrschen, während der vernünftige, göttliche Teil herrscht. Mit dieser innerseelischen Repräsentanz des Körperlichen, Sinnlichen und Sterblichen führt Platon die ontologische Differenz des Idealen vs. Sinnlichen in die menschliche Seele selbst ein. Dieses Ideale des Individuums liegt in seiner Einheit, Selbstgleichheit und Vernunft – seiner *Identität* in diesem Sinne des Begriffs, demgegenüber das Körperlich-Sinnliche als das nicht Identische beschrieben wird. Die Struktur der antiken Seele-Leib-Anthropologie gewinnt in diesen Mythen eine überaus mächtige und komplexe symbolische Repräsentation, auf deren Hintergrund sich die pädagogischen und politischen Geltungsansprüche des Seelenbegriffs in der *Politeia* mit Leichtigkeit rechtfertigen lassen.

Die Erörterung der Seele in der *Politeia* verbindet politischen und pädagogischen Diskurs. Nachdem Platon die Unterteilung seines Idealstaates in drei funktional differenzierte soziale Klassen (Produzenten/Gewerbetreibende, Krieger, Berater/Hüter) mit je spezifischen Regeln und Anforderungen dargelegt hat, stellt sich für ihn die Frage nach der ›Gerechtigkeit‹ (*dikaiosynê*) in der Organisationsform des Staates. Diese wird zunächst dadurch charakterisiert, dass die verschiedenen Klassen im Staat sich nicht in die Geschäfte der jeweils anderen einmischen, sondern dass »jede von diesen das Ihrige verrichtet in der Stadt« (Politeia 434c). Es ist nun der Dreh- und Angelpunkt des ganzen Staatsentwurfs – und in weiterer Perspektive das zentrale Moment, welches den Zusammenhang zwischen dem »höchsten Seienden«, dem Kosmos und der vom Menschen als Nachahmer des Schöpfers geschaffenen Welt herstellt –, dass diese drei Klassen der Unterteilung der Seele des Einzelnen entsprechen (Politeia 435c), und dass in Wahrheit der Staat in seinem Charakter als Ausdruck individueller Eigenschaften angesehen werden muss: »Denn nirgends anders her können sie ja dorthin gekommen sein. Denn es wäre ja lächerlich, wenn jemand glauben wollte, das Mutige sei nicht aus den Einzelnen in die Staaten hineingekommen [...], oder das Wissbegierige [...] oder das Erwerbslustige« (ebd. 435e). Platons Analyse sucht also individuelle Strukturäquivalente für die drei Klassen im Staat. Anhand diverser Beispiele intrapersonaler Handlungskonflikte unterscheidet Platon zunächst »das Denkende und Vernünftige der Seele« (Politeia 439d) und das »Gedankenlose und Begehrliche, gewissen Anfüllungen und Lüsten Befreundete« (ebd.); Letzteres wird sodann unterteilt in das Mutartige oder Eifrige einerseits und das Begehrliche andererseits (ebd. 440e). Da die Frage der Gerechtigkeit im Staat auf die Frage der Gerechtigkeit *innerhalb* der Individuen zurückzuführen ist, tritt das Kräfteverhältnis dieser drei Teile untereinander in den Blickpunkt. Analog der vorläufigen Charakterisierung, Gerechtigkeit sei dann gegeben, wenn die Klassen im Staate ihren jeweiligen Aufgaben nachkommen und nicht versuchen, den anderen Klassen Kompetenzen und Machtansprüche streitig zu machen, besteht die Gerechtigkeit in der Seele in einem entsprechenden Verhältnis – das Vernünftige der Seele entspricht dabei den Hütern und Beratern im Staat, das Mutartige den Kriegern und das Begehrliche der produzierenden und erwerbenden Klasse. Diese Darstellung der Seele zielt darauf ab, pädagogische Maßnahmen als Instauration einer guten Ordnung innerhalb der Seele zu präsentieren:

»Nun gebührt doch dem Vernünftigen zu herrschen, weil es weise ist und für die gesamte Seele Vorsorge hat, dem Eifrigen aber, diesem folgsam zu sein und verbündet? [...] Und wird nun nicht [...] die rechte Mischung der Musik und Gymnastik sie zusammenstimmend machen, indem sie das eine anspornt und nährt durch schöne Reden und Kenntnisse, das andere aber zuredend und besänftigend durch Wohlklang und Zeitmaß mildert? [...] Und diese beiden nun, so auferzogen und in Wahrheit in dem Ihrigen unterwiesen und gebildet, werden dann dem Begehrlichen vorstehen, welches wohl das meiste ist in der Seele eines jeden und seiner Natur nach das Unersättlichste; welches sie dann beobachten werden, damit es nicht etwa [...] unternehme [...] die andern zu unterjochen und zu beherrschen, [...] und so das ganze Leben aller verwirre.« (Platon, *Politeia* 441e-442b)

Musik und Gymnastik wirken also spezifisch auf die beiden ›oberen‹ Seelenteile, indem sie zugleich das Vernünftige befördern und das ›Mutartige‹ besänftigen. Diese Besänftigung durch Rhythmus und Harmonie, wie sie in Musik und Tanz bzw. Gymnastik vermittelt werden, schafft auf mimetische Weise eine auf der Ebene gerade des *unwillkürlichen* Teils der

Seele und sicherlich durch die damit verbundenen körperlichen Bewegungen wirkende Grundlage, das *per se* unvernünftige ›Mutartige‹ am Vernünftigen, Selbstbeherrschten teilhaben zu lassen.

Im neunten Buch der *Politeia* – wiederum geht es um die Frage des gerechten Handelns – gibt Platon ein »Bildnis der Seele in Worten« (Platon, *Politeia* 588b ff.), welches dieses Kräfteverhältnis anschaulich macht. Man solle sich die Seele vorstellen als drei miteinander verwachsene Wesen: zuerst »eine Gestalt eines gar bunten und vielköpfigen Tieres, rundherum Köpfe von zahmen und wilden Tieren habend und imstande, dies alles abzuwerfen und aus sich hervorzubringen« (das ist der ›begehrliche‹ Teil); sodann »auch noch eine andere Gestalt des Löwen und eine des Menschen, bei weitem das größte aber sei die erste und das nächste die zweite« (Platon, *Politeia* 588c-588d). Wie im vierten Buch, geht es auch hier darum, dass der als Mensch bezeichnete Teil der Seele »recht zu Kräften kommt und sich auch des vielköpfigen Geschöpfes annehmen kann, wie ein Landmann das Zahme nährend und aufziehend, dem Wilden aber, nachdem er sich die Natur des Löwen zu Hilfe genommen, wehrend, dass es nicht wachse, auf dass er so, für alle gemeinsam sorgend, nachdem er sie untereinander und mit ihm selbst befreundet, sie so erhalte« (Platon, *Politeia* 589b). In Ergänzung zur Passage im vierten Buch taucht hier implizit die normativ-pädagogische Hoffnung auf, auch der begehrliche Teil der Seele sei gewissermaßen kultivierbar. Interessant an diesem Bild ist darüber hinaus der Vergleich des vernünftigen Seelenteils mit einem Menschen: die normative Anthropologie Platons kommt an keiner Stelle deutlicher zum Ausdruck als hier, wo die Vernunft als »des Menschen innerer Mensch« (ebd. 589a) bezeichnet wird.

Weil das Vernünftige als der Seelenteil vorgestellt wird, der gar nicht anders kann, als sich dem Idealen und Ewigen zuzuwenden, und das Begehrliche als seiner Natur nach Unvernünftiges und Ungeordnetes das absolut Andere des Vernünftigen darstellt, müssen sich die pädagogischen Bemühungen in erster Linie auf das ›Mutartige‹ richten:[21] Den ver-

---

21 | Eine wahrhaft philosophische Erziehung verlangt dann noch nach anderen Inhalten, die sich nicht dem Zeitlichen, sondern dem Ewigen widmen, wie etwa der Mathematik. Diese Ausbildung jedoch hat Platon, wie bereits angemerkt, nur der entsprechenden Klasse zugesprochen, also den hierzu geeigneten Individuen. Die Erziehung zu *eunomia*, Harmonie und Rhythmus hingegen ist eine allgemeine Notwendigkeit, weil ohne die so erzeugte Ordnung in den Seelen kein geordnetes Ganzes zu erreichen wäre. Der Unterschied betrifft also auch die Didaktik; der so-

wirrenden, chaotischen Impulsen des ›begehrlichen‹ Teils der Seele wird eine harmonisch geordnete Selbstbewegung des ›Mutartigen‹ entgegengesetzt: eine Einschreibung kosmischer Gesetze (lies: sozialer Normen) in die Bewegungen und Gesten des Körpers. Damit wird erreicht, dass der Körper, der ja unmittelbar mit der Harmonie der Seelenteile verknüpft ist, nicht durch seine eigene Formbestimmtheit (also die Dominanz des Begehrlichen und des Mutartigen) die mikrokosmische Abbildung der makrokosmischen Ordnung durch die Seele verzerrt und ihre Proportionen zerstört. Die Disziplinierung des Körpers zum *guten Medium* bedeutet seine Kontrolle als Darstellungsform, als Trägermedium der Seele, die ein Abbild (*eikôn*) des Kosmos sein soll.

2.4 »Referenzlose Bilder«: Platons Medienkritik *avant la lettre*

Ausgehend von der Frage, wie der Kosmos als »gutes Abbild« sich im Kontext der im Allgemeinen als solche wahrgenommenen generalisierten Bildkritik Platons erklären ließe, erwies die Analyse, dass die Verwendung der Bildbegriffe bei Platon durchaus mehrdeutig und auch, je nach Kontext, wechselhaft ist, wobei sich eine metaphorische von einer nichtmetaphorischen Begriffsverwendung unterscheiden lässt. Dies führte zu einer ersten Unterscheidung von ideenähnlichem Abbild (*eikôn*) einerseits und dem Bild als Ding und Darstellungsform (*eidôlon*) bzw. Trugbild (*phantasma*) andererseits. In einem zweiten Analyseschritt wurden davon ausgehend Platons Schriften auf Unterscheidungsmöglichkeiten dieser Bildsorten befragt. Hierbei erwiesen sich die Aspekte der *Referenz* (vernunftgeleiteter vs. arbiträrer Ideenbezug bzw. gezielte Ignoranz), des *Hervorbringungsmodus* (ebenbildnerische vs. trugbildnerische Kunst) sowie des *Mediums* (rein/formlos: Chora, unrein/formbehaftet: Medien der Sinnenwelt) als geeignete Differenzierungskategorien. Insbesondere konnte aufgezeigt werden, dass das Hervortreten von Ideen als *eikônes* bei Platon immer schon ein *Medium* voraussetzt. Das Fehlen

---

kratische Dialog als Weg der Wiedererinnerung wirkt auf das Vernünftige, nicht aber auf die unteren Seelenteile, die nur durch körperlich-sinnliche Übung erreicht werden. Hier wiederholt sich intraindividuell die oben hervorgehobene Zweiteilung der Pädagogik in logisch-philosophische Schulung der Philosophenkaste und sinnlich-körperlicher »Harmonisierung« der übrigen.

eines Medienbegriffs bei Platon führt zu einer Ineinssetzung von Bild und Bildmedium, die erstens für die vorgefundenen Begriffsunschärfen und zweitens für den Eindruck der generalisierten Bildkritik bei Platon, die sich primär als Medienkritik *avant la lettre* erwies, verantwortlich zu machen ist.

Die Analyse führte zu der These, dass nicht primär die Bildhaftigkeit, sondern die *Medialität* der Bilder für die ontologische Zweitrangigkeit der *eikônes* bei Platon verantwortlich zu machen ist. Kosmos und *eidôlon* wurden (idealtypisch) als Grundtypen medial verkörperter Bilder dem nur metaphorisch bildhaften Typ des *eikôn* gegenübergestellt. Die immer als mimetisch hervorgebracht zu denkenden *eidôla* ließen sich anhand des Referenzaspektes unterteilen in solche mit kritisch-vernünftigem Ideenbezug einerseits und solche ohne kritischen Ideenbezug andererseits. Erstere bringen ideenähnliche Bilder, *eikônes* i.S. ›guter *eidôla*‹ hervor; letztere bringen *phantasmata* i.S. ›schlechter *eidôla*‹ hervor, die – auf der Folie der normativen Forderung des Bezugs auf Ideen- bzw. kosmische Ordnungen – als quasi referenzlos, bzw. selbstreferenziell, sich nur auf andere Bilder beziehend, zu betrachten sind.

Exakt dieser Vorwurf der Referenzlosigkeit wiederholt sich heute in Bezug auf eine bestimmte Bildersorte: die der digitalen Bilder (vgl. etwa Wulf 2001a). Allerdings geschieht dies unter umgekehrtem Vorzeichen: der Vorwurf gegen die digitalen Bilder hebt gerade darauf ab, dass diese keinen »Körper« (mehr) haben. Strukturell sind sie bloßer Code (Computer-Dateien) – ganz im Sinne der *paradeigmata* sind sie eine Vor-*Schrift*, die in beliebigen Bilderzeugern (Monitore, Drucker etc.) Bilder hervortreten lassen. In dieser Idealisierung zum Code – Endstufe eines Abstraktionsprozesses, den Walter Benjamin unter dem Begriff der Entauratisierung bereits den massenmedial vervielfältigten Bildern attestierte – stellen digitale Bilder die »platonischste« Bildform der ganzen Kulturgeschichte dar: sie existieren, genau genommen, ausschließlich als das unlauflösbare und unmittelbare *Verhältnis* einer mathematisch ›reinen‹ Vor-Schrift zu Ihrer medial verkörperten Erscheinung. Es entbehrt nicht der Ironie, dass auf diese »platonischste« aller Bildformen ein Kritikmuster angewandt wird, das der platonischen Bildkritik bis in die Terminologie hinein gleicht. So wie Platon potentiell jedem (zumindest jedem illusionistischen Bild) gewissermaßen vorwirft, den Realitätskontakt verloren zu haben bzw. Realität verzerrt darzustellen und insofern *phantasma* zu sein, wirft man (auch heute noch) den digitalen Bildern im Sinne der Baudrillardschen Simulakrentheorie vor, dass sie realitätsferne Konstrukte seien, welche die Macht besäßen, die Menschen gleichsam in einen derealisierten, wirklichkeitsfernen Bilder-Kosmos einzusaugen.

Die Auseinandersetzung mit dem platonischen Bild- bzw. Medienverständnisses dient in diesem Sinne weniger dem historischen Interesse. Vielmehr lassen sich in der Auseinandersetzung mit Platons Bildtheorie Aspekte verdeutlichen, die ein aufschlussreiches Licht auf aktuelle Positionen und Theorielagen werfen. Dabei geht es um so etwas wie ein zu beachtendes konzeptionelles Erbe. Konkret bezieht sich dies in unserem Kontext

- auf ein repräsentational angelegtes Bildverständnis (Bild als Abbild von Realität),
- auf die Frage der Bedeutung von Mimesis für die (Medien-)Erziehung (wie etwa im Rahmen der Medienwirkungsdebatte immer wieder aufgeworfen),
- auf einen angenommenen negativen Zusammenhang zwischen Bildung und Bildern (Bildung als Ergebnis des Ablegens von Bildern, von »Entbildung« i.S. Meister Eckhards; vgl. Wackernagel 1994, Schuhmacher-Chilla 1999, Zirfas 1999a), so wie schließlich
- auf die Idee von Bildung als produktive Auseinandersetzung mit einer »wahren Realität« (ontos on bei Platon) vs. regressiver Flucht in mediale Bilderwelten.

Freilich verschieben sich die Referenzmodelle in historischer Perspektive – was jeweils unter Realität verstanden wird, ändert sich *strukturell*. Das folgende Kapitel soll diese Dynamik in komprimierter Form skizzieren und dabei vor allem den Umstand illustrieren, dass das, woran Bildung uns annähern soll oder wovon Bilder uns angeblich entfernen sollen, einerseits ausgesprochen unterschiedlichen Vorstellungen entspricht, die sich jedoch andererseits in typische Konstellationen oder »Topologien« einordnen lassen: die Vorstellungen von Realität mögen sich verändern, doch wird ihr gewissermaßen immer ein logischer »Ort« zugewiesen – und in der Regel ist dies ein Ort, an dem Bilder *nicht* verortet werden.

3 Zur Topologie ontologischer und postontologischer Realitätsmodelle

Mit dem Niedergang des kosmo-theologischen Weltbildes beginnt eine Geschichte des Wandels der Referenzmodelle, die hier nicht im Detail ausgebreitet, jedoch in einigen ihrer prägnantesten Aspekte konturiert werden kann. Dabei wird versucht, anhand einiger signifikanter Beispiele eine Topologie zu motivieren, die zeigt, dass sich gewisse schematische oder typische Bezugsweisen isolieren lassen, denen (auch heterogene) Konzeptionen über Realität zugeordnet werden können, und zwar anhand der Art ihrer Referenz.[1] Das bedeutet praktisch, von der grundlegenden ontologischen Unterscheidung Sein/Nichtsein bzw. Seiendes/Nichtseiendes – als Schema einer Art kultureller Selbstreflexion, die in Form von Institutionen wie der Philosophie und (später) Theologie etabliert und auf Dauer gestellt wurde – auszugehen und zu fragen, wo dieses Sein festgemacht wird, auf welche Weise der Ort (die Referenz) bezeichnet wird, an dem man (bzw. das Denken) sich *orientieren* muss. *Dass* sich ontologische Bezugnahmen (die natürlich dann auch epistemologische Standards definieren) aufzeigen lassen, ist bereits im vorhergehenden Kapitel anhand der Problematik der »Referenz der Bilder« deutlich geworden. Im Folgenden geht es mithin darum, wie man sie (historisch und systematisch) unterscheiden kann.

---

1 | Für den Referenzbegriff vgl. oben S. 19, insbes. dort Fußnote 10.

3.1 Transzendenz vs. weltliche Immanenz

Grosso modo kann man wohl zumindest für den »Mainstream« des antiken und mittelalterlichen Denkens sagen, dass dort Vorstellungen vom Typ des »ens realissimum« vorherrschend sind. Im Zuge des Universalienstreits jedoch, nicht zuletzt auch ein Machtkampf um Legitimationsmittel der seit dem Investiturstreit angeschlagenen Stellung der Kirche,[2] machten die Positionen extremer »Nominalisten« wie Roscellinus oder Ockham – nach heutiger Terminologie Realisten, die also jegliche Realität von Begriffen und Ideen radikal zurückwiesen – deutlich, dass die seit der Antike (zwar nicht dem Wort, aber der Sache nach)[3] gebräuchliche Differenz zwischen transzendent-göttlicher und immanent-weltlicher Sphäre tatsächlich eine nutzbare *Option* darstellt. Es wird *denkbar*, was bei Aristoteles bereits angedacht war: dass die Realität nicht im unaussprechlichen Höchsten, sondern im identifizierbaren Einzelding liegen kann – eine Entwicklung, die den Umbruch der Episteme von der ›prosaischen Welt‹ (Foucault 1974), für welche Erkenntnis im endlosen Auffinden von Ähnlichkeitsbeziehungen bestand, zum Zeitalter der Repräsentation, für welches die identifikatorischen Verfahren der *mathesis* und der Taxinomie den Wahrheitsbezug von Aussagen herstellten (ebd. 107), einleitete.

3.2 Außenwelt vs. Innenwelt

Die zweite Differenz, mit dieser Entwicklung einhergehend, ist die zwischen äußerer und innerer Welt, die bekanntermaßen in Descartes' Trennung von *res cogitans* auf der einen und *res extensa* auf der anderen Seite Gestalt und Legitimität erhielt, der strukturell (sicherlich nicht inhaltlich) dem christlichen Gedanken der Innerlichkeit, wie ihn Augustinus in den *Bekenntnissen* entwickelt hatte, entspricht. Daher kann er diesen

---

2 | Als Kämpfe um die ›eigentliche‹ Wirklichkeit sind Kosmologien, Metaphysiken, Ontologien und Epistemologien – fernab des gängigen Vorurteils der Weltfremdheit von Philosophie, das noch in der berühmten Feuerbachthese sich artikuliert – Arenen politischer und pädagogischer Auseinandersetzungen, was wohl nur an wenigen historischen Ereignissen so plastisch sichtbar wird wie am Universalienstreit.
3 | Vgl. Simons (1974:1541 f.).

ablösen: Wenn man sagen kann, dass sich bei Augustinus der Innerlichkeitsgedanke nur als Transzendenz, als innerer Weg zu Gott (wie er oben im Kontext des Entbildungsgedankens bereits angesprochen wurde), entfalten konnte, emanzipiert sich die neuzeitliche Innerlichkeit (in verschiedenen Graden) vom Bezug auf Transzendenz. Deutlich wird dies bereits bei Descartes daran, dass die *res cogitans* nicht mehr unmittelbar göttlich (wie die oberen Seelenteile in der Antike) oder als Weg zu Gott gedacht wird, sondern dass Gott die Position eines Dritten einnimmt, welches den Bezug von Vernunft und Welt – bei den Occasionalisten dann schließlich bei jedem einzelnen Erkenntnisakt – sicherstellt.[4] Gott durfte, salopp formuliert, an der Zirbeldrüse erkenntnistechnische Korrekturarbeiten leisten, mehr aber auch nicht.[5] Schon bei Locke, der, wenn man der Darstellung Charles Taylors folgt, das »desengagierte« cartesianische Subjekt zu einem »punktförmigen Selbst« zusammenzog (Taylor 1996:292) – einer durch Selbstreflexivität ausgezeichneten Struktur, die grundsätzlich nicht anders als die Dinge der Welt, nämlich als Erfahrungstatsache (und nicht als konstituierendes *ego*) gegeben war[6] – kann

---

4 | Vgl. Descartes, *Meditationen über die Grundlagen der Philosophie*, insbes. Meditatio IV
5 | Leibniz hatte in dieser Beziehung, um im Bild zu bleiben, einen besseren Mechaniker ersonnen, dessen Monaden durch die »praestabilierte Harmonie« ein für allemal mit vollkommener Genauigkeit miteinander synchronisiert waren. Gerade dadurch aber konnten sie im Grunde auf den göttlichen Uhrmacher, nach getaner Arbeit, verzichten. Leibniz hat daher die Monadologie durch eine verantwortungsbasierte Personentheorie ergänzt, so dass die Personen das Gute wählen müssen, um nicht die Harmonie zu stören, andernfalls diese durch Bestrafung des Störers wiederhergestellt werden müsse. Dafür musste Leibniz allerdings einen tiefgehenden konzeptionellen Bruch innerhalb seines Systems in Kauf nehmen, der allerdings lange Zeit übersehen wurde; vgl. dazu die begriffstheoretische Arbeit von Christian Hauser (1994) sowie Jörissen (2000:46 ff.).
6 | Locke geht von der »Idee« der Identität als einer Erfahrungstatsache aus: »Eine weitere Gelegenheit zum Vergleichen ergibt sich für den Geist aus dem Dasein der Dinge selbst. Wir betrachten *ein Ding als zu einer bestimmten Zeit und an einem bestimmten Ort existierend* und *vergleichen es dann mit sich selbst, wie es zu anderer Zeit existiert*; danach bilden wir die Ideen der *Identität* und *Verschiedenheit*«, so Locke zu Beginn des Identitätskapitels im *Versuch über den menschlichen Verstand* (Kap. XXVII/1, Herv. im Orig.). In dieser Weise lässt sich, in aufsteigender Reihenfolge, die Identität von Pflanzen, Tieren, Menschen und schließlich der Person beschreiben. Letztere ist vor den anderen dadurch ausgezeichnet, sich *selbst als Erfahrungstatsache* reflektieren zu können: »Meiner Meinung nach bezeichnet dieses Wort ein denkendes, verständiges Wesen, das Vernunft und Überlegung besitzt und sich selbst als sich selbst betrachten kann. Das heißt, es erfaßt sich als dasselbe

selbst von einem derartig residualen Bezug auf Transzendenz keine Rede mehr sein. Michel Foucaults Analyse des Zeitalters der Repräsentation macht diesen Umstand als Wesenszug neuzeitlichen Denkens sichtbar, wenn er das Denken dieser Epoche durch die Umstellung des Zeichens von der Triade Mensch-Welt-Kosmos auf »die binäre Logik des Zeichens« charakterisiert (Foucault 1974:98). Das bedeutet nicht etwa, dass die Differenz transzendent/immanent *als* Differenz aufgehoben wurde – eher handelt es sich um einen Ablösungsprozess von Transzendenz, also die Trennung von Erkenntnis und transzendentem Bezug (Glauben, Religiosität, theologische Dogmen), der allerdings in den Bewegungen der Empfindsamkeit und Romantik bereits wieder erodierte. Doch zumindest kann man aufgrund der Dominanz nicht-transzendenzorientierter Erkenntnismodelle sagen, dass ein Wechsel der Leitdifferenz stattgefunden hat: primär ist der Referenzbereich von Realität die Ratio oder die empirische Welt; nachgeordnet ist die Frage, ob dabei ein Bezug zur Transzendenz mitgedacht ist oder nicht. Die Kreuzung beider Differenzen erlaubt, eine erste Topologie von Referenzmodellen zu beschreiben, innerhalb derer sich die Realitätsvorstellungen bis zur hier verhandelten Zeit verorten lassen:

Tabelle 1: Topologie ontologischer Modelle

		transzendent		immanent
innen/Denken	II.	Seele/Gott (christliches MA)	III.	Ego cogito, Vernunft (Neuzeit)
außen/Welt	I.	Kosmos/Ideen (Antike)	IV.	empirische Realität (Neuzeit)

3.3 Die Dimension der Zeitlichkeit

Die Differenz innen/außen wird schließlich in ihrer Bedeutung durch eine dritte Dimension abgelöst, die eine *zeitliche* ist und in gewisser Weise die (als Erkenntnisreferenz) zur Irrelevanz herabgesunkene Transzen-

---

Ding, das zu verschiedenen Zeiten und an verschiedenen Orten denkt.« (ebd. XXVII/9; Herv. v. mir. B.J.).

denz substituiert, zumindest aber sich gegen die Prädominanz des »flachen« Immanenzdenkens richtet. Noch Newton hat Zeit objektiviert, also im Sinne des IV. Referenzmodells der obigen Tabelle als äußere, nichttranszendente Größe verortet. Doch die wirkmächtige Wiederentdeckung der Innerlichkeit als göttlicher Natur durch Rousseau,[7] die unverkennbar im Rückbezug auf Augustinus' Innerlichkeitskonzeption geschah (Taylor 1996:619 ff.), brachte zugleich mit der Innerlichkeit die Vorstellung einer *inneren Zeit* in den Diskurs ein, und zwar tatsächlich in den beiden von Augustinus vorgezeichneten Gestalten.

Augustinus beschreibt (im zehnten Buch der *Bekenntnisse*) den Weg ins Innere (also den Weg zu Gott) als über die Erinnerung vermittelt.[8] In dieser abstrahierenden Rückwendungsbewegung findet Augustinus (analog zur platonischen Anamnesislehre) den Bezug zu den Dingen als schon vorgängig im »Geiste« befindlich (*Bekenntnisse*, S. 511). Die Frage nach dieser Vorgängigkeit führt zur Thematisierung der Zeit (im elften Buch) und damit zu dem hier relevanten Aspekt der *inneren Zeit*. Augustinus verbleibt grundsätzlich im antiken Schema von Äon als »zeitlose[r] Erhabenheit stets gegenwärtiger Ewigkeit« (*Bekenntnisse*, S. 627) und Chronos, der Zeit, die »dem Nichtsein zufließt« (ebd. 629). Doch er verortet die Weltzeit nicht mehr in der Bewegung des äußeren Kosmos (ebd. 647) oder überhaupt irgendeines äußeren Körpers (ebd. 653). Nach kurzer Erörterung kommt Augustinus von dort aus zu der Erkenntnis:

»In dir, mein Geist, messe ich die Zeiten. Es ist so; lärme mir nicht dagegen mit dem Schwall deiner sinnlichen Eindrücke! [...] Der Eindruck, der von den Erscheinungen bei ihrem Vorüberziehen in dir erzeugt wird und in dir zurückbleibt, wenn die Erscheinungen vorüber sind, der ist es, den ich messe als etwas Gegenwärtiges, nicht das, was da, den Eindruck erzeugend, vorüberging; nur ihn, den Eindruck messe ich, wenn ich Zeiten messe. Also sind entweder die Eindrücke die Zeiten, oder ich messe die Zeiten überhaupt nicht. (ebd. 661).

---

7 | Vgl. die *Rede des savoyischen Vikars*. Rousseau, *Emil*, S. 300 ff.
8 | Es geht Augustinus um eine Überwindung des Körpers durch den Rückgang in das Innere des Gedächtnisses: »Übersteigen will ich diese meine Kraft, durch welche ich dem Leibe verbunden bin [...]. Nicht mit dieser Kraft finde ich meinen Gott: denn sonst fänden ihn auch ›Pferd und Maultier, denen kein Verstand gegeben‹; leben doch von jener gleichen Kraft auch ihre Körper. [...] Hinausschreiten also will ich auch über dieses Teil meines Wesens und auf Stufen mich zu Dem erheben, der mich geschaffen hat. Da komme ich denn in die Gefilde und die weiten Hallen des Gedächtnisses [...]«. (Augustinus, *Bekenntnisse*, S. 503).

Zur Topologie ontologischer und postontologischer Realitätsmodelle

Zeit ist damit nicht mehr etwas, was in der äußeren Welt verortbar ist, sondern ein inneres Prinzip des »Messens« von zeitlichen Abständen, die *außerhalb* dieser Tätigkeit des Geistes, wie Augustinus argumentiert, *keine eigene Zeitlichkeit* besitzen. Darin steckt eine formale Bestimmung von Zeitlichkeit selbst, die Augustinus gleichsam existential ausführt, indem er Zeit in ihren Dimensionen von einer punktuellen Gegenwart her bestimmt als *Erinnerung* an Vergangenes, *Erwartung* von Künftigem sowie – dieser Gedanke ist immens modern – als ausgedehnte Gegenwart der Wahrnehmungsdauer (ebd. 663).

Innerlichkeit in diesem Sinne muss als mit einer eigenen Zeitlichkeit, auch mit einer eigenen *Geschichtlichkeit* (nicht nur: Geschichte, als eines Ablaufs *in* einer äußeren Zeit) ausgestattet verstanden werden, und zugleich entstammt diese Zeit der Tiefe einer zeitlosen Geschichte (d.h. einer Ewigkeit, die zeitliche Wesen nur als Abfolge, als Geschichte auflösen können). Wie Augustinus anmerkt, ist diese Herkunft daher nicht in eine ferne Vergangenheit zu schieben, denn vom Standpunkt der »gegenwärtigen Ewigkeit« aus gibt es keine Vergangenheit. In der Konsequenz bedeutet dies, dass für Augustinus in der Gegenwärtigkeit ein aktueller und *lebendiger Bezug* zur gegenwärtigen Ewigkeit besteht, dass die Gegenwart aus den Tiefen einer zeitlosen Geschichte heraus verstanden muss, die sich in ihr ›vergegenwärtigt‹.

Nicht einmal ansatzweise kann an dieser Stelle ein Überblick über die vielfältigen Implikationen dieser bereits bei Augustinus einsetzenden Verzeitlichungsdynamik gegeben werden. »Das Zeitalter der Geschichte« nannte Foucault (1974:269) die moderne *episteme*, und greift damit eigentlich noch zu kurz. Eher könnte man wohl von einem »Zeitalter der Zeitlichkeit« sprechen (und mit der Wortwahl zugleich bekennen, diesem anzugehören). Denn die Geschichtlichkeit in ihren historiographischen Varianten wie Naturgeschichte, Kulturgeschichte, Genealogie, Archäologie, Biographie, steht im Rückblick mindestens gleichwertig neben der Bedeutung von *Gegenwärtigkeit* und *Ereignis*.

Weil die Frage der Zeit für das gegenwärtige Denken konstitutiv ist, man also Zeit nicht dekonstruieren kann (dafür aber begriffen hat, ihre Paradoxien fruchtbar zu machen; vgl. etwa Kaempfer 1997), ist es nicht einfach möglich, eine »Differenz der Zeit« nach dem Muster etwa der Differenz innen/außen zu bezeichnen. Was man jedoch beobachten kann, ist etwa, dass im – über Rousseau auf Aufgustinus zurückgehenden – Gedanken der Innerlichkeit, wie er in der zweiten Hälfte des achtzehnten Jahrhunderts entfaltet wurde, Zeitlichkeit in verschiedenen Formen eine konstitutive Rolle spielt. So erscheint der Blick nach innen oder die Frage nach der eigenen Subjektivität, praktisch nach augustinischem Schema, immer verzeitlicht, sei es im Sinne einer Lebensgeschichte (Rousseaus Bekenntnisse), einer Bildungsgeschichte (Goethes *Wilhelm Meister*), oder der Eigenzeitlichkeit der Erfahrung. Charles Taylor fasst unter dem Titel des ›Expressivismus‹ den Kerngedanken des Innerlichkeitsdenkens dahingehend zusammen, »daß die Verwirklichung der Natur in jedem von uns zugleich eine Form von Ausdruck ist« (Taylor 1996:651). Die Artikulation von Natur ist *Poiesis*. Sie steht nicht in einem Repräsentationsverhältnis zur universellen ›Quelle‹ der Natur, sondern ist ihr unmittelbarer, ursprünglich-identischer Ausdruck. Schelling bringt dies im *System des transzendentalen Idealismus* mit der These auf den Punkt, dass in der ästhetischen »Thätigkeit« das bewusstlose Wirken der Natur und das bewusste des Wollens als identisch aufgezeigt werden, die in einem dialektischen (also: geschichtlichen) Prozess des Werdens entfaltet werden: »Die objektive Welt ist nur die ursprüngliche, noch bewußtlose Poesie des Geistes [...]« (Schelling 1985:417). Der damit entstandene epistemologische Wandel wird in seinen Ausmaßen am Modell der Wahrheit besonders deutlich. Diese kann bereits hier nicht mehr als *adaequatio*, sondern nur noch als – zeitgebundener und ereignishafter – Prozess des Erscheinens (Gegenwart) als Resultat eines Werdens (Naturgeschichte) gedacht werden.

Anders bei Kant, dessen Rationalitätsorientierung dem empfindungsorientierten Denken des ›expressivistischen‹ Denkens und Empfindens diametral entgegenstand. Bei Kant wird die innere Zeit nicht wie im Expressivismus ›existentiell‹, sondern formal-erkenntnistheoretisch als reine Form der sinnlichen Anschauung (Kant, *KdrV* B46 ff.) ausgelegt. Die innere Zeit des transzendentalen Subjekts wird damit zum ermöglichenden Grund jeder Realitätserzeugung überhaupt. Kant stellt damit ein Modell der Wirklichkeitskonstruktion vor, das zwar als transzendentalphilosophisches durchaus nicht individualistisch gedacht war, dennoch für die moderne Vorstellung individueller Wirklichkeitskonstrukti-

Zur Topologie ontologischer und postontologischer Realitätsmodelle

on, wie sie etwa vom Radikalen Konstruktivismus vertreten wird, Pate stand (Nassehi 1992:46).[9]

Man muss von hier aus zwei Linien verfolgen. Die eine weist, über Hegel, auf die Entstehung der Soziologie und die Vorstellung der sozialen Konstitution von Realität. Die andere nimmt das expressivistische Erbe auf (so etwa wenn der Kantianer Schopenhauer Kants ›Ding an sich‹ als Wille interpretiert) und lässt sich im Sinne einer äußerst heterogenen Artikulationsgeschichte des Referenzmodells, das ursprünglich von der Idee des unergründbaren, temporalisierten Inneren geformt wurde, lesen. Dies schließt, um eine Orientierung zu geben, Namen wie Nietzsche, Freud, Heidegger, Lacan, Adorno; Konzeptionen wie *Wille*, das *Es*, das *Sein*, das *Reale*, das *Nichtidentische* ein, die bei aller Verschiedenheit doch Familienähnlichkeiten und theoriehistorische Verbindungslinien aufweisen.

Zunächst zur ersten Linie: Der enge Blick auf das Innere des Subjekts, bei Kant zudem mit dem »Skandalon« des unerklärten/unerklärbaren *Ding an sich* belastet, weitete sich, indem das Subjekt/Objekt-Schema, in dem Kant noch befangen blieb, zunehmend durch das Modell der Subjekt-Subjekt-Beziehung ersetzt wurde – zunächst noch als negiertes Subjekt im Fichteschen Nicht-Ich (aber als solches immerhin auch eine Art Ich und nicht nur Ding), dann als zum Geist erhobene Natur und »Beinahe-Bewusstsein«[10] bei Schelling. Schließlich konnte Hegel, nach der ›Aufhebung‹ des gesamten Bereichs der Natur als »Idee in der Form des Andersseins« (Hegel, *Enz.* §247) den Standpunkt vertreten, »daß nichts wirklich ist als die Idee« (Hegel, *Rechtsphilosophie*, S. 25), und das heißt mit dem bekannten Diktum: »Was vernünftig ist, das ist wirklich; und was wirklich ist, das ist vernünftig« (ebd. 24). Die Figur des *absoluten Geistes* fungiert als Vermittlungsgestalt des subjektiven und des objekti-

---

9 | Das heißt nicht unbedingt, dass die Begründer des Radikalen Konstruktivismus sich dieser Tatsache auch bewusst waren. Wenn hier einmal von »Realitätskonstruktion« und dann von »Wirklichkeitskonstruktion« gesprochen wird, so liegt das daran, dass diese Termini heute eher umgekehrt verwendet werden; vgl. unten die Einträge zu Kant und Roth in Tabelle 3, S. 143).

10 | »Steckt zwar ein Riesengeist darinnen,/Ist aber versteinert mit seinen Sinnen, /Kann nicht aus dem engen Panzer heraus/Noch sprengen das eisern Kerkerhaus,/Obgleich er oft die Flügel regt, sich gewaltig dehnt und bewegt,/In toten und lebend'gen Dingen/Tut mächtig nach Bewußtsein ringen« – so Schelling 1799 im *Epikurisch Glaubensbekenntniss Heinz Widerporstens*, zitiert nach Frank/Kurz 1975, S. 149f.

ven Geistes, welche den objektiven Geist als – geschichtlich vermittelt – »in der Form der Realität« hervorgebrachte Welt versteht und auf den *Begriff* bringt (Hegel, Enz. §385). Diese Vermittlungsfigur bringt eine ideengeschichtlich neue, nichtcartesianische und mit innerer Geschichtlichkeit ausgestattete Kategorie ›sozialer Gegenstand‹ hervor (Brandom 2001) – und damit ein neues Referenzmodell, das, wie man wohl sagen kann, für die Entstehung der Soziologie als Wissenschaft solcher »sozialer Realitäten«, die aus den Interaktionen von Subjekten und im Kontext derselben zu erklären sind (wie etwa soziale Tatsachen i.S. Durkheims, Identität sprachlicher Symbole, Institutionalisierungen, objektive Sinnstrukturen etc.), maßgeblich ist.

Um dies an einem Beispiel zu demonstrieren, das bis in die Wortwahl hinein (*Bewusstsein, Synthese, individueller* Geist) an Hegel erinnert, eine Passage aus Durkheims Untersuchung über *Soziologie und Philosophie:*

»Daß die Vorstellungen [des Bewusstseins, B.J.], wenn sie einmal existieren, auch weiterhin durch sich selbst fortbestehen, ihr Vorhandensein also nicht unaufhörlich von dem Zustand der nervösen Zentren abhängt; daß sie fähig sind, unmittelbar aufeinander zu wirken, sich nach eigenen Gesetzen miteinander zu verbinden, bedeutet also, daß sie Realitäten sind […]« (Durkheim 1976:70) Durkheim führt dazu aus: »Daß man in gewisser Hinsicht sagen kann, die kollektiven Vorstellungen lägen außerhalb des individuellen Bewußtseins, gründet darin, daß sie nicht von den isolierten Individuen herrühren, sondern von ihrem Zusammenwirken; was etwas ganz anderes ist. […] Da diese Synthese das Werk des Ganzen ist, ist auch das Ganze ihr Schauplatz. Die sich ergebende Resultante weist also über jeden *individuellen Geist* hinaus, so wie das Ganze über den Teil hinausweist. Sie ist im Ganzen, wie sie durch das Ganze ist. […] es ist dieses Aggregat, das denkt, fühlt, will, wiewohl es nur mittels des Einzelbewußtseins wollen, fühlen oder handeln kann« (ebd. 73; Herv. von mir, B.J.).

Man kann, was den Aspekt der Zeitlichkeit betrifft, ferner beobachten, dass um die Wende zum zwanzigsten Jahrhundert und danach die *Gegenwart* eine gegenüber der Vergangenheit gesteigerte Bedeutung erhielt: In der Zeitphilosophie Bergsons etwa, der phänomenologischen Zeittheorie Husserls, der Kosmologie Whiteheads oder im Begriff der *present* als »locus of reality« bei George Herbert Mead schiebt sich die zeitliche Differenz *vor* die Differenz innen/außen.[11] Die Gegenwart (und nicht die Vergangenheit/Geschichte, die aus dieser Perspektive, ganz wie schon bei Augustinus, als gegenwärtiges Konstrukt aufgefasst wird) wird für diese Theorien zur primären, anticartesianischen Referenz der Beantwortung der Frage nach Realität. Erst in der Aufwertung der Gegenwart, so könnte man sagen, kommt das Individuum, das im Kontext der objektiven Geschichts- und Gesellschaftskonzeptionen letztlich in den Hintergrund gedrängt wurde, wieder zur Geltung – nun allerdings nicht mehr, wie am Pragmatismus (Nagl 1998:15 f.) und vor allem der Wissenssoziologie Karl Mannheims, Alfred Schütz' und Thomas Berger/Peter Luckmanns[12] gut zu beobachten ist, in der Form einer entzogenen Innerlichkeit, sondern als dialektisches Geschehen, in welchem die Gegenwärtigkeit die Bedeutung des Einzelnen als Ort, an dem die soziale Realität zur

---

11 | Vgl. Waldenfels (2001:33 f.); Wiehl (1998:36 ff); Joas (1989:164 ff.).
12 | Vgl. Geulen (1989:53 ff.). Berger/Luckmann (1980) beschreiben zwar »soziale Realitäten« i.S.v. Institutionen, Rollen, Normen etc. als vom Einzelbewusstsein unabhängige Sachverhalte, würden daraus jedoch nicht mehr wie etwa noch Mead oder Dewey eine Theorie der Erzeugung von ›Natur‹ verstehen wollen – vgl. etwa Meads Aufsatz zur *Objektiven Realität von Perspektiven* (Mead 1985), dazu Joas (1989:143 ff.) sowie Dewey, *Experience and Nature*, dazu Neubert 1999:97 ff.). Daher ist der Sozialkonstruktivismus dieser Prägung gegenüber der Ontologiethematik (quasi mit Absicht) völlig indifferent (vgl. auch die Adaption des Sozialkonstruktivismus in der hermeneutischen Wissenssoziologie; Hitzler/Reichertz/Schröer 1999). Man kann etwa in seinem Sinne (nicht im pragmatistischen Kontext, aber im wissenssoziologischen) ohne weiteres etwa die These aufstellen, ein bestimmter Gegenstand sei ein soziales Konstrukt im Sinne seiner pragmatischen und symbolischen Bedeutung für soziale Prozesse, *als* Gegenstand aber in einer externen Realität verortet, und nur deshalb können sich an diesen Gegenstand soziale Konstruktionen gleichsam anlagern. Genau diese Re-Ontologisierung des Sozialkonstruktivismus (den wir aufgrund seiner ontologischen Indifferenz im Rahmen dieser Arbeit ansonsten nicht weiter behandeln) betreibt John R. Searle (vgl. dazu die Diskussion des »externen Realismus« Searles in Kap. 5.1). Man hat anscheinend Husserls phänomenologischen ›Antirealismus‹, der Wirklichkeit ausschließlich als »Korrelat evidenter Bewährung« zulässt, verlassen. Vgl. etwa die *Cartesianischen Meditationen*, S. 61 f.: »Es ist klar, daß Wahrheit bzw. wahre Wirklichkeit von Gegenständen nur aus der Evidenz zu schöpfen ist, und daß sie es allein ist, wodurch ›wirklich‹ seiender, wahrhafter, rechtmäßig geltender Gegenstand, welcher Form oder Art immer, für uns Sinn hat […]. Jedes Recht stammt von daher, stammt also aus unserer transzendentalen Subjektivität selbst, jede erdenkliche Adäquation entspringt als unsere Bewährung, ist unsere Synthesis, hat in uns den letzten transzendentalen Grund.« Vgl. dazu unten die beobachtungstheoretische »Aufhebung« dieser Position (Kap. 7).

Handlungsrealität aktualisiert (und dabei perpetuiert oder verändert) wird, garantiert.

Zur zweiten Linie: Eine Fiktionalisierung dieser Realitätskonzeption abseits des Mainstreams ist spätestens seit Jacques Lacans strukturalistischer Dekonstruktion der symbolischen Ordnung – der Sprache, die in Lacans Psychoanalyse das Subjekt konstituiert und »gleichsam seinen ganzen Kosmos [überzieht], so daß alles Mögliche Sinn und Bedeutung erhält und unendlich viele Substitutionen möglich sind« (Widmer 1997:48) – als Effekt von Differenzen, des von der Sprache ausgegrenzten »Realen« (ebd. 50) artikulierbar. Die Figur dieses Realen als eines »Nichts, das doch nicht nichts« sei (ebd.), lässt sich unschwer als transformiertes Erbe der Romantik identifizieren: als der Gedanke eines Verborgenen, das in Kunst und Sprache artikuliert wird (man denke etwa an Freuds ›talking cure‹, die ursprünglich auf dem Gedanken der Artikulation basierte), jedoch niemals im Sinne einer ›habbaren‹ Realität als vorhanden gedacht werden kann. Ironischer Weise ist es ausgerechnet Kants – dieses grandiosen Kartographen der Rationalität – *Ding an sich,* das Skandalon der subjektivistischen Kantinterpreten,[13] welches wesentlich dazu beiträgt, diese epistemische Figuration über die Romantik hinaus in die Moderne zu übersetzen.

So beansprucht Schopenhauer den bereits im frühen Neukantianismus vakanten Platz mit der Setzung, dass »Kants ›Ding an sich‹, oder das letzte Substrat jeder Erscheinung, der Wille sei« – womit zugleich der Körper ins Spiel kommt, da der »organische Leib selbst nichts Anderes sei, als der in die Vorstellung getretene Wille, der in der Erkenntnißform des Raums angeschaute Wille selbst« (Schopenhauer, *Ueber den Willen,* S. 233).[14] Der Einfluss Schopenhauers auf Freuds Konzeption des Unbewussten bzw. des *Es* ist hinlänglich bekannt (vgl. etwa Gödde 1999). Lacans Begriff des Realen wiederum entspricht einer strukturalistischen

---

13 | Vgl. über das »Noumenon« als Grenzbegriff Kant, KdrV B310. Bereits Fichte hat das Ding-an-sich in seinem Nachweis der Identität von Ideal- und Realgrund kassiert (Fichte, *Grundlage d. ges. Wissenschaftslehre* S. 309 f. bzw. §4.E.I).
14 | Theodor W. Adorno, um einen der wichtigsten modernen Erben dieser spätromantischen Idee anzuführen, liest Kants Insistenz, »hartnäckig das transzendente Ding an sich« zu verteidigen als frühe Form der Achtung des »Vorrangs des Objekts« als einem Nicht-Identischen – denn ihm, so Adorno, »stand vor Augen, daß es dem Begriff eines Objekts schlechthin nicht widerspräche, an sich zu sein« (Adorno 2002:335).

Transformation dieses Nicht-Symbolisierbaren (Widmer 1997:156). Interessant an der Lacanschen Terminologie ist (in Abstraktion von den psychoanalytischen Implikationen dieser Konzepte), dass die Trias Symbolisches/Imaginäres/Reales in gewisser Weise die herausgearbeiteten neuzeitlichen Referenzmodelle aufnimmt: die konstruierende, weltentwerfende Tätigkeit des Subjekts (das Imaginäre), die soziale Realität der Institutionen, Normen und Konventionen (das Symbolische, das sich bei Lacan allerdings in hohem Maße dem Strukturalismus Lévi-Strauss' verdankt[15]), und eben das Unerreichbare des kantischen *Ding an sich*, der verborgenen inneren *Natur* der Romantik, die nur in der poietischen Artikulation aufblitzt, dem *Körper* bei Nietzsche, der die Illusion der Realität entlarvt,[16] dem *Sein* Heideggers, das sich nur in der Form des Ereignisses denken lässt.[17]

3.4 Postontologische Referenzmodelle

Es geht – das sei noch einmal betont – bei der hier versuchten Konstruktion von Referenzmodellen keineswegs darum, die inhaltlichen Differenzen zwischen den genannten Begriffen und Theorien zu verwischen. Es ist unbestritten, dass etwa zwischen den ›sozialen Tatsachen‹ Durkheims und den ›objektiven Perspektiven‹ Meads erhebliche Unterschiede bestehen. Und doch beschreiben die herausgearbeiteten Topoi (nicht zuletzt da die sie bildenden Differenzen historischen Problemlagen abgewonnen wurden) so etwas wie einen historischen (und selbstverständlich grundsätzlich zukunftsoffenen) Möglichkeitsraum für Referenzierungen.[18]

Deutlich wird dann allerdings auch der Umstand, dass die Idee der Referenz *selbst* zumindest teilweise einem historischen Erosionsprozess unterliegt. Während Kosmos, Seele, Vernunft (*ego cogito*) und empirische Realität problemlos als Referenzbereiche fungieren können, wird die Lage unter dem Paradigma der verzeitlichten Zeit wesentlich komplizier-

---

15 | Für diesen Hinweis danke ich Birgit Althans.
16 | Vgl. etwa Nietzsche, *Die fröhliche Wissenschaft*, S. 77.
17 | Vgl. Heidegger, *Vom Ereignis*.
18 | Vgl. hierzu die historiographische Rekonstruktion Hermann Veiths (2001), der diese Idee der »Unterschiedlichkeit auf gemeinsamer Ebene« aus sozialisationstheoretischer und -historischer Perspektive sehr detailliert entwickelt und umsetzt.

ter. Die Zeit wird auf eine andere Art wirkmächtig als die vorhergehenden ontologischen Differenzen, denn sie greift die Leitdifferenz Sein/Nichtsein an. Wenn man Zeit nicht mehr als objektive »Tatsache« voraussetzen kann, findet man sich in der Lage erklären zu müssen, was Zeit »ist«. Wenn man dann in einer zweiten Stufe zudem einsieht, dass dieses »ist« selbst Zeit beansprucht (sowohl im Vollzug der Sprache als auch in Form einer vorgängigen Geschichte, einer Sprache, einer Existenz etc.), so erkennt man, dass Zeit grundsätzlich nicht im Schema von Sein/Nichtsein thematisierbar ist. Dies wird in seiner ganzen Konsequenz zuerst von Martin Heidegger in *Sein und Zeit* gesehen:

»Demgegenüber ist auf dem Boden der ausgearbeiteten Frage nach dem Sinn von Sein zu zeigen, *daß und wie im rechtgesehenen und rechtexplizierten Phänomen der Zeit die zentrale Problematik aller Ontologie verwurzelt ist.*« (*Sein und Zeit*, S. 18; Herv. im Orig.)

Insofern ist das ›Zeitalter der Zeitlichkeit‹ zugleich auch das der De-Ontologisierungen. Wie an den genannten Theorien ersichtlich, verlaufen die Versuche zur Überwindung des ontologischen Schemas zunächst nicht über seine Einebnung, sondern formal betrachtet so, dass die Differenz Sein/Nichtsein auf beiden Seiten dieser Differenz wieder eingeschrieben wird und so von Identitäten auf Differenzen umgestellt wird:[19] Sein ist auf Nichts verwiesen (z.B. die »Lichtung« bei Heidegger, das »Nichts« bei Sartre), und Nichtsein ist Sein: ein »Nichts, das doch nicht Nichts« ist, wie Lacan die Kategorie des »Realen« erläutert;[20] das Nichtidentische ist die »Identität der Sache gegen ihre Identifikationen« (Adorno), und die begriffliche Identität selbst schlägt in Nichtidentität um, wenn sie, wie in der Negativen Dialektik, zu Ende gedacht wird; die *différance* ist das Prinzip der Verschiebung von Signifikanten (in der Zeit), doch kann sie nur im erstarrten, »metaphysischen« Namen (Derrida 1990:109) genannt werden: das Sich-Unterscheiden wird immer nur als Form, als aktuelle Manifestation sichtbar, und die Form ›unterscheidet sich‹ gleichsam in ihre Unterschiede. Man könnte dieses Referenz-

---

19 | Vgl. hierzu auch die vergleichende Untersuchung von Jean Clam (2002) zu den Differenzkonzeptionen und De-Ontologisierungsstrategien bei Luhmann und Heidegger, die diesen Aspekt deutlich hervorhebt.
20 | Lacan, *Seminar XI* S. 70, zit. n. Widmer (1997:50).

modell, der bereits den Referenzgedanken in Ansätzen subvertiert, mit einem Begriff Adornos als das »*Ineffable*« bezeichnen.

Man kann nicht umhin zu sehen, dass De-Ontologisierungen mit einer verdinglichenden Quasi-Identifizierung des Nichts, Realen, Nichtidentischen etc. umzugehen haben, die sozusagen kommunikativ unvermeidbar ist (vgl. unten Kap. 7.1). Aus den daraus resultierenden Legitimationsproblematiken kann man zwei Konsequenzen ziehen: entweder man hört auf, ontologische bzw. ontologisierende Termini zu verwenden (das ist der pragmatistisch inspirierte Vorschlag Richard Rortys; s. Kap. 5), oder man schafft eine selbstreferentielle Theorie, die in der Lage ist, ihre eigenen Ontologisierungen zu reflektieren (das ist der Vorschlag Niklas Luhmanns; vgl. Kap. 7).

Selbstverständlich ist der paradigmatische Verlauf von Referenzmodellen nicht so eingleisig, wie er in der linearen Darstellung erscheint. Tatsächlich führten die Differenzwechsel faktisch zu einer *Pluralisierung* von Referenzmodellen, die zwar i.d.R. als konkurrierend zu betrachten sind, jedoch in je verschiedenen Diskursen als legitimiert oder legitimierbar gelten. Es versteht sich vor diesem Hintergrund, dass in dieser Situation Thesen der »Derealisierung« oder »Entwirklichung«, die sich innerhalb der denkmöglichen Referenzmodelle bewegen müssen, mindestens[21] ebenso plural verfasst sind wie die zur Verfügung stehenden ontologischen oder postontologischen Bezugsrahmen. Das folgende Kapitel fokussiert daher auf ein Theoriemodell, das für die gegenwärtige erziehungswissenschaftliche Auffassung vom menschlichen Weltverhältnis und menschlicher Wirklichkeitskonstruktion eine besondere Rolle spielt: die historisch-anthropologische Mimesistheorie.

---

21 | »Mindestens« muss man deshalb sagen, weil es sich in der Debatte eingebürgert hat, den Terminus »Wirklichkeit« mit einer Sorglosigkeit zu verwenden, die ihresgleichen sucht. Berger/Luckmann (1980) geben dafür ein in dieser Hinsicht unrühmliches Vorbild. Schon im zweiten Absatz der Einleitung dieses (zweifelsohne hochverdienten) sozialisationstheoretischen Klassikers wird man informiert, eigentlich müsse das Wort Wirklichkeit im ganzen Band in Klammern gesetzt werden. Man fragt sich, warum diese Distanzierung nicht zumindest im Titel des Bandes angedeutet wurde. Viele Beiträge, wie etwa wie die medienkritischen Einwürfe Hartmut von Hentigs, die das »Verschwinden der Wirklichkeit« im Titel tragen (v. Hentig 1984, 2002), verzichten weitestgehend auf eine Klärung dieses doch offenbar für sie bedeutungsvollen Begriffs.

4 Mimetische Wirklichkeiten

4.1 Mimesis – zur Geschichte und Relevanz des Begriffs

»Mimesis« ist ein Begriff, der sich in sehr verschiedenen Formen durch die gesamte europäische Geistesgeschichte hindurch bis in das 5. Jahrhundert v.u.Z. zurückverfolgen lässt. Seit Platon und Aristoteles ist unter Mimesis v.a. ein Konzept der Ästhetik zu verstehen (Wulf 1989c). Während der Mimesisbegriff v.a. seitens der Literaturwissenschaften bereits seit einiger Zeit Beachtung findet (Auerbach 1982; Schrader 1975), blieb er bis auf wenige, eher punktuelle prominente Ausnahmen (besonders etwa Adornos *Ästhetische Theorie*) in seiner Bedeutung und seinem Potential lange Zeit eher unerkannt. Das Konzept wurde im Zuge des sich formierenden interdisziplinären Projekts der *Historischen Anthropologie* um Dietmar Kamper und Christoph Wulf in den 1980er Jahren, das den Körper mit Nachdruck in die sozialwissenschaftliche und sich formierende kulturwissenschaftliche Diskussion brachte (Kamper/Wulf 1982; 1984; 1989a), neu entdeckt, fand aber auch außerhalb dieses Diskurses zunehmende Anerkennung (vgl. etwa Cantwell 1993; Taussig 1993; Melberg 1995; Kablitz/Neumann 1998). Auf der Grundlage einer umfassenden historischen Rekonstruktion wurde der Mimesisbegriff von Gunter Gebauer und Christoph Wulf zu Anfang der 1990er Jahre in seinen vielfältigen Formen und Verankerungen vorgestellt. Insbesondere wurden hierbei u. a. seine Aktualität und Bedeutung für den Bildungsgedanken (Platon), die Pädagogik (Rousseau), Sozial- und Sprachanthropologie (René Girard, Walter Benjamin) sowie sein kritisches und emanzipatorisches Potential (Theodor W. Adorno, Jacques Derrida) erstmalig als Momente grundsätzlich *eines* – wenn auch in sich differenten, nicht identifikatorisch zu erfassenden, ›familienähnlichen‹ – Sachverhalts erkennbar (Gebauer/Wulf 1992).

Mimesis ist ein in jeder Hinsicht *verbindendes* Konzept: nicht nur historisch bzw. ideengeschichtlich und im Hinblick auf seine interdisziplinären Wurzeln, sondern v. a. auch in thematischer Perspektive. Der Begriff verbindet eine Reihe von Themen von hoher erziehungswissenschaftlicher und anthropologischer Relevanz und Aktualität miteinander: Bild und Bildung, Körper und Aisthesis, Sprache und Geste, Phantasie und Imagination, Sozialität und Alterität, Poiesis (Kreativität), Zeit und Macht/Gewalt, Praxis (Spiel, Ritual) und Performativität gruppieren sich konstellativ um dieses Konzept. In den 1990er Jahren sind diese Beziehungen in einer Reihe von Veröffentlichungen ausgearbeitet worden.[1] In diesem Kontext ist insbesondere die Tragfähigkeit des Mimesiskonzepts im Kontext der Reflexion über soziale Praxis (Gebauer/Wulf 1998), der pädagogischen Anthropologie (Wulf 2001a) sowie der empirischen Sozialforschung (Wulf 2001; Wulf/Zirfas 2004) deutlich geworden. Mimesis ist damit ein tragendes Konzept für die heutige pädagogisch- bzw. erziehungswissenschaftlich-anthropologische Theoriebildung; als solches verlangt es nach besonderer Aufmerksamkeit.

Die »Ambivalenz von Mimesis«

Eine wichtige Rolle spielt Mimesis zudem im Kontext der sich formierenden *Bildanthropologie* (vgl. Boehm 1994; Kamper 1999; Schäfer/Wulf 1999; Belting/Kamper 2000, Belting 2001), insofern es die Bildthematik in den Kontext von Imagination, Körperlichkeit und Medialität einzubetten erlaubt. In diesem Zusammenhang spielt vor allem auch die *Ambivalenz* von Mimesis eine besondere Rolle, die Adornos Unterscheidung von

---

1 | Da hier nicht der Ort ist, diese hinlänglich dokumentierten Zusammenhänge inhaltlich zu entfalten und darzustellen, sei zumindest auf einige Titel verwiesen. Zum Zusammenhang von Mimesis und: Bild/Bildung vgl. Wulf (2001a:76 ff.); Körper/Bewegung/Geste/Spiel vgl. Gebauer/Wulf (1998); Aisthesis/Ästhetik vgl. Wulf (1989a; 1989b; 1996); Sprache vgl. Gebauer (1997:233 ff.); Phantasie und Imagination vgl. Wulf (1998a); Sozialität vgl. Wulf (2001b); Alterität vgl. Gebauer/Wulf (1998:235 ff.), Wulf (1999a:31 ff.); Poiesis vgl. Gebauer/Wulf (1995); Zeit vgl. Gebauer/Wulf (2003:40 ff.); Macht/Gewalt vgl. Gebauer/Wulf (1992:356 ff.); Performativität/Ritual vgl. Wulf (1998b; 2001c) sowie Wulf/Zirfas (2004:368 ff.).

Mimesis im Sinne »lebendiger Erfahrung« (Adorno 1973; vgl. Wulf/ Wagner 1987) versus »Mimesis ans Tote« (Horkheimer/Adorno 1989; Adorno 1970) mit der Thematik des Bildes, insbesondere auf dem Hintergrund des kulturhistorischen Zusammenhangs von Bild und Tod (Belting 1990) verbindet. Es ist, wie sich begründet vermuten lässt, vor allem aber auch auf den Einfluss Jean Baudrillards in der Mediendebatte zurückzuführen, dass die ›negative‹ Seite der Mimesis dann deutlich in die Nähe einer *Derealisierungsthese* rückt (wie zu zeigen sein wird). Baudrillard hat in *Der symbolische Tausch und der Tod* (Baudrillard 1991; Orig. 1976) auf der Basis einer strukturalistisch-marxistischen Analyse die These einer zunehmenden Substitution des Gebrauchswertes durch den Tauschwert aufgestellt. Er diagnostiziert, dass durch die Emanzipation der Zeichen (sprich: Ware) »[…] das Reale unter dem Eindruck dieser phantastischen Verselbständigung des Werts gestorben [ist]. Die Determination ist tot, die Indetermination ist Königin. Es hat sich eine Ex-termination (im wörtlichen Sinn des Terminus) des Realen der Produktion und des Realen der Signifikation vollzogen« (ebd.). Diese These steigert sich in späteren Veröffentlichungen, die den marxistischen Hintergrund weniger, den Medienbezug stärker ausarbeiten, zur These, dass das Reale durch »Simulakren« bereits ersetzt worden sei, dass es kein Außen der Medien mehr gebe. Das zum Hyperrealen gewordene Zeichen – »Disneyland[2] ist ein perfektes Modell all der verzwickten Ordnungen von Simulakra« (Baudrillard 1978:24) – sei keine »falsche Repräsentation der Realität (Ideologie), sondern [es gehe] darum, zu kaschieren, daß das Reale nicht mehr das Reale ist, um auf diese Weise das Realitätsprinzip zu retten« (ebd. 25). Die Bilder und Zeichen seien vom Realen entkoppelt und zu »referenzlosen Bildern« geworden. Das referenzlose Bild, so Baudrillard, »verweist auf keine Realität: es ist sein eigenes Simulakrum« (ebd. 15).

Es sind vielleicht heute, aus dem historischen Abstand heraus, nicht mehr viele Worte über die Problematik dieser Position nötig.[3] Die schon

---

2 | Vgl. Umberto Ecos deutlich weniger kulturpessimistisch gehaltene, dafür mit in der Tat frappierenden Beobachtungen von der amerikanischen Westküste gegen Ende der 1970er Jahre illustrierte *Travels in Hyperreality* (Eco 1986). Von Medien ist in diesem Band übrigens kaum die Rede.
3 | Vgl. aber die unnachgiebige, überwiegend jedoch nicht von der Hand zu weisende kritische Baudrillard-Lektüre von Jochen Venus (1997).

selbst aus marxistischer Sicht wohl außergewöhnlich rigide und durchaus theoretizistische Auslegung des Gebrauchswertverlusts, die umstandslose Übertragung von ökonomischen Analysen auf lebensweltliche Kontexte, die unreflektiert-implizite realistische Referenz auf Objekte der »empirischen Welt« als »real«[4] – die Menge der Hypostasierungen und unbesorgten Ontologisierungen werfen aus heutiger Sicht kein gutes Licht auf die Qualität der aus ihnen abgeleiteten kulturkritischen Thesen. Immerhin ist die Baudrillardsche Medienkritik auch heute noch, ungeachtet ihrer begrifflichen Fragwürdigkeiten, nicht ohne Einfluss, so dass zumindest ihre theoriegeschichtliche Relevanz beachtet werden muss.[5]

In diesem Sinne haben mindestens zwei der Baudrillardschen Grundthesen – die These eines ursprünglichen handelnden Bezugs zu *realen Dingen* (empirische Realität) sowie die These der *referenzlosen Bilder* – Eingang in die erziehungswissenschaftliche Mimesistheorie gefunden, obwohl letztere sich in epistemologischer Hinsicht wesentlich solider, nämlich unter Bezug auf den »Radikalen Relativismus« Nelson Goodmans, verortet[6] und daher *explizit* die Ansicht vertritt, dass ein einfacher Bezug auf »Wirklichkeit« nach der Dekonstruktion dieses Modells zu vermeiden sei.

Es geht im Folgenden zunächst darum, die (aufgrund der vielfachen Bezugnahmen des Mimesiskonzepts) bestehenden implizit verwendeten Referenzmodelle der Mimesistheorie sowie ihre expliziten Verortungen freizulegen. Es ist aus Darstellungsgründen erforderlich, zuvor einige Grundzüge des Radikalen Relativismus in Erinnerung zu rufen, wie ihn Nelson Goodman in *Weisen der Welterzeugung* zusammenfassend dargeboten hat.

---

4 | Schon in *Le système des objekts* (Baudrillard 2001, Orig. 1968), einem Band, der übrigens noch völlig ohne erkennbaren marxistischen Hintergrund auftritt, finden sich umstandslos apodiktische Sätze wie: »Bei jedem beliebigen Gegenstand kann das Prinzip der Realität als aufgehoben betrachtet werden. Es genügt, daß ihm die konkrete Verwendung entzogen wird und daß er nur als ein Gebilde der Vorstellung behandelt wird; denn hinter jedem realen Objekt steht sein Traumbild« (ebd. 149).
5 | Vgl. entsprechend den Status Baudrillards in der aktuellen medientheoretischen Debatte (Windgätter 2004:146 f.).
6 | Für den Bezug auf Goodman vgl. Gebauer/Wulf (1992:27 ff.; 1998:14; 2003:116).

4.2 Grundzüge des »Radikalen Relativismus« Nelson Goodmans

Nelson Goodmans »radikaler Relativismus« ist eine der einflussreichsten und elaborierteste Verteidigung eines relativistischen Weltbilds betrachtet werden. Goodman wollte den Relativismus nicht nur defensiv gegen Angriffe realistischer Epistemologien absichern; vielmehr ging es darum aufzuzeigen, dass der Relativismus eine begrifflich klare, systematisch stringente und vor allem auch operational fruchtbare Erkenntnishaltung darstellen kann, die nichts mit dem verbreiteten Vorurteil, nach welchem Relativismus mit konzeptioneller Unschärfe und inhaltlicher Indifferenz einhergehen müsse, gemeinsam hat.

Während realistische Positionen durch die Konzeption *eines* Bezugsfeldes gekennzeichnet sind – die *eine* Realität eben –, geht Goodmans Entwurf unter Verweis auf Ernst Cassirers *Philosophie der symbolischen Formen* von einer »Vielheit wirklicher Welten« (Goodman 1990:14) aus, die jeweils *erstens* als symbolisch konstituiert und *zweitens* als aufeinander Bezug nehmend zu verstehen sind – Goodman spricht bevorzugt von »Welt-Versionen« (ebd. 17). Diesen Versionen haben keinen fixen Bezugspunkt, wie er in realistischen Erkenntnistheorien durch eine angenommene äußeren, nichtsymbolische Realität gedacht wird. Vielmehr bilden die Welt-Versionen ein dezentrales Netz von Verweisungen: Jede erzeugbare symbolische Welt *muss* sich auf eine vorhandene symbolische Welt beziehen; keine Welt kann aus (außerhalb theologischer Spekulationen) als aus dem Nichts geschaffen gedacht werden, und insofern ist das welterzeugende Erschaffen immer ein *Umschaffen*, das durch Bezugnahme auf andere Welten zustande kommt (ebd. 19). Es gibt verschiedene »Weisen der Welterzeugung«, also verschiedene Modi der umschaffenden Neuerzeugung symbolischer Welten wie Komponieren, Dekomponieren, Gewichten, Ergänzen, Tilgen, Deformieren etc.

»Welterzeugen« ist dabei keine beliebige Angelegenheit. Es gibt, was sowohl für Goodman als auch in unserem Kontext ein sehr wichtiger Aspekt ist, strenge Kriterien der Unterscheidung von »wirklichen Welten« bzw. »richtigen Versionen« einerseits und »bloß möglichen Welten« bzw. »falschen Versionen« andererseits (ebd. 35). Welten, die nicht Bezug nehmen, »mögliche oder unmögliche Welten« (ein nützliches Beispiel in unserem Zusammenhang wären etwa »referenzlose Bilder«) – haben, so Goodman, »in meiner Philosophie keinen Platz« (ebd. 118).

Das Kriterium zur Beurteilung, was eine wahre oder richtige[7] Welt ist und was nicht, bezeichnet Goodman als »extensionalen Strukturisomorphismus«. Das bedeutet, wie der Ausdruck bereits sagt, dass Bezugnahmen zwischen »Welten« eine Analogie der *Verhältnisse* zwischen Entitäten, nicht aber eine Analogie der Entitäten selbst aufweisen muss. Daher können ohne weiteres auch metaphorische Bezüge und, etwa künstlerische Bezugsnahmen usf. als »strukturisomorph« gelten (vgl. ebd. 124 ff. und 158 ff.; dies gilt allerdings nicht, wenn Kunstwerke misslungen sind, denn dann hätten sie nach Goodman nicht Bezug genommen). Die Regel der Strukturisomorphie sichert »die Repräsentativität eines Werkes« (ebd. 166). Kunstwerke, so Goodman, »exemplifizieren buchstäblich oder metaphorisch Formen und Gefühle, Affinitäten und Kontraste, die in einer Welt zu suchen oder in sie einzubauen sind. […] Der Entwurf eines Mondrian ist richtig, wenn er auf ein beim Sehen der Welt wirksames Muster projizierbar ist« (ebd.).[8]

Wie man sieht, unterliegt der Relativismus Goodmans strengen Kriterien. Bei allen eingeräumten Freiheitsgraden gibt es doch so etwas wie einen kategorischen Imperativ des Radikalen Relativismus, der lauten könnte: *Beziehe dich »richtig« auf eine »wirkliche« Welt! Stelle Strukturisomorphie her!* Das Primat der *Referenz* ist, wie daran erkennbar wird, im Relativismus ungebrochen, auch wenn der Referenzbereich (in den Grenzen einer konventionalistischen Theorie über das, was als strukturisomorph gelten kann) pluralisiert wurde. Wie Goodman freimütig einräumt:

»Der Platoniker und ich sind uns vielleicht darüber nicht einig, was eine wirkliche Welt ausmacht, während wir darin übereinstimmen, alles andere abzulehnen. Wir

---

7 | Goodman unterscheidet hier, insofern nicht alle wahren Welten pragmatisch »richtig« seien müssen; so wäre es inadäquat, etwa einen Bleistift mit quantenmechanischen Mitteln erklären zu wollen etc.

8 | Es kann angesichts einer solchen, konventionalistisch begründeten (Goodman 1990:144 ff.) Bevormundung ästhetischer Produktionen und Ereignisse nicht verwundern, wenn seitens der neueren Bildtheorie das repräsentationalistische Bildmodell zunehmend in die Kritik gerät (Boehm 1994b; Lüdeking 1994). Der Vorwurf trifft, mit dem Relativismus, auch den mimesistheoretischen Bezugsrahmen.

können uneins sein, was wir für wahr halten, während wir uns einig sind, daß dem, was wir für falsch halten, nichts entspricht« (ebd. 119).

Damit nun zur Rekonstruktion der mimesistheoretischen Referenzmodelle, die auf den Prinzipien des Goodmanschen Relativismus aufbauen.

4.3 »Mimetische Wirklichkeit«, empirische Realität und das Nichtidentische

Im Zentrum der Betrachtung stehen zunächst die beiden Titel, die als paradigmatische (Wieder-)Einführung des Mimesiskonzepts in den anthropologischen Diskurs gelten können. Die aktualisierende Wiederaufnahme des Mimesiskonzepts (Wulf 1989a; Gebauer/Wulf 1992) vollzog sich in Abgrenzung zu den Ansätzen Erich Auerbachs (1982) und Harald Feldmanns (1988). Beide Autoren verstehen Mimesis als etwas, das auf Wirklichkeit bezogen ist, sei es als »Interpretation des Wirklichen durch literarische [...] Nachahmung« (Auerbach 1982:515) oder als repräsentationales Verhältnis zu einer vorgegebenen Wirklichkeit einerseits bzw. ›seinskonstituierende‹ Erzeugung neuer Wirklichkeiten (Feldmann 1988:18f.) andererseits. Als problematisch an beiden Positionen muss dabei das »Festhalten am Wirklichkeitsbegriff« (Wulf 1989a:87) angesichts der erschütterten Referenzpunkte des Wissens (Lyotard 1982) und der dadurch ausgelösten ›Krise der Repräsentation‹ erscheinen. Keine Wissenschaftlichkeit kann den Zeichen den Status eines absoluten Verweises mehr sichern; das Zerbrechen der großen Erzählungen – sowohl ihres verpflichtenden Gehalts als auch ihrer Brauchbarkeit für gesellschaftliche Praxis – löst die Begriffe aus ihren Verankerungen und bringt sie ins Fließen; es »entsteht ein mimetisches Verhältnis der Zeichen zueinander, in dem längst nicht mehr eine ›Wirklichkeit‹ das Modell der Nachahmung bildet [...]« (Wulf 1989a:83), sondern in welchem sich jede ›Wirklichkeit‹ als eine solche entpuppt, die sich bereits auf eine andere bezieht. In dieser Pluralität von Wirklichkeiten gibt es keine begründbare absolute Referenz auf eine letzte, ›wirkliche‹ Wirklichkeit. Die Konsequenz daraus ist, »dass nicht länger sinnvollerweise ›Wirklichkeit‹ zum Bezugspunkt für Mimesis genommen werden sollte« (ebd.:87). Deutlich ist in diesen Formulierungen die konsequente Adaption des Goodmanschen Relativismus erkennbar.

Die damit beschriebene Abkehr von realistischen Ontologien und Epistemologien bildet die erkenntnistheoretische Basis, auf der erst die volle Bedeutung mimetischer Handlungsformen erkennbar wird: Denn erst wenn der Bezug auf eine zu Grunde liegende externe Referenz aufgegeben wird, tritt Mimesis »aus dem Bereich der Ästhetik, in den sie seit Platon eingeschlossen ist, heraus und wirkt als eine soziale Kraft« (ebd. 434). Als relativistisch motivierter Begriff setzt Mimesis, bezogen auf den sozialen Kontext, gleichsam in der Mitte zwischen Sozialkonstruktivismus und Wissenssoziologie/Sozialphänomenologie an. Wie eine Brücke zwischen der Vorstellungs- und Handlungswelt eines Individuums und der qua Institutionalisierung gebildeten sozialen »Realität« (vgl. Berger/Luckmann 1980) wirkt Mimesis in der einen Richtung subjektivierend im Sinne der Aneignung eines praktischen Wissens (Bourdieu 1993), der Anreicherung der Erfahrungswelt mit sozialen Gehalten, der Kultivierung von Imagination und in der anderen Richtung »realisierend« im Sinne der Ausformung der sozialen Welt durch die Aufführung von Habitus, Stilen, Moden, etc., die die symbolische Ordnung des sozialen sowohl reproduzieren als auch transformieren, also durch mimetische Bezugnahme veränderte soziale Welten erzeugen, die als manifeste Objektivität gesellschaftlicher Wirklichkeit erscheinen.

Mimetisch erzeugte Wirklichkeiten können in dieser nicht auflösbaren Durchdringung auf verschiedene Weise den Status einer Wirklichkeit *sui generis* erlangen. In der höfischen Gesellschaft von Versailles beispielsweise stellt Mimesis »eine Art höherer Wirklichkeit dar. Sie richtet eine Bühne ein, die die Welt so repräsentiert, wie sie sein soll. Mimesis wirkt auf diese Weise in die Handlungspraxis hinein: als Verhaltensmodellierung, Inszenierung der Macht, Definition von Realität« (ebd.). Die mimetische Wirklichkeit verbindet zwei Referenzmodelle miteinander: das der ›sozialen Realität‹ i.S. einer symbolischen Ordnung einerseits, das einer invididuellen Wirklichkeitserzeugung (wie etwa in Konstruktivismus und Phänomenologie) andererseits.

Neben dem Gedanken der mimetisch konstituierten Wirklichkeit als körperlich-bildhaftem, wechselseitigem Bildungsprozess zwischen Individuen und sozialer Welt findet sich in der anthropologischen Mimesistheorie Gebauer/Wulfs ein zweiter, im Kontext eines relativistischen Theoriedesigns durch problematischer Bezug auf Wirklichkeit, der diese im Sinne einer ›empirischen Wirklichkeit‹ und damit einer äußeren Realität konzipiert. So heißt es etwa in folgender, dem Resümee des *Mimesis*-Bandes (Gebauer/Wulf 1992) entnommenen Passage:

»Alle wichtigen neuen Medien sind dadurch gekennzeichnet, daß sie Dimensionen oder Fragmente der empirischen Wirklichkeit in Form von Bildern oder Tönen ›transportieren‹. Auch in die Kunst sind seit dem ersten Jahrzehnt des 20. Jahrhunderts Spuren der empirischen Wirklichkeit aufgenommen worden (so in der Collage, Frottage, Pop Art, Land Art, Ready Made usw.). Es kommt zu einer immer größeren Aufnahme von Elementen der empirischen Wirklichkeit in die symbolischen Welten. Zugleich gibt es einen gegenläufigen Prozeß: an der Konstitution der emirischen Wirklichkeit sind die Symbolsysteme immer stärker beteiligt.[9] Erkennbar wird diese Tendenz an historischen Entwicklungen wie […] der Aufbau und das Funktionieren der Gesellschaft über Distinktionen in Feldern symbolischen Kapitals. […] Mimetische Prozesse finden ihren Ansatzpunkt in der symbolischen Konstituiertheit der empirischen Welt. […] Es lässt sich eine doppelte Bewegung beobachten: die wachsende Beteiligung von Mimesis an der symbolisch konstituierten empirischen Welt zum einen und die zunehmende Integration von Bestandteilen der empirischen Wirklichkeit in die mimetischen Medien zum anderen.« (Gebauer/Wulf 1992:436 f.)

Es ist zu erkennen, dass der Ausdruck ›empirische Wirklichkeit‹ zugleich (bzw. nacheinander) zwei unterschiedliche Referenzmodelle anspricht. So findet sich ›empirische Wirklichkeit‹ mit Pierre Bourdieus Begriff des Feldes (Bourdieu 1987:355 ff.) verbunden – der grob gesprochen eine praxeologische Weiterentwicklung des Referenztyps der *sozialen Realität* darstellt –, zuvor ist ›empirische Wirklichkeit‹ im Sinne von *Dingen* angesprochen, also das Referenzmodell der *empirischen Realität*.[10]

---

9 | Vgl. in diesem Sinne auch Welschs (ebenfalls relativistisch verortete) Formulierung des »intertwinement between the virtual and the real« (Welsch 2000c:57).
10 | Vgl. etwa Bourdieus Ausführungen zur »Relationalität des Realen« (Bourdieu 1998:15 ff.), mit der substanzialistisch-realistische Auffassungen sozialer Realität zurückgewiesen und durch ein dezidiert »sozialkonstruktivistisches« Konzept, das jede scheinbare »Entität« auf ein »Ensemble von Positionen […], das über eine Relation, eine Homologie, mit einem selbst wiederum relationalen bestimmten Ensemble von Tätigkeiten […] oder Gütern […] verbunden ist«, zurückführt (ebd. 17), also als Ergebnis *sozialer Praxen* der Distinktion (die sich dann institutionalisieren oder verdichten zu feldspezifischen Habitus) sichtbar macht.

Dieser Begriff ist innerhalb eines »radikal relativistischen‹ Kontextes kritisch zu betrachten. Wie anhand der Darstellung des Goodmanschen Relativismus deutlich wurde, lässt sich in diesem Theorierahmen *keine bevorzugte Welt* festlegen. In diesem Sinne wurde auch von Wulf (1989a) wie gezeigt das »Festhalten am Wirklichkeitsbegriff« (Wulf 1989a:87) im Kontext der »Krise der Repräsentation« kritisiert. Nun ist es zugegebenermaßen wenig sinnvoll, Formulierungen wie diese überkritisch zu lesen. Man wird pragmatischer Weise zugestehen, dass es auch im Kontext eines relativistischen Bezugsrahmens möglich sein kann (oder sollte), den Bezug auf, sagen wir, eine Pfeife – wie immer symbolisch konstituiert, »sozial konstruiert« dieser Gegenstand als Objekt gesellschaftlicher Praxen auch sein mag – von dem Bezug auf eine gemalte Pfeife unterscheiden zu können. Die Frage ist aber, ob man aus dieser *pragmatisch* nützlichen Unterscheidung noch *normative* Geltungsansprüche ableiten kann, ob also bspw. eine mimetische Bezugnahme auf die Pfeife der »empirischen Welt« in irgendeiner Weise als authentischer, echter, höherwertiger – *unvermittelter* – verstanden werden kann als der Bezug auf die gemalte Pfeife. Es ist also zu unterscheiden, ob die von Gebauer/Wulf attestierte Zunahme der Beteiligung von Mimesis an der symbolisch konstituierten *nicht bildhaften* Welt lediglich eine aktualisierende Reformulierung der gegen Ende der 1980er Jahre verbreiteten Ästhetisierungsthese darstellt, oder ob sie auf eine normative Bezugnahme auf die ›empirische Wirklichkeit‹ im Sinn eines erkenntnistheoretischen Realismus verweist.

Die Begriffsverwendung in Gebauer/Wulf (1992) bleibt in dieser Hinsicht eher ambivalent. Zwar wird ein Derealisierungsverdacht geäußert: »Mit dem Weiterwachsen der Mimesis in andere Gebiete hinein, die sie vorher nicht im Besitz hatte, vergrößert sich auch der Bereich, in dem eine solche potentielle Aufhebung von Wirklichkeit vorgenommen werden kann« (ebd. 436). Doch weisen die Autoren mit Recht die »kulturpessimistische These vom Wirklichkeitsverlust« zurück, denn dieser »liegt ein naives Wirklichkeitsverständnis zugrunde« (ebd.). – Im Hinblick auf Goodman nämlich, so kann man diese Andeutungen ergänzen, lässt sich so etwas wie »Derealisierung« ja durchaus beschreiben, jedoch nicht als Abkehr von *einer* festgesetzten Referenz, sondern, wie zu sehen war, in der bezugslosen Erzeugung von Wirklichkeit bzw. in der Erzeugung nicht »strukturisomorpher« symbolischer Welten. In dieser Hinsicht findet sich Baudrillards These der »referenzlosen Bilder«, wie nun sichtbar wird, im wesentlich komplexeren Bezugsrahmen des Goodmanschen Relativismus aufgenommen, also *reformuliert* und *reintegriert*. Was dies angeht, so wäre lediglich die Frage zu verfolgen, was es eigentlich heißt, auf etwas strukturisomorph Bezug zu nehmen, oder: was genau eigentlich dabei unter *Bezugnahme* zu verstehen wäre.

Doch wird die relativistische Lesart nicht überall konsequent durchgehalten. So heißt es etwa im Anschluss an die zitierte Stelle: »Wenn sich der Spalt zwischen beiden [– empirischer Wirklichkeit und mimetischen Welten, B.J. –] schließt, verliert die empirische Wirklichkeit ihre Eigenständigkeit gegenüber den interpretierenden mimetischen Welten« (ebd. 437). Diese These wird zwar grundsätzlich beobachtertheoretisch relativiert – im Satz zuvor heißt es nämlich: »Unsere *Vorstellungen der empirischen Wirklichkeit* unterscheiden diese durch eine deutliche Trennung von mimetischen Welten« (ebd.; Herv. v. mir, B.J.). Doch muss der relativistische Anspruch auch theorieimmanent eingelöst werden. Dies geschieht hier aber gerade nicht. Denn im Kontext des Relativismus ist ausnahmslos *jede* Welt eine bereits *interpretierte* Welt, und darin liegt gerade *nicht* das Kriterium ihrer ontologischen Zweitrangigkeit, sondern vielmehr das Kriterium dafür, dass sie eine »wirkliche Welt« ist. Eine so gestaltete Differenz von »empirischer Wirklichkeit« versus »mimetische Welten« ist mit einem relativistischen Theorierahmen definitiv *nicht* vereinbar.[11] Der Bezug zu Baudrillards schlichtem Schema von »vormals wirklicher Welt vs. bildüberfluteter Simulakrenwelt« lässt sich kaum von der Hand weisen: »Alles hat eine Tendenz, zum Bild zu werden; selbst opake Körper werden transformiert. [...] Bilder bringen Dinge, ›Wirklichkeiten‹ zum Verschwinden« (118).[12]

---

11 | Denn hier kann man »empirische Wirklichkeit« wie gesehen allenfalls unter *pragmatischen* Gesichtspunkten in Anspruch nehmen. Dahinter steckt jedoch, wie auch in der Mimesistheorie ansonsten angesprochen, eine soziale, symbolische, konventionalistische Bezugnahme; quasi ein *Sprachspiel* (Wittgenstein) des Referenzierens einer »äußeren empirischen Welt« (ich – B.J. – spiele es bspw., wenn ich zu meiner Kaffeetasse greife oder diesen Text in die Tastatur eingebe). Dieses Sprachspiel ist so lange unbedenklich zu spielen, wie man es nicht zur *epistemologischen* Folie der Referenzierung dieser »empirischen Wirklichkeit« hypostasiert.
12 | Der Punkt ist vielleicht bereits hinreichend deutlich am Text belegt worden. Es sei dennoch darauf hingewiesen, dass diese Redeweise in der Mimesistheorie keine Ausnahme darstellt, und dass diese m.E. auf einen in den relativistischen Kontext ›eingeschlichenen‹ Bezug auf Thesen Jean Baudrillards zurückzuführen

Es bleibt noch ein drittes Referenzmodell zu erwähnen, das ebenfalls im Kontext einer Referenzverlustthese steht, jedoch einem anderen Theoriebezug entstammt. Im Bezug auf die Figur des »Anderen« und des »Objekts« (nicht mit dem »Ding« zu verwechseln!) wird Mimesis in ihrer Ambivalenz entfaltet. In dieser an Adornos Kritischer Theorie orientierten Richtung erscheint Mimesis als »Hoffnung auf eine neue Form des Widerstands [...]. Denn Mimesis ermöglicht es dem Menschen, aus sich herauszutreten und eine Nähe zu den Objekten und Menschen herzustellen« (Wulf 1989a:114). Mimesis ist potentiell Verblendung und Simulation, aber ebenso »notwendige Voraussetzung der Erfahrung der Außenwelt, der Begegnung mit dem Anderen und der Erkenntnis« (ebd.).[13]

Somit ist hier das Referenzmodell des »Ineffablen« (s.o. S. 76) angesprochen. Mimesis ist also ein Weg zum Anderen, aber – nun zur negativen Seite ihrer Ambivalenz – sie kann auch Alterität vernichten. Dieses Referenzmodell erscheint im Text mit der realistischen Bezugnahme à la Baudrillard vermengt, doch wie gesehen lässt es sich analytisch klar trennen: »Bilder simulieren Bilder auf der Suche nach verschwundenen Bildern und Wirklichkeiten. Bilderfluten ertränken die Einbildungskraft und vernichten die Unverfügbarkeit des Anderen und die Widerständigkeit des Fremden« (Wulf 1989a:114).

Wie die Rekonstruktion zeigt, haben verschiedene Typen von Wirklichkeitsbegriffen Eingang in die Mimesistheorie gefunden. Diese Pluralität ist generell betrachtet nicht problematisch – Wirklichkeit bzw. Realität

---

ist. Diese Vermutung lässt sich, um auch eine Passage einer neueren Veröffentlichung exemplarisch zu zitieren, die den Status eines resümierenden Überblicks über den Entwicklungsstand Mimesiskonzepts hat (Gebauer/Wulf 2003), auch anhand dieser Veröffentlichung erhärten. Dort heißt es im Kontext des Zusammenhangs von Mimesis und Visualität: »Die Selbstreferentialität der Bilder vernichtet Kontinuität, Stringenz und Kausalität als Garanten der Wahrheit. Es entstehen Zeichen-Spiele auf einer Oberfläche ohne Tiefe. Die Virtualität der Bilder bestimmt die Aktualität, indem sie die Realität außer Kraft setzen. Die Aktualität eines Objekts wird zur Aktualität seiner Gegenwart als Bild bei gleichzeitiger Abwesenheit des Objekts.« (Gebauer/Wulf 2003:64). Vgl. dazu etwa das Baudrillard-Zitat oben (S. 79).
13 | Man beachte die hier zu registrierende Nähe zur platonischen Ambivalenz zwischen Bildkritik und Bild-Pädagogik, wie sie im ersten Kapitel herausgearbeitet wurde – strukturell ist, durchaus im Sinne einer Strukturisomorphie, zwischen beiden Positionen kaum ein Unterschied auszumachen.

sind heutzutage de facto plural verfasste Begrifflichkeiten. Man kann die Problematik dieses Sachverhalts erst dann erkennen, wenn man über ein geeignetes analytisches Instrument verfügt. Die im vorhergehenden Kapitel vorgestellten Referenzmodelle erlauben, die im Text der Mimesistheorie teils nebeneinander stehenden, teils miteinander verwobenen Referenzmodelltypen zu identifizieren und auf diese Weise die eingangs problematisierten Gehalte sichtbar zu machen. Im Ergebnis zeigt sich, dass bei einer derart bezugsreichen Theorielage Referenzverlustthesen der *differenzierten* Behandlung und Kritik bedürfen. Dem entsprechend ist hier zwischen drei freigelegten Referenzverlusttypen zu unterscheiden.

Aus unserer Sicht ist der erste, von Baudrillard inspirierte Typ aus heutiger Sicht nicht mehr haltbar. Er beruht auf hochgradig normativen, ja geradezu ontologischen impliziten Vorannahmen und disharmoniert mit dem Komplexitätsniveau der Mimesistheorie in jeder Hinsicht. Es war demgemäß zu beobachten, dass diese zur Entstehungszeit der historisch-anthropologischen Mimesistheorie verbreiteten Bezüge nur implizit vorgenommen wurden und sich die Autoren zudem von unterkomplexen Derealisierungsthesen explizit distanzieren. Diese Sorte von Bezug lässt sich insofern einfach korrigieren und tangiert das Mimesismodell selbst nur marginal.

Das zweite Referenzverlustmodell beruhte auf Nelson Goodmans Radikalem Relativismus. Da der Bezug zu Goodman zwar des Öfteren implizit und explizit deutlich gemacht wird, dies jedoch eher nicht in Form einer detaillierten Diskussion etwa des »Realitätskriteriums« Strukturisomorphismus geschah, war dieser Hintergrund bisher nicht deutlich erkennbar. Der Bezug auf Goodman kann auch heute noch als anerkannt und legitim gelten; und insofern ist es aus der hier erarbeiteten Perspektive durchaus vertretbar, eine Derealisierungsthese am Kriterium der Strukturisomorphie zu orientieren (was Gebauer/Wulf zumindest implizit wohl auch so machen).[14] Anlässlich der Rekonstruktion der Grundzü-

---

14 | Es ist allerdings fraglich, ob damit das erfasst wird, was im Anschluss an Baudrillard als »referenzlose Bilder« zu bezeichnen wäre. Denn man kann den Bildern der »Bilderfluten« (etwa in Werbung, Fernsehen, Kino etc.) schlecht attestieren, sie seien nicht als Bildinhalte »strukturisomorph« zu anderen symbolischen Welten. Sie bilden sie lediglich nicht ab, sondern schaffen sie um; transformierende Bezugnahmen sind wohl kaum zu verleugnen.

ge dieses Theorierahmens jedoch wurden einige Bedenken bezüglich der Angemessenheit des Radikalen Relativismus geäußert, die es insbesondere im Rahmen der mimesistheoretisch zentralen aktuellen Bilddiskussion und sich formierenden Bildanthropologie doch fraglich erscheinen lässt, ob dies das Rahmenmodell der Wahl ist. Diese Frage mündet mitten in die offene Diskussion um Repräsentationalität oder Nichtrepräsentationalität in der Bildtheorie und ist hier daher nicht weiter zu beantworten.

Aufschlussreich ist in diesem Kontext vielleicht jedoch der oben (Kap. 2) erwähnte Zusammenhang zwischen Bildung, ›entbildetem Bild‹ einerseits und medialem oder medial verkörpertem Bild andererseits. Insbesondere Goodmans Anmerkung, dass er mit Platonikern (abgesehen von den unterschiedlichen Referenzmodellen) darin d'accord sei, »daß dem, was wir für falsch halten, nichts entspricht« (Goodman 1990:119), ist bedenkenswert. Was bei Platon der Bezug zum höchsten Seienden der Ideen, ist bei Goodman das komplexe Kriterium der Strukturisomorphie. Man darf also parallelisieren (ohne n.b. der Mimesistheorie damit etwa Platonismus vorzuwerfen) und daraus den Schluss ziehen, dass mit dem Bezug auf Goodman eine implizite Differenz von urbildlichem Bildinhalt und medialem Bild gemacht wird. Die Strukurisomorphie ist selbstverständlich ein pluralistisches, soziales, komplexes und dynamisches Kriterium, im Gegensatz zu Platons *paradeigmata*, doch *als* Kriterium ist sie, wie an dieser Stelle auffällt, *formal* und nicht-bildhaft: sie lässt sich in ein angebbares Schema sequenzialisieren – etwa in Form eine sequenziellen theoretischen Beschreibung.

Strukturisomorphie ist eine Art von Vorschrift (cf. *paradeigma*) zur Herstellung »richtiger Bilder« und »wirklicher Welten« – und genau diese Eigenschaft teilt sie mit dem *paradeigmata*, die, wie zu sehen war, ebenfalls keine »bildhaften« Bilder sind, sondern Vorschriften zur Herstellung zwar ontologisch zweitrangiger, aber dennoch »richtiger« Abbilder. Die Parallele lässt sich bis in den Gedanken der Proportionalität hinein verfolgen. Platon hatte wie gesehen an den *eidôla* bemängelt, dass sie, etwa in der perspektivischen Wiedergabe eines Bettes, dessen ideale Proportionen verzerrten (s.o. S. 39). Das Kriterium der Strukturisomorphie fordert zwar keine Isomorphie der (Verhältnisse von) Entitäten der Darstellung, doch es fordert auch eine Art »Wohlproportioniertheit« ein, nämlich die »Projizierbarkeit« auf die Wahrnehmungsmuster, in der die Welt gesehen wird (Goodman 1990:166).

Mimesis ist wesentlich auch ein Bildungsbegriff (bzw. impliziert eine spezifische Bildungsidee), und wie zu sehen war, ist mimetische Bildung in diesem Aspekt davon abhängig, welche Art von Mimesis erfolgt. Erfolgt sie nach der ›Vorschrift‹ der strukturisomorphen Bezugnahme, so wirkt sie bildend, unterlässt sie dies bzw. bezieht sich auf die »falschen« Bilder, so erzeugt sie (in dieser Eigenschaft bekannte sich Goodman als Platoniker) nicht wirkliche Welten. – In der Tat ein innerhalb dieses Bezugsrahmens solides Kriterium für Derealisierung.

Sowohl Platon als auch Goodman weisen allerdings den Medien eine aus unserer Sicht unbefriedigende Position zu. Denn innerhalb solcher repräsentationalistischen Bildkonzeptionen kann Medialität nur als Verzerrung verstanden werden, als Störfaktor, der sich bestenfalls einigermaßen formneutral verhält. In diesem Sinn schreibt etwa Goodman über die extensionale Strukturisomorphie: »Ein Gedicht, ein Gemälde und eine Klaviersonate können buchstäblich und metaphorisch manchmal dieselben Eigenschaften exemplifizieren; jedes dieser Werke kann mithin Wirkungen haben, die *sein eigenes Medium transzendieren*« (Goodman 1990:131; Herv. v. mir, B.J.). Bedeutung und Potentiale von Medialität werden damit weit unterschätzt – zugunsten der Vorstellung eines medienunabhängig bestehenden »Inhalts« von symbolischen Konstrukten.

Auch das zuletzt hervorgehobene dritte Rahmungsverlustmodell ist nicht vollkommen unproblematisch. Der Gedanke des Verlusts von Alterität bzw. des Bezugs zum (nichtidentischen) Objekt genießt (zu Recht) einen hohes ›emanzipatorisches Prestige‹ und ist insbesondere mit der Erziehungswissenschaft über den Bezug auf die Kritische Theorie und später die sensibilisierenden Einflüsse der sog. postmodernen Theorien eng verbunden. Es wurde bereits oben (S. 76) angedeutet, dass ein wesentliches »Movens«, übrigens auch ein theorieimmanenter Bedingungsgrund ihrer Verzeitlichung‹ in der Paradoxie verortet ist, das »Ineffable« aussprechen und benennen zu müssen. Die Durchstreichung des Begriffs »Sein« beim späteren Heidegger, Adornos Modell der *Konstellation*, das »a« der *différance* Derridas (1967) bezeugen diesen Umstand. Auch hierin steckt eine Form der Referenznahme – und damit eines wie immer vermittelten Legitimationsanspruchs. Zweifelsohne ist es virtuell schon eine Form der »Zurichtung« des Anderen, diesen überhaupt zu benennen, *unter* einen Signifikanten zu bringen. Die Referenz selbst, als Gedanke einer *Bezugnahme-auf-etwas*, erweist sich damit als das Problem.

Es geht daher in den folgenden Kapiteln zunächst darum, diese Problematik der Referenz eingehender zu diskutieren. Untersucht wird, ob es eine tragfähige Alternative zum relativistischen Theorierahmen gibt, und ob sich von dort aus – das ist das Schwierige daran – die Frage nach der Realität überhaupt noch sinnvoll stellen lässt.

Es sei der Übersicht halber vorweggenommen, dass die Frage, wie der Gedanke »mimetischer Bezugnahme« *ohne* repräsentationalistische Bezüge formulierbar ist, anschließend noch einmal aufgegriffen wird. Wie sich dabei herausstellt, lässt sich das Mimesiskonzept auch in einen antirepräsentationalistischen Theoriekontext integrieren. Das Problem des »Bezugs zum Anderen« spielt dabei eine zentrale Rolle. Was aber sicherlich nicht in dieser Form erhalten werden kann, ist die u. E. ohnehin der Mimesistheorie unangemessene Derealisierungsthese Baudrillardscher Prägung – wobei zu zeigen sein wird, dass die These der »referenzlosen Bilder« tatsächlich im Kontext allerdings einer differenzierteren medientheoretischen Fundierung zumindest rekonstruierbar ist, dass also das motivierende »Unmutsgefühl«, welches sich in der Metapher der »Bilderfluten« ausdrückt, eine medientheoretisch explizierbare Ursache hat. Jedoch – um auch dieses noch vorwegzunehmen – wird sich dabei zeigen, dass und inwiefern dieses Schema sich gerade *nicht* einfach auf den Bereich der Neuen Medien übertragen lässt, und dass dieser entgegen der allgemeinen Ansicht schon gar nicht umstandslos als ein exemplarischer Ort für »Fluten referenzloser Bilder« gelten kann.

5 Über Realität sprechen: Realismus, Antirealismus und Antirepräsentationalismus

Theoretische Reflexionen über Realität anzustellen, bedeutet immer auch, ein philosophisches Minenfeld zu betreten. Denn im Gegensatz zu anderen abstrakten Begriffen impliziert dieser eine Doppelung, die den Text von vornherein zu unterwandern droht, und die ihn in eine Richtung zwingt, die weder seinen Motiven noch seinen Erkenntniszielen entspricht. Die Legitimität jeder wissenschaftlichen Aussage basiert nicht zuletzt auf impliziten oder expliziten erkenntnistheoretischen Positionierungen. Die Validität dieser Aussagen wird klassischerweise als davon abhängig betrachtet, in welchem Umfang die Theorie in der Lage ist, Phänomenbereiche zu modellieren, zu repräsentieren bzw. mit ihnen zu korrespondieren; die Reliabilität der Modellierungen hängt von dem Maß ab, in dem ihr das gelingt (wie auch immer man dieses Gelingen bzw. die Kriterien zur Beurteilung des Gelingens festlegen mag). Trifft man im Rahmen eines solchen (repräsentationalistischen) Wissensverständnisses Aussagen, so stellt man zugleich eine implizite Reihe von Behauptungen darüber auf, was Realität ist – unabhängig vom behandelten Thema.

Die Diskussion von »Realität« birgt also die Gefahr, im Sinne eines repräsentationalistischen oder gar realistischen Geltungsanspruches missverstanden zu werden. Aufgrund der erwähnten »Doppelung« tendiert die Wirklichkeitsproblematik im Gegensatz zu anderen Diskussionsthemen dazu, in eine Art rekursive »Wirklichkeits«-Behauptung ihres Objekts einzumünden, so als würde konstatiert, dass, *wenn* Wirklichkeit ein sinnvoller (nützlicher, adäquater etc.) Begriff sei, er dann unterstelle,

Über Realität sprechen: Realismus, Antirealismus und Antirepräsentationalismus

dass eine solche Wirklichkeit außerhalb des Diskurses »existiere« und er, der Begriff eine adäquate symbolische Repräsentation von Wirklichkeit darstelle. Tatsächlich verweist der Ausdruck »existiere« im vorhergehenden Satz bereits darauf, dass hierbei eine vorgeformte realistische Vorstellung von Wirklichkeit einfließt, die es gerade zu vermeiden gilt.[1]

Wie die methodologischen Reflexionen Richard Rortys, die im anschließenden Unterkapitel vorgestellt werden, zeigen, ist dies jedoch nicht zwingend der Fall. Rorty kündigt erfolgreich der Realität den erkenntnistheoretischen Vertrag auf, indem er eine Position *jenseits* von Realismus und Antirealismus entwirft: Aussagen ›repräsentieren‹ nicht (Etwas), sondern sie ›beziehen sich‹. Eine Aussage kann sich nicht auf »Dinge« (was immer man an dieser Stelle darunter verstehen möchte) beziehen, sondern lediglich auf andere Aussagen (bzw. auf Diskurse i.S. von Aussagesystemen) – unter anderem eben auf Diskurse über Dinge. Die Beziehung zu einer Wirklichkeit wird auf diese Weise weder behauptet (Realismus) noch in Abrede gestellt (Antirealismus).

Auf der Grundlage einer solchen Haltung scheint so etwas wie eine erkenntnistheoretische Entkopplung möglich. Man geht dann zunächst von der strategisch sinnvollen Setzung aus, dass theoretische Aussagen es nicht unmittelbar mit Wirklichkeit oder Realität, sondern lediglich mit *Beobachtungen und Aussagen über Wirklichkeit* zu tun haben.

Bevor diese Ideen expliziert werden, soll das Verhältnis zum erkenntnistheoretischen Realismus geklärt werden, der ja die alltagsweltlich durchaus plausiblere Position darstellt. In diesem Kontext erschien besonders die bereits erwähnte ›modernisierte‹ Variante des Realismus interessant.[2] John R. Searles Beitrag zur »Konstruktion der gesellschaftlichen Wirklichkeit« (Searle 1997) nimmt nicht zufällig im Titel Bezug auf den wissenssoziologisch-sozialkonstruktivistischen Klassiker von Peter

---

1 | Die Diskussion der systemtheoretischen Erkenntniskritik (vgl. inbs. unten Kap. 6.1) wird die Ursache dieses misslichen Umstands nachliefern, nämlich eine generelle ontologisierende Tendenz der Sprache (genauer: der Verwendung von Sprache im Kontext der Beobachtung erster Ordnung). Wenn dann zumal das Wort »Realität« ontologisiert wird, ist der Anschein des Realismus unvermeidlich.

2 | Der weite Bereich der aktuellen Realismusdebatten in der angelsächsischen Philosophie würde in eine Spezialdiskussion hineinführen, die an dieser Stelle nicht hilfreich wäre, zumal etwa Hilary Putnams und andere »realistische« Entwürfe strukturell kaum mit klassischen, extern-realistischen Positionen vergleichbar sind.

L. Berger und Thomas Luckmann (Berger/Luckmann 1980). In der Tat verfolgt der Band die überraschende Idee, eine *Art* Sozialkonstruktivismus – nämlich eine sprachphilosophisch adaptierte Institutionentheorie – an eine realistische Ontologie und Epistemologie anzuknüpfen. In unserem zunächst an grundlegenden Positionierungen interessierten Kontext interessiert an diesem Entwurf vor allem die Artikulation dieser realistischen Theoriebasis (weniger die darauf aufbauenden, sprachphilosophisch artikulierten ›sozialkonstruktivistischen‹ Thesen).

5.1 Realismus zwischen Erkenntnistheorie und (impliziter) Ontologie: John R. Searle

Die *Routledge Encyclopedia of Philosophy* definiert Realismus allgemein als die Ansicht »that the kind of things which exist, and what they are like, are independent of us and the way we find out about them [...]« (Craig 1998). Insofern kann Searles Charakterisierung seiner Position des »externen Realismus« als »die Ansicht, dass es eine Seinsweise der Dinge gibt, die von allen menschlichen Repräsentationen logisch unabhängig ist« (Searle 1997:165), zunächst als eine klassische realistische Haltung betrachtet werden. Typischerweise implizieren realistische Weltsichten sowohl ontologische als auch epistemologische Aussagen, wobei erstere letztere begründen. Das, mit Wolfgang Welsch gesprochen, »realistische Sprachspiel« nimmt Bezug auf eine bewusstseinsunabhängige »Alpha-Wirklichkeit« (Welsch 2000b: 179) und fordert, »daß es Aufgabe des Erkennens sei, die Alpha-Wirklichkeit möglichst genau zu erfassen – wie schwierig das auch immer sein mag« (ebd. 198). Die Annahme einer wahrnehmungs- und erkenntnisunabhängig existierenden Realität (wie immer dieser Term gefüllt wird, ob als Behauptung materieller, theoretischer, mathematischer, mentaler oder anderer Entitäten, vgl. Dummett 1980:147 f.) bildet die ontologische Voraussetzung, der in der Regel die erkenntnistheoretische Annahme folgt, dass diese »Realität« prinzipiell symbolisch repräsentierbar sei (im Sinne einer »Korrespondenztheorie« der Wahrheit als Entsprechung von Aussage und Realität). Dieses Verhältnis kann sehr verschiedene Formen annehmen, beispielsweise die eines naiven (Ryle 1969), eines kritischen (Popper 1972) oder eines evolutionsbiologisch begründeten hypothetischen Realismus (Vollmer 1987).

Über Realität sprechen: Realismus, Antirealismus und Antirepräsentationalismus

Der pragmatistische Philosoph Hilary Putnam hat, ohne dass diese Argumentation hier im Detail ausgebreitet werden soll, solche realistischen Positionen, die a) von einer feststehenden »Gesamtheit geistesunabhängiger Gegenstände« ausgehen und b) zugleich behaupten, dass es »genau eine wahre und vollständige Beschreibung davon, ›wie die Welt ist‹«, gibt, als »metaphysischen Realismus« bezeichnet (Putnam 1993:156) und die Widersprüchlichkeit dieser Haltung insbesondere am Problem der Referenz und der Intention bzw. intentionalen Bezugnahme dargelegt. Kritisiert wird damit die ungeklärte Voraussetzung realistischer Erkenntnistheorien, »der Geist besitze eine Fähigkeit zur *Referenz auf externe Objekte* […]« (vgl. Putnam 1993:116 ff.). Dies treffe insbesondere auch den früheren von Searle vertretenen Realismus zu, der ebenfalls unter Rekurs auf Intentionalität operiert (Putnam 1999a:64 f.).[3]

Es mag an dieser Debatte liegen, dass Searles Kennzeichnung seiner neuen Position als »externer Realismus« (»ER«) sich wie eine Antithese zur Putnamschen Position liest. Jedenfalls umgeht sie die beiden genannten Kritikpunkte Putnams:

- Zunächst, so Searle, sei der ER – definiert als die Ansicht: »Die Welt (oder alternativ die Wirklichkeit oder das Universum) existiert unabhängig von unseren Repräsentationen von ihr« (Searle 1997:160) – nicht vollkommen identisch mit der ›klassischen‹ realistischen Annahme, »dass es eine vollständig geistesunabhängige Wirklichkeit gibt« (ebd.:161). Die Modifikation zielt auf »ontologisch subjektive« Bereiche wie etwa Schmerzen. Damit wird die Unterscheidung von »Geist« (nicht wirklich) und »Nicht-Geist« (wirklich) und in diesem Sinne der für Putnam metaphysische Gedanke einer geistesunabhängigen Objektivität aufgegeben.
- Sodann behauptet Searle nicht, dass es genau eine wahre Beschreibung der Welt gäbe: »Es ist durchaus möglich, dieselbe Wirklichkeit

---

3 | Putnams damalige Konzeption ist unter dem Titel »interner Realismus« bekannt; eine kontext-relative Realitätstheorie, die tatsächlich einem Relativismus näher steht: sie ist jedenfalls »certainly not a form of realism« (Craig 1998), was in dieser Hinsicht auch für andere pragmatistische Spielarten des »Relativismus« gilt. Inzwischen plädiert Putnam für eine »zweite Naivität« und vertritt entsprechend als weitere Variante einen »natürlichen Realismus« (Putnam 1999b).

in einer beliebigen Anzahl von verschiedenen Systemen zu repräsentieren. Diese These wird ›Begriffsrelativität‹ genannt« (ebd.).

Dieser gemäßigte Realismus beansprucht also zunächst nicht, sagen zu können, *wie* die ›Dinge‹ seien, sondern lediglich, dass »der größte Teil der Welt davon unberührt geblieben wäre, wenn wir niemals existiert hätten, wenn es niemals irgendwelche Repräsentationen [...] gegeben hätte. Außer dem kleinen Eckchen der Welt, das durch unsere Repräsentationen konstituiert oder beeinflusst wird, hätte die Welt trotzdem existiert und wäre ganz genauso gewesen wie jetzt« (ebd.:162 f.). Insofern diese bewusstseinsunabhängige ›Welt‹ sich nach Searle durch eine beliebige Anzahl von Repräsentationssystemen darstellen lässt, steht sie nicht unbedingt im Widerspruch zu kultur- oder begriffsrelativistischen Positionen. Obwohl Searle für eine Korrespondenztheorie der Wahrheit (also gelungene Repräsentation) plädiert, sei der externe Realismus nicht mit dieser gleichzusetzen, »weil er eine Theorie der Ontologie und nicht der Bedeutung von ›wahr‹ ist. [...] Es ist deshalb möglich den ER zu vertreten und die Korrespondenztheorie zu bestreiten« (ebd.:164).

Im Gegensatz zu den vorgenannten Varianten des Realismus findet sich also im »externen Realismus« die erkenntnistheoretische Komponente von der ontologischen entkoppelt. Zunächst drängt sich daher die Frage auf: Wenn eine ›externe Realität‹ sich in beliebig vielen Repräsentationssystemen ›darstellen‹ lässt, der »externe Realismus« aber einerseits weder Kriterien angeben kann für die Wahrheit dieser Repräsentationen noch andererseits überhaupt erfordert, in Repräsentationsverhältnissen zu denken – *wozu* sollte dann die These des externen Realismus, die ja immerhin – *wenn man sie auf sich selbst anwendet* – mit dem schwer begründbaren Anspruch belastet ist, eine wahre, wenn auch formale Repräsentation der externen Realität als ganze zu sein, nützen, und von welchem Ort aus sollte sie sich begründen lassen?

Die Position des ER tritt (jedenfalls in seinem ›ontologischen‹ Grundgehalt, ohne die anschließenden korrespondenztheoretischen Thesen, die Searle allerdings zu einem erkenntnistheoretisch interessierten Theoriepaket verschnürt) im Grunde bescheiden auf: er bittet sich aus, die »rohe Wirklichkeit« (Searle 1997:199) möge zumindest *logisch*

Über Realität sprechen: Realismus, Antirealismus und Antirepräsentationalismus

unabhängig von Bewusstseinszuständen sein (ebd. 176) – gleichsam eine analytisch-sprachphilosophisch invertierte Renaissance des kantischen Ding-an-sich. Doch ist darauf zu insistieren, dass nach der ontologischen Position des »externen Realismus« sich über diese Dinge gar nichts aussagen lässt, und dass, selbst wenn das logische Argument konzediert würde, damit keine konkrete Bezugnahme – und insofern *keine epistemologischen Geltungsansprüche* – dieser »realen Außenwelt« gerechtfertigt würde.

Der hohe Abstraktionsgrad des externen Realismus erlaubt beispielsweise nicht, dasjenige mögliche raumzeitliche Setting etwa, das wir als ›Berg‹ zu bezeichnen gewohnt sind, im theoretischen Diskurs als Beispiel eines ›extern realen‹ Gegenstandes anzuführen. Gerade hierzu aber wird der »ER« von Searle verwendet. Aussagen wie: »Der Mt. Everest existiert unabhängig davon, wie oder ob ich oder sonst jemand ihn jemals repräsentiert oder sonst etwas hat« (Searle 1997:163) sind unlegitimierte Ableitungen aus dieser ontologischen Position. Sie lassen sich aus der Position des externen Realismus heraus weder gewinnen noch begründen, denn schon die Identifikation eines bestimmten raumzeitlichen Ausschnitts als eine Entität, ein *Etwas* (Berg), bedeutet die Entscheidung für eine bestimme Perspektive (in diesem Fall die unseres Mesokosmos) – und damit die Verwicklung in ein sprach- und kulturabhängiges Beschreibungssystem. Hier ist aber jede Präferenz unbegründbar, und wechselnde Bezugssysteme – etwa das der Quantentheorie, der Relativitätstheorie, des Geologen, der physikalischen »Stringtheorie« oder der lokalen Anwohner, für die dies vielleicht ein heiliger Berg ist – führen zu völlig verschiedenen zugrunde liegenden »Entitäten«, von denen die wenigsten dem entsprechen dürften, was Searle als »extern realen« Berg anzusprechen unternimmt.[4]

Es bleibt, nach dieser Kritik dieser im Gestus durchaus liberalen Variante des Realismus, die Gelegenheit, einen Aspekt herauszuarbeiten, der ein häufig anzutreffendes Missverständnis über nicht-realistische Positionen betrifft. Denn die erkenntnistheoretische Zurückweisung des realistischen Dualismus – der vorgängigen Trennung von Repräsentation/Realität, Subjekt/Objekt, Geist/Materie, Bewusstsein/Welt etc. – führt keinesfalls etwa per se zu der ganz unpragmatischen und starken ontolo-

---

4 | Vgl. auch Welsch (2000b:180 ff.).

gischen Behauptung, eine äußere Realität existiere nicht oder sei (etwa durch Akte des Bewusstseins oder der Wahrnehmung) quasi materiell *geschaffen*, so als sei »Geist« so etwas wie eine Maschine zur Erzeugung materieller Entitäten. Vielmehr kritisieren derartige Positionen die normative Kraft der Annahme einer äußeren Realität und empfehlen gleichsam, sie als ontologisch und epistemologisch indifferent anzusehen.

Subtrahiert man gleichsam die Ontologie vom ontologischen Kern des ›externen Realismus‹ Searles, so mag diese »alltagsontologische« Position etwa aus pragmatischer Sicht als in der Regel nützlich und sinnvoll (wenn auch wenig originell) erscheinen. So stellt der »Antirepräsentationalist« Rorty, der im übrigen dafür plädiert, Kategorien wie »Realität« nicht mehr zu verwenden, selbst fest, der Großteil der Realität sei »indifferent gegenüber unseren Beschreibungen von ihr« (Rorty 1992:27), ›gemacht‹ sei nicht die Realität, sondern eher schon die Sprache; und, Searles ›externen Realismus‹ vorwegnehmend und zugleich seine korrespondenztheoretische Positionierung angreifend: »Die Welt ist dort draußen, nicht aber Beschreibungen der Welt« (ebd. 24). Man solle allerdings – und dies ist das für uns zentrale Argument an diesem Punkt – »die triviale Aussage, dass die Welt Ursache dafür sein kann, dass wir einen Satz mit Recht für wahr halten«, nicht »verwechseln mit der Behauptung, dass die Welt sich selbst, aus eigenem Antrieb, in satzförmige Stücke namens ›Tatsachen‹ aufteilt« (ebd.). Diesem ganz ähnlich, wird später aus anderer Perspektive ein entsprechendes Argument Niklas Luhmanns zur Sprache kommen.

Searles Versuch einer Restauration des externen Realismus ist vor diesem Hintergrund die Einsicht zu verdanken, dass eine realistische Erkenntnistheorie niemals ohne eine dualistische Ontologie auskommt, und gerade der Versuch einer konsequenten Trennung der ontologischen Positionierung des ER vom korrespondenztheoretischen Erkenntnismodell macht in der Analyse deutlich, dass eine dualistische Ontologie nichts anderes darstellt als den illusionären Versuch, mit den Mitteln des symbolischen Diskurses (also Theorie) das symbolische Universum zu übersteigen.

Die daraus zu folgernde Zurückweisung der realistischen Positionen bedeutet eine Befreiung der Diskussion von Realität und Wirklichkeit von der Kopplung an eine im Sinne von *facta bruta* (be-)greifbare Welt, auf die, wie es dem Ideal des Realismus entspräche, mehr oder weniger mit Fingern gezeigt werden kann. Es wird zugleich deutlich, dass nichtrealistische Positionen weder auf dem Boden solipsistischer Realitätsleugnung noch auf dem eines omnipotent-idealistischen Welterschaffungsgestus beruhen: aus der Zurückweisung der Trennung von Erkenntnis und Wirklichkeit folgt weder, dass es keine Wirklichkeit gebe, noch, dass diese durch Erkenntnis determiniert würde. Es folgt lediglich, dass die Unterscheidung von Erkenntnis und Wirklichkeit *selbst* als blinder Fleck sichtbar und einer kritischen Betrachtung zugänglich gemacht wird.

5.2 Jenseits von Realismus und Antirealismus: Antirepräsentationalismus

Die neueren Diskussionen über das Problem der Realität, bzw. über Nützlichkeit und Möglichkeit der Diskussion über Realität, verdanken dem neopragmatistischen Philosophen Richard Rorty wesentliche Impulse. In *Der Spiegel der Natur* (Rorty 1987) argumentiert Rorty unter Rückgriff auf sprachanalytische (Quine, Sellars, Davidson, Putnam), aber auch auf – im weitesten Sinne – pragmatistische Autoren (Nietzsche, Peirce, Dewey, Wittgenstein, Heidegger) für eine *pragmatische*, und das meint: eine *antirepräsentationalistische Wende* in der Wissenschaftstheorie (bzw. den Wissenschaften selber). Das Anliegen dieser Argumentation ist, wenn nicht der Nachweis der Unhaltbarkeit, so doch zumindest die diskurspragmatische Diskreditierung der Korrespondenztheorie der Wahrheit, die nach Rortys Ansicht auch relativistische und konstruktivistische Positionen durchaus noch betrifft. Rortys Neopragmatismus wurde hierzulande wurde von Mike Sandbothe mit Nachdruck in die neuere Diskussion eingebracht (Sandbothe 2000, 2000a, 2001). Sie ist aufgrund ihrer Kritik am Relativismus, der aufgrund seiner auch diskursethischen offenen, wenig restriktiven Epistemologie in den Sozial- und Kulturwissenschaften (explizit oder implizit) weite Verbreitung gefunden hat, von besonderer Relevanz.

Der Angriff auf die Vorstellung, Begriffe und Aussagen *repräsentierten* – mehr oder weniger gut – Teile der ›Wirklichkeit‹ bzw. stünden zumindest in einem Verhältnis (Korrespondenz) zu dieser, trifft ins Zentrum jedes realistischen, aber auch des relativistischen Weltverständnisses. Zunächst werden Rortys kritische Argumente in Bezug auf die Problematik eines haltbaren Realitätsbegriffs rekonstruiert; anschließend werden einige Konsequenzen herausgearbeitet, die eine methodische Positionierung unseres Standpunktes erlauben.

Die grundsätzliche und ausführliche Argumentation für die von Rorty als ›anti-platonisch‹, ›anti-dualistisch‹ oder auch ›anti-repräsentationalistisch‹ charakterisierte Haltung findet sich in einer Arbeit, die ihr Augenmerk hauptsächlich auf die Kritik der abendländischen Philosophie richtet (Rorty 1987). Insbesondere gelten Rortys Angriffe der philosophischen Erkenntnistheorie, soweit sie auf den platonischen und cartesianischen Grundunterscheidungen (Sein/Schein, Idee/Abbild, Subjekt/Objekt etc.) besteht. Dabei interessiert in unserem Kontext weniger Rortys Anliegen, den Geltungsbereich der philosophischen Diskurse, ihren Anspruch, allen anderen Diskursformen die Regeln und Bedingungen ihres Funktionierens unterstellen (oder vorschreiben) zu können, zu widerlegen. Interessanter ist für uns vielmehr die der Dekonstruktion der Erkenntnistheorie *zu Grunde liegende* Argumentationsstruktur. Für die klassische abendländische Philosophie, so Rorty, ist das Selbstverständnis als »Spiegel der Natur« ein Leitbild. Diese selbstgeschaffene Position gründet auf dem Dogma der erkenntnistheoretischen Korrespondenztheorie. Nach dieser Vorstellung ist eine Aussage genau dann (bzw. in dem Maße) wahr, wenn bzw. insofern sie mit der ›Realität‹ übereinstimmt, also ein Spiegelungs- oder genauer: Repräsentationsverhältnis von Sätzen und ›Dingen‹ oder ›Sachverhalten‹ besteht. Die Korrespondenz besteht in einer Tatsachenrelation von Aussage und ›basalen Entitäten‹ (Rorty 1987:201), die eine spezifische Ontologie impliziert, nämlich die Einteilung der Welt in, wie Rorty (1991:76) an anderer Stelle ausführt, Entitäten des ›Typs A‹ – die der Beziehung bedürfen, aber selbst keine Beziehung herstellen können, z.B. empirische Dinge (Bertrand Russel), Anschauungen (Kant), materielle Einzeldinge (Platon) – und Entitäten ›Typs B‹, die die benötigte Kontextualisierung leisten, sich jedoch ihrerseits nicht kontextualisieren lassen: zum Beispiel logische Gegenstände (Russel), Kategorien (Kant), Ideen (Platon). Diese Ontologie, die der Vorstellung entspricht, die Welt teile sich in ein Inneres (Subjekt) und ein Äußeres (Objekte), woraus eben die erkenntnistheoretische Leitfrage resultiert, wie sich erkennen ließe, wann das Innere mit dem Äußeren in Übereinstimmung ist, – diese Ontologie und die mit ihr verknüpfte Erkenntnistheorie überführt Rorty des Selbstwiderspruchs. Denn die Entitäten des Typs B

»leisten Kontextualisierung und Erklärung, lassen sich ihrerseits aber nicht kontextualisieren oder erklären, ohne dass man Gefahr liefe, in einen unendlichen Regreß zu geraten. Wer Gegenstände des Typs B postuliert, muß sich stets dem folgenden Problem der Selbstbezüglichkeit stellen: Wenn man behauptet, keine Entität sei zugänglich, die nicht in Beziehung gesetzt wird durch eine Art von Relation, die zwischen Entitäten des Typs A als solchen nicht bestehen kann, dann können die zur Erfüllung dieser Aufgabe postulierten Entitäten des Typs B ihrerseits nicht zugänglich sein. Denn wenn wir behaupten dürfen, dass Entitäten des Typs B ihre eigenen *relationes cognoscendi* bzw. ihre eigenen Bedingungen der sprachlichen Zugänglichkeit sind – dass sie sich zugänglich machen, ohne zueinander in Beziehung gesetzt zu werden –, sehen wir uns der Frage ausgesetzt, wieso die Entitäten des Typs A dieses offenbar wünschenswerte Merkmal nicht von sich aus haben können.« (Rorty 1991:76 f.)

Die Konsequenz aus diesem Argument besteht genau betrachtet nicht in der antirealistischen Folgerung, dass es etwa keine Entitäten des Typs B *gäbe* (das wäre eine, wenn auch negative, Aussage ontologischer Art), sondern vielmehr darin, dass diejenigen, die es vorziehen, Entitäten des Typs B zu postulieren und Entitäten des Typs A unter diese zu subsumieren bzw. aus diesen abzuleiten, dieses Vorgehen nicht mittels der Logik ihres eigenen Diskurses *begründen* können. Daher behauptet Rorty nicht, ontologische Termini seien unmöglich geworden (Rorty 1987:198). Doch ist jede – notwendigerweise sprachlich gefasste – Einsicht über die Welt oder einen Teil der Welt *nicht absolut* in dem Sinne, dass sie keine über- oder außersprachliche Geltung beanspruchen könnte: es gibt keine Transzendenz der Sprache durch die Sätze, die mit ihren Mitteln gebildet werden. Das betrifft zumal Abstrakta: es wäre folglich (auf unser Thema bezogen) nicht legitim zu behaupten, dass es so etwas wie eine (erkennbare oder unerkennbare) Realität ›an sich‹, ›da draußen‹ etc. geben müsse bzw. nicht geben könne.

Wenn Wahrheit nicht in der »richtigen Aussage« – als Beziehung von Entitäten des Typs A nach Maßgabe von Entitäten des Typs B – liegen kann, so hängt jeder Satz nunmehr davon ab, »ob ein anderer Satz wahr ist, nämlich der Satz, der angibt, dass zwei einfachere Gegenstände, die einen Komplex bilden, in der betreffenden Zusammensetzungsbeziehung stehen« (Rorty 1991:77). Dieser »andere Satz« ist die unhinterfragte Vorannahme, eine Art verstecktes Axiom von Theorie. Daher kann nach Rorty keine Theorie selbst in einem ihrer Teile die Grundlagen ausweisen und legitimieren, welche die Gültigkeit der Theorie als Ganzes sichert; vielmehr wird jede »Theorie über die Verfassung der Welt [...] trivialerweise eine eo ipso gerechtfertigte Theorie über diese Relation mitproduzieren« (Rorty 1987:323). Wenn also ein »Bezug« stattfindet, dann auf diese in der Theorie selbst »unsichtbar« konstruierten Relationen. Die Sprache der Theorie, und im Grunde Sprache überhaupt, kann zwar reflexiv diesen Umstand zur Kenntnis nehmen, sie kann jedoch auf dieser Basis kein Urteil darüber fällen, ob sie etwas Äußeres referenziert (Realismus) oder ob sie dazu prinzipiell nicht in der Lage ist (Antirealismus).

5.3 Richard Rortys antirepräsentationalistische Relativismuskritik

Damit wird es für die Theorie fraglich, ob sie überhaupt »etwas« i.S. von präexistenten, ihr äußerlichen Entitäten, referenziert. Rorty schlägt daher vor, die Vorstellung aufzugeben, dass Theorie ein in einem ganz bestimmten Sinne kontextentbundenes »Wissen von etwas« ist. Für den Realismus ist klar, dass er Wissen prinzipiell als nicht kontextabhängig versteht. Die Kritik trifft aber auch den Relativismus – zumindest wo und insofern dieser von einer antirealistischen These ausgeht. Zwar eignet relativistischen Positionen die Reflexion auf ihre doppelte Kontextrelativität (erstens der historisch-kulturelle Standpunkt und die Perspektive als Voraussetzung der Theorie, zweitens die historisch-kulturelle Relativität des Gegenstandes). Dennoch macht der Relativismus Anspruch, *innerhalb* dieser Kontextualisierungen »wahre« von »falschen« Bezugnahmen unterscheiden zu können, wenn auch nicht jeder wahre Bezugsrahmen für jeden Aussagezweck gleich gut geeignet ist und deshalb »Wahrheit bei der Wahl zwischen Aussagen und Versionen nicht der einzige Gesichtspunkt sein kann«, insofern in ihrer praktischen Bedeutung rela-

Über Realität sprechen: Realismus, Antirealismus und Antirepräsentationalismus

tiviert wird (Goodman 1990:147). Das bedeutet *de facto* und in der anthropologischen Anwendung, dass es einen Standpunkt geben soll, von dem aus bspw. bei künstlerischen oder mimetischen Prozessen »wahre« bzw. »richtige« von »falschen« Bezugnahmen unterschieden werden können (wie in Kap. 4.2 demonstriert wurde).

Damit kann die Technik der Relativierung von Erkenntnis geradezu als Strategie erscheinen, um das Wahrheits-Sprachspiel in modifizierter Form weiter spielen zu können. Symbolische Weltbezüge werden so zwar als inhaltlich relativ, aber der Form nach als Wissensbeziehungen i.S.v. Abbildungsverhältnissen konzipiert. Für Rorty hingegen »schaffen« Sprache und Theorie kein »Wissen«, sondern sie sind praktische Vollzüge im gesellschaftlichen Feld, eine Art Politik mit diskursiven Mitteln, zu deren politischen Strategien es (im Fall von Theorien, Aussagen, etc.) gehört, sich mittels des Bezugsmodells »Wahrheit« Legitimation und Anerkennung zu verschaffen. Das Prädikat »wahr« sollte daher nach Rorty nicht mehr eine Beziehung einer symbolischen Repräsentation zu einem äußeren oder symbolischen Sachverhalt verstanden werden, sondern lediglich als Zustimmung zu der diskursiven Praxis, auf die es sich bezieht (Rorty 1997:12 ff.).

Rortys Kritik, die das traditionelle Verständnis von Wissenschaft als Bereitstellung »objektiven« bzw. »objektivierbaren Wissens« radikal angreift, hat zunächst Auswirkungen auf seinen antirepräsentationalistischen Standpunkt selbst. Ein philosophischer Diskurs, der es offensiv zurückweist, sich auf »etwas« zu beziehen und ein »wahres Wissen« zu produzieren, gibt damit bewusst den traditionellen Geltungsanspruch der Philosophie als Reflexions- und Leitwissenschaft, als machtvolle Definitions- und Legitimationsinstanz, deren Weltentwürfe eine verbindliche Wirkung auf andere Diskurse beanspruchen, auf. Rortys Neopragmatismus kann daher nicht mehr mit Letztbegründungsansprüchen auftreten, sondern nur im weitesten Sinne politisch oder diskurspragmatisch argumentieren. Die Frage, ob diese Position »stimmt«, wäre ihr unangemessen. Stattdessen ist zu prüfen, ob und inwieweit Grund besteht, sie zu verwenden.

Damit sind für den hier diskutierten Zusammenhang wichtige Einsichten verbunden: *Erstens* gibt es gute Gründe, repräsentationalistische

Theorien über »Wirklichkeit« als eine Form gesellschaftlich-politischer *Praxis* zu begreifen: Insofern die antirepräsentationalistische Haltung eine »maximal distanzierte« Sicht auf Ontologien und Epistemologien ermöglicht, werden Diskurse und Theorien über Realität »postontologisch«, als theoriepolitische Strategien erkennbar (wie es im ersten Kapitel am Beispiel Platons bereits deutlich wurde). *Zweitens* zeichnet sich ab, wie ein »Sprechen über« Realität – außerhalb der Philosophie und epistemologischer Geltungsansprüche – wieder möglich werden kann. In diesem Zusammenhang stellt sich zunächst die Frage, ob Rortys diskurstherapeutische Empfehlung, das Thema generell ad acta zu legen, gerade angesichts der medienbezogenen Diskussionen der letzten Jahre und der »Revalidierung« von Realität (Welsch) tatsächlich eine adäquate Diskursstrategie darstellt, oder ob diesem Begriff nicht eine wichtige Funktion für die Selbstverständigung im kulturellen Diskurs zukommt, die es aktiv aufzunehmen gilt. Dies impliziert nicht ein Plädoyer für eine Rückkehr zu repräsentationalistischen Beschreibungsformen. Im Sinne des pragmatistischen Modells, auch wissenschaftliche Diskurse als Formen kultureller Selbstverständigung aufzufassen und ihnen keinen epistemologisch bevorzugten Standpunkt zuzuschreiben (wohl aber einen aufgrund methodologischer Reflektiertheit besonderen sozialen und politischen Status), macht das Fragen nach »Realität« als ein nicht-repräsentationalistisches, pragmatisch motiviertes »Sprechen über« – in Abgrenzung von einem theoretizistischen »Wissen von« – m.E. durchaus Sinn.

Die Reflexion über Wirklichkeit kann auf diesem Hintergrund im pragmatischen Sinne als eine problembezogene Rekonstruktion aufgefasst werden, die nicht Anspruch macht, irgendetwas zu repräsentieren, sondern die vielmehr als ein Verständigungsmedium fungiert und über den hiermit ermöglichten Diskurs Handlungsräume eröffnet. Im Folgenden gilt es, vor dem Hintergrund dieser Position einige Diskussionsangebote des Radikalen Konstruktivismus aufzunehmen und im Rahmen der antirepräsentationalistischen Kritik zu diskutieren.

6 Wirklichkeiten des Konstruktivismus

Die Strömungen des Poststrukturalismus und der Dekonstruktion, welche die Paradigmenwechsel im letzten Drittel des 20. Jahrhunderts wesentlich mitbestimmt und initiiert haben – wenn auch über Umwege, selten im akademischen Mainstream –, haben im Anschluss an Nietzsche, Heidegger, Lacan und Althusser u.a. zu einer Dekonstruktion der Vorstellung von Realität beigetragen, die diese vor allem als Phantasma (Lacan), Ideologie (Althusser), als epochenrelative »Episteme« (Foucault) oder als bloßen Oberflächeneffekt einer fluide Unterschiede generierenden »différance« (Derrida 1990) fasste – damit aber zugleich jede Möglichkeit einer Thematisierung von Realität aus dem Blick verlor. Demgegenüber hat mit dem Konstruktivismus, v.a. in seiner »radikal« genannten Variante, ein Paradigma Verbreitung gefunden, für das der Begriff der Realität ein zentrales Diskussionsthema (um nicht zu sagen Schlagwort) darstellt. Auch wenn das Verhältnis des Konstruktivismus zu den in den Disziplinen etablierten Methodologien eher ambivalent blieb, sind viele der ehemals als provokativ empfundenen Annahmen, vielleicht gerade aufgrund ihrer Anschlussfähigkeit in relativistischen Theorieentwürfen, in den akademischen *common sense* eingesickert, ohne dass man auf breiter Basis von einer »radikal-konstruktivistischen Wende« sprechen könnte. Insbesondere die als eher kognitivistisch verengt und in sozialtheoretischer Hinsicht unzureichend empfundene Fixierung auf die solitäre und singuläre Weltkonstruktion steht nach wie vor konträr zu einem handlungstheoretisch orientierten und körperbezogenen disziplinären Kontext. Es ist jedoch, zumal in medienanthropologischer Hinsicht, wichtig und interessant zu fragen, ob sich die Ideen des Konstruktivismus nicht auch anders lesen und in andere Beziehungen bringen lassen. Wolfgang Welschs philosophisch gewendeter relativistischer Konstruktivismus (vgl. Welsch 2000a) beispielweise ist frei von kognitivistischen Verengungen, und die Rigidität des »Radikalen« ist einer pragmatischen Offenheit gewichen. Bezugnahmen zwischen Pragmatismus bzw. Neopragmatismus einerseits und Radikalem Konstruktivismus (Rorty, s.u.), interaktionistischem Konstruktivismus (Reich 1998, Neubert 1999), system- bzw. differenztheoretischen Konstruktivismus (Bergmann 1981; Bender 1989) und »Post-Konstruktivismus« (Schmidt 2004; Sandbothe 2004) andererseits sind zunehmend häufiger zu finden, und im übrigen beziehen sich sowohl Neopragmatismus als auch der differenztheoretische Konstruktivismus auf zentrale Argumente des Dekonstruktivismus (Rorty 1987; Luhmann 1992:93). Dies gibt Anlass, einigen Spielarten des Konstruktivismus größere Aufmerksamkeit zu schenken.

Das Verhältnis des Antirepräsentationalismus zum Konstruktivismus ist durchaus komplex. Im erwähnten Aufsatz, in dem Rorty das Label ›Sozialkonstruktivist‹ zurückweist (Rorty 1997), findet sich wenige Absätze später überraschender Weise eine positive Bezugnahme auf einen zentralen Autor des Radikalen Konstruktivismus: »Sieht man Sprache und Untersuchen aus der biologistischen Perspektive, mit der uns die Arbeiten Humberto Maturanas und anderer in den letzten Jahren vertraut gemacht haben, wird es möglich, das Bild des menschlichen Geistes als eines inneren Raumes, innerhalb dessen sich die menschliche Person befindet, aufzugeben« (Rorty 1997:16). Dies war freilich auch schon bei den Pragmatisten, etwa William James, John Dewey und George Herbert Mead explizites Programm, ohne dass es hierzu eines biologistischen Paradigmas bedurft hätte. Vor allem aber stellt sich die Frage, ob nicht ein Missverständnis der Natur des Radikalen Konstruktivismus vorliegt, wenn konstruktivistische Thesen ungeprüft zur Stützung pragmatistischer Ideen herangezogen werden. Insbesondere ist die Frage zu klären, ob der Radikale Konstruktivismus als antirealistisches Projekt nicht zumindest teilweise in der alten repräsentationalistischen Denkweise verharrt: Nicht alle, aber einige der wichtigsten radikal-konstruktivistischen Modelle fungieren, so die im folgenden darzustellende These, als Repräsentationen von (angenommenen) Mechanismen der Konstruktionsprozesse in Systemen bzw. Organismen, und sie verhalten sich in ihren *Auswirkungen* nicht anders als die Annahme einer so-und-so bestehenden dinglichen Realität. In der Folge tauchen im Diskurs Fragen des Typs »Wie hängen Bewusstsein und Gehirn zusammen?«, »Wie bringen Neuronen Bedeutung hervor?« auf, die eine typische szientistisch-realistische Signatur vorweisen. Hierbei dominiert entweder jeweils eine biologistische und physikalistische Komponente (»Das Bewusstsein ist eine Funktion des Gehirns«; »Bedeutung ist eine Funktion bestimmter chemischer und elektrischer neuronaler Abläufe«), oder aber die verschiedenen Bereiche werden als Arbeitshypothesen eines zugrunde liegenden, aber nicht unmittelbar beschreibbaren Substrats verstanden (»›Bewusstsein‹ und ›Zustand eines Teils der vorderen Schläfenlappen‹ sind zwei verschiedene Perspektiven auf dieselbe Sache«; »die neuronale Aktivität und die ihr entsprechende Bedeutung sind zwei Seiten derselben Medaille«). »Gehirn«, »Neuronen« oder auch »Organismus« etc. werden dann als ein Stück erforschbarer (externer) Realität behandelt und nicht, jedenfalls nicht konsequent, als Konstruktionen *des Konstruktivisten* reflektiert. In diesem Fall wird hier von einem *konstruktivistischen Quasi-Realismus* gesprochen. Als Vertreter einer weiteren Kategorie radikal-konstruktivistischen Denkens können solche Theorien betrachtet werden, die einen biologisch-systemischen Ansatz verwenden, und die das naturwissenschaftliche Paradigma des Beobachtens, genauer: der vom Beobachter hergestellten *Konstruktion* »kognitives System/Organismus vs. Umwelt« methodisch in den Mittelpunkt stellen. Die Reflexion auf den eigenen Beobachterstatus führt zu der quasi klassischen relativistischen Selbstverortung dieser Konstruktivismen (Fischer/Schmidt 2000). Schließlich wird die These vertreten, dass mit dem differenztheoretischen Konstruktivismus der Systemtheorie Niklas Luhmanns nicht mehr ein relativistisches, sondern tatsächlich eine Art antirepräsentationalistisches Erkenntnismodell einhergeht, bei dem die genauere Analyse zeigt, dass die Objekte dieser Theorie, »Systeme«, weder als etwas verstanden werden, was »da draußen« ist, noch als so etwas wie eine »andere Welt«, auf die die Theorie sich in ihren Aussagen in relativistisch-repräsentativer Weise bezieht.

Zum Status der folgenden Diskussionen muss angemerkt werden, dass erstens aus dem breiten Strom radikalkonstruktivistischer Modelle nur einige wenige mit dem Ziel herausgegriffen werden, die hier diskutierte Methodenproblematik knapp, aber deutlich zu demonstrieren. Dieses Vorgehen wird den behandelten Theorien sicherlich nicht in jeder Hinsicht gerecht. Die Kritik verfolgt in dieser Hinsicht nur den Zweck einer eng fokussierten Rekonstruktion der epistemologisch-ontologischen Implikationen einiger konstruktivistischer Ansätze, um deren (auch methodisch fundierte) Brauchbarkeit in Bezug auf ein komplexeres Verständnis der Realitätsproblematik differenzierend abzuklären.

6.1 Konstruktivistischer Quasi-Realismus

Realistische Modelle innerhalb des Konstruktivismus modellieren nicht den Aussage- oder Objektbereich der Theorie – es wäre kein Konstruktivismus, wenn nicht über etwas ausgesagt würde, dass es ›konstruiere‹ –, sondern den Geltungsanspruch der Theorie, der bisweilen im Bereich eines – innerhalb etwa rein naturwissenschaftlicher Forschung gegebenenfalls praktisch sinnvollen – Realismus verbleibt.

In ihren naiveren Versionen, die etwa unter – durchaus nicht ironisch gemeinten – Titeln wie »Der Innenraum des Schädels und der Außenraum der Welt« in maßgeblichen Sammelbänden zum Konstruktivismus (Fischer 1998) darlegen, wie »das Innen das von dem Außen aufnimmt, was in es einpaßt« (Breidbach 1998:319) stehen in so erheblicher Dissonanz zum erkenntniskritischen Impetus des Radikalen Konstruktivismus, dass sie vielleicht die Dehnbarkeit dieses Labels über die Maßen strapazieren.

Doch lassen sich konstruktivistische Varianten des Realismus auch jenseits solcher epistemologischer Fauxpas' finden. Der Hirnforscher und Philosoph Gerhard Roth resümiert in seinem Band »Das Gehirn und seine Wirklichkeit« (Roth 1997) seine Vorstellung von der Beziehung zwischen ›Realität‹ und ›Wirklichkeit‹ in folgender Weise:

»Wenn ich [...] annehme, dass die Wirklichkeit ein Konstrukt des Gehirns ist, so bin ich gleichzeitig gezwungen, eine Welt anzunehmen, in dieser Gehirn, der *Konstrukteur*, existiert. Diese Welt wird als ›objektive‹, bewusstseinsunabhängige oder transphänomenale Welt bezeichnet. Ich habe sie der Einfachheit halber *Realität* genannt und sie der *Wirklichkeit* gegenübergestellt. In dieser Welt – so nehmen wir an – gibt es viele Dinge, unter anderem auch Organismen. Viele Organismen haben Sinnesorgane, auf die physikalische und chemische Ereignisse als Reize einwirken, und sie haben Gehirne, in denen aufgrund dieser Einwirkungen und interner Prozesse eine phänomenale Welt entsteht, eben die Wirklichkeit [...] *Die Wirklichkeit wird in der Realität durch das reale Gehirn hervorgebracht.* [...] Ich sehe wirkliche, nicht reale Gegenstände. Dies gilt auch für mein Handeln. Wenn ich nach etwas greife, so bewege ich meine wirkliche, nicht meine reale Hand, die nach einem wirklichen, nicht nach einem realen Gegenstand greift.« (Roth 1997:325)

Dieses ontologische Ebenen- oder ›Containermodell‹ mutet auf den ersten Blick wie eine Umformulierung des cartesianischen *cogito* an, die das Ich durch das Gehirn ersetzt: *construit, ergo est*. Tatsächlich aber verläuft die Ontologisierung in umgekehrter Richtung. Roth behandelt das Gehirn ganz im konventionell naturwissenschaftlichen Stil der Neurophysiologie als eine vorfindbar-reale Tatsache, um dann von dort aus zu fragen, wie es ›seine Wirklichkeit‹ entwirft. Anhand eines Gedankenexperimentes, in welchem ein »Gehirn [...] ein Konstrukt von sich selbst« erzeugt, indem es sich etwa mittels bildgebender Verfahren oder auch durch Schädelöffnung ›selbst betrachtet‹ (Roth 1997:328 f.) demonstriert Roth sodann, dass das gesehene »wirkliche« Gehirn von dem sehenden, aber unsichtbaren »realen« Gehirn hervorgebracht wird.[1] Der epistemologische Output entspricht soweit dem szientistischen Input. Das erkenntniskritische Beobachterkonzept des Radikalen Konstruktivismus kommt hier nicht als paradigmatische Ausgangsthese zur Anwendung. Statt dessen wird aus der Argumentation *abgeleitet*, dass das ontologische Containermodell selbst eine Annahme ist, »die wir allerdings innerhalb der Wirklichkeit treffen und die nicht als eine Aussage über die tatsächliche Beschaffenheit der Realität missverstanden werden darf« (Roth 1997:325). Der Konstruktivist erkennt also, wenn auch sozusagen ›logisch verspätet‹, die Konstruktivität seiner eigenen Thesen. Doch wendet Roth diese Einsicht der Konstruktivität aller Erkenntnis nicht, wie es methodisch geboten wäre, in voller Konsequenz auf seine Ausführungen an. Aus diesem Grund bleibt der ontologische Dualismus trotz seiner inhaltlichen Relativierung das strukturierende Dogma der Argumentation

---

1 | Der bei derartigen Diskussionen durchgehend anzutreffende logische Fehler einer *metabasis eis allo genos*, welcher in diesem Fall einem digital operierenden vernetzten Neuronenverband in einem logischen Kurzschluss zuschreibt, dieser könne etwas »sehen«, ist für unsere Fragestellung nicht zentral und wird daher nicht weiter diskutiert.

Roths. Das zeigt sich bereits auf der rhetorischen Ebene, wo die apriorisch getroffene – hypostasierte – Unterscheidung von Wirklichkeit und Realität nicht *ex post* aus dem Text verbannt werden kann: Wir wissen nach Roth, dass »Realität« eine Konstruktion ist, die wir in unserer Wirklichkeit hervorbringen, und deswegen wissen wir auch – hier folgt die *petitio principii* – dass diese Konstruktion der »tatsächlichen Beschaffenheit der Realität« (s.o.) nicht entsprechen muss. Dieser Ausdruck verweist auf eine implizite Unterscheidung von »wirklicher Realität« (konstruierte ›äußere Realität‹) und »realer Realität« (nicht-konstruierte ›äußere Realität‹, die ›hinter‹ der konstruierten steht). Würde er diese implizite Unterscheidung nicht treffen, so wären für Roth

»wiederum alle Befunde über das Zustandekommen der ›Welt im Kopf‹ völlig rätselhaft. Wenn ich als Hirnforscher den Zusammenhang zwischen Sinnesreizen, Hirnprozessen und bewusstem Erleben bzw. Handeln aufzeige, so müsste ich in diesem Fall einer außerordentlich merkwürdigen Täuschung unterliegen und mir überdies einbilden, es gäbe Kollegen, denen dies genauso ginge« (Roth 1997:325).

Da aber nun die Annahme einer ›Realität‹ wie jede Konstruktion nur von der ›Wirklichkeit‹ aus gemacht werden kann, hat die Realität erkenntnistheoretisch und ontologisch keinen weiteren Status als den eines Konstrukts. Daraus erwachsen zwei Probleme. *Erstens* führt Roths Theorie dazu, eine vor den anderen Konstruktionen vorrangige anzunehmen: denn das Konstrukt ›Realität‹ wird offenbar dazu verwendet, die ›Realität‹ (sic!) der Konstruktionen zu belegen. Es ist jedoch nicht einzusehen, warum diesem Konstrukt eine solche Dignität zukommen sollte. Aus der so zu einer Art ›Super-Konstruktion‹ erhobenen ›Realität‹ resultiert *zweitens* eine verschachtelte Variante des Repräsentationalismus: Nach Roth sind unsere Konstruktionen Repräsentationen von Dingen in der »Realität« (das Konstrukt ›Gehirn‹ entspricht einem realen ›Gehirn‹); die konstruierte »Wirklichkeit« muss also ihrerseits als Konstruktion einen (unerkennbaren) Bezug zur »Realität« haben. Damit befindet sich der quasi-realistische Konstruktivismus in einer überraschenden Nähe zur realistischen Abbildtheorie. Deren externalistischer Realitätsbezug wird zwar im Nachhinein internalisiert – dies macht aber keinen *praktischen*, und somit keinen signifikanten Unterschied, wenn dieser Schritt nicht auf die Theoriekonstruktion zurückwirkt.[2]

6.2 Konstruktivistischer Antirealismus

Der Radikale Konstruktivismus geht überwiegend, anders als Roth, nicht von ›wirklich-real‹ existierenden Gehirnen, sondern vielmehr von einem systemischen Paradigma aus, innerhalb dessen der Begriff einer systemunabhängig gedachten ›Realität‹ keinen Platz hat.[3] Stattdessen findet der Begriff der *Umwelt* Verwendung. Im Gegensatz zum Konzept der »Realität« ist die »Umwelt« eines Systems im antirealistischen Konstruktivismus *immer nur* ein Konstrukt des Beobachters des Systems. Typisch hierfür ist etwa folgende Position:

»Die Umwelt, die [...] von der Eingabefunktion erster Ordnung eines wahrnehmenden Organismus ausgesandt wird, kann keineswegs mit dem gleich gesetzt werden, was der *Beobachter* eines solchen Kontrollsystems oder Organismus die Umwelt dieses Systems nennen würde. Der Beobachter trifft die Unterscheidung zwischen einem Organismus und seiner Umwelt als Unterscheidung in seinem eigenen Erfahrungsbereich. [...] Für den Organismus selbst jedoch bilden die Wahrnehmungssignale erster Ordnung die ›Umwelt‹; aber das gilt nur in einem rein metaphorischen Sinne, in dem sie das Rohmaterial bilden für alle weiteren neuronalen Verrechnungen. Vom Innern des Organismus aus gesehen – d.h. des Organismus, den wir beobachten –, kann unmöglich eine Unterscheidung zwischen dem Organismus und seiner Umgebung gemacht werden. ›Umgebung‹ ist kein Etwas, das ein Organismus irgendwie von seinen internen neuronalen Signalen ableiten könnte, sondern das nur von einem Beobachter des Organismus gesetzt werden kann.« (Richards/v. Glasersfeld 1987:208)

Interessant ist an dieser Passage die implizite, aber nicht thematisierte Voraussetzung, dass das beobachtete System selbst in der *Umwelt des Beobachters (zweiter Ordnung)* liegt – sonst würde er nicht einen *anderen* Organismus beobachten, sondern sich selbst. Es wird bereits hier deutlich, dass dies zu Problemen führt. Denn auch der Beobachter ist auf sei-

---

2 | Wenn eine Argumentation in ihren theoretischen Aussagen nicht-realistisch ist, in ihren praktischen Konsequenzen jedoch realistisch, entsteht ein performativer Selbstwiderspruch.
3 | Vgl. zu Roths Kritik an Maturana: Roth (1987b).

ne »Wahrnehmungssignale erster Ordnung« angewiesen, und kann laut Richards und von Glasersfeld »unmöglich« eine Unterscheidung zwischen sich und seiner Umgebung machen.[4] Den Beobachter als solchen gibt es aber nur, weil und insofern er diese Unterscheidung *macht*. Dies führt zu der Konsequenz, dass zwar der Beobachter seine, wie aus dieser Position heraus angenommen werden muss: reale – Umwelt nicht von sich selbst unterscheiden kann, er aber nur Beobachter ist, *weil* er eine solche Unterscheidung *de facto* trifft. Der Beobachter scheint der Illusion einer internen Realität, einer »wirklichen Realität« im Sinne Roths aufzusitzen, während nur ein Beobachter des Beobachters seine Umwelt, also i.S. Roths dessen ›reale Realität‹ erkennen könnte (aber wieder nur als Teil seiner eigenen ›Umwelt-Illusion‹ aufgrund der operativen Geschlossenheit seiner Wahrnehmungen).

So kommt es zu einer Verschachtelung von Beobachtungsverhältnissen, bei der die aus der Beobachterposition gesetzte System/Umwelt-Differenz jeweils auf der nächsthöheren Ebene reproduziert wird. Im folgenden Schema (Tabelle 2) wird zur Verdeutlichung das von Richards/v. Glasersfeld angebotene Setting aufgenommen, in welchem drei Arten von Beobachtungsprozessen implizit angesprochen sind, nämlich

- *erstens* die Beobachtungsprozesse eines Organismus,
- *zweitens* die Beobachtung derselben durch einen Beobachter zweiter Ordnung, der im folgenden ›Empiriker‹ genannt wird (weil er beobachtet, wie der Organismus beobachtet, nicht aber zugleich, wie er selbst den Organismus beobachtet),
- *drittens* schließlich die Beobachtung dieses ›Empirikers‹ durch die konstruktivistische Theorie, die im Schema als ›Theoretiker‹ personifiziert wird.

Der Unterschied zwischen ›Empiriker‹ und ›Theoretiker‹ besteht darin, dass der ›Empiriker‹ nicht eine Beobachtung zweiter Ordnung beobach-

---

4 | Dabei ist zu beachten, dass es in diesem Konstruktivismus keinen *formalen* Unterschied zwischen informationsprozessierenden Systemen gibt, sei es nun eine Amöbe oder ein Akademiker. Daher besteht die Notwendigkeit zu thematisieren, was der Beobachter – nennen wir ihn »Empiriker« – beobachtet. Genau dieses leistet die konstruktivistische Theorie, indem sie feststellt, dass der Beobachter das beobachtete System von einer Umwelt unterscheidet.

tet, der Theoretiker hingegen genau dieses macht. Dies entspricht exakt der Feststellung Luhmanns, dass der Radikale Konstruktivismus »für sich selbst den Status eines externen Beobachters reklamieren« muss (Luhmann 1990a:24). In der Einstellung der ›Beobachtung n-ter Ordnung von Beobachtungen zweiter Ordnung‹ ist es konsequent (und für den Radikalen Konstruktivismus charakteristisch), dass eine Selbstbeobachtung des ›Theoretikers‹ erfolgt, also die Erkenntnistheorie in eine Wissenschaftstheorie mündet, die wie in unten dargestellter Weise in den bekannten selbstreferenziellen Zirkel einmündet. Es ist wichtig festzuhalten, dass hier nicht etwa im Sinne einer konservativen Konstruktivismuskritik die Selbstreferentialität einer Theorie als methodischer Fehler ›aufgedeckt‹ werden soll. Es geht vielmehr im Gegenteil darum aufzuzeigen, dass die epistemologischen Annahmen, welche mit der zitierten Passage Richards/v. Glaserfelds, insbesondere also mit dem Design der System/Umwelt-Differenz einhergehen, letzten Endes mit der selbstreferenziellen Zirkularität der Theorieanlage *kollidieren* und ihr insofern schaden. Denn, wie Armin Nassehi in Bezug auf die Perspektivität der Realitätskonstruktion im Radikalen Konstruktivismus feststellt, muss dieser »einen Standpunkt *außerhalb* der eigenen Konstruktionen, also außerhalb der Erkenntnis markieren, um die Bedingungen der Möglichkeit von Erkenntnis ausweisen zu können« (Nassehi 1992:56).

Tabelle 2: Verschachtelung von Beobachtungsverhältnissen im antirealistischen Konstruktivismus

Erfahrungsbereich des Organismus (O):	(interne Signalverarbeitung)		
Erfahrungsbereich des Empirikers (E):	Organismus O	für O unerreichbare Umwelt	
Erfahrungsbereich des Theoretikers (Th) I	Empiriker E konstruiert die Organismus/Umwelt-Differenz	für E unerreichbare Umwelt	
Erfahrungsbereich des Theoretikers (Th) II	Theoretiker Th konstruiert die Empiriker/Umwelt-Differenz		für Th unerreichbare Umwelt
Erfahrungsbereich des Theoretikers (Th) III	Theoretiker Th konstruiert die Theoretiker/Umwelt-Differenz		für Th unerreichbare Umwelt

Aus dem Schema wird ersichtlich, dass die ›Umwelt‹ auch auf der Ebene der Theorie, ähnlich wie Roths ›Realität‹, ein unerfahrbares Konstrukt (i.e. intern erzeugt), aber zugleich als der Theorie extern angenommen werden muss, insofern sie entsprechend den oben wiedergegebenen Ableitungen, die der Radikale Konstruktivismus aus der These der Umweltblindheit gefolgt hat, *ausschließlich* von einem externen Beobachter gesetzt werden kann. Niklas Luhmanns Anmerkung, das Argument des Radikalen Konstruktivismus ließe »sich überhaupt nicht antirealistisch verstehen, stützt es sich doch auf Resultate empirischer Forschungen, vor allem neurophysiologischer Forschungen« (Luhmann 1990:32) trifft sicherlich auf quasi-realistische Positionen wie die oben diskutierten zu, muss jedoch angesichts der hier aufgezeigten rekursiven Anwendung der Umweltproblematik auf den konstruktivistischen Beobachter selbst relativiert werden. Die Unerreichbarkeit einer (gleichwohl implizit vorausgesetzten) Außenwelt ist eine logische Konsequenz der These von der nur, aber dann notwendig *von außen* gesetzten Organismus/Umwelt- bzw. System/Umwelt-Differenz.

Ob hieraus ein hypothetischer Realismus abgeleitet wird, oder ob das Problem der ›Realität‹ (i.S. Roths) bzw. einer der Theorie gegenüberstehenden Umwelt als unauflösbarer Punkt der Theorie stehen gelassen wird, ist letztlich von zweitrangiger Bedeutung. In jedem Fall operiert die konstruktivistische Verfahrensweise aufgrund der ›Umwelt-Setzung von oben‹ auf jeder ihrer Konstruktionsebenen nach dem von Rorty kritisierten erkenntnistheoretischen Schema und gerät deswegen in eine erkenntnistheoretische Schieflage: immer stiftet *allein der Beobachter* Kontexte (schafft ›Entitäten des Typs B‹ im Sinne Rortys), und immer leisten, wie unsere Analyse erwies, diese Konstruktionen »Kontextualisierung und Erklärung, lassen sich ihrerseits aber nicht kontextualisieren oder erklären, ohne dass man Gefahr liefe, in einen unendlichen Regress zu geraten« (Rorty 1991:76). Andererseits fungiert das Beobachtete immer als reines Objekt (›Entitäten des Typs A‹), das unfähig ist, irgendeine Art der (über seine internen Operationen hinausreichende) Beziehung aus sich heraus zu stiften. Insofern verbleibt der Konstruktivismus, wie Mike Sandbothe treffend feststellt, nicht anders als realistische Abbildtheorien, »im Paradigma einer auf Korrespondenz zielenden Repräsentation. Während die Adäquanz einer Darstellung abbildungstheoretisch durch ihren

Bezug auf einen darstellungstranszendenten Gegenstand bestimmt wird, ist das konstruktivistische Korrespondenzkriterium darstellungsimmanent definiert« (Sandbothe 2000:83).

6.3 Konstruktivistischer Antirepräsentationalismus

Differenztheoretischer versus radikaler Konstruktivismus

Bevor die Betrachtung zunächst auf Niklas Luhmanns differenztheoretischen Konstruktivismus ausgedehnt wird, sollen vorweg einige Unterschiede zu dem soeben behandelten systemisch-konstruktivistischen Ansatz hervorgehoben werden. Luhmanns Systemtheorie wird üblicherweise nicht in den Kontext des Radikalen Konstruktivismus gestellt, auch wenn beide Schulen sich teilweise auf dieselben Ideen stützen und sich bisweilen aufeinander beziehen. Sie ist dennoch, auch ihrem Selbstverständnis nach, *radikalkonstruktivistisch* in ihren erkenntnistheoretischen Implikationen. Der wesentliche Unterschied zwischen Radikalem Konstruktivismus und systemtheoretischer Beobachtertheorie liegt, wenn man so möchte, in der Wahl einer grundlegenden Unterscheidung mit gravierenden Konsequenzen für die daraus entstehende Theorie: Während die Systemtheorie sich darauf verlegt, mit Sinn operierende Systeme zu untersuchen, bildet für die Autoren des Radikalen Konstruktivismus überwiegend das Paradigma ›lebender‹ Systeme (bspw. Organismen, Gehirne) den Ausgangspunkt – auch und vor allem für Betrachtungen psychischer oder sogar sozialer Systeme (vgl. Hejl 1987). Luhmann (1995:56) wendet sich gegen diese seines Erachtens methodologisch naive Praxis:

»Man kann nicht einfach voraussetzen, dass Bewusstseinssysteme oder soziale Systeme ›lebende‹ Systeme sind. Zumindest folgt dies nicht aus der unbestreitbaren Tatsache, dass bewusste Systeme und soziale Systeme Leben (so wie vieles andere auch) voraussetzen. Gerade der Begriff der Autopoiesis regt dazu an, nach autonomen Formen der Produktion und Reproduktion der Einheit eines Systems zu suchen [...]«.

Hiermit ist die Voraussetzung zur erkenntnistheoretischen Entkopplung geschaffen, zum Kehraus mit der Vorstellung einer vom Beobachter zu setzenden Umwelt und einer irgendwie geteilten ›Realität‹ von Beobachtern oder auch Beobachtern und Beobachtetem.

Wenn also die methodologischen Mittel – die Konzepte des geschlossenen, selbstreflexiven, autopoietischen Systems und die Problematik seiner Bestehensmöglichkeiten innerhalb einer mehr oder weniger ›störenden‹ Umwelt – beim biologisch-systemischen Konstruktivismus und bei der Systemtheorie sich insoweit nicht unterscheiden, so steht dem doch eine unterschiedliche Betonung der Konzeptionen aufgrund der verschiedenen Forscherperspektiven entgegen: denn wie zu sehen war, ist für den Radikalen Konstruktivismus das *von außen betrachtete* Verhältnis von Konstruktion und Umwelt zentral, und die Konzeptionen der Viabilität und der strukturellen Kopplung erfüllen offenbar eine wichtige Legitimationsfunktion für den (Eigen-) Wahrheitswert konstruktivistischer Diskurse.

Nicht so in der Systemtheorie. Natürlich stellt sich auch hier immer das Problem des dauerhaften Bestehens eines Systems in einer für es komplexen Umwelt. Doch liegen paradigmatische Welten zwischen der oben zitierten Ansicht Richards/v. Glasersfelds (1987:208), vom »Innern des Organismus aus gesehen« könne »unmöglich eine Unterscheidung zwischen dem Organismus und seiner Umgebung gemacht werden«, ›Umgebung‹ könne ausschließlich vom Beobachter gesetzt werden einerseits und der systemtheoretischen Position andererseits: Denn aus systemtheoretischer Sicht grenzt sich *jedes* selbstreproduzierende System, das zwischen Selbst- und Fremdreferenz zu unterscheiden fähig ist, *selbst* gegen seine Umwelt ab, *ohne Zutun eines äußeren Beobachters*: die autopoietische, selbstreflexive Aktivität des Systems ist gegenüber dem diese konstruierenden Beobachter *primär*. Daher lautet Luhmanns Kritik am Radikalen Konstruktivismus, ganz im Sinne der Diskussion im vorhergehenden Abschnitt:

»Konstruktivistische Theorien behaupten, dass kognitive Systeme nicht in der Lage sind, zwischen Bedingungen der Existenz von Realobjekten und Bedingungen ihrer Erkenntnis zu unterscheiden, weil sie keinen erkenntnisunabhängigen Zugang zu solchen Realobjekten haben. Dieser Defekt kann zwar auf der Ebene der Beobachtung zweiter Ordnung, der Beobachtung von kognitiven Operationen *anderer* Systeme korrigiert werden. [...] Aber das führt nur zu einer Wiederholung des Problems auf der Ebene der Beobachtung zweiter Ordnung. Auch Beobachter anderer Beobachter können die Bedingungen der Existenz dieser Beobachter nicht unterscheiden von den Bedingungen des Erkennens, dass es sich um bestimmte, sich selbst konditionierende Beobachter handelt.« (Luhmann 1996:17)

Statt nun die Betrachtung auf das *Beobachterkonstrukt* System/Umwelt zu fixieren, verlegt Luhmann die Perspektive seines Beobachtens gleichsam *in* das System selbst hinein. Der Fokus verschiebt sich auf den *Prozess* des Beobachtens und vermeidet die prekäre repräsentationalistische Bezugnahme auf »den Beobachter« auf der einen und »die« Umwelt auf der anderen Seite der cartesianischen Kluft. Die grundlegende Perspektive wird durch die Unterscheidung von Operation und Beobachtung markiert; ›der‹ Beobachter ist ein späteres, darauf aufsetzendes Theoriekonstrukt: »Beobachten wird als eine Operation gesehen und der Beobachter als ein System, das sich bildet, wenn solche Operationen nicht nur Einzelereignisse sind, sondern sich zu Sequenzen verketten, die sich von der Umwelt unterscheiden lassen« (Luhmann 2002:142).

Luhmann orientiert sich hier an George Spencer-Browns *Laws of Form* (Spencer-Brown 1997). Dieser logische Kalkül beginnt mit dem Beobachten (Unterscheiden und Bezeichnen) und endet mit dem Beobachter als Wiedereintritt in die Form. Spencer-Brown illustriert dies anhand der »Welt, wie sie von Physiker beschrieben wird« (Spencer-Brown 1997:91). Diese bestehe etwa aus fundamentalen Teilchen, die als Wellen erscheinen, anderen elektromagnetischen Wellenformen (Licht), etc. »Alle diese erscheinen durch bestimmte Naturgesetze gebunden, welche die Form ihrer Beziehung bezeichnen« (ebd.), d.h. sie wurden (im komplexer Weise) unterschieden und bezeichnet – ohne dass ›jemand‹ ›sich‹ bezeichnet hätte; es geschieht zunächst einfach nur das Beobachten. »Nun ist der Physiker selbst, der all das beschreibt, nach seiner eigenen Auffassung selbst aus diesen aufgebaut. Kurz, er ist aus einer Konglomeration eben der Teilchen, die er beschreibt, gemacht, nicht aus mehr, nicht aus weniger, zusammengehalten durch solche allgemeine Gesetze und solchen gehorchend, die er selbst gefunden und aufgezeichnet hat« (ebd.). Man muss dies genau lesen, sonst entstehen Missverständnisse: wenn »der Physiker« sich in seiner Freizeit als Person, Mensch, Geistwesen, Organismus etc. betrachtet, dann beobachtet er in diesem Moment nicht *als* Physiker und ist insofern auch keiner. Aber *wenn* er als Physiker beobachtet, beobachtet er auch *sich* physikalisch, d.h. mit den Unterscheidungen und Bezeichnungen der Physik – das ist das Geheimnis des Wiedereintritts (*reentry*). Jetzt erst, nachdem er sich selbst in dieser Weise verortet und beschrieben hat, sieht sich der Beobachter – und verschwindet sofort wieder, denn diese Einsicht erweist ihn als das, was er nicht ist: nicht Beobachter, sondern Welle und Teilchen. Dann wird wiederum erkennbar, dass Welle und Teilchen sich gleichsam selbst beobachten (immer aus der Perspektive des Physikers betrachtet). Aber dies konnte der Physiker wieder nur *beobachtet* haben, und so schließt sich der Zirkel. Der Beobachter sieht sich nie *als* Beobachter, sondern immer nur als Operation, also als *Vollzug* der beiden Momente der Beobachtung (Unterscheiden und Bezeichnen). Deswegen muss in jeder Selbstbeobachtung *das Beobachten* primär sein. Die Konsequenz für die Fremdbeobachtung ist: Will man nicht einfach einer *illusionären* Konstruktion nachjagen, so muss man nicht ›Beobachter beobachten‹, sondern ›Beobachten beobachten‹.

Auf diese Weise kann die Position des ›operativen Konstruktivismus‹ das aufgezeigte konstruktivistische Umwelt-Dilemma in eine ›autologische‹ Bestätigung der konstruktivistischen Idee konvertieren: gerade die Tatsache nämlich, dass eine Betrachtung von außen (durch andere Beobachter) aporetische Konsequenzen nach sich zieht, verweist auf die nicht relativierbare Vorrangigkeit der Operationen des Systems selbst: »Die primäre Realität liegt, die Kognition mag auf sich reflektieren, wie sie will, nicht in ›der Welt draußen‹, sondern in den kognitiven Operationen selbst« (ebd.:17 f.). Dies impliziert nicht etwa eine antirealistische Positionierung: ganz ähnlich der Position Rortys wird die ›Existenz‹ von Realität nicht etwa bestritten, jedoch verliert diese Vorstellung jegliche erkenntnistheoretische (und ontologische) Relevanz. Es macht aus dieser Sicht keinen Sinn, wie Roth es versucht, die Absicherung der konstruierten »Wirklichkeit« in einer gleichsam ›immanent-transzendenten‹ »Realität« zu suchen, und es macht ebenfalls keinen Sinn, die System/Umwelt-Differenz als *bloße* Konstruktion des Beobachters eines Systems zu behaupten. Denn diese Differenz kann nicht von außen eingeführt werden, sondern muss aus der Perspektive und nach Maßgabe der *operativen Eigenlogik* des betrachteten Systems konstruiert werden. Die Konstruktion einer Umwelt hat der Selbstabgrenzung des Systems zu folgen, weil sie als *sein* Horizont gedacht wird: »Trotz, und gerade wegen dieser Beschränkungen durch blinden Fleck und operative Naivität gilt: daß man einen Beobachter beobachten kann, *wenn und nur wenn man darauf achtet, welche Unterscheidungen er verwendet*« (Luhmann 1992:86; Herv. im Orig.). Insofern kann nicht mehr behauptet werden, die Grenzsetzung zwischen System und Umwelt sei vom äußeren Beobachter bestimmt; vielmehr ist der Beobachter aufgerufen, der *Eigenlogik* des von ihm beobachteten »Systems« zu folgen.

Radikale Reflexion auf Differenz

Zunächst ist darzulegen, dass und inwiefern die dem Radikalen Konstruktivismus gegenüber geäußerte Kritik der ›repräsentationalistischen Verfahrensweise unter konstruktivistischen Vorzeichen‹ den differenztheoretischen Konstruktivismus Luhmanns nicht tangiert. Obgleich nur durch Beobachter konstruiert, sind wie aufgezeigt aus Luhmanns Sicht Systeme hier keine reinen Objekte für den Beobachter (mit Rorty: keine an sich beziehungslosen Entitäten des ›Typs A‹). Da außerdem die Frage einer systemunabhängigen Realität innerhalb der Systemtheorie keinen Sinn macht, können ›Systeme‹ zugleich nur als *Beschreibungsweisen*, und nicht als ontische Wesenheiten, verstanden werden[5] – in dieser Hinsicht scheint es der Systemtheorie zu gelingen, das ›cartesianische Echo‹ des Radikalen Konstruktivismus zu vermeiden.

Einer der grundsätzlichsten Ausgangspunkte der Systemtheorie ist die Spencer-Brown entlehnte These, dass, wenn irgendetwas benannt oder sichtbar gemacht werden soll, vorher eine *Unterscheidung* getroffen werden muss. Diese Unterscheidung ist in keiner Weise ›wohlbegründet‹; sie ist vielmehr sogar unsichtbar: man braucht eine weitere Unterscheidung, um die erste Unterscheidung reflexiv einzuholen, und so ad infinitum. Keine dieser Unterscheidungen erzeugt so etwas wie ein adäquates Realitätsmodell oder – streng genommen – überhaupt etwas, was primär auf ›Etwas‹ (i.S. einer Entität) bezogen ist. Unterscheidungen sind Instru-

---

5 | Allerdings, wie später zu diskutieren ist, bedient sich Luhmann stellenweise ontologisierender Formulierungen, ohne sie zu relativieren, so dass der Eindruck entstehen muss, Luhmann behaupte die beobachterunabhängige Existenz von Systemen.

mente, um (systeminterne) Probleme handhaben zu können; sie erzeugen überhaupt erst eine Umgebung, in der irgendetwas zum Angriffspunkt eines Blicks oder einer Handlung werden kann.

Seit der Entstehung der antiken Philosophien gehört die Kritik von Unterscheidungen mittels anderer Unterscheidungen zum wesentlichen Reflexions- und Problemlösungsrepertoire von Kulturen. Philosophische, theologische und andere Dispute sind (Stichwort Universalienstreit) Auseinandersetzungen um die Wahl von Leitdifferenzen, die die Handlungscharakteristik ganzer Gesellschaften bestimmen können. Insofern impliziert Theorie immer die Positionierung gegen andere Theorien; jede Theorie kann insofern als ein quasi politisches Werben für das »richtige Unterscheidungsmanagement« und die Wege seiner Realisierung betrachtet werden. Üblicherweise werden dabei die eigenen Unterscheidungen nicht als solche unterschieden; sie werden vielmehr operativ verwendet und *ex post* legitimiert – neben Ontologien waren Anthropologien stets die wichtigsten Legitimationsgeneratoren (vgl. Foucault 1974:410). Das Kennzeichen dessen, was man als ›postmodern‹ bezeichnet hat, ist hingegen durch die radikale Reflexion auf die eigenen Unterscheidungen und Unterscheidungssysteme *als* Unterscheidungen charakterisierbar. Das wohl konzeptionell deutlichste Beispiel hierfür stellt Jacques Derridas *différance*-Begriff dar, die die verborgene Unterschiedenheit jedes Unterschieds demaskiert und damit jeder ›Metaphysik‹, verstanden als Versuch, eine Unterscheidung als Vorrangige zu zementieren, den Boden entzieht. Die systemtheoretische Beobachtungstheorie, mag es auch aufgrund ihres szientistischen Duktus kaum so erscheinen, ist diesem Unternehmen durchaus verwandt.[6] Denn das System »ist eine Differenz« (Luhmann 2002:79).

Es wurde bereits oben ersichtlich, dass das Beobachten dem Beobachter vorausgeht. Man sieht *nach* erfolgter Beobachtung, dass ›jemand‹ beobachtet hat (denn sonst hätte man keine Beobachtung beobachtet, und man hätte, wenn das rekursive Spiel erlaubt sei, auch nicht beobachtet, dass man eine Beobachtung beobachtet zu haben glaubte, usw.). Wie daraus hervorgeht, ist der Kern des differenztheoretischen Konstruktivismus – die Beobachtungstheorie – nicht mit der Systemtheorie selbst gleichzusetzen. Für Luhmann »implizieren die Theorie des Beobachtens

---

6 | Vgl. dazu kritisch: de Berg/Prangel 1995; Teubner 1999.

und die Systemtheorie einander wechselseitig, und es bedürfte der Beobachtung eines weiteren Beobachters, wenn man ausmachen will, ob und für wen die eine oder die andere Theoriekomponente den Primat erhält« (Luhmann 1990Zeit:101). Es ist – da der Beobachter immer entzogen ist – vor allem offen, *was* man sagt, wenn man sagt, der Beobachter sei ein System, oder anders: es ist offen, ob der Beobachter nur und ausschließlich in der Form »System« gedacht werden kann. Auf diese Frage wird zurückzukommen sein (Kap. 8).

Beobachten beobachten

Das Charakteristische des beobachtungstheoretischen Ansatzes liegt darin, das Begründungsparadoxon der nicht einholbaren ersten Unterscheidung produktiv zu wenden, indem diese so festgelegt wird, dass die erste Unterscheidung nicht als Wesensunterschied hypostasiert, sondern in eine *zeitliche* Abfolge aufgelöst wird. Diese Dynamisierung verläuft über die Thematisierung von Beobachtung selbst: Beobachtung wird *als Operation* beobachtet. Nun kann unterschieden werden, *wie diese* Operation stattfand. Der Fokus verschiebt sich vom *Was* des Beobachtens (Alltagserfahrung) zum *Wie* seines Vollzugs (Luhmann 1992:95). Dabei lassen sich die Aspekte a) der *Invisibilisierung*, b) der *Asymmetrie und Zeitlichkeit* sowie c) der *Kontingenz* als Struktureigenschaften von Beobachtung herausstellen:

a) Beobachten wird als eine Operation sichtbar, welche die Komponenten *Unterscheiden* und *Bezeichnen* zu einer prozessualen Einheit verbindet: Man kann nur etwas bezeichnen, das von anderem unterschieden ist – die *eine* Seite einer Differenz *und nicht* die andere (Luhmann 1998:69). Beobachten lässt sich somit als performativer Vollzug einer Differenz verstehen: Es ist das ›Realisieren‹ eines Unterschiedes,[7] der als

---

7 | In dieser Phase unserer Diskussion ist die Vokabel ›Realisierung‹ freilich einigermaßen prekär, weil sie auf einem Begriff aufsetzt, der erst noch zu erarbeiten ist. Es sei an dieser Stelle lediglich darauf verwiesen, dass »Beobachten« bei Luhmann nicht im Sinne eines kontemplativen Guckkastenmodells gedacht ist, sondern formal Erkennen *und* Handeln als Einheit behandelt – Beobachtung ist also Ereignis und Vollzug zugleich (insofern wurde von der ›Realisierung‹ einer Differenz gesprochen). Genau diese Eigenschaft des Beobachtungsbegriffs ist praktisch identisch mit dem pragmatistischen Erkenntnismodell G. H. Meads. Die Vermittlung verläuft dabei über eine anthropologische Kritik des Luhmann'schen Beobachterbegriffs (nicht: der *Theorie* des Beobachtens) (s.u.).

solcher zugleich unsichtbar *und* aktuell ist. Beobachtet man beispielsweise – etwa als Hirnforscher – ein Gehirn, so wird dies von allem, was in dieser Unterscheidung »nicht-Gehirn« ist, abgegrenzt, und zugleich wird die Gesamtheit dessen, was auf der anderen Seite der Unterscheidung liegt, unsichtbar. Ebenso unsichtbar ist die Differenz, die das Gehirn vom Nicht-Gehirn trennt – nicht nur aus dem genannten Grund, dass die Unterscheidung der Beobachtung zugrunde liegt und daher nicht zeitgleich beobachtet werden kann, sondern außerdem aus dem logischen Grund, dass die Differenz *als solche* eine Einheit ist. Eine Einheit von Differentem ist jedoch ein Widerspruch in sich: ›Etwas‹ kann – auf der Ebene der Beobachtung erster Ordnung – nicht zugleich Gehirn und nicht-Gehirn sein. Die *doppelte Invisibilisierung* ist folglich auf dieser Ebene funktional, insofern sie die Voraussetzung für den operativen Vollzug der Differenz ist.[8]

b) Weiterhin erweist sich das Beobachten erster Ordnung als asymmetrische Operation: es kann immer nur eine Seite der Unterscheidung bezeichnet werden. Nur diese »Innenseite« der Unterscheidung ist thematisch anschlussfähig, während Luhmann die andere Seite mit Spencer Brown als *unmarked state* charakterisiert (Luhmann 2002:143). Denn um zu sehen, was das Andere der bezeichneten Seite einer Unterscheidung ist, muss diese andere Seite erst bezeichnet *werden*. Bei diesem *crossing* der Grenze (ebd.) gerät man auf die andere Seite, verliert aber die ursprüngliche aus dem Fokus, so dass wiederum ein neuer *unmarked state* auftritt. Zudem benötigt das *crossing* Zeit (Luhmann 1998:61). So entsteht das operative Paradox, dass beide Seiten einer Unterscheidung zugleich anwesend sind (sonst könnte die Unterscheidung nicht getroffen werden), jedoch nur nacheinander beobachtet werden können.

c) Wenn in dieser Weise Beobachten *als Operation* beobachtet wird, so bedeutet dies zum Einen, dass *jede* Beobachtung, egal welcher Ordnung, in der Reflexion operativen Charakter erhält. Beobachtungen zweiter und höherer Ordnung nehmen damit keinen erhabenen episte-

---

8 | Dennoch erhellt aus diesem Beispiel, dass es allein schon aufgrund der unkontrollierten Invisibilisierungen ein zweifelhaftes Unternehmen wäre, aus der Beobachtung eines Gehirns oder eines Organismus epistemologische Schlussfolgerungen ziehen zu wollen. Denn solange sich der Beobachter nicht beim Beobachten *selbst* beobachtet und dieses Wissen wieder in die Beobachtung einfließen lässt, wird er nicht wissen, was er ausgeblendet hat und daher leicht die Objekte seiner Beobachtung zu ›natürlichen Objekten‹ hypostasieren.

mologischen Standpunkt ein, sondern reihen sich als gleichwertiger Teil in eine Verkettung von Operationen ein. Der Beobachter zweiter Ordnung weiß es nicht in einem epistemologischen Sinn *besser* als der Beobachtete (Luhmann 1990a:46), sondern er sieht »weniger und anderes« (Luhmann 1998:1119) – denn er tauscht die (vermeintliche) ontologische Gewissheit der Beobachtung erster Ordnung ein und gewinnt dadurch erheblich an Komplexität, dass die Unterscheidungen, die auf der Ebene der Beobachtung erster Ordnung lediglich operativ verwendet werden, als *Einheiten von Differenzen* beobachtbar werden: der Beobachter zweiter Ordnung sieht beide Seiten einer Unterscheidung (mit der der Beobachter erster Ordnung operiert) *gleichzeitig*. Die vorher als solche unzugänglichen Unterscheidungen werden dadurch anschlussfähig und vor allem *disponibel*, indem ihre (für den Beobachter zweiter Ordnung) paradoxe Form durch weitere Unterscheidungen aufgelöst werden kann. Wenn dabei nicht das *Was*, sondern das *Wie* des Beobachtens beobachtet wird, werden die Erkenntnisse rekursiv auf das Beobachten zweiter Ordnung anwendbar, insofern sie etwas über die *Form* des Beobachtens aussagen. Das operative Modell von Beobachtung verdeutlicht damit zugleich, dass die verwendeten ›Unterschiede‹ nicht etwas Überzeitliches sind, sondern dass sie jeweils instantan in der Operation entstehen, mit der Operation verschwinden und von anderen Operationen bzw. Unterscheidungen abgelöst werden. In Luhmanns Modell gibt es (auf der Systemebene) kein ›Außerhalb‹ des Vollzugs von Operationen. Insofern immer nur Operationen andere Operationen ablösen, gibt es keinen Ort, an dem Unterschiede als solche »existieren« könnten.

Ontologie beobachtet

Zunächst ist es in unserem Kontext interessant, die differenztheoretische Beobachtertheorie auf ontologische Betrachtungsweisen zu beziehen. Zwar spielen explizite ontologische Konzepte wie der oben vorgestellte ›externe Realismus‹ wohl eine eher unmaßgebliche Rolle in sozial- und kulturwissenschaftlichen Diskursen. Jedoch macht die Beobachtertheorie deutlich, dass die »Alltagsbeobachtung« als Beobachtung erster Ordnung ihre eigene Ontologie fortlaufend mitproduziert, insofern die handlungspraktische Notwendigkeit besteht, die eigenen Beobachtungen zu »externalisieren«, also in einem Außenraum zu verorten.

Luhmann stellt die These auf, dass die Ontologie der alteuropäischen Tradition als Bestandteil unserer geschichtlichen Überlieferung orientierungsrelevant bleibt: »Sie kann nicht absterben – gerade weil sie offensichtlich nicht mehr passt, gerade weil sie ständig negiert werden *und dafür zur Verfügung stehen muss*« (Luhmann 1998:894). Es spricht einiges dafür, dass der natürliche Realismus, den wir laufend in unseren Beobachtungen erster Ordnung pflegen, die ontologischen Prämissen immer wieder adäquat erscheinen lässt.[9] Dies liegt weniger am stets prekären Generalbegriff des Seins als vielmehr an dem, was in der Ontologie *invisibilisiert* und ausgeschlossen wird – der Umstand, dass man »nicht sieht, dass man nicht sieht, was man nicht sieht« (Luhmann 2002:159), kann leicht zu der Ansicht führen, dass nicht »ist«, was nicht »Sein« ist. Gerade gegen diese Haltung, die in der Moderne allerdings komplexere Formen annimmt, sind zahlreiche Begriffe und Metaphern aufgebracht worden – Freuds *Es*, Heideggers *Sein*, das *Reale* Lacans, Adornos *Nicht-Identisches* und die bereits angeführte *différance* Derridas können als Beispiele gelten, die die Anerkennung eines solchen Tertiums einklagen.

Aus der Sicht der Beobachtertheorie ist Ontologie »das Resultat einer Beobachtungsweise […], die von der Unterscheidung Sein/Nichtsein ausgeht und alle anderen Unterscheidungen dieser Unterscheidung nachordnet« (Luhmann 1998:895). Erst – und nur dann – wenn man akzeptiert, dass jede Unterscheidung *als* Unterscheidung eine kontingente Beobachteroperation ist, wird es möglich, diese intuitiv wie pragmatisch so plausible Differenz auf ihre Kosten hin zu befragen, also auf das, was sie invisibilisiert und damit für Anschlussoperationen – oder, weniger im Jargon der Systemtheorie, als Handlungsmöglichkeiten unerreichbar macht. Die Unterscheidung Sein/Nichtsein ist in dieser Hinsicht besonders ›beobachtungsresistent‹, da sie jeder Beobachtung zugrunde zu liegen *scheint*: man kann nur etwas beobachten, das »ist«, und man kann nicht etwas beobachten, das »nicht ist« (das Nichtsein »konsumiert sich sozusagen selbst« im ontologischen Schema; Luhmann 1998:898). Man braucht das Nichtsein lediglich als abstrakte Negation des Seins, um Realität auf der Seite des Seins zu verorten. Hat man diesen Unterschied erst

---

9 | Die Ontologie, wie Luhmann (1998:912) anmerkt, »ist (im Vergleich zu allem, was wir uns heute an Physik und an Logik leisten) sehr nahe an Alltagsplausibilitäten gebaut – nur schöner, festlicher, nachdenklicher.«

einmal gemacht, bestätigt er sich selbst, denn er kann widerspruchsfrei nur auf der Seite des Seins, also als real, verortet werden.[10]

Dieser ontologische Sogeffekt betrifft nun jeden Erkenntnis- oder Beobachtungsbegriff, der nach dem Schema des Erkennens bzw. Beobachtens von *Etwas* konzipiert ist – denn das bedeutet, die »beiden Seiten, das Beobachten und das Beobachtete, wiederum nach Sein und Nichtsein zu unterscheiden«, bzw. in der Sachdimension zwischen Ding und Erkenntnis (Luhmann 1998:898 f.). Jede repräsentationalistische Erkenntnistheorie wird folglich Probleme damit haben, die Unterscheidung Sein/Nichtsein als gegenüber der Beobachtung bzw. dem konstruktiven oder »welterzeugenden« Moment *sekundär* zu behaupten – wie oben an den Beispielen der quasi-realistischen und antirealistischen Konstruktivismen zu erkennen war. Ob man sich auf ›extern-reale‹ Materialitäten oder statt dessen andere symbolische ›Welten‹ bezieht, macht insofern keinen Unterschied, als auch symbolische Entitäten jeweils »sind« oder »nicht sind« und trotz der Absage an den Realismus dem ontologischen Schema unterliegen.[11] Die Crux liegt also *nicht* darin, ob man etwas als – und hier kommen wir auf Rorty zurück – »gefunden« oder eher als »gemacht« verstehen will (vgl. Rorty 1997), sondern darin, dass überhaupt ein Bezug auf *ein Etwas* stattfindet, das a) eine ›irgendwie‹ als solche *vorgängige* und vorstrukturierte Einheit darstellt, also *bereits* Identität besitzt und das b) seinen Sinn als diese Einheit (d.h., seine Verbindungen mit

---

10 | Der Zwang zur binären Zuordnung in Kombination mit der Realitätsbehauptung auf einer Seite der Zuordnung ist selbstbestätigend: Man kann, *nachdem* diese Unterscheidung getroffen wurde, nicht mehr die Behauptung anschließen, der Unterschied zwischen Sein und Nichsein wäre nicht *real*. Denn in diesem Fall käme der Differenz Sein/Nichtsein kein Sein zu, sie fiele in das Nichtsein und wäre damit *als* Differenz nicht existent – was aber offenbar nicht der Fall ist, sonst hätte die Frage nach der Realität des Unterschieds von Sein und Nichtsein nicht gestellt werden können. Der einzige Ausweg besteht im Wechsel des Referenzrahmens, also in der Ersetzung dieses Unterschiedes durch einen anderen. Da die ontologische Differenz sozusagen ihre ganze Plausibilität selbst beansprucht, ist jede andere Grundunterscheidung notwendiger Weise alltagsontologisch hochgradig unplausibel.

11 | Dies ließ sich am prominenten Beispiel des Relativismus Nelson Goodmans beobachten: Der Bezug auf eine nicht existierende symbolische Welt wird, ganz wie in der realistischen Ontologie, als Fehler aussortiert: dies sind die ›falschen‹ Bezugnahmen im Gegensatz zu den wahren. Sich falsch auf eine Welt zu beziehen, heißt also, eine Welt zu verfehlen und sich tatsächlich auf etwas zu beziehen, was es nicht gibt (vgl. oben Kap. 4.2).

anderen derartigen Einheiten) erst durch die Bezugnahme von ›oben‹ oder ›außen‹ erhält. Was die Systemtheorie zu beobachten vorschlägt, ist demgegenüber a) eine *Differenz*, die b) ihren Sinn operativ selbst erzeugt.

Die systemtheoretische Beobachtungstheorie als Antirepräsentationalismus: Die De-Ontologisierung des Realitätsproblems

Während Rorty zur Vermeidung repräsentationalistischer Denkweise eine pragmatische, ›diskurstherapeutische‹ Lösung vorschlägt – der rhetorischen Enthaltsamkeit, des Verzichts auf solche Konzepte, die begriffshistorisch repräsentationalistische Ansätze kennzeichneten – findet man bei Luhmann das Bestreben, Begriffen wie »Welt« und »Realität« vor dem Hintergrund der differenzkritischen Verfahrensweise neue, de-ontologisierte Bedeutungen zuzuweisen. In Abgrenzung zu den beiden genannten Kritikpunkten am Repräsentationalismus lässt sich dabei für die system- bzw. beobachtungstheoretische Sichtweise zusammenfassend folgendes festhalten:

a) Es werden nicht einheitliche Entitäten, sondern Differenzen beobachtet, die unter dem Aspekt der Einheit als Paradoxa (paradoxe Einheiten von Differenzen) erscheinen, und die sowohl den Begriff der Einheit selbst unterlaufen (oder auch: dekonstruieren) wie auch weitere Unterscheidungen erfordern, um aufgelöst (eben: unterschieden) zu werden. Auch »Differenzen« stellen folglich in diesem Modell keine Entitäten dar – »eine Differenz kann man nicht wie eine Sache behandeln« (Luhmann 1987:244), sondern temporalisierte, instabile Formbildungen, die mit der nächsten Beobachtungsoperation bereits verlassen (bzw. erneut vollzogen) werden.[12] Systeme existieren, wie Jean Clam diesen Sachverhalt ausdrückt, »*nur als Operationsvollzüge der Reflexion des sie stiftenden Unterschieds zu seiner Umwelt*« (Clam 2002:22; Herv. im Orig.). Beobachter bzw. Systeme bilden somit eine »*postontologische Gegenstandskategorie* einer Protobeobachtung der Welt als komplex«.

b) Speziell für die Beobachtung von Systemen i.S. der Systemtheorie (im Gegensatz zum aufgezeigten Sinn im Radikalen Konstruktivismus) gilt, dass die beobachteten Systeme – genauer: die beobachteten System/Umwelt-Differenzen – ihren Sinn nicht *erst* durch den Beobach-

---

12 | Vgl. in diesem Kontext unten S. 201 zur Differenz Medium/Form.

ter erhalten. Freilich kann der Beobachter nur den Sinn erkennen, den er selbst macht. Der zentrale Ansatzpunkt der Systemtheorie besteht jedoch darin, den eigenen Sinn gleichsam aus dem Sinn des beobachteten Systems zu generieren. Es geht also nicht um den Sinn, den der Beobachter stiften kann, sondern um den Sinn, den der Beobachter erfahren kann, wenn er beobachtet, auf welche Weise das beobachtete System *sich* abgrenzt, verortet und reproduziert – es geht also, mit anderen Worten, darum zu beobachten, wie die beobachteten Systeme »selbst die Unterscheidung von System und Umwelt in Bezug auf sich selbst handhaben« (Luhmann 1987:245).

Gerade die lebensweltliche Unplausibilität der systemtheoretischen Beobachtungsweise macht deutlich, dass dabei nicht ein repräsentationaler Bezug auf Systeme stattfindet: man wird Systeme – psychische Systeme oder soziale Systeme wie das der Ökonomie, des Rechts, der Kunst, der Massenmedien etc. – nirgendwo anders finden als ›in‹ der jeweils zu vollziehenden Entscheidung, etwas *als* System/Umwelt-Differenz zu unterscheiden (Luhmann 1992:314) – die List der systemtheoretischen Vernunft liegt gleichsam darin, die eigene Grundunterscheidung so zu wählen, dass sie *zugleich* die Unterscheidung dessen ist, was beobachtet – also unterschieden – werden soll. Diese Theorieanlage bringt, wie das nächste Kapitel darlegen wird, eine Neubewertung der Auffassungen von Realität mit sich.

7 Die Beobachtung der Realität des Beobachtens

Realität wurde in der klassischen Ontologie nur der einen Seite der Unterscheidung Sein/Nichtsein zugeordnet und somit einwertig verstanden. Gibt man diese Seinslogik, wie Luhmann vorschlägt, auf, so lässt sich »Realität« nicht mehr auf nur einer Seite von Unterscheidungen verorten. Ohnehin hat die Differenz Sein/Nichtsein in ihren verdeckt ontologischen Nachfolgeunterscheidungen wie Sein/Denken, Subjekt/Objekt, Erkenntnis/Ding, transzendental/empirisch, Wissen/Welt, Innenwelt/Außenwelt etc. eine ständige Irrealisierung einer Unterscheidungsseite zur Folge. Wolfgang Welschs Bonmot, die Philosophen seien »Wirklichkeitsdiskreditierungsmeister« (Welsch 1998), bietet eine treffende Charakterisierung dieses Umstands – nur wird nun sichtbar, dass dies gar nicht anders sein konnte. An der Spur der epistemologischen Schismen – Nominalisten vs. Realisten, Rationalisten vs. Empiristen, Idealisten vs. Materialisten etc. – ist das Dilemma ablesbar, immer nur die eine Seite als real behaupten zu können und damit notwendiger Weise die andere in ihrem Realitätsstatus diskreditieren zu *müssen*. Dies gilt übrigens nicht weniger für die Alternative von Realismus und Antirealismus, die auch in dieser Hinsicht dem gleichen traditionellen Dilemma erliegt. Begibt man sich auf die Spur des antirepräsentationalistischen Konstruktivismus in Luhmanns Werk, so fällt auf, dass entgegen den antirepräsentationalistischen Implikationen der Beobachtertheorie insbesondere in den 1980er Jahren häufig in einem derart ontologisierenden Duktus gehalten sind, dass der grundsätzlich antirepräsentationalistische Impetus kaum als solcher sichtbar werden konnte. in den späteren Schriften ändert sich dies, so dass hier die de-ontologisierende Theorieanlage ohne die irritierenden rhetorischen Züge der vorhergehenden Periode deutlich hervortritt. Um hierauf einen klaren Blick zu ermöglichen, gilt es zunächst, der ontologisierenden Rhetorik der 1980er Jahre und ihren auch epistemologisch aufschlussreichen Ursachen nachzugehen.

7.1 Die »Auto-Ontologisierung« der Luhmann'schen Systemtheorie der 1980er Jahre

Luhmann war stets bemüht, die mit den radikal-konstruktivistischen Bezügen seiner Theorie einhergehenden antirealistischen Implikationen zurückzuweisen. Insbesondere die Texte der 1980er Jahre sind in ihren erkenntnistheoretischen Positionierungen um eine Abgrenzung vom radikalen Konstruktivismus bemüht (vgl. Luhmann 1990a), die der Theorie von radikal-konstruktivistischer Seite einige Kritik eingebracht hat. Der provokativ formulierte erste Absatz des ersten Kapitels aus *Soziale Systeme* bildet einen prominenten Bezugspunkt dieser Auseinandersetzung:

»Die folgenden Überlegungen gehen davon aus, daß es Systeme gibt. [...] Selbstverständlich darf man Aussagen nicht mit ihren eigenen Gegenständen verwechseln [...]. Aber sie beziehen sich, jedenfalls im Fall der Systemtheorie, auf die wirkliche Welt. Der Systembegriff bezeichnet also etwas, was wirklich ein System ist, und läßt sich damit auf eine Verantwortung für Bewährung seiner Aussagen an der Wirklichkeit ein.« (Luhmann 1987:30)

Armin Nassehi (1992) rekonstruiert diesen Disput dahingehend, dass seitens des Radikalen Konstruktivismus »Luhmanns Realitätsunterstellung sozialer Systeme mit dem Vorwurf der erkenntnistheoretischen Naivität quittiert« wurde (Nassehi 1992:44), der auf eine Ontologisierung des Systembegriffs hinauslaufe. Tatsächlich liege, so Nassehi (1992:52), eine »Ontologisierung des Systembegriffs [...] insofern vor, als Luhmann das Sein von etwas je als Operation von real existierenden Systemen denkt und so an die klassischen Fragestellungen der Ontologie/Metaphysik anschließt.« Jedoch sei das, was *als* Realität behandelt werde, »ein emergentes Produkt von Systemoperationen« (ebd. 56). Da, wie Nassehi mit Luhmann argumentiert, *erstens* Kommunikation immer ihre Gegenstände ontologisiere, weil sie immer Kommunikation über *Etwas* sein

Die »Auto-Ontologisierung« der Luhmann'schen Systemtheorie der 1980er Jahre

müsse (ebd. 59 ff.), *zweitens* aber die Systemtheorie Anspruch macht, eine sich selbst enthaltende (also auch auf sich selbst anwendbare) Theorie zu sein, müsse die kommunikative Auto-Ontologisierung auch ein Charakteristikum der Systemtheorie selbst sein. Die Feststellung, dass es Systeme gibt, sei insofern nicht als »substanzmetaphysische Aussage über das Sein von Systemen, sondern als asymmetrisierende Setzung eines kommunikativen Geschehens« zu verstehen, »denn Systemtheorie ist selbst nichts anderes als Kommunikation, d.h. soziales System« (ebd. 64).

Die Realitätsunterstellung sozialer und psychischer Systeme wäre mithin nicht ontologisch unter der Voraussetzung, dass Realität als »Einheit der Differenz von System und Umwelt je systemrelativ« sei (ebd. 67), womit der Ontologisierungsvorwurf zurückgewiesen wäre. Zusammengefasst: Die Systemtheorie als Kommunikation kann nicht anders, als eine Ontologisierung ihres Gegenstands vorzunehmen. Sie dekonstruiert jedoch diese sozusagen unvermeidliche performative Ontologisierung im Kontext ihrer Analysen zu Realität und Kommunikation durch die Beobachtung zweiter Ordnung, nach welcher die »Realität von Systemen« immer relativ auf den äußeren (z.B. systemtheoretischen) Beobachter zu verstehen sei. Die Theorie, so interpretiert Peter Fuchs diesen Sachverhalt, »sagt, daß sie es mit der Realität zu tun hat, aber das heißt nur, daß sie um die Effekte der Beobachtungsebene erster Ordnung nicht herumkommt« (Fuchs 2004:13).

Dass die Zuschreibung von Realität speziell auch eine unvermeidliche Eigenschaft des Gebrauchs des Mediums Sprache ist, ergänzt diese Argumentation. Luhmann hat diese These m.W. erst im Band *Die Gesellschaft der Gesellschaft* vorgelegt (vgl. für das Folgende: Luhmann 1998:218 ff.). Sprache, so Luhmann, könne nur funktionieren, »wenn durchschaut wird und durchschaut wird, daß durchschaut wird, daß die Worte *nicht* die Gegenstände der Sachwelt *sind*, sondern sie nur *bezeichnen*. Dadurch entsteht eine neue, eine emergente Differenz, nämlich die von realer Realität und semiotischer Realität« (ebd.; Luhmann merkt dazu an: statt von »semiotischer Realität« könne man »auch von imaginärer, imaginierender, konstruierender, konstituierender usw. Realität sprechen«). Auf diese Weise unterscheidet sich die Sprache als semiotischer Bereich selbst, indem in ihr die Differenz »reale vs. semiotische Realität« getroffen wird. »Das bedeutet keineswegs, daß die Realität eine

Fiktion ist und daß sie, wie man gemeint hatte, ›in Wirklichkeit gar nicht existiert‹. Aber es bedeutet, daß man diese Unterscheidung von realer und semiotischer Realität in die Welt einführen muß, damit überhaupt etwas – und sei es die semiotische Realität – als real bezeichnet werden kann« (ebd.). In dieser Fassung des Arguments wird überdies deutlich, dass die konkrete Ausgestaltung dieser formalen Differenz abhängig von der jeweils aktuellen kulturellen Semantik ist: Realität ist nicht nur Folge einer notwendigen »Ontologisierung« auf der Ebene der Beobachtung erster Ordnung, sondern die Form dieser Ontologisierung (sofern sie an Sinn, also Sprache gebunden ist) ist kulturell veränderlich. Realität in diesem Sinne ist ein kulturabhängiges Beobachtungsschema (vgl. dazu auch Schmidt 2004). Dieses Schema kann selbst zum Gegenstand von Reflexion werden – in diesem Sinne wäre »Realität« das Medium einer spezifischen Art von Kommunikation, die Selbstverortungs- und Selbstverständigungsprozesse ermöglicht (z.B. Philosophie).

Wenn man also, um an Fuchs' Feststellung anzuschließen, konzediert, dass a) die Systemtheorie als Beobachtung zweiter Ordnung zugleich Beobachtung erster Ordnung ist und als solche unvermeidlich das Beobachtete – zunächst – ontologisiert, und dass b) die Systemtheorie im Medium der Sprache operiert und auch insofern notgedrungen ihre Unterscheidungen entweder als real oder als fiktiv kommunizieren *muss* – so stellt sich dennoch die Frage, warum Luhmann beispielsweise an so prominenter Stelle wie der oben zitierten Passage die systemtheoretisch ja wohlbekannte Beobachterrelativität unterschlägt. Die nachfolgenden Beobachtungen jedenfalls geben durchaus Anlass zum Zweifel, ob die Luhmannsche Systemtheorie der 1980er Jahre dem Vorrang des Beobachterstandpunkts tatsächlich immer den gebührenden Stellenwert einräumt.

Bei genauer Hinsicht drängt sich der Eindruck auf, dass Luhmann zu dieser Zeit, zumal im Band *Soziale Systeme*, besonderen Wert auf eine Darstellung der Systemtheorie als »realistische« (im Sinne von problemgerecht) und realitätstaugliche (anwendbare und anschlussfähige) Alternative zu den etablierten soziologischen Konkurrenzprojekten legte, die ja unter Berufung auf die soziologische Tradition verhältnismäßig leicht beanspruchen konnten, »gesellschaftliche Realitäten« in den Blick zu nehmen. Eine besondere Rolle hierbei spielt der ziemlich unscharf und mehrdeutig verwendete Begriff »Außenwelt«, bzw. der der System/Umwelt-Differenz vorausgesetzten »Realitäten«. So heißt es in einer Passage aus den später achtziger Jahren:

»*De-ontologisierung der Realität* [...] heißt nicht, dass die Realität geleugnet würde, denn sonst gäbe es nichts, was operieren, nichts, was beobachten, und nichts was man mit Unterscheidungen greifen könnte. Bestritten wird nur die erkenntnistheoretische Relevanz einer ontologischen Darstellung von Realität. Wenn ein erkennendes System keinerlei Zugang zu seiner Außenwelt gewinnen kann, können wir deren Existenz bestreiten, aber ebensogut und mit mehr Plausibilität daran festhalten, daß die Außenwelt so ist, wie sie ist.« (Luhmann 1990:37)

Der Begriff »Außenwelt«, der eigentlich den Umweltbegriff aus der Perspektive des Systems kennzeichnet (d.h. für das System selbst ist das, was wir als seine Umwelt betrachten, Außenwelt; vgl. etwa Krause 2001:108), findet sich hier nota bene mit dem der »Realität« identifiziert. In *Soziale Systeme* hatte Luhmann ebenfalls bereits auf ›außenliegende‹ Realitäten abgestellt, allerdings in einer Weise, die deutlicher vom Umweltbegriff unterschieden ist als oben.

Zunächst gilt es, die Vermischung beider Konzepte zu vermeiden. Die Differenz von System und Umwelt, so heißt es dort, »überlagert sich einer durchlaufenden Realität und setzt diese voraus« (Luhmann 1987:245). Darunter werden solche Bedingungen verstanden, die nicht der operationalen Logik des Systems entsprechen, von denen jedoch die Elemente des Systems abhängen: Die Herstellung der System/Umwelt-Distinktion durch das System

»setzt als Bedingung der Möglichkeit dieser Praxis [...] voraus, dass physische, chemische, organische, psychische Realitäten in ihrer eigenen Ordnung diese Differenz unterlaufen, dass also Wärme gleichzeitig das System und seine Umwelt bewegt ohne Beachtung dieser Grenze; und dass Personen gleichzeitig im Sozialsystem und für sich selbst handeln, ohne dass die Grenze des Sozialsystems sie innerlich durchschneidet.« (ebd.)

Diese »vorausgesetzte Komplexität, die Elementbildung ermöglicht« (ebd.:246), wie sie an dieser Stelle von Luhmann konzipiert wird, ist *indifferent* gegenüber der vom (beobachteten) System prozessierten System/Umwelt-Differenz. Sie ist keinesfalls mit dem Begriff der Umwelt zu verwechseln: Jedes System erzeugt seine eigene Umwelt durch Abgrenzung, also durch systemintern vollzogene Selbst- und Fremdreferenzierungen: »Die Umwelt ist nicht ›an sich‹ Umwelt, sondern immer Umwelt eines Systems, auf das bezogen sie das Außen (›alles Übrige‹) ist. In bezug auf ein System gehört alles, was nicht in das System hineinfällt, zur Umwelt – die dann für jedes System eine andere ist« (Baraldi/Corsi/Esposito 1997:196). Oder in Luhmanns Worten: »Jedes System hat genau den Umweltkontakt, den es sich ermöglicht, und keine Umwelt ›an sich‹« (Luhmann 1987:146). Der Begriff Umwelt bezeichnet also das Gesamt (bzw. das Negativ) der einem System gegebenen Unterscheidungsmöglichkeiten: Auch wenn Umwelt »als Rest konstituiert«, also ein Negativkorrelat dessen ist, was das System selbstreferenziell mit (bzw. als) sich selbst identifiziert (Baraldi/Corsi/Esposito 1997:196), so bleibt doch auch dieser Bereich, dieses »alles Übrige«, an die Operationslogik des Systems *logisch* gebunden, durch dessen Unterscheidungsoperationen er erst hervorgebracht wurde. Der Außenweltbegriff ist streng in dieser Weise zu verstehen und keinesfalls mit den in, wie man naiv (und unkorrekt) formulieren könnte, der »Außenwelt« von System/Umwelt-Verhältnissen verorteten »Realitäten« zu verwechseln.

Die Auszeichnung der erwähnten physischen, psychischen etc. »Komplexitäten« als »Realitäten« erscheint überraschend naiv, und die Grenze dieser »Außenwelt« zur »Umwelt« ist in den Texten dieser Periode nicht immer sehr deutlich, was leicht zu Missverständnissen führen kann. Man muss daher festhalten, dass Luhmann zumindest in den Texten der achtziger Jahre die sich aus der Beobachtertheorie zwingend ergebende Einsicht der prinzipiellen Konstrukthaftigkeit von Realität zwar immer mitführt, jedoch zugleich in einem ontologisierenden Gestus unterschlägt. So heißt es im bereits oben zitierten Aufsatz über »Das Erkenntnisprogramm des Konstruktivismus und die unerkannt bleibende Realität« (Luhmann 1990a:40 f.):

»Kein Zweifel also, dass die Außenwelt existiert, und ebenso wenig ein Zweifel daran, dass ein wirklicher Kontakt mit ihr möglich ist als Bedingung der Operationen des Systems selbst. Nur die Unterschiedenheit dessen, was existiert, wird durch den Beobachter hinzuimaginiert, und zwar deshalb, weil mit Hilfe der Spezifikation von Unterscheidungen ein immens reichhaltiger Kombinationsraum erschlos-

Die »Auto-Ontologisierung« der Luhmann'schen Systemtheorie der 1980er Jahre

sen werden kann, der dem System dann zur Entscheidung über eigene Operationen dient.«

Hier wird es schon ziemlich schwierig, die »Außenwelt« *nicht* mit dem der System/Umwelt-Differenz gegenüber indifferenten »Realitäten« gleichzusetzen – von was, wenn nicht von solcher »vorausgesetzten Komplexität«, soll hier die Rede sein? Die in diesem Text wenige Seiten zuvor noch getroffene defensive Feststellung, man könne zwar die Existenz der Außenwelt bestreiten, müsse aber nicht, wird nun in offensiver Formulierung vorgetragen. Die Stellungnahme nimmt geradezu Searles Position des externen Realismus (s.o.) und seinen Versuch der epistemologischen Entkopplung des ontologischen Arguments vorweg.

Luhmann invisibilisiert hier, wie es schon bei der »Auto-Ontologisierung« der Systemtheorie zu beobachten war, den schlichten und systemtheoretisch ja durchaus grundlegenden Umstand, dass diese Feststellung selbst eine Beobachtung und insofern konstruierende Unterscheidung eines Beobachters zweiter Ordnung ist. Der Sinn dieser Invisibilisierung und des Rückfalls in ontologische Rhetorik ist sicherlich im Licht der Abgrenzung gegen den Radikalen Konstruktivismus zu verstehen, bleibt jedoch, zumindest in dieser Formulierung, signifikant unterkomplex im Hinblick auf das Beschreibungsniveau der systemtheoretischen Beobachtertheorie. Denn die Zweifelsfreiheit über die »Existenz« der Außenwelt – und was immer diese jenseits ihrer Unterscheidungen sei, ist ja seit Kants »Ding an sich« die Frage, die hier von Luhmann leichtfertig perpetuiert wird – liegt im Auge des (externen) Betrachters.

Diese Äußerungen sind mithin durchaus geeignet, den Eindruck eines Rückfalls in repräsentationalistische Erkenntnismodelle zu erwecken. Was Luhmann als »Realitäten« bezeichnet, sind wie nun deutlich wurde solche Unterscheidungen, die nur von einem äußeren Beobachter (und nicht durch Selbstbeobachtung zweiter oder höherer Ordnung) getroffen werden können: diese »Realität« ist eine Konstruktion, ist *Umwelt* des Beobachters zweiter Ordnung. Aus der Perspektive des Systems wäre es unmöglich, seine Umwelt von solchen »Realitäten« zu unterscheiden.[1] Jenseits von Selbst- und Fremdreferenz gibt es keine weitere Unterschei-

---

1 | Was nicht bedeutet, dass durch Einführung neuer Unterscheidungen und Beobachtungsweisen nicht neue und komplexere Umwelten gebildet werden könnten.

dungsmöglichkeit. System oder Umwelt: *tertium non datur* – bzw.: nur der externe Beobachter zweiter Ordnung vermag ein solches *tertium* als eine Form jenseits der Differenz zu unterscheiden, indem er die Differenz von System und Umwelt als Einheit betrachtet und diese Einheit von etwas anderem unterscheidet, was *nicht* System/Umwelt-Differenz ist. Was Luhmann hier als der System/Umwelt-Differenz gegenüber indifferenten »Realitäten« anspricht, entspricht ziemlich genau der »Umwelt«, wie sie im antirealistischen Konstruktivismus verstanden wird (s.o. S. 113 f.). In dieser Weise verwendet, invisibilisiert der Terminus – und ontologisiert damit zugleich (Nassehi 1992:56) – den Beobachterstandpunkt.

7.2 »Realität« als Korrelat der Beobachtung von Beobachtern

Dies ändert sich in der späteren Systemtheorie. Im Band *Die Wissenschaft der Gesellschaft* (1992) spricht Luhmann nicht mehr von »durchlaufenden Realitäten«, und es finden sich auch keine Verweise auf so etwas wie beobachterunabhängig bestehende materielle »Existenzbedingungen« von Systemen. Realität wird vielmehr ausschließlich als Vollzug von Operationen durch Systeme charakterisiert (Luhmann 1992:78). Luhmanns zentrales Interesse besteht nun darin, die aus der Beobachtung resultierende *konstruierte Realität* von der *prozessualen Realität* des Vollzugs von Beobachtungsoperationen zu unterscheiden. Auch wenn die Beobachtungen eines Systems keinen Ausgriff auf eine externe Realität bedeuten (und insofern nicht objektiv sind), so will Luhmann doch die Faktizität der Operation des Beobachtens selbst als real verstanden wissen: »Das heißt auch, daß die Frage, ob der Beobachter sich täuscht oder nicht, nichts mit dem Realvollzug seiner Beobachtungen zu tun hat […]. Wenn er sich täuscht, täuscht er sich eben real« (ebd.). Dieser Realitätsbegriff hält sich bis zum *opus magnum* der Luhmann'schen Gesellschaftstheorie, *Die Gesellschaft der Gesellschaft*, als eine Variante – unter anderen – durch. Dort spricht Luhmann von der faktischen »Unbezweifelbarkeit der momentanen Aktualisation« und benennt das diesem Gedanken zu Grunde liegende Schema: »hier denkt man natürlich sofort an Descartes« (Luhmann 1998:54). Dies bewegt sich allerdings nur scheinbar in der Nähe des quasi-realistischen Konstruktivismus, die wir oben mit dem Ausdruck »construit, ergo est« charakterisiert hatten (was etwa bei Roth das Gehirn, wäre dann hier das System).[2] Denn die Reflexion auf den Beobachtungsstatus zweiter Ordnung erhält bei Luhmann Priorität. Somit wird festgehalten, dass diese Operationsrealität »nur durch eine weitere Beobachtung festgestellt werden kann, die ihn als System in einer Umwelt auffaßt« (ebd.). Eher könnte man diesen Standpunkt mit Fuchs (2004:13) wie folgt charakterisieren: »Observatum est, ergo: Es gibt Systeme«.

Die Anwendbarkeit des Terminus »Realität« wird damit strikt als abhängig von der beobachtenden Verwendung der System/Umwelt-Differenz – ganz im Sinne der im oberen Abschnitt entfalteten Kritik – dargestellt und *bleibt* an diese Differenz gebunden. Die Frage nach der Realität kann daher »nicht als Frage nach der Außenwelt gestellt werden, zu der man einen ›empirischen‹ oder, nach anderer Meinung, gar keinen Zugang hat« (Luhmann 1992:317). Luhmann weist hiermit wohlgemerkt nicht realistische oder antirealistische Positionen als fehlerhaft aus, sondern er bezweifelt – ganz i. S. der dargestellten Haltung Richard Rortys – den Sinn bzw. die Legitimität solcher Fragestellungen im Hinblick auf das, was sie sichtbar machen bzw. das, was sie invisibilisieren.

Im Rahmen dieser epistemologischen Verortung wäre ein Bezug auf empirische – und was soll dies anderes heißen als etwa: physische, chemische, biologische etc. »Realitäten« von beobachteten Systemen nicht legitimierbar. Statt Realität wie vorher als der System/Umwelt-Differenz gegenüber äußerlich-indifferent zu konzipieren, wird nun im Einklang mit der Beobachtungstheorie festgestellt:

»Was die Kybernetik des Beobachtens neu anbietet, ist die zirkuläre Geschlossenheit des Beobachtens von Beobachtungen. Wenn ein System sich auf dieser Ebene konstituiert und eine Zeitlang in Betrieb ist, kann man schließlich nicht mehr unterscheiden(!), wer der ›wirkliche‹ Beobachter ist und wer sich nur anhängt. *Alle Beobachter gewinnen Realitätskontakt nur dadurch, daß sie Beobachter beobachten.*« (Luhmann 1992:97; Herv. v. mir, B.J.)

---

2 | Dies stimmt schon deshalb nicht, weil das Gehirn als Entität behandelt wird, während das System eine Differenz ist.

Die Beobachtung der Realität des Beobachtens

Was Luhmann hier ›Realität‹ nennt, lässt sich *als Bezug zweier Beobachter* bezeichnen (nicht: »Realität *ist* eine Beziehung ...«), die formal dadurch charakterisiert ist, dass aufgrund der operationalen Geschlossenheit des Beobachtens der Andere *als* operational geschlossener Beobachter unterschieden wird – und nur dadurch zugleich *erzeugt* wird.

Um den Gesamtzusammenhang noch einmal thesenartig zu spezifizieren:

- Die »primäre Realität« ist Konstruktion; sie ist in den Kognitionen selbst gelegen (Luhmann 1996:18).
- Was der Beobachter erster Ordnung als ›real‹ betrachtet, ist das Ergebnis systeminterner Konsistenzprüfungen (und nicht Eigenschaft von Gegenständen). Der Ausdruck »Realität« bezeichnet die Fähigkeit eines Beobachters erster Ordnung, Umweltstörungen systemintern noch mittels Sinngebung als real behandeln zu können.[3]
- Analog wird die ›Realität‹ der *Operationen* eines *beobachteten* Beobachters auf der Seite des Beobachters zweiter Ordnung erst durch entsprechenden Komplexitätsaufbau überhaupt beobachtbar: man muss dem anderen (System oder Beobachter) ›Sinn geben‹ können.

Komplexitätsaufbau ist eine *graduelle* Angelegenheit: »Je komplexer ein System wird und je stärker es sich Irritationen aussetzt, um so mehr Varietät kann die Welt zulassen, ohne an Realität einzubüßen; und um so mehr kann das System es sich leisten, mit Negationen, mit Fiktionen, mit ›nur analytischen‹ oder mit statistischen Annahmen zu arbeiten, die von der Welt, wie sie ist, distanzieren« (Luhmann 1996:19 f.). Realität folgt also in diesem Sinne nicht dem Schema real/nichtreal, sondern entspricht einem *mehr oder weniger an systeminterner Komplexität*. Möglichst viel Welt zuzulassen, heißt, möglichst viel *zu seiner Umwelt ma-*

---

3 | Etwa durch Verwendung der Differenz »semiotische/reale Realität« (s.o. S. 133). Dies gilt sowohl etwa für ›psychische Systeme‹ als auch für wissenschaftliche Texte, denen man in dem Maße Korrektheit zuspricht, wie es ihnen gelingt, Diskontinuitäten durch argumentative Komplexität (die dann freilich stringent und bruchlos erfolgen muss) in Kontinuität zu überführen. Wohlgemerkt macht somit die Beobachtung erster Ordnung auch das Irreale, Surreale, Sein, Nichtidentische etc. zu *seiner* Realität, und zwar durch Komplexitätsaufbau, was aber noch keine Einsicht gewährt, dass dieses Irreale als Moment einer selbst vollzogenen Unterscheidung ›realisiert‹ wurde.

chen zu können, bzw. eine möglichst komplexe Umwelt zulassen zu können. Die Skala reicht von der Idiosynkrasie bis zur Ambiguitätstoleranz.

Dieser graduelle Vorgang allein reicht nicht aus, um einem anderen (System, Beobachter) ›Sinn zu geben‹. Hierzu muss man über eine Beobachtungstheorie (welcher Form auch immer) verfügen, in deren Aussagen man selbst auftaucht. Zu unterscheiden ist m. E. daher zwischen Beobachtung zweiter Ordnung *ohne* Beobachtungstheorie (gradueller Komplexitätsaufbau) und Beobachtung zweiter Ordnung *mit* rekursiver Beobachtungstheorie.

Aus der Perspektive der Beobachtung erster Ordnung ist Realität immer gleich real (was nicht irgendwie konsistent einzuordnen ist, wird aus den Unterscheidungen ausgeschlossen, so wie ein traumatisches Erlebnis verdrängt werden muss). Aus der Perspektive der Beobachtung zweiter Ordnung gibt es ein mehr oder weniger an ›Realitätskompetenz‹ des beobachteten Beobachters. Dies ist *nur*, aber sozusagen auch *immerhin* eine Setzung des Beobachters zweiter Ordnung. Wird sie nicht *als* Setzung reflektiert, so wird sie zur normativen Setzung, zum ontologisierenden Außenwelt-Postulat (dazu s.u.). Wird sie jedoch als Setzung reflektiert, so wendet der Beobachter zweiter Ordnung eine Beobachtungstheorie auf seine eigenen Beobachtungen rekursiv an (er tritt in seine eigenen Beobachtungen ein), und die Komplexität der Beobachtung verändert sich sprunghaft. Eine »konstitutive Unterscheidung« des Anderen (des anderen Systems oder anderen Beobachters) als nichtauflösbare Komplexität *in* der eigenen Umwelt wird möglich.

Das impliziert eine (allerdings einseitige, vom Beobachter zweiter Ordnung gestiftete) Anerkennungsthematik. Den Anderen *als* Anderen unterscheiden heißt: ihn anerkennend als Anderen konstruieren, ihn durch ›meine‹ Unterscheidungen zum Anderen zu machen – zu einer Differenz, nicht zu einer Entität –, d.h.: den Anderen *so* zu unterscheiden, dass *er sich unterscheidet*, als ein Anderer mit einer *eigenen* Selbstreferenz, einer *eigenen* Umwelt und nicht zuletzt einer *eigenen* Indifferenz gegen das, was ›ich‹ als seine ›Außenwelt-Realität‹ beobachte (und die ›ich‹ aushalten muss). Beobachtung zweiter Ordnung in diesem Sinne ist, so scheint es, der einzige Weg, den/das Beobachtete nicht zum Objekt und den Beobachter nicht zum Subjekt erstarren zu lassen. Was damit impliziert *ist,* rückt in deutliche Nähe des Zusammenhangs von *Aner-*

kennung und *Perspektivenübernahme* (Geulen 1982; Honneth 1994) – wenn auch unter veränderten theoretischen Prämissen. Es geht um eine Distanzierungen von den Rahmungen der einfachen Weltbeobachtung; um die Leistung, zu *konstruieren*, dass andere die Dinge anders sehen. Mit dieser Sicht auf den Anderen verändert sich zugleich die Sicht auf die Welt und die Dinge. Was in der Beobachtung erster Ordnung notwendig als so-oder-so seiender Realitätsausschnitt erscheint, wird nun als Effekt eines Beobachtungsereignisses unter vielen einsehbar. Die Identität dessen, was in der Beobachtung erster Ordnung als Entität der sozialen oder materiellen Welt erscheint, löst sich damit auf in die Multiperspektivität einer unendlichen Anzahl potentieller Beobachtungsereignisse.

7.3 Derealisierungsdiagnosen als unreflektierte »Beobachtungen zweiter Ordnung«

Die Beobachtungstheorie erlaubt zunächst eine formale Bestimmung der Struktur von Derealisierungs*beobachtungen*, also Thesen des Referenzverlusts, der »Entwirklichung«, des Erfahrungsverlusts, der »Entkörperung« etc. Wie zunächst deutlich herauszustellen ist, ist Beobachtung erster Ordnung, also die ›natürliche‹ Beobachtungseinstellung, in der man *etwas* beobachtet, von einer Struktur, die per Definition niemals derealisiert werden *kann*. Denn Beobachtung erster Ordnung resultiert aus Unterscheidung *überhaupt*; sie ist die (wie komplex auch immer strukturierte) unhinterfragte Unterscheidung der Welt.[4] Daraus ist zu schlussfolgern, dass jede Derealisierungsbeobachtung ausnahmslos vom Typ der Beobachtung zweiter Ordnung ist. Sie ist immer Beobachtung von Beobachtungen, und zwar eine solche mit zwei speziellen Eigenschaften:

- Sie beobachtet erstens, dass die beobachtete Beobachtung die falsche Referenz verwendet (oder sich auf den ›richtigen‹ Referenzbereich falsch bezieht).

---

4 | Selbst wenn, im Fall pathologischer Wahrnehmungsverzerrung etwa, die Welt als unwirklich erfahren wird, so ist doch diese Unwirklichkeitserfahrung selbst (bedrückend) real.

- Sie beobachtet zweitens nicht *zugleich*, dass sie selbst eine Beobachtung ist. Sie ist ›angewandte‹ Beobachtung zweiter Ordnung, jedoch ohne Zugriff auf eine Beobachtertheorie. Sie tritt nicht in ihre eigenen Aussagen ein (ist ›nicht reentrant‹) und ontologisiert daher das, was sie beobachtet.

Da sie Beobachtung zweiter Ordnung ist, beobachtet sie beispielsweise, wie eine Person ihre Wahrnehmungswelt erzeugt. Sie unterscheidet *zusätzlich* die Person (das Subjekt, System, den Sprecher etc.) und ihre Wahrnehmungswelt als Einheit von einer restlichen Außenwelt, die sie selbst für ›real‹ hält bzw. setzt (im Gegensatz zur von ihr beobachteten Wahrnehmungswelt der Person). Die Semantiken und Epistemologien, mit denen diese drei Positionen charakterisiert werden, können hier variiert werden. Analog etwa kann man einen Beobachter beobachten, der der sinnlich-immanenten Welt verfällt und die transzendent-göttliche Welt nicht sieht, etc. Nach dem folgenden Schema der nicht reentranten Beobachtung zweiter Ordnung:

[Individuum vs. intraindividuelle Welt] vs. [extraindividuelle Welt]

kann man beispielsweise folgende Konstellationen darstellen (Tabelle 3):

Tabelle 3: Beispiele nicht-reentranter Schemata der Beobachtung zweiter Ordnung

	Individuum	*intraindivid. Welt*	*extraindivid. Welt*
Platon	Mensch/Seele	eidôla	Ideenwelt
Kant	Subjekt	Realität (Begriff)	Wirklichkeit (Existenz)
Adorno	Subjekt	Begriff	Nichtidentisches
Goodman	Welterzeuger	symbol. erzeugte Welt	andere symbol. Welten
Baudrillard	Subjekt	Bild/Simulakrum	Ding/Realität
Searle	Sprecher	Sätze	externe Realität
Roth	Gehirn	Wirklichkeit	Realität
Richards/ v. Glasersfeld	Organismus	interne Informationsverarbeitung	Umwelt
Luhmann (1987)	System	Umwelt	»Realitäten«

Innerhalb dieser Beobachtungsform lässt sich unterscheiden zwischen Positionen, die

- den Bezug zu dem jeweilig von ihnen definierten Referenzbereich als prinzipiell realisierbar einfordern (z.b. Platon, Searle, Goodman),
- diesen Bezug nicht für möglich halten, aber die Orientierung am Referenzbereich als regulatives Prinzip vorschlagen (Kant, Adorno),
- den extraindividuellen Referenzbereich für unerreichbar halten, aber andere Vermittlungsmechanismen wie etwa ›strukturelle Kopplung‹ vorsehen, die etwa auf dem Umweg evolutionärer Selektion einen »Realitätskontakt« i.S. eines viablen Umweltverhältnisses herstellen (Radikaler Konstruktivismus[5]).

In jedem Fall wird deutlich, dass durch dieses Beobachtungsschema für den Beobachter der Eindruck entsteht, er habe einen *Vergleichshorizont*, wie immer dieser auch ausgestaltet, pluralisiert, relativiert oder negativreflexiv zurückgenommen wird. Ohne Beobachtungstheorie hat der Beobachter zweiter Ordnung keine Möglichkeit zu erkennen, dass seine doppelte Unterscheidung – welchen pragmatischen oder kritischen Wert diese auch immer haben möge – eben *nur* seine Unterscheidung ist: er *kann* die äußere der beiden Unterscheidungen nicht als solche reflektieren, nicht als *Einheit einer Differenz* beobachten, wenn er nicht über eine Theorie verfügt, die ihn selbst konstitutiv einschließt, so dass seine Unterscheidung reflexiv ebenfalls als Einheit einer Differenz sichtbar wird. Dies ist anhand der Abbildung einfach nachzuvollziehen: die mittlere und die rechte Spalte schließen einander jeweils kategorisch aus.

Der »Wiedereintritt« des Beobachters in sein eigenes Beobachtungsschema, oder einfacher: die Reflexion über die eigene Beobachtung zweiter Ordnung macht sichtbar, dass sie *auch* nur eine Beobachtung erster Ordnung war (wenn auch eine komplexere, doch das ändert nichts an ihrem Status). Nun wird sichtbar: die Inhalte der rechten Spalte waren Ontologisierungen, während (mit den Unterscheidungsmitteln des jeweiligen Beobachters) tatsächlich an ihrer Stelle der Wert der mittleren Spalte wiederholt werden muss. Um dies an einigen auf die Abbildung bezoge-

---

5 | Ergänzend könnte hier auch die »Evolutionäre Erkenntnistheorie« als Beispiel dienen (Vollmer 1987).

nen Beispielen zu demonstrieren: »Die Ideenwelt« ›ist‹ selbst ein Bild (denn sie ist nur im bildhaften Gleichnis artikuliert); »das Nichtidentische« ist ein Begriff (und als solcher selbstidentisch); Baudrillards Theoreme sind – nach der strukturalen Revolution des Tauschwertes bzw. des Aufstands der Zeichen – selbst Simulakren von Theorie;[6] Goodmans Rede von der »Vielfalt symbolischer Welten« ist selbst (nur) ein symbolisch erzeugtes ›Super-Universum‹, das entgegen seiner eigenen Dezentralitätsthese Anspruch macht, geltende Maßstäbe formulieren zu können; Searles »externe Realität« ist lediglich ein Produkt von Sätzen (die über sich hinaus weisen wollen wie im ›externen Realismus‹); Richards'/v. Glaserfelds »Umwelt« ist eine Funktion interner Informationsverarbeitung eines umweltblinden Konstruktivisten (s.o. S. 116); Luhmanns »empirische Realitäten« sind eine Unterscheidung, also Umwelt des Systemtheoretikers, etc.[7]

Wie auch immer man dieses epistemologische Experiment beurteilen will – deutlich geworden ist, dass Referenzverlustthesen ausschließlich in der *unreflektierten Beobachtung zweiter Ordnung* entstehen und im Rahmen einer Beobachtungstheorie – falls sie sich nicht dogmatisch aus ihren eigenen Unterscheidungen ausnehmen – quasi referenzlos werden. Referenzverlustthesen sind insofern immer normativ in dem Sinn, dass sie den Maßstab (die Unterscheidung), den sie zur Beurteilung anderer

---

6 | Das Kritikmuster bietet sich aufgrund der Entgrenztheit der Simulakrenthese freilich an; vgl. exakt in diesem Sinne Jochen Venus' Vorwurf, Baudrillard *simuliere* lediglich Diskreditierungen anderer Theorien (Venus 1997:12).

7 | Wie man sieht, wird die rechte Spalte – dasjenige, was oben als »Referenz« i.S. der vorgestellten Referenzmodelle bezeichnet wurde – nicht etwa eliminiert, sondern sie wird in der mittleren Spalte ›aufgehoben‹. Nicht bei allen Unterscheidungen ist indes der »Wiedereintritt« des Beobachters gleichermaßen konstruktiv. Luhmanns Strategie war es daher, möglichst ›wiedereintrittsfähige‹ Begriffe einzuführen wie eben den Systembegriff (das System ist die Einheit der Differenz von System und Umwelt). Zudem ist anzumerken, dass nicht beobachtungstheoretische Formen der Bezugnahme auf sich diese Aufhebung *nicht* leisten können. Adornos hochgradig selbstreflexive »Anti-Methode« der Negativen Dialektik beispielsweise reproduziert die Differenz Begriff/Nichtidentisches in jedem Schritt neu: Weil sie nicht als Beobachterunterscheidung reflektiert wird, also nicht als Einheit einer Differenz fassbar wird und daher die Differenz selbst nicht als *Problem* in den Blick kommt, kann sie sich in der Reflexion immer nur auf einer Seite der Differenz wiedereinschreiben – im Falle des Begriffs auf der Seite des Begriffs, im Fall der ›lebendigen Erfahrung‹ auf der Seite des Nichtidentischen, Begriffslosen.

anlegen, nicht (oder immer nur äußerlich, etwa als Bekenntnis) an ihre eigene Theoriebildung anlegen (können).

Im Umkehrschluss wird – zumindest für den Kontext der Thematisierung von »Derealisierung« und Sozialität in den Neuen Medien – die Bedeutung des Ausgangs von einer reflektierten Beobachtung zweiter Ordnung als Möglichkeit einer gleichsam minimal normativen Bezugnahme sichtbar (›verlangt‹ wird dabei vom Anderen lediglich, dass er autopoietisch und selbstreferenziell ist, also sich selbst konstituiert). – Zu fragen ist allerdings, ob, wie und unter welchen Bedingungen/Transformationen sich dieses hier im systemtheoretischen Kontext herausgearbeitete Modell für die Anthropologie fruchtbar machen lässt (dieser Frage widmet sich das anschließende Hauptkapitel).

7.4 Die konstruktive »Realisierung« des Anderen – »Derealisierung« als Alteritätsarmut

Es ist charakteristisch für die systemtheoretische Zurückweisung der ontologischen, einseitigen Differenzen Sein/Nichtsein bzw. Subjekt/Objekt, dass Realität *weder* nur auf der Seite des Beobachters zweiter Ordnung *noch* nur auf der Seite des beobachteten Systems verortet wird – sie liegt in der Beziehung beider Beobachter, die aber nicht mehr als Bezug zwischen »Welten« i.S. Nelson Goodmans gedacht werden kann. Denn der andere (Beobachter) ist *zugleich* ein Beobachterkonstrukt *und* selbstkonstituierende Differenz: er ist nur Anderer, insofern er *als Anderer beobachtet wird* – er bedarf der *konstitutiven Unterscheidung* durch einen Beobachter. Er ist ein selbsterzeugter Widerstand:[8] Der Andere ist nicht ›gegeben‹ (nicht beobachtungsunabhängig ›existent‹), aber *er* ›gibt sich‹, wenn er als Sich-Unterscheidender unterschieden wird.

---

8 | In der technizistischen Formulierungsweise Luhmanns wird Realität dann als »rekursiv gebildete Komplexität« ausgewiesen (Luhmann 1998:1127): »Das System testet, so gesehen, an selbsterzeugter Ungewißheit und an selbsterzeugtem Widerstand im laufenden Operieren das, was es von Moment zu Moment als Eigenwert behandeln kann« (ebd.). Man denkt bei solchen Worten unwillkürlich an so etwas wie die elektronisch gesteuerte Nachregelung von Zündzeitpunkten in neueren Kraftfahrzeugen. Diese Art von Reduktionismus ist nicht nur Rhetorik, sondern hat Methode; vgl. die Kritik im anschließenden Kapitel.

Die konstruktive »Realisierung« des Anderen – »Derealisierung« als Alteritätsarmut

Das ist nicht etwa so zu verstehen, dass ein Anderer in jedem Fall von ›meinem‹ Bewusstsein abhängig wäre;[9] es ist eher so, dass ›ich‹ entscheide, ob ich andere als Andere unterscheide, meine Welt mit den opaken Einschlüssen von Alterität bevölkere, oder ob ich mit meinen Konstruktionen der anderen, etwa als ›Rollenklischees mit Kontingenzpotential‹, zufrieden bin. Aus der Sicht der Beobachtung zweiter Ordnung wären damit entscheidende ›Komplexitätschancen‹ verpasst, und man würde beobachten, dass, wer den Anderen nicht ›realisiert‹, eben mit seinen Alltagsontologisierungen, seinem *Weltbild*, seinen Phantasmen, der strukturellen Beschränktheit seiner Beobachtungen erster Ordnung zurechtkommen muss. Wer von Ontologieverlusten (noch) verschont blieb, kann auf die Referenz der Alterität, diese letzte Reserve der konstitutiven Unterscheidung des Anderen, durchaus verzichten.[10] Dieser Zustand der Alteritätsarmut, wenn irgendeiner, wäre allerdings aus der hier vertretenen Position heraus als derealisierter Zustand zu bezeichnen.

Löst man die oben zitierte Formel Luhmanns – a*lle Beobachter gewinnen Realitätskontakt nur dadurch, daß sie Beobachter beobachten* (Luhmann 1992:97) – in dieser Weise aus dem unmittelbaren systemtheoretisch-soziologischen Kontext, so kann man zu der Schlussfolgerung kommen, dass *Referenz* sich unter antirepräsentationalistischen Prämissen durchaus denken lässt: und zwar als diese bestimmte *Form der Alterität*. Im Hinblick auf die im Kontext des Mimesiskonzepts (Kap. 3) geführte Diskussion ist dies nicht ohne Pointe. Denn für die Mimesistheorie ist ›der Andere‹ immer schon einer der wesentlichen theoretischen (und ›theorie-ethischen‹) Bezugspunkte gewesen. Alterität ist auch außerhalb eines relativistischen Bezugsrahmens denkbar, und auch

---

9 | Doch muss man wohl sagen, dass wer von *niemandem* als Anderer unterschieden wird, damit kaum glücklich werden dürfte. Wer für niemanden Anderer ist, ist gleichsam, wenn man das etwa pathetisch ausdrücken würde, unter der Fülle seiner Identitäten begraben.

10 | Das bedeutet nicht, dass man nicht eine Ethik des Anderen *formulieren* könnte, als Unterscheidungsangebot. Nur kann man diese Ethik niemandem vorschreiben, denn das wäre ein Verstoß gegen jede Ethik des Anderen. Um den Preis der Alterität ist man gezwungen anzuerkennen, dass es Andere gibt, die auf Alterität verzichten, und dass man diesen keine Vorschrift machen kann. In den aktuellen globalen interkulturellen Konfliktlagen ist das eine bittere Einsicht; aber die Sinnlosigkeit – mehr noch: der performative Selbstwiderspruch – des Unternehmens, Anderen einen Anderen vorschreiben zu wollen, ist derzeit greifbar wie wohl selten zuvor.

wenn solches Luhmann fern gelegen haben mag, kann diese *Form* als ein Modell fruchtbar gemacht werden, Alterität bzw. den Bezug zum Anderen als bildungstheoretisch reichhaltiges Modell zu denken:[11] Man muss den Anderen so beobachten, dass er *möglich* wird, aber zugleich als das, was *vollständig* unabhängig von ›mir‹, seinem Beobachter ist. Da ›ich‹ aber immer das Gesamt des Möglichen als meine Welt erzeuge, muss der Andere, wenn er nicht in diese Schemata *assimiliert* werden soll, das von ›mir‹ aus gesehen gewissermaßen *Unmögliche* sein. ›Ich‹ muss dabei beispielsweise einsehen, dass ›ich‹ es unter keinen Umständen ›besser‹ wissen kann als der Andere (aber zugleich *anders und anderes* sehe). Damit ist eine zuhöchst anspruchsvolle Leistung angesprochen.[12] Wenn man – auf irgendeine Weise, man muss dazu wohl nicht unbedingt Systemtheorie betreiben – »sieht, dass man nicht sieht, was man nicht sieht« (Luhmann 2002:159), entsteht ein Raum, eine Lücke im Geflecht der eigenen Unterscheidungsschemata, in welcher Alterität einen Platz erhalten kann. Im Gegensatz zu Luhmanns Interesse an »Kommunikation« als Verfahren der *Aufhebung* doppelter Kontingenz durch Strukturbildung (Luhmann 1987:154) liegt das Potential dieses Gedankens m. E. – diesem nicht widersprechend, jedoch jenseits des soziologischen Erkenntnisinteresses – in der Beschreibung des *Offenhaltens* dieser Kontingenz des Anderen.[13] Eine Art *aktives Nicht-Wissen* um den Anderen ist dazu nötig, dessen Bedingung Winfried Marotzki bildungstheoretisch als Fähigkeit zur *Strukturnegation* beschrieben hat (Marotzki 1990:220 ff.). Im Zentrum steht dabei das Vermögen, die eigenen Wahrnehmungsschemata negieren zu können – also etwa nicht nur in der Lage zu sein, eine andere ›Meinung‹ zu tolerieren (das wäre nur die einfache Negation des ei-

---

11 | Es versteht sich, dass ein solches Modell, um in seiner Bedeutung präzisiert und in seiner Reichweite verortet werden zu können, der kontrastiven Diskussion mit Konzepten des Anderen von Sartre bis Kristeva und Levinas bedürfte, was an dieser Stelle nicht zu leisten ist (hier geht es lediglich darum, die Konsequenzen der Beobachtungstheorie zu verdeutlichen).
12 | Vgl. etwa für die pädagogischen Konsequenzen einer solchen Anerkennung von Alterität: Zirfas (1999b).
13 | Folgendes zur Klärung: Ohne Zweifel sind andere Beobachter für mich so kontingent wie ich für sie. Das bedeutet aber noch lange nicht, diese Kontingenten anderen *als* Andere anzuerkennen (›konstitutiv zu unterscheiden‹). Die doppelte Kontingenz ist grundsätzlich auch mit einer solide konstruierten Turing-Maschine herzustellen (vgl. Searle 1984), ohne dass deswegen Anlass bestünde, diese als autopoietische selbstreferenzielle Beobachter zu qualifizieren.

genen Sinns), sondern darüber hinaus realisieren zu können, *dass* man die Welt- und Selbstsicht Anderer *nicht* einsehen kann. Erkennbar wurde, dass dies nur funktioniert, wenn der Beobachter eine hinreichend komplexe Umwelt zu entwerfen in der Lage ist, in der er gleichsam den Anderen *als* solchen unterscheiden kann.

Mimesis und Antirepräsentationalismus

Was bedeutet der Gedanke der ›konstitutiven Unterscheidung des Anderen‹ bezogen auf die Mimesistheorie? Im relativistischen Kontext wird Mimesis als Herstellung eines (imaginären) repräsentationalen Bezugs gedacht:

»Mimetische Annäherungen an den Anderen können mit Hilfe verschiedener Formen der Repräsentation erfolgen. Neben der Herstellung von Texten und Bildern spielen Gesten, Rituale, Spiele und Tauschhandlungen eine wichtige Rolle. […] Jede Repräsentation des Anderen hat eine performative Seite. In ihr wird etwas zur Darstellung gebracht; in ihr erfolgt eine Vergegenständlichung bzw. Verkörperung.« (Wulf 1999:32)

Unter beobachtungstheoretischem Blickwinkel kann man mimetisches Handeln als eine Form der ›welterzeugenden‹ Beobachtung betrachten. Wenn man im Sinne des Vorgebrachten davon ausgeht, dass ›der Andere‹ das Ergebnis seiner konstitutiven Unterscheidung ist und nicht eine jenseitige, an sich bestehende Referenz, so führt das zu der Frage, *wie* Mimesis den Anderen unterscheidet. Unterscheidet sie ihn *als* Bild? Oder erfolgt die mimetische Anähnlichung nach Maßgabe einer hergestellten Konstruktion der Welt und des Anderen? Das würde eine cartesianische Spaltung wiederholen: hier malt der Geist ein Bild von der Welt, und der Körper ahmt es nach. Das Mimesiskonzept ist von Grund auf so angelegt, genau dieses Schisma als kulturell-historische Konstruktion sichtbar werden zu lassen und eine Alternative anzubieten. Mimesis unterscheidet den Anderen nicht *als* Bild, sondern ihr Unterscheidungsvollzug ist selbst Bild – bildhaftes, simultanes Geschehen.[14] Ist es unter antirepräsentationalistischen Prämissen dann noch möglich, dass Mimesis ein ›falsches‹ Bild vom Anderen herstellt (im Sinne der in Kap. 4 behandel-

---

14 | Nur der Beobachter *sieht* mimetische Vollzüge als bildhafte.

ten Ambivalenzthese)? *Kann* Mimesis anderes als bloßes Objekt behandeln? In ihrem Band *Dialektik der Aufklärung* verstehen Horkheimer/Adorno (1989:64) unter »Mimesis ans Tote« ursprünglich Anpassung, Affektbeherrschung und Erstarrung. Doch diese Diagnose ist, wie Gebauer/Wulf (1991:394) unter Verweis auf entsprechende Ausführungen in Adornos *Ästhetischer Theorie* hervorheben, zu differenzieren: »[...] die Gegenüberstellung von Mimesis und Rationalität ist problematisch, hat sich doch historisch gesehen letztere aus ersterer entwickelt und enthält doch Mimesis stets auch rationale Elemente, die die vollständige Assimilation im Sinne einer Mimikry an das Anorganische verhindern und eine zarte Distanz ermöglichen. [...] Mimesis birgt in sich eine nicht auflösbare Ambivalenz [...]«. Entgegen des Eindrucks, Mimikry sei so etwas wie das ›tote Ende‹ der Mimesis, wird hieran deutlich, dass der Ausdruck »Mimesis ans Tote« zwar zur Motivation einer (mittlerweile wohl obsoleten) Repressionsthese rhetorisch angemessen, ansonsten aber eher unzutreffend ist.

Unter beobachtungstheoretischen Prämissen wird es einfacher, zwischen Mimesis und Mimikry deutlich zu unterscheiden, denn für letztere stellt das Luhmannsche Begriffsuniversum die Bezeichnung »Copie« bzw. der »copierten Existenz« bereit, (vgl. Luhmann 1994b). Copie bezeichnet (in Differenz zur »Kopie«, die ja eine externe Vorlage, einen Gegenstand hat) die *Selbstangleichung eines Individuums* nach Maßgabe dessen, was es als zur Verfügung stehende Schemata, Modelle, Folien wie etwa ›Moden‹ unterscheidet. Wenn etwas ›copiert‹ wird, werden also *Schemata* zur Grundlage der eigenen Beobachtung gemacht (vgl. auch Luhmann 1996:190 ff.).

Für die Mimesis hatten wir jedoch reklamiert, dass sie sich nicht *an* Bildern ausrichtet, sondern selbst bildhafter Vollzug ist. Mimesis wäre insofern nicht als Anähnlichung *nach Maßgabe von* Schemata zu verstehen: Mimetisches Handeln ist nicht »Copieren«, und insofern beruht sie auch nicht auf so etwas wie ›identifikatorischer Zurichtung‹ von Anderem.

Mimesis verwendet nicht *schon* Unterscheidungen, sondern sie ist ein Prozess des Aneignens von Unterschieden (oder ein Spiel, das auf der temporären, spielerischen Aussetzung von Grenzen beruht). Mimesis könnte aus beobachtungstheoretischer Sicht formal als eine Praxis des *Verwendens von Unterscheidungen, bevor sie vom Handelnden selbst gemacht werden* betrachtet werden: wer sich mimetisch verhält, *macht* in gewissem Sinn noch nicht selbst die Unterschiede, die er aufführt – Mimesis ist *nicht* Verwendung eigenen Sinns, sondern gewissermaßen die Verwendung (noch nicht Beobachtung) *fremden* (sozialen) Sinns, *fremder* Unterscheidungen: Gegensätze wie hoch/niedrig, männlich/weiblich, jung/alt etc. müssen in ontogenetischer Perspektive – und auch Systemtheoretiker werden zugeben, dass psychische Systeme nicht durch Parthenogenese im Medium Sinn zur »Welt« kommen – erst *je* erfahren werden. Das mimetische Handeln findet *vor* diesen Unterscheidungen statt, es spielt mit beiden Seiten.[15]

Mimesis ist insofern ein Erfahren einer fremden Grenze, ein Nach-Ziehen der Grenzlinien (intra-)kultureller Differenzen, indem der mimetisch Handelnde mal auf der einen, mal auf der anderen Seite von Unterscheidungen flaniert, ohne dass die Grenze für ihn gültig ist, weil sie (noch oder für den Moment) gar nicht *seine* Unterscheidung ist: die Grenze als Form einer Differenz muss erst Gestalt annehmen, und zwar *insbesondere* unter der Prämisse operativer Geschlossenheit.[16] Dies impliziert ein subversives Moment: Mimesis ist eine Praxis der Unterscheidung, die ursprünglich die Differenzen unterläuft, welche sie aufführt – zuallererst die Differenz von Selbst und Umwelt,[17] die sie dabei zugleich

---

15 | Wenn Mimesis das Spiel mit der Grenze ist, so wäre die »Copie« die nachvollziehende Adaption der Grenze selbst, ohne die unterschiedenen Seiten erfahren (d.h., ihrerseits unterschieden) zu haben.

16 | Daher eignet sich Mimesis zur Aufführung von Parodien, zur Chimäre und zum Grotesken (vgl. Fuß 2001; Arbeitsgruppe Ritual 2004:222 f.).

17 | Als klassisches Beispiel: Die Schmetterlingsjagd in Walter Benjamins autobiographischer Schrift *Berliner Kindheit um 1900*. »Wenn so ein Fuchs oder Ligusterschwärmer […] durch Zögern, Schwanken und Verweilen mich zum Narren machte, dann hätte ich gewünscht, in Licht und Luft mich aufzulösen, nur um ungemerkt der Beute mich nähern und sie überwältigen zu können. Und soweit ging der Wunsch mir in Erfüllung, dass jedes Schwingen oder Wiegen der Flügel, in die ich vergafft war, mich selbst anwehte oder überrieselte. […] je mehr ich selbst in allen Fibern mich dem Tier anschmiegte, je falterhafter ich im Innern wurde, desto mehr nahm dieser Schmetterling in Tun und Lassen die Farbe menschlicher Entschließung an […] Auf diesem mühevollen Wege ging der Geist des Todgeweihten in den Jäger ein. Die fremde Sprache, in welcher dieser Falter und die Blüten vor seinen Augen sich verständigt hatten – nun hatte er einige Gesetze ihr abgewonnen.« (Benjamin, *Berliner Kindheit*, S. 20 f.)

operativ voraussetzt. Sie ist die *Regression des Sinns*, aber nicht als sein Verlassen, sondern als Rückgang in das, was Sinn konstituiert (vgl. hierzu das anschließende Kapitel). Aus diesem Grund hat Mimesis auch immer einen animistischen Zug: sie schreibt allem, an was sie sich angleicht, eine Seele oder, mit Benjamin, »die Farbe menschlicher Entschließung« zu, d.h. sie setzt das Andere als ein für es Eigenes, Autarkes, als Nicht-Objekt. Insofern kann man sagen, dass Mimesis das aufführende Unterscheiden/Herstellen eines Anderen ist.

8 Körper als Beobachter

Man kann sich, wenn man eine hinreichende Distanz zur Systemtheorie einnimmt, die Frage stellen, ob diese letzten Endes etwas anderes ist als der hochgradig formalisierte und ausdifferenzierte Ausdruck des in den Sozialwissenschaften bereits verbreiteten Abschieds vom Paradigma der Intersubjektivität, zumindest wenn diese als unmittelbare Beziehung zweier Individuen unter Einschaltung eines allenfalls transparent gedachten *Mediums* (das identische Symbol, das authentische Bild i.s.v. etwa von »Antlitz«, die unmittelbare körperliche Nähe i.S. einer »Zwischenleiblichkeit«) verstanden wird, so dass letztlich der soziale Raum selbst als – und zwar formloses – Medium der Unmittelbarkeit verstanden wird. Luhmann selbst benennt den *linguistic turn* (Rorty 1967) als Zeichen dieses Abschieds. Aber auch die nachfolgenden Paradigmen, namentlich der *performative turn* (Fischer-Lichte 1998), haben die Begrenztheit des Schemas der Intersubjektivität sehr genau registriert, indem die Emergenz und die Eigendynamik von Aufführungspraxen wie etwa Ritualen und Ritualisierungen in den Vordergrund gerückt ist (Wulf e.a. 2001).

Diese Umstellung bedeutet zunächst ganz einfach, nach dem bei Hegel, auf breiter Basis dann im 20. Jahrhundert das Intersubjektivitätsmodell als *Subjekt-Subjekt*-Verhältnis das cartesianische Modell des *Subjekt-Objekt*-Verhältnisses weitestgehend abgelöst hatte, sich nun an dem Modell eines sozialen Raumes zu orientieren, der, wenn man die immer solipsistisch anmutende Rede von der System/Umwelt-Differenz vermeiden möchte, als *Verhältnis zwischen Beobachtern* beschrieben werden kann (unter Beachtung allerdings der Implikationen und Komplexität des oben skizzierten Beobachterbegriffs), welches selbst – je nach eingenommener Perspektive – Systemcharakter besitzen kann. Ein nicht unbeträchtlicher Anteil der Reserviertheit gegenüber der systemtheoretischen Terminologie mag aus der Vorstellung resultieren, lebensweltliche Problemlagen von dieser Position aus nicht mehr denken zu können. Systemtheorie wird nicht nur als De-Ontologisierung wahrgenommen – womit das Gros der Rezipienten möglicherweise einverstanden wäre –, sondern auch in gewisser Weise als eine de-sozialisierte Theorieform, die in der Manier des subjektiven Idealismus eines Fichte überall sozusagen nur »Iche« und »Nichtiche« sieht – eine Kritik, die definitiv zu kurz greift, wie im letzten Kapitel zu sehen war.

In diesem Kapitel geht es um eine Konfrontation system- bzw. beobachtungstheoretischer mit historisch-anthropologischen Gedanken. Die Diskussion versteht sich als Beitrag zu der Frage »nach den Grenzen einer systemtheoretischen Reform der Kulturwissenschaften. Diese Frage jedoch hätte keinen Sinn, wenn nicht vieles für eine solche Reform spräche [...]. Was gibt es an unseren Gegenständen, das sich dem systemtheoretischen Blick entzieht?« (Wellbery 1999:19). Somit geht es um die kritische Abarbeitung an Systemtheorie, aber auch um die Frage, wo und inwiefern system- bzw. beobachtungstheoretische Einsichten als Korrektiv wirken können.

Man ist es beispielsweise, trotz aller Dekonstruktionsarbeit, in den Humanwissenschaften und zumal in der Anthropologie wohl immer noch gewöhnt, sich das Soziale gemäß der alltagsweltlichen Intuition in der Form unmittelbarer Begegnungen von Subjekten vorzustellen. Wenn man im Rahmen von Modellen wie etwa Martin Bubers religionsphilosophischer Konzeption der Begegnung von »Ich« und »Du« (oder auch Emmanuel Lévinas' nicht minder religiös inspiriertem Anderen)[1] denkt, stellt man zu Recht etwa fest, dass dieses »Du«, der damit implizierte Andere, in seiner Vorgängigkeit unerreichbar ist (Theunissen 1977) oder dass sich das Imaginäre der Akteure wie ein *screen* (Lacan 1994) zwischen sie schiebt und den Zugang zum *realen*, sozusagen empirischen Anderen, der unsere transzendente Referenz sein soll. Man erhebt eine (erfahrungsweltlich plausible, ja unvermeidbare) Referenz zur theoretischen Leitkategorie, und muss sich dann daran abarbeiten, dass diese Referenz nicht möglich, dass der Andere entzogen bleibt. Die der alltags-

---

1 | Vgl. Buber (1995); Lévinas (1983).

weltlichen Erfahrung abgezogene Vorstellung eines Gegenübers zweier »Iche«, seien sie als Subjekte, Existenzen oder als Leiber (ganzheitliche Subjekt-Körper gleichsam) gedacht, schließt sich ab und wird auf eine ungute Weise selbstreferenziell. Man kann durchaus an dieser Vorstellung festhalten und sie als eine Art *methodisches Paradoxon* – als das Unaufgelöste, Unerreichbare in das Zentrum des Denkens stellen.[2] Man kann sich jedoch auch dafür entscheiden, diese Vorstellung unvermittelter Unmittelbarkeit aufzugeben, wenn eben auch ggf. um den Preis lebensweltlicher Evidenz. Es steht nicht etwa in Aussicht, auf diese Weise *nicht* in Paradoxien zu enden, aber zumindest besteht so die Chance, diese nicht zum jenseitigen Bezugspunkt, zu einer Sache des *Glaubens*, zu hypostasieren.

Die Historische Anthropologie bietet beide Varianten an. Hier war es die Einsicht in die Historizität und in die Zersplitterung der Einheit ihres zentralen Konzepts: des Körpers, die wesentlich zur Kritik der sozialwissenschaftlich »entparadoxierten« Interaktionsmodelle, seien es intersubjektive oder ›zwischenkörperliche‹, beitrug: *Konstruktivität* und *Differenz* waren bereits im Kontext der obigen Diskussion von Mimesis und Realität als kennzeichnende Merkmale hervorgetreten. In unserem Kontext lassen sich zwei Hauptlinien hervorheben – zwei unterschiedliche Strategien, den Körper neu zu denken. Beiden ist gemeinsam, die Behandlung des Körpers als Objekt zu problematisieren. Die eine Strategie versucht, den Körper unmittelbar *als* Differenz zu denken und ihn, im Anschluss etwa an Adornos Begriff des Nichtidentischen und Derridas (Nicht)Begriff der *différance* der symbolischen Sphäre überhaupt zu entziehen und ihn als ihr Anderes entgegenzustellen. Der andere Weg besteht darin, den Körper den Konstruktionen und Symbolisierungen zu entziehen, indem er als *Bedingung* der Möglichkeit von Erkenntnis und Sprache betrachtet wird.

---

2 | Man muss sich dann allerdings die Frage gefallen lassen, ob man nicht ein Tabu installiert, das, weil dem Denken entzogen, aufgrund seiner Ungreifbarkeit/Unangreifbarkeit leicht zum Dogma geraten kann, und zugleich muss man konzedieren, dass man nicht wissen (und also nicht kontrollieren) kann, wann und ob das Paradox im Diskurs als Dogma fungiert; vgl. im folgenden die Kritik am Konzept des Nichtidentischen.

8.1 Der Körper als Differenz

Zunächst zur erstgenannten Strategie: Während Sinn in Diskursen, Kommunikationen, im Denken *fließt* wie die von Derrida beschriebene Verschiebung von Differenzen (Derrida 1990:88), wird *eine* Differenz unter allen anderen hervorgehoben und *festgestellt*. Der Körper nimmt in diesen Argumentationen den Platz der *différance* Derridas ein. Die *différance* aber ist ein Begriff, der sich gleichsam selbst verschieben, verflüssigen, durchstreichen will. Das kann er nicht (von selbst), und deshalb bleibt, wie Derrida hervorhebt, die *différance* ein »metaphysischer Name« (ebd. 109). Wenn es sozusagen nicht einmal der *différance*, diesem differenten Namen der Differenz (*différence*) gelingt, die Identitätsbehauptung zu umgehen, wie dann dem Körper *im* anthropologischen Diskurs?

Wenn man Derridas Idee der *différance* auf eine paradoxe, aber illustrative Formulierung bringen wollte, so wäre es vielleicht: der Unterschied *als* sich von sich Unterscheidendes: also nicht (*bereits* nicht, nicht *mehr*) *der* Unterschied. Anders formuliert: wenn die Unterscheidung sich auf sich richtet, muss sie sich unterscheiden, *weil* sie Unterscheidung *und nicht* Entität ist. In das *Konzept* des Körpers – und man kann eben nicht den leiblichen Körper selbst in den sprachlichen Diskurs einbauen – muss man jedoch die Unterscheidung gleichsam hineindenken oder »hineinbeobachten«. Der Körper ist *different*, seine Bezeichnung jedoch notwendigerweise *identisch*. Daher kommt es zu dem – durchaus konsequenten – diskursiven Paradox, dass die »Wiederkehr des Körpers« (Kamper/Wulf 1982) in dessen permanenter Dekonstruktion besteht; man leistet, gewissermaßen *für* den Körper, oder vielleicht besser: eingedenk des Körpers als nicht Identifizierbarem, eine ständige Verschiebungsarbeit des Körperkonzepts.[3]

---

[3] Auf der Ebene des Diskurses wird der Körper damit, wie man unter Rekurs auf Luhmanns Medium/Form-Differenz (s.u. S. 201) sagen könnte, zum reinen Medium, das ständig neue Formbildungen erlaubt und erfordert. Seine Unbeobachtbarkeit wird dann sogar auf dieser Ebene bestätigt, weil man das »Woher«, dem ständig neuen beobachteten Formen sich verdanken, nicht *als* Medium, sondern eben immer nur zur Form geronnen sichtbar wird. Was man also gerade noch registrieren kann, ist, dass man das *Woher* der Beschreibungsmöglichkeiten des Körpers, als insofern »den Körper«, nicht beobachten kann. Man hält es daher zu Recht für different, aber es besteht zugleich die Gefahr, dass sich der Körper als eine Art jenseitige *Entität* diskursiv selbst bestätigt.

Wenn es darum geht zu sagen, dass der Körper ein *Nicht-Objekt* des Diskurses ist, so wird *doch* eine Referenz in Anspruch genommen – und zwar eine, die sehr genau dem Nichtidentischen in der Dialektik Adornos entspricht. Sicher ist indes, dass mit dieser Anleihe das Subjekt-Objekt-Schema grundsätzlich perpetuiert wird. Freilich geht es bei Adorno zentral darum aufzuzeigen, dass diese beide Pole gerade *nicht* sie selbst sind – das Subjektive ist gerade das Objektive (die gesellschaftliche Vermitteltheit des Individuums etwa), das vermeintlich Objektive ist gerade nicht objektiv (es wird nur für ein solches gehalten unter dem Zwang des identifizierenden Denkens bzw. dem identischen Begriff). Um aber eine solche Dialektik betreiben zu können, *darf* die Subjekt/Objekt-Differenz nicht verlassen werden, und sie wird es auch im Großprojekt ihrer Negation nicht: wie sonst sollte sich noch ein »Vorrang des Objekts« denken lassen? Die Negative Dialektik ist der wohl historisch letzte Versuch, dieses Schema durch sich selbst aufheben zu lassen. Sie, die nie die Orientierung am kantischen Ding-an-sich aufgegeben hat,[4] lief schließlich (zumindest wirkungsgeschichtlich) ins Leere, weil sie die Kritik der Differenz von Erkenntnis und Objekt auf Dauer stellte, gerade deswegen aber nie aufgeben, und daher auch nicht *als* Differenz reflektieren konnte: aus diesem Grund konnte die Erkenntnis/Objekt-Differenz immer nur auf *einer* Seite in die Differenz selbst eingeführt werden (natürlich auf der Seite der Erkenntnis).[5] Das »Nichtidentische« als nicht mehr verdinglichtes An-sich blieb auf seiner »begriffslosen« Seite der Differenz allein, gleichsam von aller Rationalität verlassen, zurück – als das ins Materiale gewendete Ineffable der Frühromantik (Hörisch 1980), das sich nur allzuleicht, wäre man Adorno noch gefolgt, zum wohlfeilen Argument hätte schleifen lassen. Wird also der Körper – oder auch die Figur des »Anderen« – in dieser Weise als symbolisch Unerreichbares »Reales« gedacht, als eine verborgene Differenz, deren Einheit zwar nur imaginär (oder

---

4 | Vgl. Adorno, *Negative Dialektik*, S. 185: »Er [Kant, B.J.] hat sowohl die subjektive Zergliederung des Erkenntnisvermögens in der Vernunftkritik aus objektiver Absicht gesteuert, wie hatnäckig das transzendente Ding an sich verteidigt. […] Wenn es auch bei ihm nicht auf sich hinaus gelangt, opfert er doch nicht die Idee der Andersheit.«
5 | In gewisser Weise ist dies das Gegenprojekt zur Phänomenologie, die darauf basiert, diese Differenz auf der Seite des *Objekts* zu verorten. Beide Unternehmen haben jedoch die Differenz von Erkenntnis und Objekt nicht *als* Differenz, und das heißt: als Einheit der Differenz, in den Blick bekommen.

phantasmatisch) herzustellen ist, der aber dennoch als *Objekt* einer Geschichte der Disziplinierung, Unterdrückung oder Abstraktion *geltend* gemacht wird, so nimmt man einen »metaphysischen Namen« in Anspruch, für den man sich, nicht zuletzt hinsichtlich der Anschlussfähigkeit des Diskurses, entscheiden muss – oder eben nicht.

8.2 Der Körper »am Grunde des Sprachspiels«

Die zweite Strategie umgeht denn auch diesen nicht unproblematischen Zugang. Sie wurde von Gunter Gebauer (1998) unter Rekurs auf die unter dem Titel *Über Gewißheit* postum veröffentlichten Reflexionen Wittgensteins (Wittgenstein 1984) entwickelt. Das Anliegen dieses Aufsatzes ist es, die Körperfundiertheit des Sprechens gegen die übliche Körperabstraktion erkenntnistheoretischer Fragestellungen geltend zu machen.

Wittgenstein stellt die Frage nach der Gewissheit des Sprechers – wie kann er sich der Bedeutung seiner Worte im Sprachspiel sicher sein? Ausgangspunkt der daran anschließenden Gedanken ist die Abkehr von der (seit Descartes etablierten) Vorstellung, der *Zweifel* – im Sinne des *cogito*, des Denkens als Unterscheiden, womit auch das konstruktivistische Beobachtungskonzept eingeschlossen ist – stelle den Grund und Ausgangspunkt des Denkens dar: »Sowohl Wissen als auch Zweifeln ist an bestimmte Voraussetzungen gebunden. Dass man etwas wissen oder bezweifeln kann, ist nur innerhalb eines Sprachspiels möglich«[6], so Wittgenstein im Sinne seiner sprachtheoretischen Auffassung, dass Sprache und Bedeutung grundsätzlich nur im Kontext ihrer Verwendungsweisen – den »Sprachspielen« – erklärbar sind. Die Frage nach der Gewissheit stellt sich also als Frage nach dem Grund der Sprachspiele. Sprachspiele funktionieren (wie jedes Spiel) durch ihre Regelhaftigkeit, ohne dass allerdings die Spielregeln den Spielern explizit bekannt wären.

Wer im Rahmen eines Sprachspiels etwas bezeichnet, muss folglich bereits vorher »in anderem Sinne schon ein Spiel beherrscht«[7] haben (denn sonst existierte für ihn kein Hinweis, welcher Vorgang mit einem Wort belegt werden soll). Unsere grundlegenden Gewissheiten gründen also in von Anfang an bestehenden Sozialität des Körpers, im sozialen

---

6 | Gebauer 1998, S. 254; vgl. Wittgenstein, *Über Gewißheit*, §24
7 | Wittgenstein, Philosophische Untersuchungen, §31

Handeln: »Die Begründung aber, die Rechtfertigung der Evidenz kommt zu einem Ende; – das Ende aber ist nicht, daß uns gewisse Sätze unmittelbar als wahr einleuchten, also eine Art *Sehen* unserseits, sondern unser *Handeln*, welches am Grunde des Sprachspiels liegt.«[8]

Gebauer argumentiert nun mit Wittgenstein – wir geben hier nur in groben Zügen die Kernthesen wieder – gegen die Möglichkeit der ›Kritik am Körper‹: die Gewissheiten des Körpers könnten nicht *Gegenstand* eines Zweifels sein, weil jeder Zweifel letztlich auf Gewissheiten beruhen muss, ohne welche das Sprachspiel des Zweifels nicht möglich wäre (Gebauer 1998:256 ff.). Der Ursprung dieser Gewissheiten wiederum sei ein körperlicher, denn »die Praxis wird anfangs noch nicht durch Wissen geleitet; sie ist bloße Tätigkeit, die eine besondere Eigenschaft hat: sie bildet die elementaren Regularitäten der Sprachspiele heraus. Die Tätigkeit z.B. der Hand, ihr Greifen, Berühren, […] entwickelt ein regelhaftes Verhalten gegenüber allem, was von der Hand erfaßbar ist, und erzeugt eine verhaltensstrukturierte Umwelt« (ebd. 261). Von entwicklungspsychologischer Seite, sowohl etwa seitens der Arbeiten Jean Piagets als auch aus der Perspektive der Neueren Säuglingsforschung (Stern 1996), erfährt eine solche Argumentation eine dezidierte, empirisch fundierte Unterstützung. In exakt diesem Sinne wurde oben (S. 149) mimetisches Verhalten in der Ontogenese als eine körperliche Praxis interpretiert, die kulturelle Differenzen spielerisch nachzieht, ohne dass die Grenzverläufe dabei dem Individuum bereits als solche verfügbar wären.

Insofern müssen die in der Ontogenese mimetisch erworbenen »Gewissheiten des Körpers« als unhintergehbare Erkenntnisbedingungen betrachtet werden. Der Körper ist, wie Gebauer mit Sartre formuliert, »der Gesichtspunkt (point de vue), zu dem es keinen Gesichtspunkt geben kann.«[9] Damit wäre der Körper, wie man sagen könnte, als *erster Beobachter* eingesetzt, der in dieser Funktion selbst unbeobachtbar bleibt, weil seine Beobachtungen (sein *point de vue*) unsere Erkenntnisse gleichsam strukturell determinieren: Dass der Körper unbeobachtbar ist, bedeutet, dass er als solcher nicht unterscheidbar ist (beobachten wir einen Körper, so ist es nicht mehr der Körper, der diesen Vollzug ermöglicht). Vielmehr muss der Körper als »*Handeln*, welches am Grunde des Sprach-

---

8 | Wittgenstein, *Über Gewißheit*, §204
9 | Sartre (1980:378), zit. n. Gebauer 1998:261.

spiels liegt« (Wittgenstein, ÜG §204; Gebauer 1998:260), als *Grund des Unterscheidens* (Berührens, Ergreifens, Aufzeigens, Ordnens, vgl. ebd. 261; des Erzeugens von *Situationen*, vgl. ebd. 270) aufgefasst werden.

Dass der Körper »Unterschiede macht«, ist kaum zu bezweifeln. Selbst Luhmann (1995a) erwähnt dies in einer Reflexion über Sexualität, nicht ohne anzumerken, dass im Problemfall Kommunikation über sexuelle Probleme im Medium des Sinns wenig hilfreich seien, denn die Unterscheidungen des Körpers seien keine sinnhaften, und die Operationen psychischer bzw. sozialer Systeme seien allenfalls Umwelt für den Körper (vgl. Luhmann 1995a). Ebenso wenig fraglich ist es, dass sich diese Unterscheidungen des Körpers beobachten lassen; entweder von einem anderen Körper, oder aber von einem psychischen oder sozialen System.[10]

Jedoch ist es nicht *dieser* Körper, auf den Gebauer mit Wittgenstein abhebt. Es geht sozusagen nicht um ›den Körper‹, sondern um ›Körper‹ als Vollzugsinstanz von Welterzeugung: nicht um den Körper als *beobachtbares* organisches, biologisches (oder welche Ontologisierung man auch immer bevorzuge) *Objekt*, das jenseits des Sinns liegt, sondern vielmehr um einen Körper, der jeder Sinnproduktion, jedem symbolischen Handeln, *zugrunde* liegt, und der sich als manifester Körper (sei es als Erfahrungszentrum oder als Körper-Objekt) dann erst im sozialen Kontext herausbildet.

In diesem Sinn plädiert auch Gabriele Klein aus körpersoziologischer Perspektive dafür, ›Körper‹ »als basale Bedingung der Möglichkeit kultureller Produktion« zu verstehen (Klein 2002, 166), als »Agens einer Wirklichkeitsgenerierung. ›Körper‹ ist aus dieser Perspektive weder essentiell oder substantiell gegeben, sondern wird erst in der Performanz als essentieller Erfahrungsraum hergestellt. Die gelebte Erfahrung des Körpers oder seiner einzelnen Teile ist demnach als Produkt eines Wirksam-Werdens der Körperdiskurse der Moderne in der Praxis zu verstehen« (ebd.). ›Körper‹ in diesem Sinne ist also »Agens« seiner eigenen performativen Herstellung, seiner jeweiligen kulturellen Manifestationen.

---

10 | Im letzteren Fall erhalten sie aber schon einen *Sinn*, den sie aus systemtheoretischer Perspektive für den Körper selbst, jedenfalls im Sinne des anschlussfähigen reflexiven Symbols, nicht haben; vgl. zur Bedeutung des Körper als Umwelt psychischer und sozialer Systeme: Hahn 2000:154 ff.; 353 ff.

8.3 Körper als Beobachter

In diesem Sinn ließe sich Körper als Vollzugsgrund von Beobachtungsoperationen betrachten. Der Körper, von dem Gebauer mit Wittgenstein spricht, teilt einige Struktureigenschaften mit dem Luhmann'schen »Beobachter«. Es ist ein Körper, der *sich* unterscheidet (und nicht von anderen unterschieden werden muss): nicht nur nimmt »die Umwelt [...] für das handelnde Subjekt in der Weise Gestalt an, wie dessen Hände mit ihr umgehen« (Gebauer 1998:263), sondern »durch den Handgebrauch [gewinnt] der eigene Körper des Handelnden ebenfalls Gestalt« (ebd.). »Körper« in diesem Sinne muss also als etwas durch *Selbstunterscheidung* sich Konstituierendes begriffen werden – in ganz ähnlicher Weise unterscheidet man, wie oben (Kap. 7) zu sehen war, Systeme. Die Systemtheorie allerdings unterscheidet den Körper nicht in dieser Weise, sondern sie setzt ihn als Unterschiedenen, also als objektivierten, *bezeichneten Körper* auf der Basis der Annahme, dass Körper und Sinn gegensätzliche Prinzipien sind. Es wäre aber aus erkenntnisanthropologischer Perspektive zu fragen, ob es überhaupt eine Alternative zu einem solchen ›verkörperten‹ Beobachterkonzept gibt.

Luhmann verweist an dieser Stelle gewöhnlich auf George Spencer-Browns Kalkül, der das Beobachterproblem so lange aufschiebt, bis er komplex genug ist, um diesen einzuführen (Luhmann 2002:80). Das mag in der virtuellen Zeitlosigkeit der Logik funktionieren, ist jedoch in der Anwendung auf soziale Phänomene hochgradig unplausibel. Das Problem bildet sich in Luhmanns Theorie dann in eigenartigen Inkonsequenzen ab: einerseits gibt es eine scharf umrissene Definition, wann ein System ein System ist (wenn es nämlich sich als System unterscheidet), andererseits spricht Luhmann von gradueller »Systemheit«, über »Ausmaß und Intensität, mit denen ein System System ist« (Luhmann 1987:265), als ob ein potentielles Proto-System zuerst seine Elemente einsammelte (Komplexität aufbaut) und die operationale Schließung nach und nach erfolgte. Letzterer Fall entspricht strukturell dem Spencer-Brownschen Vorgehen, erst einmal ›lose‹ Unterscheidungen einzuführen und eben später den Eintritt des Beobachters in seine Beobachtung (»re-entry«) vorzunehmen. Dem ist (für die Systemtheorie, nicht

für Spencer-Browns Kalkül) entgegenzuhalten: *ohne System* keine Selbstunterscheidung, ergo *keine Elemente*.
Wie also kann es nach dieser Logik überhaupt einen Beobachter geben? Wie der Systemtheoretiker Peter Fuchs feststellt, handelt es sich hierbei tatsächlich um ein imaginäres Konzept: der Beobachter selbst ist (und bleibt) innerhalb der Systemtheorie eine imaginäre Zuschreibung (vgl. Fuchs 2004:15 ff.) und damit, was die Plausibilität der Systemtheorie an diesem Punkt angeht, eine ausgesprochen prekäre Größe (vgl. dazu den Exkurs im Anschluss an dieses Kapitel).

Der Vorschlag der Anthropologie und modernen Körpersoziologie liegt wie zu sehen war darin, nicht einen abstrakten »Beobachter«, sondern einen handelnden »Körper« als Agens von Wirklichkeitserzeugung anzusehen. »Körper« im Sinne der Basis alles symbolischen Verhaltens ist das »anwesende Abwesende« jeder Unterscheidung; er ist die Grundlage jeder Praxis des Unterscheidens, einer Praxis der *Realisierung* von Unterschieden. Aus der Sicht der Beobachtung von Unterscheidungen ist »Körper« so imaginär wie der Beobachter in der Systemtheorie. Auf der Ebene der Unterscheidung selbst hingegen ist er nicht imaginär, sondern Vollzug – Vollzug dessen, was Luhmann Beobachtung erster Ordnung nennt. Das welterzeugende »(Voll)ziehen« von Unterscheidungen im Sinne des »*to draw*« Spencer-Browns wird aus dieser Perspektive als körperliches oder »verkörpertes« Weltverhältnis, als basale Form der *Geste*, verständlich. Geste in diesem Sinne ist, auf Wittgenstein zurückbezogen, ein Name für die Form der Selbst- und Weltunterscheidung des Körpers »am Grunde des Sprachspiels«.[11]

Die Systemtheorie sieht den Körper hauptsächlich als eine technische Notwendigkeit der Kommunikation (denn aus systemtheoretischer Sicht können operativ geschlossene psychische Systeme sich ohne Körper nicht an den Kommunikationen ebenso geschlossener sozialer Systeme beteiligen). Kommunikationen sind das Letztelement sozialer Systeme. Sie geschehen (etwa) zwischen »Personen«. Personen sind nicht selbst Systeme, sondern Zurechnungseinheiten sozialer Systeme. Der Beobachter zweiter Ordnung (nicht das soziale System selbst) kann Kommunika-

---

11 | In der Historischen Anthropologie ist die Bedeutung der Geste bereits mit zunehmender Deutlichkeit betont geworden; vgl. dazu Gebauer (1995:228 ff.), Wulf (1997a), Gebauer/Wulf (1998:80 ff.), Wulf (2001:269 ff.).

tion bspw. als etwas beobachten, was *in* einem sozialen System *zwischen* psychischen Systemen stattfindet. Psychische Systeme können sich, da sie Umwelt für das soziale System sind, also uneinsehbar, nicht ohne Körper an Kommunikation beteiligen (vgl. Krause 2001:152).

Was ich im Sinne der vorgetragenen Argumentation vorschlagen möchte, ist, das Prinzip »Körper« dort, wo soziale Situationen sich wie Systeme verhalten (selbstreferentiell, selbstbeobachtend), als konstitutiv zu betrachten. Körperlichkeit kann damit nicht mehr als bloße Umwelt sozialer und psychischer Systeme betrachtet werden (wie es in der Systemtheorie der Fall ist), sondern muss als konstitutives Element der »Systemoperationen« eingesetzt werden, als ihr in sich differenter Unterscheidungsgrund. Eine soziale Situation würde aus dieser Perspektive nicht als Kommunikationsereignis zwischen Subjekten, sondern im Sinne der Systemtheorie als ein auf sich reagierender Zusammenhang verstanden, ohne dass zugleich ein Dahinter in Form beteiligter Subjekte mit verborgenen Motiven vermutet werden müsste. Die Gesten der Körper erzeugen in diesem Sinne auf performative Weise eine Wirklichkeit, deren Realität einerseits in ihrem Vollzugsmoment (die »Operationen« in der Terminologie der Systemtheorie«), liegt, andererseits aber zugleich immer Konstruktion des Beobachters oder der Beobachter dieser Vollzüge bleibt.

8.4 *Exkurs:* Das Phantasma des Beobachters in der Systemtheorie

In der Systemtheorie treffen Beobachter Unterscheidungen. Insofern sie sich dabei nicht selbst beobachten können, schließt jede Beobachtungsoperation etwas aus, das nicht auf einer ihrer beiden unterschiedenen Seiten ist, und das sich *zugleich* nicht auf das Schema der »Einheit der Differenz« zurückführen, also nicht in der Beobachtung zweiter Ordnung aufheben lässt. Für den »Beobachter« selbst ist dieses Ausgeschlossene – auch in der Bobachtung zweiter Ordnung – absolut uneinholbar: Denn er ist selbst dieser »Imaginärteil«, wie Peter Fuchs in einer dichten Meditation über das Beobachterproblem aufzeigt:

»Die alte Frage lautet, wer der Beobachter ist. Zunächst und vor allem ist er das Artefakt einer Zurechnung von Beobachtungen auf jemanden oder etwas – durch Beobachtung. [...] Der Beobachter (dieser Projektionsschirm der Zurechnung von Beobachtungen) wird als Einheit genommen, die sich in sich selbst von sich selbst unterscheiden kann und sich selbst von allem anderen. [...] Es scheint orientierungsnotwendig, allenthalben Subjekte zu unterstellen, die dies tun: unterscheiden/bezeichnen, mithin: beobachten. [...] Das Problem ist, daß die Einheit, der die Funktion der Beobachtung unterstellt wird und der Name *System* gegeben wird, als *Einheit einer Differenz* zu begreifen ist. Wer Systeme beobachtet (bezeichnet), tut dies im Rahmen einer Unterscheidung: System/Umwelt. Das System *ist* diese Differenz. [...] Da die Einheit der Differenz System/Umwelt im Wege des *reentry* der Differenz selbst entnommen wird (System = System/Umwelt), ist die Selbsterrechnung des Systems (*des* Beobachters) die Errechnung eines *imaginären* Wertes. Der Beobachter ist: imaginär.« (Fuchs 2004:15 f.)

Fuchs reformuliert die oben als »Autoontologisierung« der Systemtheorie behandelte Problematik durch eine konsequent systemtheoretische ›Durchführung‹ der formalen Beobachtungsdefinition. Anders als Luhmann, der das Beobachterparadoxon zwar berücksichtigt (indem er es in eine rekursive Sequentialisierung auflöst), aber kaum in dieser dramatischen Weise aufgeführt hätte, wird hier deutlich, was es konkret heißt, die Zirkularität dieser Paradoxie auch für den Beobachter zweiter Ordnung thematisch durchzuhalten.

In der Chaostheorie wird der sogenannte »imaginäre Anteil« komplexer Zahlen *strange attractor* genannt (vgl. Coveney/Highfield 1994:266). Er ist gleichsam ein virtueller Anziehungspunkt für die selbstähnliche Reproduktion von Fraktalen.[12] Ist Fuchs' Beobachter so etwas wie ein *strange attractor*? Was genau heißt es, dass der Beobachter ›imaginär‹ sei?

»Bei jeder Beobachtung ist ein Beobachter vorausgesetzt als Ausdruck dafür, dass die Beobachtungsleistung *generiert* wird – durch eine Unterscheidungs- und Bezeichnungs*leistung*. Da dies immer so ist, entschwindet der Beobachter im Imagi-

---

12 | Der *strange attractor* ist eine Art Anziehungspunkt für die selbstähnlichen »Schwingungen« von Fraktalen. Das besondere am *strange attractor* ist, dass er, als Folge des imaginären Anteils der komplexen Zahl, eine *gebrochene Dimensionalität* aufweist, die beispielsweise *zwischen* Fläche und Raum liegen kann.

nären. Er ist imaginär, weil er sich nur bezeichnen und unterscheiden läßt, also immerzu: *ausrückt.*« Fuchs (2004:19)

»Ausrücken« meint: er rückt aus der *Welt* – systemtheoretisch definiert als Einheit der Differenz von System und Umwelt – aus, *indem* er die Differenz von System und Umwelt produziert. Das »Ausrücken« ist offenbar ein zeitlicher Prozess; der Beobachter ist immer *schon entwichen*. Es böte sich auf den ersten Blick an, diesen Sachverhalt mit dem Begriff der »Spur« zu beschreiben: dann wäre jede System/Umwelt-Differenz immer die Spur eines Beobachters.

Doch darin genau liegt das Problem. Der Beobachter wird als – wenn auch imaginärer – *Urheber* (Fuchs nennt das Subjekt entsprechend beim Namen) gedacht, als *vorgängiges* Element einer Reihe von Operationen, das zu jeder Gegenwart, die es konstituiert hat, *zukünftig* ist.

Seine Spur wird als »Leistung« bezeichnet, also ist *Arbeit* verrichtet und dabei *Zeit* verbraucht worden. Das wäre einem Phantom wohl kaum zuzutrauen. Wie kommt diese Leistung aus systemtheoretischer Sicht zustande?

»Beobachtung ist primär eine *separierende* Operation. […] Jene Separation findet statt in einem einzigen Zug der Bezeichnung. Indem bezeichnet wird, wird unterschieden. Die Bezeichnung erzeugt das Unterschiedene. Sie *markiert*. Sie richtet einen Unterschied ein, den ein Beobachter als Unterscheidung bezeichnen kann (nicht: muss). […] Wir würden also nicht von einem *Akt* der Unterscheidung sprechen. Man kann nicht unterscheiden, ohne zu bezeichnen. Niemand kann einfach nur: unterscheiden. Also ist das ›Draw‹ in der Spencer-Brownschen Anweisung ›Draw a distinction‹ zentral. Deshalb wäre eine Übersetzungsmöglichkeit: ›Bezeichne – und du wirst unterschieden haben!‹« (ebd. 18)

Damit rückt nun die Bezeichnung selbst an die Subjektstelle: Die Bezeichnung »erzeugt« das Unterschiedene. *Sie* »markiert« – anscheinend selbsttätig, und insofern benötigt sie dann auch keinen »Akt der Unterscheidung« mehr. Das wäre eine elegante Lösung des Problems, wie ein imaginärer Beobachter Unterscheidungsleistungen vollbringen soll (denn wenn die Bezeichnung die Arbeit praktisch selbst erledigt, ist der Status des Beobachters als rein imaginäre »Zurechnungsinstanz« unproblematisch – so wie im Strukturalismus das Subjekt als Vollzugsinstanz vorgängig bestehender Bedeutungssysteme nur noch einen marginalen Status hat).

Diese Lösung ist jedoch nur auf den ersten Blick plausibel. Denn *entweder* impliziert dieser Vorschlag eine zeitliche Dynamik *innerhalb* einer Beobachtungsoperation, was schlecht vorstellbar ist: abgesehen davon, dass das System durch Operationen Zeit erzeugt, Operationen selbst also nicht unterteilbare ›Zeitquanten‹ des Beobachtens sind – um welchen Zeitanteil ist die Bezeichnung vorgängig, wenn sie die Unterscheidung *erzeugen* soll, wie lange dauert das Erzeugen des Unterschieds, wie weit ist die Bezeichnung von der vorhergehenden und der nachfolgenden Operation entfernt? *Oder* aber Fuchs' Argumentation, die Bezeichnung erzeuge das Unterschiedene, ist außerzeitlich, also im Sinne eines *logischen* Konstitutionsverhältnisses gedacht. In diesem Fall hätte Spencer-Brown seinen Kalkül wohl verkehrt herum oder aber willkürlich aufgebaut. Denn die grundlegende »Form« dieses Kalküls ist gerade *nicht* die Bezeichnung, sondern die Unterscheidung als zunächst symmetrische Zwei-Seiten-Form. So heißt es unzweideutig bei Spencer-Brown:

»[…] eine Unterscheidung wird getroffen, indem eine Grenze mit getrennten Seiten so angeordnet wird, daß ein Punkt auf der einen Seite die andere Seite nicht erreichen kann, ohne die Grenze zu kreuzen. Zum Beispiel trifft ein Kreis in einem ebenen Raum eine Unterscheidung.« (Spencer-Brown 1997:1)

Die logische Hierarchie zwischen Unterscheiden und Bezeichnen bezeichnet Spencer-Brown ebenfalls unzweideutig:

»Wenn einmal eine Unterscheidung getroffen wurde, können Räume, Zustände oder Inhalte auf jeder Seite der Grenze, indem sie unterschieden sind, bezeichnet werden.« (ebd.)

Wenn Spencer-Brown also die Anweisung »draw a distinction« artikuliert, dann ist nicht gemeint, dass man über eine Unterscheidung *sprechen*, sie »bezeichnen« soll, sondern er meint etwa Folgendes: | Jede in der vorangegangenen Textzeile durch die Unterscheidung erzeugte Seite enthält sich vollkommen selbst (nicht mehr und nicht weniger), ist also »perfekte Be-Inhaltung« im Sinne des Kalküls Spencer-Browns. Man beachte, dass | nicht eine Unterscheidung *symbolisiert* (*be*-zeichnet), sondern eine Unterscheidung *zeichnet* bzw. (*voll*)*zieht* (*to draw*; auch wenn man das Zeichen »|« *dann* als Symbol einer Unterscheidung verstehen und verwenden kann). *Jetzt* kann man bezeichnen: »die rechte Seite der unterschiedenen Textzeile«, etc.

Fuchs' Vorschlag ist, abesehen von dieser logischen Problematik, auch ontogenetisch eher unplausibel. Das System bräuchte zuerst Bezeichnungen wie »Selbst« und »Umwelt« (aber auf welcher Grundlage soll es die Bezeichnungen unterscheiden?), um sich dann gegen seine Umwelt abzugrenzen, d.h.: dann erst System zu werden. Die Bezeichnung »erzeugt« die Unterscheidung so wenig, wie sich die Sprache selber spricht. Aber *wer* (wenn nicht die Bezeichnung) vollzieht die Operation des Unterscheidens? »Wer spricht mit diesem Munde?«[13]

---

13 | Wittgenstein, *Über Gewißheit*, §244.

9 Realität, Alterität, »Körper«: Zwischenstand der Untersuchung

Was in den vorangegangenen Kapiteln gesucht wurde, war die Möglichkeit eines nicht-repräsentationalen Sprechens über Realität. Diese Frage führte zur Auseinandersetzung mit der systemtheoretischen Erkenntnistheorie, also einer Theorie des Beobachtens. Im Kontext einer Problematisierung des Beobachterkonzepts wurde dafür plädiert, »Körper« als Beobachter, Beobachtungsverhältnisse als verkörperte Weltverhältnisse zu verstehen.

9.1 Realität und Alterität

Eine für die bisherige Argumentation zentrale Rolle nimmt Luhmanns These ein, dass Beobachter nur durch die Beobachtung anderer Beobachter »Realitätskontakt« herstellen können (der allerdings immer nur im Auge eines dritten Beobachters als solcher festgestellt wird, also nicht in ontologischen Schemata begriffen werden kann); d.h., dass also ein Realitätsbezug nur durch den Bezug zum Anderen (Alteritätsbezug) herstellbar ist. Diese Beziehung zum Anderen hat eine paradoxe Struktur: insofern der oder auch das Andere jenseits der Konstruktionen liegt, ist er nur durch die Negation eigener Differenzsetzungen konstruierbar. Diese Strukturnegationen, so wurde ebenfalls betont, stellen den Kern moderner bildungstheoretischer Modelle dar. Bildung durch »Realitätsbezug« – konstruktivistisch gesprochen: Aufbau komplexerer Weltkonstruktionen durch Strukturnegation, also Negation (Aufhebung) und Rahmung (Modalisierung) von Wahrnehmungsschemata – ist nur als Bezug zu einem Anderen denkbar. Dieses Moment von Alterität aber liegt nicht einfach »in der Welt herum« – d.h., man kann es nicht einfach aus der Außenperspektive der Beobachtung zweiter Ordnung in die »Umwelt« eines Beobachters hineindenken. Vielmehr muss der Beobachter selbst den Anderen als solchen unterscheiden. Er ist sein Konstrukt und zugleich mehr als das. Diese Idee wurde oben als »konstitutive Unterscheidung des Anderen« betitelt (sie bildet zugleich den Kern der systemtheoretischen Vorgehensweise, die ihre »Objekte« – Systeme – selbst konstruiert, dies aber so macht, dass sie Systeme strikt so unterscheidet, wie sie sich selbst unterscheiden).

Auf die motivierende Fragestellung der hier vorliegenden Untersuchung bezogen – also auf die Problematik der »Derealisierung« durch Bilderfluten und Mediennutzung – bedeutet dies, dass so etwas wie Realitätsverlust nicht einfach als Abkehr von dem, was als »empirische Realität« (Realismus) oder als korrekte (»richtige«) Form der Beziehung zu anderen symbolischen Aussagen (Relativismus) angesprochen wird, zu verstehen ist. Stattdessen würde man aus der hier rekonstruierten Position heraus allenfalls dann von »Realitätsverlust« sprechen, wenn und insofern Alterität im eigenen Weltbild keinen Platz hat. Der radikale Sinn für Alterität beinhaltet die Idee, dass Sinn *selbst* sich transformieren kann: er verweist auf eine Lücke, die trotz der Nichtnegierbarkeit von Sinn die sinnhafte Geschlossenheit von Weltkonstruktionen dennoch negiert, und sei es nur als Geste, als Bewusstsein der Möglichkeit, dass Sinn (von anderen) auf eine Weise konstruiert werden kann, die (für uns, und vor allem: *zunächst*) keinen Sinn ergibt. Inwiefern mediale Kommunikationsstrukturen und mediale Handlungspraxen diese Konstruktion von Alterität tendenziell unterbinden, ermöglichen oder sogar herausfordern, kann nicht pauschal beurteilt werden, sondern muss jeweils am konkreten Fall untersucht werden.

9.2 Körper im Kontext: emergente soziale Situationen

Dieses Kriterium des Alteritätsbezuges wurde durch eine Kritik des systemtheoretischen Beobachterkonzeptes ergänzt. Auch und trotz ihrer bildungstheoretischen Implikationen blenden Modelle wie das oben diskutierte Beobachtermodell den Aspekt der *Sozialität* von Beobachtern aus.

In der Systemtheorie schlägt sich dies in der strikten Trennung zwischen psychischen Systemen (die sich etwa gedanklich auf andere psychische Systeme oder Beobachter in ihrer Umwelt beziehen können, etwa im Sinne des Modells der doppelten Kontingenz) und sozialen Systemen, die aus Kommunikationen bestehen. Mit der Einsetzung eines handelnd welterzeugenden »Körpers« an der Stelle des körperlosen Beobachters der Systemtheorie ändert sich die Perspektive dahingehend, dass »Körper« sowohl im Hinblick auf individuelle Weltverhältnisse als auch im Hinblick auf soziale Vollzüge als zentrales Moment berücksichtigt werden muss (es versteht sich, dass damit die systemtheoretische Beobachtungsweise verlassen wird): Wo in der Systemtheorie das Konzept der »Person« als Zuschreibungsinstanz innerhalb sozialer Systeme fungiert, agiert aus anthropologischer Perspektive ein Körper innerhalb einer Situation. Umgekehrt sind Körper immer situiert – im Gegensatz etwa zum körperlosen Abstraktum des »psychischen Systems«. Die *Situation* als konkrete und elementare Gegebenheitsweise des Sozialen bewegt sich allerdings auf einer anderen Abstraktionsebene als das (Interaktions-) System im Sinne der Systemtheorie. Auch hier wird noch einmal deutlich, dass die Abstraktion vom Körper konstitutiv für die Beschreibung sozialer Systeme ist.

Insofern Situationen als Zusammenhänge von Beobachtern vorgestellt werden, liegt der Vorschlag nahe, zumindest bestimmte Formen von Situationen ähnlich (aber nicht identisch mit) den »Interaktionssystemen« (Luhmann 1998:814 ff.) als Zusammenhänge mit systemischen Eigenschaften zu betrachten. Dies wäre dann der Fall, wenn eine Situation eine besondere Selbstbezüglichkeit aufweist, wenn sie sich selbst beobachtet und durch diese Selbstbeobachtung als Situation von einer Umwelt abgrenzt (die also nicht Teil der Situation ist, sie aber stören kann). Eine solche Situation – das soziale Ritual wird später in diesem Sinne als Typ diskutiert – hätte, sobald sie konstituiert ist, systemähnliche Eigenschaften, die nicht auf die Summe ihrer Bestandteile (Körper, Dinge, Räume, Zeitstrukturen) zurückgeführt werden können. In diesem Sinne wird im Verlauf der Untersuchung von »emergenten sozialen Situationen« gesprochen. Dieser Ausdruck soll also Situationen mit folgenden Eigenschaften bezeichnen:

- Ihre Konstitution ist *emergent*. D.h., sobald man solche ›formierten‹ Situationen (Begegnungen, Spiele, Ritualisierungen, Rituale, etc.) *beobachten* kann, sind sie nicht mehr auf äußere Entstehungsursachen kausal zurückführbar (reduzierbar, rekonstruierbar). Sie sind in diesem Sinne *autopoietisch*.
- Sie organisieren ihre interne Ordnung *selbst*. D.h., Die *Rahmungen* dieser Situationen werden von ihnen jedesmal auf emergente Weise neu geschaffen. Deswegen lassen sich für emergente Situationen keine vollständigen externen Kriterien angeben (Was ist *noch* ein Spiel, und was nicht? Was ist *noch* ein Ritual, und was nicht? – Wobei man freilich angeben kann, was man jeweils beobachten will, doch kann man diese nicht als »Gegenstände« definitorisch festlegen; sie differieren aufgrund sowohl kultureller als auch historischer Prozesse der Selbsttransformation)
- Sie sind ›polylogisch‹ verfasst, d.h., sie führen nicht wie Luhmanns Beobachter nur eine Operation zu einem Zeitpunkt, sondern *mehrere* Beobachtungen/Handlungen simultan aus. Ein Spiel, ein Ritual zeichnen sich durch Selbstbeobachtung aus (Werden die Regeln bzw. Vorschriften eingehalten? Ist die Situationsrahmung intakt oder »wird es ernst«? Sind situationsfremde Handlungselemente zu beobachten, und wie kann auf diese reagiert werden? etc.). Diese Selbstbeobachtungen vollziehen sich aber nicht linear wie beim (hochgradig abstrakten) »System«, sondern sie vollziehen sich an verschiedenen Orten zugleich, also simultan.
- Sie weisen eine nicht auflösbare, nicht sequentialisierbare *Komplexität* auf, die in unserem Kontext als der ›unbezweifelbare‹, sprich unbeobachtbare »Körper« bezeichnet wurde. »Körper« ist aus dieser Perspektive ein konstitutiver Bestandteil emergenter sozialer Situationen. Beobachtet man solche Situationen, so kann man sie deswegen auch nicht auf zwischenleibliche Begegnungen etc. reduzieren. Man kann daher – und das ist in Bezug auf die Frage nach der Sozialität in den Neuen Medien wesentlich – diesen Situationstyp nicht auf das Kriterium räumlicher körperlicher Kopräsenz – wie noch in Luhmanns »Interaktionssystemen« – verengen. »Körper« ist in ausnahmslos allen Unterscheidungen denknotwendig, über sein praktisches, inkorpo-

riertes Wissen auch konkret ein konstitutives Element sozialer Situationen, auch in sog. ›virtuellen‹ Umgebungen.[1]

Das Konzept der emergenten sozialen Situation soll es ermöglichen, systemtheoretische Einsichten für die anthropologische Perspektive anschlussfähig zu machen, ohne die Hypotheken der Systemtheorie aufzunehmen. Unklar ist an dieser Stelle jedoch noch, welche Konsequenzen die soziale Situiertheit von Körpern auf die vorgestellte Konzeption von »Realität« haben könnte. Der genannte Bezug auf Alterität ist *ein* Aspekt; der soeben hervorgehobene Emergenzcharakter legt nahe, dass sich noch eine andere, sozial situierte und gleichfalls nichtrepräsentationalistische Bedeutung finden lässt.

Im folgenden wird diese Frage auf einen Theoriekontext bezogen, für den a) der Beobachter eine ebenso zentrale Rolle spielt wie für die Systemtheorie, der b) diesen Beobachter jedoch als Körper konzipiert, der weiterhin c) den Beobachter immer in sozialen Kontexten denkt und der d) eine nicht-repräsentationalistische Theorie der Realitätskonstitution auf der Basis der Beobachterperspektiven vorgelegt hat. Die Rede ist von der pragmatistischen Sozialphilosophie George Herbert Meads – eines anerkannten Klassikers der Identitätstheorie, dessen Schriften jedoch trotz der intensiven Bemühungen durch Hans Joas (Joas 1979; 1985) im Gegensatz zu den Arbeiten seines Zeitgenossen und Freundes John Dewey bisher (in erziehungswissenschaftlichen Kontexten) in ihrer thematischen Breite und philosophischen Tiefe zu wenig zur Kenntnis genommen wurden.

---

1 | Für die Neuen Medien kann daher Mike Sandbothes These der »Appräsenz des Körpers in den Medien« in einer sehr genauen Bedeutung aufgegriffen werden; vgl. unten Kap. 11.3.

10 Die virtuelle Realität der Perspektiven. Umrisse eines pragmatistischen Konstruktivismus im Anschluss an George Herbert Mead

> *Man stößt auf Sozialität, wenn man davon absieht,*
> *dass man selber der einzige Beobachter ist*
> *und die anderen als Beobachter des Beobachtens*
> *mit in Betracht zieht.*
>
> (Luhmann 2002:241)

George Herbert Mead gilt als ein Klassiker der Identitätstheorie, der in keinem einschlägigen Lehrbuch fehlen darf. Die Rezeptionsgeschichte der Schriften Meads ist indes ein eher bedauerliches Kapitel. Mead, der von seinem Freund John Dewey 1904 an die University von Chicago geholt wurde, war dort, zumindest was seine Ideen betraf, eine ausgesprochen einflussreiche Figur, stand jedoch in der Außenwahrnehmung eher im Schatten seines publikationsstarken Freundes. Angesichts des Umstands, dass Mead zu Lebzeiten keine einzige Monographie veröffentlicht hat – offenbar bevorzugte er das schnellere und kommunikationsorientiertere Format der Zeitschriftenaufsätze – ist die erhebliche Wirkung seiner Schriften und Ideen durchaus erstaunlich. Mead formulierte grundlegende anthropologische Thesen, die etwa von Arnold Gehlen aufgenommen wurden (und im Allgemeinen diesem zugeschrieben werden, so etwa die These der gehemmten Handlung, die von Gehlen als Merkmal der Instinktreduziertheit des Menschen eine zentrale Rolle spielt). Die Wirkung seiner Handlungstheorie über den Symbolischen Interaktionismus Herbert Blumers (Blumer 1969) sowie die Bedeutung seiner Identitätstheorie etwa im erziehungswissenschaftlichen Diskurs der 1970er und 1980er Jahre (vgl. Zirfas/Jörissen 2007, Kap. 3) sind weithin bekannt. Deutlich weniger Aufmerksamkeit hat (im Schatten der schwergewichtigen Entwürfe Deweys) die philosophische Seite des Meadschen Schriften erhalten. Obwohl eine ganze Reihe von Autoren aufgezeigt hat, dass die Auseinandersetzung insbesondere mit dem späten Schriften Meads durchaus lohnt (Joas 1989 (zuerst 1979) & 1985; Bergmann 1981; Cronk 1985; Bender 1989; Lüscher 1990; Aboulafia 1991 & 2001; Wagner 1993), kann von einer breiteren Wahrnehmung dieser Ideen – etwa im Diskurs des Konstruktivismus (Reich 1998; Fischer 1998; Neubert 1999; Fischer/Schmidt 2000), des Neopragmatismus (Rorty 1987; Sandbothe 2000) oder der Identitätstheorie (vgl. etwa Hettlage/Vogt 2000; Zima 2000; Keupp u.a. 2002; Rohr 2004) – nicht die Rede sein.

Es liegt nicht im Fokus dieser Untersuchung, hier (im Anschluss an die genannten Autoren) eine Rekonstruktion der Positionen Meads und ihrer Relevanz für heutige Diskussionslagen systematisch zu entfalten – obwohl dies sicherlich, beinahe drei Jahrzehnte nach Hans Joas' wegweisender Rekonstruktion des Werkes Meads, eine längst überfällige Aufgabe darstellt. Vielmehr geht es im Folgenden darum, unter Rekurs auf einige Kernideen der Meadschen Philosophie mögliche Beobachtungsfolien von »Realität« herauszuarbeiten und zu differenzieren, so dass ein anschluss- und arbeitsfähiges nicht-repräsentationalistisches Realitätskonzept – genauer also: dass eine Reihe vertretbarer und operabler Optionen, Realität zu beobachten, gewonnen werden können. Dabei werden insbesondere drei im Verlauf der Untersuchung vorgefundene Varianten – erstens die Realität von (»verkörperten«) Beobachtungsvollzügen, zweitens die »emergente« Realität sozialer Situationen und drittens der »Realitätskontakt« durch Beobachtung anderer Beobachter – in einen systematischen Zusammenhang gebracht.

10.1 Verkörperte Perspektiven: Kontaktrealität und die virtuelle Welt der Distanzobjekte

Mead wurde fast ausnahmslos so gelesen wurde, dass die symbolische Interaktion (Blumer 1969) in den Vordergrund gestellt und die Thematisierung – nicht nur *des* Körpers, sondern sogar bereits *von* »Körper« im oben herausgearbeiteten Sinn vollkommen ignoriert wurde. Die Bedeutung der Geste wurde auf Signifikanz reduziert, ihr körperlich-performatives Moment, ihr aisthetischer und ästhetischer Überschuss ignoriert. Dabei hat Mead nicht nur als als erster die Geste in ihrer vollen Bedeutung für das Soziale erkannt; er hat zudem wie kaum ein anderer seiner Zeitgenossen die Körpergebundenheit von Weltverhältnissen gesehen. Der von Mead hierfür bevorzugt verwendete Begriff der »Perspektive« ist, wie im Folgenden gezeigt werden soll, kein kognitivistisch eingeengtes Konzept (als welches es in der Erziehungswissenschaft der 1970er und 1980er Jahre fruchtbar gemacht wurde; vgl. etwa Geulen 1982). Vielmehr kommt in ihm die integrale Verbundenheit von Körper und Beobachter, von verkörperten Beobachtungsprozessen als Moment handelnder Weltverhältnisse, kongenial zum Ausdruck.

Mead wurde nicht müde zu betonen, dass das Individuum nicht als »Subjekt« im Gegensatz zu einer »objektiven« sozialen und dinglichen Welt verstanden werden darf. Das »Self« des Individuums ist nichts anderes als ein »soziales Objekt« (von dem wir nur deshalb und insoweit etwas wissen, als wir die soziale Perspektive übernehmen); »Mind« (Geist) befindet sich nicht »im Kopf«, sondern ist ein soziales Prinzip, an dem die Einzelnen teilhaben. Die Herausbildung eines Selbstverhältnisses ist vom Weltverhältnis nicht zu trennen, und umgekehrt ist das, was Mead unter Realität versteht, nur als ein emergenter Effekt individueller Perspekiven denkbar. Mead geht, im Gegensatz zum Gros seiner Zeitgenossen, von einer grundsätzlichen Weltverwobenheit – und das meint bei ihm nicht: Dingverhältnis, sondern: Sozialität – schon des Säuglings aus:

> »Das reflexive Bewußtsein impliziert [...] eine soziale Situation, die zugleich seine Vorbedingung gewesen ist. In den Anfängen der menschlichen Gesellschaft und des Lebens eines jeden Kindes, das zu reflexivem Bewußtsein erwacht, muß vor al-

ler Reflexivität ein Zustand der wechselseitigen Beziehung menschlicher Handlungen aufgrund sozialer Instinkte gegeben gewesen sein« (Mead 1987a:208).

Das Individuum ist für Mead gleichsam mit einer gattungsgeschichtlich sedimentierten Sozialität ›aufgeladen‹, die es ihm ermöglicht, erste Gemeinsamkeiten in der sozialen Erfahrung mit anderen herauszubilden (was durch die Neuere Säuglingsforschung empirisch bestätigt wird, vgl. Stern 1996). In der frühkindlichen Interaktion mit »signifikanten Anderen« wächst das Kind in eine Welt sozialer Sinnzusammenhänge hinein, die es als solche noch gar nicht erfasst, deren Bedeutungsgehalte es jedoch bereits durch den passiven Spracherwerb (nach Mead: den Erwerb »siginifikanter Symbole«) partiell internalisiert, indem es, wie Mead dies ausdrückt, die »Haltungen« anderer übernimmt. Was Mead damit anspricht, die die bereits dem Säugling gegebene Fähigkeit, Regelmäßigkeiten im Umgang mit sozialen Bezugspersonen zu erkennen, zu internalisieren und in der Interaktion auch zu antizipieren: die *Verhaltenserwartung* an die Bezugsperson im Interaktionsspiel, also die auf eine Geste hin (von Kind und Bezugsperson) erwartete Handlung, entspricht in der pragmatistischen Bedeutungstheorie bereits der Herausbildung eines signifikanten Symbols.

Doch an der frühkindlichen Phase hebt Mead noch einen anderen Aspekt hervor: Die Erfahrung des sozialen Umgangs etabliert die *Erfahrungsform* des »sozialen Objekts«, quasi als Generalisierung der Erfahrung einer Mischung aus Verlässlichkeit und Widerständigkeit der Reaktionsweisen der Bezugspersonen (Mead 1987a:237). Dieses Muster hält Mead für maßgeblich in Bezug auf die Ausbildung des Dingschemas beim Kind – welches wiederum die Voraussetzung für die Herausbildung eines Bewusstseins seiner selbst und damit auch für die Identitätsgenese darstellt. Dinge sind für das Kind, wie Mead betont, zunächst keine bloß passiven Objekte – sie tragen vielmehr eine Art aktiver *Widerständigkeit* in sich, die das Kind zuerst als Eigenständigkeit und Widerständigkeit seiner Körperteile erfahren hat. Das Ding verfügt (für das »animistische« Erleben des Kindes) über ein spezielles ›Inneres‹, welches etwa durch bloßes Zerteilen eines Gegenstandes nie zum Vorschein kommen kann. Mead nennt dieses Innere (mit Alfred North Whitehead) seine ›*pushi-*

ness‹, womit der Druck gemeint ist, der in der Kontakterfahrung eines Gegenstands fühlbar wird.

Dieser wahrgenommene Druck wird nun nicht etwa (in objektivistischer Weise) dem Gewicht des Gegenstandes zugeschrieben. Vielmehr versteht Mead ihn als Effekt eines sozialen Prozesses, nämlich der kindlichen Haltungsübernahme:

»Das Ding erlangt nur insoweit ein Inneres, als der Organismus in solcher Weise die Haltung des Dings übernimmt. [...] Das Kind muß diese seine Anstrengung im Innern der Dinge ansiedeln, bevor es in der Lage ist, die Anstrengung als seine eigene zu identifizieren. [...] schließlich erfährt es sich selbst durch die Einwirkung anderer Dinge auf es selbst als ein Ding.« (Mead 1987b:228).

In seiner – charakteristisch umständlichen – Ausdrucksweise bezieht Mead den pragmatischen Konstruktivismus, den John Dewey in seinem einflussreichen Aufsatz über den Reflexbogen bereits angelegt hatte (Dewey 1896; vgl. Neubert 1998), auf den Aufbau der kindlichen Welterfahrung.

In einem zweiten Schritt beschreibt Mead die Erweiterung der Welt vom taktilen zum visuellen Raum – ein Aspekt, der in unserem Zusammenhang insbesondere unter medientheoretischen Gesichtspunkten sehr wichtig ist. Die mit dem Ding gemachte Erfahrung läßt eine »antizipatorische Manipulationsreaktion« (Mead 1987b:229) auf dieses Ding entstehen, die schließlich auch von den Distanzreizen der Dinge (latent) hervorgerufen werden kann. Zentral hierfür ist wieder die Haltungsübernahme des Kindes als »Neigung des kindlichen Organismus, so zu drücken, wie das entfernte Objekt drückt, und so die Neigung wachzurufen, mit seinem eigenen Druck zu reagieren. Genau diese letzte Reaktion konstituiert in unserer Erfahrung das physische Objekt – ein Etwas mit einem Inneren« (Mead 1987b:231). Das entfernte Ding ruft also – qua Erfahrung – schließlich dieselbe Reaktion hervor wie zuvor das Kontaktobjekt. Die Dinge erhalten erhalten durch diese Abstraktion eine erste Form der *Bedeutung*. Bedeutung ist unter pragmatistischen Prämissen nichts anderes als die mit einem Reiz verbundenen Reaktionsmöglichkeiten¹, die also hier – aufgrund der Distanz des Objekts – nicht ausgeführt werden können; Bedeutung ist also *gehemmte Reaktion*.

Auf der Grundlage der Dingkonstitution wird für Mead auch die Selbsterfahrung als *einheitliches* Objekt nachvollziehbar: Die primäre Selbstidentifikation, die erste volle Selbstobjektivierung und damit materielle Grundlage der Identitätsgenese, verdankt sich dem »Schema des Objekts« (Mead 1987a, 237). »Die Form des Objekts ist ihm [dem Kind] in der Erfahrung von Dingen gegeben, die nicht zu seiner körperlichen Identität gehören. Wenn es seine verschiedenen Körperteile mit den organismischen Empfindungen und affektiven Erfahrungen synthetisiert, so geschieht das nach dem Vorbild der Objekte seiner Umwelt« (ebd.) – das Kind überträgt somit die »Form eines sozialen Objekts aus seiner Umgebung auf seine innere Erfahrung«. Damit ist die Voraussetzung für das Kind gegeben, für sich selbst zum Objekt zu werden und auf sich selbst zu reagieren.

Diese Vorstellung von Selbst-Objektivierung klingt zunächst nach einem eher instrumentellen, verdinglichten Selbstverhältnis. Man muss dabei aber beachten, dass »Objekte« aus pragmatistischer Sicht nicht einfach in der Welt vorhanden sind. Die Struktur der oben beschriebenen basalen Form von Selbsterfahrung erschließt sich vor dem Hintergrund des pragmatischen Konstruktivismus Meads, der sich auf der Basis seiner späteren Schriften² erschließt.

Aus pragmatistischer Sicht ist Realität ein Effekt von Handlungsprozessen: Nicht Dinge, Atome, Teilchen, sondern Handlungsakte (»acts«) als Prozess bilden das Grundelement der Konstitution von Realität – im Handeln entstehen vielmehr »Objekte« aufgrund der »Perspektiven« von »Organismen« (wie es in der etwas sperrigen, an den Behaviorismus angelehnten Terminologie Meads heißt), d.h. aufgrund der jeweiligen Handlungsimpulse, -probleme und -ziele oder auch der jeweiligen Haltung, des jeweiligen Eingestelltseins zur Welt, das uns spezifische Aspek-

---

1 | Um dies noch einmal in das systemtheoretische Vokabular zu übersetzen: Sinn liegt in der Anschlussfähigkeit der Unterscheidungen von Beobachtungsoperationen.
2 | Insbesondere zu nennen wären die Aufsätze »Die Genesis der Identität und die soziale Kontrolle« (1925) und »Die objektive Realität der Perspektiven« (1927), die aus dem Nachlass stammenden Texte über »Wissenschaft und Lebenswelt« und »Das physische Ding« sowie der posthum im Jahr 1932 erschiene Band »The Philosophy of the Present« (Mead 1987a; 1987b; 1980).

Verkörperte Perspektiven: Kontaktrealität und die virtuelle Welt der Distanzobjekte

te hervorheben und andere ausblenden lässt. In Anlehnung an die Natur- und Prozessphilosophie Alfred North Whiteheads ist »Natur« nicht *Gegenstand* von Wahrnehmungen, sondern sie konstituiert sich *durch* Wahrnehmungsereignisse von Organismen. Die traditionelle ontologische Trennung von betrachtendem Subjekt und betrachteter Welt wird damit radikal zurückgewiesen: Eine »Welt unabhängiger physikalischer Wesenheiten, von denen Perspektiven lediglich Selektionen wären, gibt es nicht. An die Stelle dieser Welt tritt die Gesamtheit der Perspektiven in ihren Wechselbeziehungen zueinander« (Mead 1987b:213).

Einerseits also werden die Objekte dessen, was man im Alltagssinn für die »empirische Welt« hält, als Effekte von Wahrnehmungsereignissen begriffen: »Physische Dinge sind wahrnehmbare Dinge; sie entstehen gleichfalls im Handeln« (ebd. S. 219). Andererseits sind die »Perspektiven« auf die Welt nicht von dieser zu trennen; Mead weist ihnen radikal denselben ontologischen Status zu wie den Dingen (Lüscher 1990). Realität existiert für Mead weder ›an sich‹ (etwa im Sinne eines naiven oder eines ›externen Realismus‹), noch ist sie ein subjektives Produkt des Betrachters (wie einige idealistische Positionen oder wie gesehen der antirealistische Konstruktivismus nahe legen). Realität konstituiert sich vielmehr prozesshaft *je* im Wahrnehmungsereignis, das dem handelnden Umgang als *Verhältnis* eines Individuums zu seiner Umwelt eingeschrieben ist (Mead 1987b:211 ff.). Insofern ein Wahrnehmungsereignis immer an die Perspektive eines bestimmten Individuums gebunden ist (man stelle sich nicht nur die optische Perspektive, sondern etwa auch im weiteren Sine den ›point of view‹ auf die Welt vor, der sich im Laufe der Lebenserfahrungen herausbildet, die eigenen Interessen, kulturellen Prägungen, etc.), sind die aus dieser Perspektive geordneten Ereignisse »die einzigen Formen der Natur, die gegeben sind« (Mead 1987b:220). Jedes Wahrnehmungsereignis konstituiert Realität, indem Betrachter und Betrachtetes sich in ihrer Beziehung zueinander verorten und nur in der Wechselseitigkeit dieser Beziehung jeweils eine bestimmte Form erhalten.

Die Erweiterung des kindlichen Wahrnehmungsfeldes vom taktilen zum visuellen Raum, vom Kontakt- zum Distanzreiz, impliziert eine *Veränderung des zeitlichen Verhältnisses* von »Organismus« und Gegenstand. Die Kontakterfahrung geht *per se* mit einer Gleichzeitigkeit einher, während das Distanzobjekt räumlich – und damit zugleich zeitlich entfernt ist. Die gesehenen Dinge sind nicht mehr als eine Art von Versprechen: »Sie sind, was sie sein würden, wenn wir bei ihnen wären und sie mit unserer Hand berührten« (Mead 1987a:310). Damit ist aus der Sicht des Meadschen Pragmatismus die Welt der Distanzobjekte ein *Möglichkeitsraum*: eine virtuelle (i.S.v. »*potentia*«), »bedingte Realität« (Mead 1987b:237), in der Erfahrungen, Imaginationen und neue Impulse zusammen eine Entwurfsstruktur bilden. Die Welt der Distanzreize »ist eine hypothetische Welt, wie unbestritten die Hypothese auch immer sein mag. Die vor uns liegende Welt, an der wir unsere Hypothesen testen, ist eine Welt von Objekten, die alle in der Zukunft, jenseits der tatsächlichen unmittelbaren Kontakt-Erfahrung liegen« (Mead 1969:202).

Die Alltagswelt ist überwiegend eine solche Welt von Distanzreizen. Das »Augentier« Mensch ist zugleich körperlich situiert, auf ein leibliches Hier und Jetzt angewiesen, jedoch entwirft es sich in seiner Welt, wie Mead sah, ständig auf die dieser immanenten situativen Möglichkeiten hin. Die Struktur der Welterfahrung ist aus pragmatistischer Sicht wesentlich *zukünftig*; die durch Distanzreize erfahrene Welt ist eine Welt der bloßen Möglichkeiten. Die einleitend referierte These Wolfgang Welschs von der »Verwobenheit« des Realen und Virtuellen wird, wie daran ersichtlich wird, aus dieser Perspektive bestätigt und untermauert.

10.2 »Pragmatische Realität«: die Emergenz des Sozialen

Handlungshemmung und »erweiterte Gegenwart«

Perspektiven stellen für Mead die Grundelemente von Realitätskonstitution dar. Im Gegensatz zu Luhmanns Beobachtungsoperationen von Systemen steht die Perspektive im Pragmatismus nicht für sich allein; der Entwurf von Perspektiven entspricht vielmehr einer Phase des Handlungsprozesses. Mead unterschied, wie etwa auch Dewey, zwischen dem Ereignisfluss des alltäglichen Routinehandelns einerseits und den Momenten andererseits, in welchen Handlungsprobleme diesen Fluss ins Stocken bringen. Während die erlebte Gegenwart im ersten Fall »punktförmig« und beinahe ohne Ausdehnung ist (eine »knife edge present«, die im Fluss der Tätigkeiten vom einem zum nächsten Zeitpunkt nahtlos übergeht), entsteht im Fall auftauchender Handlungsprobleme eine Hemmung des Zeitflusses. Der gleichsam gebremste Ablauf erzeugt eine Phase besonderer Aufmerksamkeit, eine »erweiterte Gegenwart« (die sog. »specious present«), in der die Handlungsvollendung so lange ausgesetzt wird, bis durch eine adäquate Problemanalyse Handlungsoptionen bereitgestellt wurden. In dieser erweiterten Gegenwart besteht Zeit, neue Sichtweisen (gedanklich) durchzuspielen und so vorhandene Perspektiven durch andere zu ersetzen.

Erst wenn also der Handlungsablauf durch ein auftretendes Problem unterbrochen wird, so dass die Handlung nicht beendet werden kann, wird also die problematische Situation bewusst, und es entsteht eine Aufmerksamkeit bezüglich der Eigenschaften der Situation und der in ihr enthaltenen Objekte. »In diese Situationen gehen die alternativen Manipulationen [lies: Handlungsmöglichkeiten, B.J.] ein, die der entfernte Reiz auslöst. Wenn man einen Nagel einschlagen muss und keinen Hammer hat, dann wandert das Auge von einem Stein zu einem Stiefelabsatz oder einer Eisenstange« (Mead 1969:128). In der so entstehenden »Situation« kommt es zu einer differenzierten Erfahrung der Umwelt und des »Jetzt« im eigentlichen Sinn, gegenüber der »nicht vermittelten Ummittelbarkeit« einer gleichmäßig und kontinuierlich ablaufenden Gegenwart (Wagner 1999:16).

Die Grenzen dieser erweiterten Gegenwart werden von Vergangenheit und Zukunft markiert, insofern mit den Mitteln der in der *Vergangenheit* gemachten Erfahrungen die Situation im Hinblick auf ein in der *Zukunft* liegendes Handlungsziel rekonstruiert wird (Mead 1969:128). In dem zitierten Beispiel befinden wir uns also in der plötzlich bewusst werdenden Gegenwart einer Handlungskrise: der Nagel kann nicht eingeschlagen werden. Die Umgebung wird auf Dinge abgesucht, die erfahrungsgemäß als Hammer dienen können. Hierbei werden die erblickten Gegenstände bewusst, weil sie *vergegenwärtigt* werden: der Stein und alle sichtbaren Dinge werden auf ihre Eignung untersucht, indem wir mit ihnen *hypothetisch* einen Nagel einschlagen; dazu versetzen wir uns (was ein mimetischer Vorgang ist) in die Dinge, um ihre Eigenschaften abzuschätzen.

In der auftauchenden Situation wird so der Versuch einer rekonstruktiven Wiederherstellung der unterbrochenen Kontinuität unternommen. Die »reflexive Erfahrung, die Welt und die Dinge in ihr existieren grundsätzlich in Form von Situationen« (Mead 1969:147). Diese situative, erweiterte Gegenwart dauert bis zur Handlungsvollendung an, welche den kontinuierlichen Gang der Dinge wieder einleitet. Taucht nun hier ein erneutes Problem auf (wenn z.b. der zum Hammer erkorene Stein zerbricht statt zu funktionieren), so emergiert abermals eine erweiterte Gegenwart. Wieder findet eine Rekonstruktion statt, in welcher sich die vorhergehende Realität (die den Stein für ein geeignetes Werkzeug hielt) als nicht (mehr) gültig erweist. Diese Beziehung zwischen zwei Gegenwarten nennt Mead »volle Realität« (Mead 1987b:224). Man könnte auch von »praktischer Realität« als einer symbolvermittelten, zeitlich strukturierte Beziehung von Handlungsentwurf (Hypothese) und Handlungsvollzug sprechen.

Sozialität als emergente Gegenwärtigkeit

Die mit der erweiterten Gegenwart konstituierte »Situation« wurde zunächst als nicht sozial vermittelte, *subjektive* Perspektive eingeführt. Diese wird zwar im Gegensatz zur »privaten Perspektive« (z.B. Zahnschmerzen) mit sozialen Mitteln (Symbolen) gewonnen und ist daher im Gegensatz zu dieser kommunizierbar; jedoch sind die konstituierten Objekte bloß »ideell« (Mead 1987b:35). Die in der Situation erzeugte Gegenwart ist eine symbolisch konstruierte *Gleichzeitigkeit* von Individuum und Umwelt, da die in der Zukunft liegenden Handlungsziele (wie auch beispielsweise raumzeitlich entfernte Objekte) virtuell in die Gegenwart des Individuums gebracht, also symbolisch *vergegenwärtigt*, werden.

Dies impliziert nicht notwendigerweise die Gegenwart anderer Individuen, weil es »eine unbegrenzte Anzahl möglicher Gleichzeitigkeiten jedes Ereignisses mit anderen Ereignissen gibt und folglich unendlich viele zeitliche Ordnungen derselben Ereignisse; deshalb ist es möglich, sich ein und dieselbe Gesamtheit der Ereignisse in unendlich viele verschiedene Perspektiven eingeordnet zu denken« (Mead 1987b:214). Eine *gemeinsame Gegenwart* kann nur dadurch erreicht werden, dass alle am sozialen Prozess beteiligten Individuen die Perspektiven der anderen einnehmen. Dieses Prinzip der *Sozialität*, als »Fähigkeit, mehrere Dinge gleichzeitig zu sein« (Mead 1969:280), bezeichnet die Bedingung der Bestehens (strukturelle Dimension) und des Erhalts (temporale Dimension) von Gesellschaft (Bergmann 1981:362).

Den Standpunkt anderer einzunehmen – Perspektivenübernahme – bedeutet, wie nun erkennbar wird, zugleich, die Differenzen zum anderen Zeitsystem, zur geschichtlichen, biographischen, kulturellen oder leiblichen Position des anderen etwa, qua symbol, also virtuell zu überbrücken. Teilhabe an der ausschließlich durch Perspektiven konstituierten Realität bedeutet insofern Teilhabe an den Perspektiven Anderer: die unterschiedlichen Zeitsysteme werden durch Verwendung identischer Perpektiven (die in gesellschaftlichen Symbolen, also etwa sprachlich codiert sind) miteinander in Übereinstimmung gebracht. Die differenten Zeitsysteme werden dabei – so die Meadsche Utopie – überwunden; die Einzelperspektiven werden in ein gleichsinniges Zeitsystem transformiert, womit die Individuen (erst) eine gemeinsame Gegenwart erlangen. Die so hergestellte Qualität des Sozialen ist »emergent«; sie ist nicht auf die involvierten Einzelperspektiven zurückführbar. Die soziale Perspektive stellt eine eigenständige, neue Perspektive auf die Welt dar, an der die beteiligten Individuen partizipieren.

Eine gemeinsame Gegenwart kann also nur dadurch erreicht werden, dass alle am sozialen Prozess beteiligten Individuen die Perspektiven der anderen einnehmen. *Sozialität* definiert Mead in diesem Sinne anhand dieses zeitlichen Kriteriums – nämlich als »Fähigkeit, mehrere Dinge gleichzeitig zu sein« (Mead 1969:280). In dieser *Simultanität alternativer Beobachterperspektiven* sieht Mead die Chance, die Standortgebundenheit der eigenen Weltsicht gegen eine komplexere, umfassendere und zugleich differenziertere Sichtweise einzutauschen. Es geht also wesentlich um eine Erweiterung und Pluralisierung von Perspektiven und in diesem Sinne darum, eine reichhaltigere, komplexere Realität zu gewinnen. In der Gegenwärtigkeit der emergenten Situation »versammeln« sich differente Perspektiven gleichsam unter einem gemeinsamen Symbol.[3] Diese Versammlung zielt nicht auf Normierung und Gleichschaltung ab, sondern auf die durch das gemeinsam geteilte Symbol ermöglichte und garantierte *Übersetzbarkeit* von einer Perspektive in die andere.

---

3 | Das Symbol wäre in dieser Hinsicht im Sinne seiner Etymologie als Ergebnis des Zusammenbringens (gr. *symballein*) zuverstehen.

In Meads Denken wird dieses Moment der Differenz allerdings nicht immer im Sinne dieser Interpretation offengehalten. Mead tendiert durchaus zu identitätslogischen Komplexitätsreduktionen. Im Bezug auf den Gedanken der Sozialität ist dies m.E. dort der Fall, wo die Idee eines »generalized other« auftaucht, in dem die Vielfalt der konkreten Anderen im Hegelschen Sinn »aufgehoben« ist. Mead hebt mit diesem Begriff auf ein konsistentes und universales gesellschaftliches Bedeutungs- und Werterepertoire ab. Die Bedeutungsvielfalt der in sich differenten Einheit ineinander transformierbarer Perspektiven weicht mit dem Konzept des generalized other der Synthese, also Verschmelzung und somit Einebnung von Differenz. Das »signifikante Symbol« ist dann nicht Versammlung von Differentem, sondern vielmehr das Scharnier, über welches die normierende Verinnerlichung dieser zu praktischen Regeln und Skripten sedimentierten »objektiven Sinnstrukturen« (Wagner 1993; 1993b) des Sozialen verläuft – mittels des signifikanten Symbols sollen also alle partizipierenden Individuen dieselbe »objektive Perspektive« einnehmen können. Diesem Ausschluss von Differenz eignet ein unverkennbares Moment von Gewalt gegen das Partikulare:

»Das ›Mich‹, an das das Kind sich wendet, ändert sich ständig. Es reagiert auf das wechselnde Spiel seiner Antriebe. Doch durch ihre gleichförmigen Beschränkungen gibt die Grupensolidarität dem Kind eine Einheitlichkeit, die eine Allgemeinheit verbürgt. Dies halte ich für den Ursprung des Allgemeinen. Es geht schnell über die Grenzen einer besonderen Gruppe hinaus. Es ist die vox populi, vox die, die ›Stimme der Menschen und der Engel‹. Erziehung und wechselnde Erfahrungen treiben ihm das Provinzielle aus und lassen übrig, ›was für alle Menschen und für alle Zeiten gilt‹.« (Mead 1987a:296).

Das im »generalized other« repräsentierte, für alle verbindliche identische Symbol- und Wertesystem bildet also die *conditio sine qua non* dieser normativen Variante sozialer Gegenwärtigkeit. Mead hat sich durchaus bemüht, die dazu nötige Annahme der Identität von Symbolen theoretisch zu begründen, ist daran aber (notwendigerweise) gescheitert (Wagner 1993:35). Das dafür nötige Maß gesellschaftsweiter Homogenität sozialer Praxen ist eine sozialutopistische Ideologie, die in Zeiten einer lokale Kulturen überrennenden Globalisierung einen ausgesprochen schalen Beigeschmack hat.

Die Homogenität von sozialen Praxen und Symbolen ist also weder theoretisch begründbar noch praktisch wünschbar. Was aber bleibt – und Meads Beobachtungen des Sozialen insofern Recht gibt – ist der Umstand, dass Gemeinschaften nur bestehen können, wenn sie die *de facto* heterogenen Perspektiven ihrer Mitglieder invisibilisieren.[4] Dabei spielen soziale Aufführungen und Rituale eine tragende Rolle.

Die Aufführung von Gemeinschaft als Inszenierung ihrer »Realität«

Ob die Individuen innerhalb einer sozialen Situation tatsächlich dieselbe Perspektive einnehmen, ist niemals direkt beobachtbar – und für Mead alles andere als selbstverständlich, denn es gibt »Perspektiven, die aufhören, objektiv zu sein [...], und es gibt Perspektiven hinter dem Spiegel und die eines Alkoholiker-Hirns« (Mead 1987b:221). Dabei ist es durchaus umgekehrt möglich, dass eine ›subjektive‹ Ansicht ›objektiv‹ wird, indem sie durch vernünftige Argumente allgemeine Anerkennung findet (Mead 1973:210). Jedenfalls aber, und dieser Punkt darf nicht übersehen werden, sind die »Grenzen sozialer Organisation [...] in der Unfähigkeit von Individuen zu suchen, die Perspektive von anderen zu übernehmen, sich an ihre Stelle zu versetzen« (Mead 1987b:217). Das Auffinden einer gemeinsamen Perspektive besitzt lediglich eine nicht garantierte Wahrscheinlichkeit (Mead 1987b:224), weil die einzelnen Perspektiven *de facto* allenfalls *relative* Ähnlichkeit besitzen (Farbermann 1992:46). Mead war sich durchaus der Tatsache bewusst, dass faktisch in komplexen und multikulturellen Gesellschaften nicht »alle mit einer Stimme bei der Organisation sozialen Verhaltens sprechen« (Mead 1969:145), und dass aus diesem Grund ein für die gesamte Gesellschaft verbindlicher »generalisierter Anderer« nur ein regulatives Prinzip, eine Zielvorstellung darstellen kann. Es existiert für Mead kein überzeitliches System etwa der Kul-

---

4 | Vgl. die schon klassischen Untersuchungen von Alois Hahn zu den Konsensfiktionen junger Ehepaare. Selbst in diesen intimen Kleinst-»Gruppen« (die soziologisch betrachtet ja noch nicht einmal Gruppen sind) herrscht ein enormes – und für da Fortbestehen der Partnerschaft konstitutives – Maß an Illusion über die Gemeinsamkeit von Weltsichten und Weren (Hahn 1983).

tur oder der Werte (Wenzel 1985:50). Diese hochabstrakten Konzepte sollten in Meads Texten also eher als theoretische Leitbilder denn als deskriptive soziologische bzw. sozialpsychologische Kategorien betrachtet werden.[5]

Sozialität im Sinne Meads ist vielmehr ein prekärer, stets vom Scheitern bedrohter Prozess. Soziale Wirklichkeit als kommunikativ vermittelte Überschneidung der Realitäten verschiedener Individuen erklärt sich allein auf dem Erfahrungsboden einer gemeinsamen Praxis: »Man muss eine gewisse Zusammenarbeit, in die die einzelnen Mitglieder selbst aktiv eingeschaltet sind, als die einzig mögliche Grundlage für diese Teilnahme an der Kommunikation voraussetzen. Man kann mit den Marsmenschen keinen Dialog beginnen und keine Gesellschaft errichten, wenn es keine *vorausgehenden* Beziehungen gibt« (Mead 1973:304, Herv. v. mir). Sozialität verdankt sich einer ›gemeinsamen Vergangenheit‹ (und darüber hinaus einem gemeinsamen Handlungsziel, welches den sozialen Prozess strukturiert). Die Weltentwürfe der Individuen entsprechen vergangenen, lebensgeschichtlich gemachten Erfahrungen in sozialen Zusammenhängen (vgl. auch Karl Mannheims Begriff des »konjunktiven Erfahrungsraums«; Mannheim 1980).

Gelingen und Misslingen von Sozialität stehen in engem Zusammenhang. Weil die Möglichkeit des Misslingens das Bestehen der Gemeinschaft gefährdet, tritt ihr Gelingen besonders hervor. Die Existenz einer »gemeinsamen Perspektive«, die gelingende Kooperation wird immer auch zur Demonstration oder *Aufführung* des Gelingens dieser Gemein-

---

5 | Meads gab zahlreiche (i.A. wenig beachtete) Hinweise darauf, dass seine universalistischen Modelle als theorieleitende utopische Idealvorstellungen zu verstehen sind, denen in der sozialen Realität vielfach gesellschaftliche Klassenbarrieren, Milieustrukturen, interkulturelle Sprachbarrieren etc. gegenüberstehen: »Wenn wir die Menschen derart zusammenführen können, dass sie in das Leben der jeweils anderen eintreten können, werden sie zwangsläufig ein gemeinsames Objekt besitzen, das ihr gemeinsames Verhalten kontrolliert. Diese Aufgabe jedoch ist gewaltig genug, denn sie erfordert nicht allein des Abbau passiver Barrieren, wie räumlicher, zeitlicher und sprachlicher Distanzen, sondern gerade den Abbau der verfestigten überkommenen und statusabhängigen Einstellungen, in welche unsere Identität eingebettet ist. Jede Identität ist eine soziale Identität, doch als solche ist sie auf die Gruppe beschränkt, deren Rollen sie übernimmt, und sie wird sich niemals selbst aufgeben, bis sie in eine umfassendere Gesellschaft eintritt und sich in dieser erhält« (Mead 1987a:328).

schaft. In den populären Mannschaftssportarten ist diese Form der (medialen) Inszenierung von Gemeinschaft ein fester ritueller Bestandteil.

In der Bewährung von (kontingenten oder wie im Sport inszenierten) *Handlungskrisen* erweist sich die »volle Realität« der Gemeinschaft. Das Gelingen ist gleichsam die rückwirkende Bestätigung der Übereinstimmung der Einzelperspektiven: die (nach der Lösung des Problems) nunmehr vergangene Gegenwart war »real« (im Sinne der hier als »praktische« bezeichneten Vorstellung von Realität), weil ihr Zukunftsentwurf sich als zutreffend erwies. Dies bedeutet zugleich, dass die in dieser vergangenen Gegenwart mobilisierten Handlungsmittel – seien es traditionelle oder auch neue Methoden – sich als ebenso praktisch-real erweisen. Umgekehrt wird das Misslingen von Kooperation als Zeichen dafür gewertet, dass unüberbrückbare Perspektivendifferenzen bestehen, so dass die Mitglieder der betreffenden Gruppe – im Meadschen Sinne wortwörtlich – in unterschiedlichen Realitäten leben.

10.3 Die Nichtidentität der Anderen: Zur Idee einer Pragmatik der Differenz

Der pragmatische Konstruktivismus Meads, wie er hier an einigen begrifflichen Eckpfeilern skizziert wurde, erweist sich im Kontext der Frage nach einer antirepräsentationalistischen Auffassung von Realität als (trotz ihres Alters) durchaus anschlussfähige Position. Meads pragmatistisches Realitätsmodell ist dabei gleichermaßen komplex wie aufschlussreich. Die These der »objektiven Realität der Perspektiven« stellt auf einer basalen Ebene fest, dass, wie es bei Luhmann heißen würde, außerhalb von Beobachtungsoperationen keine Realität geltend gemacht werden kann. Die Frage eines imaginären Beobachters stellt sich hier nicht (wie in der Systemtheorie): das Individuum bleibt sich zwar grundsätzlich entzogen (erst in der Rekonstruktion eines Me wird es seines »I« bewusst), doch wird die Perspektive auf die Welt von vornherein als eine *verkörperte* verstanden. Die welterzeugenden Perspektiven weisen dabei eine immanente Zeitstruktur auf. Sie konstituieren »Natur«, haben aber zugleich Entwurfscharakter: die Perspektive auf die Welt ist vorläufig und imaginativ; die so konstituierte Welt ist entsprechend eine Möglichkeit (aber *als* diese Möglichkeit ist sie eine »reale« Perspektive, und nicht etwa eine »nur gedachte« die einer »manifesten«, perspektivenfreien Realität entgegenstünde).

Die Alltagswelt des Individuums wird damit bemerkenswerter Weise als eine im Wesentlichen »aufgeschobene Realität« von Distanzobjekten verstanden. Das Symbol, das entsprechend der pragmatistischen Bedeutungstheorie die mit einem Objekt verbundenen Handlungsoptionen codiert, erzeugt dabei eine virtuelle Realität in eben dem Sinn, der einleitend mit Wolfgang Welsch (oben S. 14) vorgestellt wurde. Das Symbol ist eine Art Komplize der Fernsinne, die noch vor dem Symbolgebrauch eine Welt als »aufgeschobene Gegenwart« erzeugen. In Meads Texten wird diese gewiss kühne Einsicht durch die »instrumentalistische« Zukunfts- und Zielorientiertheit des Pragmatismus kompensiert. Das ändert aber nichts an der grundlegenden Erkenntnis, dass die realitätskonstituierenden Wahrnehmungsereignisse (Perspektiven) zugleich als Vollzug »real« sind, als Perspektive jedoch im Modus des Potentialis, der Möglichkeit, des Virtuellen stehen.

Eine nächste Ebene taucht mit dem Bezug auf die Perspektiven der Anderen auf. Meads Vorstellung einer unausschöpflichen Pluralität von Perspektiven, die jedes mögliche Objekt konstituiert, zugleich aber (für neue Perspektiven) offenhält, definiert jeden Bestandteil der Realität in radikaler Weise als zeit- und kulturgebunden. Die bei Mead noch vorherrschende universalistische Vorstellung der intersubjektiven Bedeutungsidentität von »signifikanten Symbolen« konstituiert wie gesehen eine – theoretisch – einheitliche Realität auf der Basis von Symbolen (Mead 1987b:222). Eine solche Einheitlichkeit kann aus heutiger (differenztheoretisch informierter) Sicht nicht mehr unterstellt werden. Jenseits dieser pragmatistischen Fortschritts- und Vereinheitlichungs-Ideologie findet sich eine nichtrepräsentationalistische Theorie der Konstitution von Realität durch individuelle und soziale Weltverhältnisse. Meads Modell schreibt jedem sozialen Objekt eine unerschöpfliche Potentialität zu, die in den jeweils realisierten privaten, subjektiven und »objektiven« Perspektiven grundsätzlich nur bruchstückhaft erschlossen wird. Das Nicht-Identische der Objekte ist ihnen aber nicht (wie bei Adorno) bereits inhärent. Adornos Einforderung des »Vorrang des Objekts« bleibt letztlich im Subjekt-Objekt-Schema eingeschlossen. Es heiligt das Objekt, weist

Die Nichtidentität der Anderen: Zur Idee einer Pragmatik der Differenz

ihm eine transzendenten Status zu, dem das Subjekt seinerseits durch Handlungsunterlassung, durch »Eingedenken«, nach-spüren muss. Wenn es (wie im Pragmatismus) kein vorgängiges Objekt gibt, kann es auch keinen Vorrang geben. Statt dessen stellt die Einsicht in die unendliche Vielfalt möglicher Perspektiven eine pragmatische Kritik der Festschreibung von Identitäten dar, verbunden mit der Aufforderung zur Kreativität eines Handelns (Joas 1996), welches das Objekt, die Welt, das Selbst in neuen Perspektiven immer wieder neu entwirft.

Mead hat die Frage des Verhältnisses zum Anderen nur in sehr engen Bahnen behandelt – der Andere als reagierender Interaktionspartner, als »signifikanter« Symbolgeber oder als Kooperationspartner im Hinblick auf ein gemeinsames soziales Objekt (etwa: Handlungsziel). Besonders in letzterem Fall kommt der Andere zwar in seiner Eigenperspektivität in den Blick, jedoch ist Mead hierbei nur an der Übersetzbarkeit seiner Perspektive in andere Perspektiven interessiert. Dass auch der Andere (wie das Selbst) konsequenterweise nur in perspektivengebundenen Wahrnehmungsereignissen »Realität« erlangt, ist zwar im Rahmen der Meadschen Kosmologie evident, wird jedoch von ihm keiner systematischen Betrachtung unterzogen.

Strukturell betrachtet ist der Andere (wie auch das »Self« und alle anderen Interaktionsobjekte) nichts anderes ein »soziales Objekt«. Er wird zum Anderen mit einer anderen Perspektive nur durch seine »Realisierung«, durch eine Perspektive, die ihn als anderen anerkennt. Die von Mead betonte Perspektivenvielfalt ist insofern nur über Anerkennung von Alterität denkbar. Denn wenn der Andere nicht als Anderer in den Blick gerät, kann die von ihm übernommene Perspektive nur »meine« eigene Perspektive sein – die Perspektivenübernahme wäre illusionär. Mead kann diesen Umstand übersehen, da er die Alterität der anderen Perspektive in der vermeintlichen Identität des signifikanten aufhebt. Mit der (von Mead selbst formulierten) Einsicht, dass de facto Symbolidentität (und auch die Identität des Self) nicht besteht, bleibt die symbolvermittelte »emergente Gegenwart« eine Illusion im Sinne der oben angesprochenen gemeinschaftskonstitutiven Konsensillusionen (die ja durchaus Ausdruck eines enttraditionalisierten Sozialraums, erodierter Rollengefüge etc. ist).

Die virtuelle Realität der Perspektiven

Ironischer Weise verbleibt aus dieser Perspektive das, was im Meadschen Pragmatismus als »volle Realität« erscheint, durch diese Verkennung des Anderen in einem »hypothetischen« Status. Erst die Einsicht in die irreduzible Andersheit anderer »Zeitsysteme« oder Perspektiven führt zu einer »realistischen« Zusammenführung von Perspektiven, insofern das notwendig Ausgeschlossene, nicht Übersetz- oder Transformierbare der anderen Perspektive als solches markiert wird. Die »konstitutive Unterscheidung des Anderen« (vgl. Kap. 7.3) wird unter den Prämissen eines differenztheoretisch sensibilisierten Pragmatismus zu einer ständig mitlaufenden Bedingung für Realitätskontakt.

11 Systemdeterminismus vs. Gebrauchsdimension: alte vs. neue Medien

Die Frage nach der Realität, von der man behaupten kann, dass sie zeitgleich mit einem Medienumbruch – mit der Umstellung einer oralen Kultur auf das Medium des phönizischen Alphabets – in Form der antiken griechischen Philosophie auftrat, wurde inzwischen von der Frage der Medialität eingeholt. Dementsprechend erhalten die florierenden Universalbegriffe »Medium« bzw. »Medien« in der Literatur eine Fülle divergierender Bestimmungen: Raum, Zeit, Körper, Mimik, Gestik, Stimme, Sprache, Schrift, Literatur, Buch, Buchdruck, Ton, Musik, der Plattenspieler, Radio, »das« Internet, Plakate, Flaggensignale, Geld, Liebe, Macht, Wahrheit, das Wetter – um nur einige Beispiele zu nennen. Als ein solches Feld ausufernder Familienähnlichkeiten ist der Terminus »Medium« praktisch unbrauchbar. Allein bei Niklas Luhmann, dem wir in diesem Kapitel (schon) wieder begegnen – diesmal aber nur in seiner Eigenschaft als *soziologischer* Systemtheoretiker –, existieren mindestens vier klar voneinander abgegrenzte Medienbegriffe.[1] Selektion ist unvermeidbar, und selbstverständlich muss betont werden, dass es hier nicht darum gehen kann, »den Medienbegriff« implizit festzulegen. Das Interesse dieses Kapitels ist vielmehr ein Differentielles: Im Folgenden werden zwei Dimensionen von Medialität herausgearbeitet, die besonders geeignet sind, eine Abgrenzung von alten und neuen Massenmedien aufzuzei-

---

1| Dabei handelt es sich in absteigender Allgemeinheit und Anspruch auf Vollständigkeit um 1) die Differenz Medium/Form, 2) die »Erfolgsmedien« (»symbolisch generalisierte Kommunikationsmedien«; Luhmann hat diesen Begriff in Anlehnung an Talcott Parsons' Konzept der »symbolisch generalisierten Interaktionsmedien« gebildet; vgl. Luhmann 1998:316 ff.), sodann 3) Medien als soziales System (Massenmedien) und schließlich 4) Wahrnehmungsmedien.

gen. Diese Dimensionen sind 1) die *Autonomie* der Medien (Luhmann) und 2) die *emanzipatorische Gebrauchsdimension* der Medien (Sandbothe). Es ist bemerkenswert, dass alle beiden Medientheorien Bezüge zu Marshall McLuhan aufweisen bzw. herstellen lassen.[2] Insofern McLuhan immer noch als inspirierender Bezugspunkt der heutigen Mediendebatte gelten kann,[3] wird die Diskussion mit einem Rückblick auf McLuhans Medienkonzeption(en) eröffnet.

11.1 Medien als Selbstreferenz, prothetischer Apparat und Emanzipationshoffnung (Marshall McLuhan)

Marshall McLuhan gilt bis heute als einer der innovativsten – und sicherlich auch umstrittensten – Medientheoretiker. Seine Bücher, v.a. *The Gutenberg Galaxy* (1962) und *Understanding Media* (1968) sind von großem Ideenreichtum und vielseitigen Bezugnahmen geprägt, jedoch auch durchweg von eher assoziativer Vorgehensweise und mangelnder Bereitschaft zur Klärung zentraler Kategorien. Mit seinem eigenwilligen Stil verfolgte McLuhan das Ziel, seine medientheoretischen Einsichten und insbesondere seine bekannte Kritik an den rationalistischen und uniformierenden Auswirkungen des Buchdrucks auf die eigene Textproduktion anzuwenden (Kloock/Spahr 2000:42f.), Linearität und Uniformität durch anekdotisches, assoziatives und mehrdimensionales Denken zu ersetzen, bis hin zum experimentellen Aufbrechen der linearen Form des Buches (McLuhan/Fiore 1984). Doch auch wenn McLuhans Vorstellung von

---

2 | Obwohl gewisse zumindest äußerliche Parallelen zwischen McLuhans und Luhmanns Medientheorienaufgezeigt werden können, vermeidet Luhmann m.W. stoisch jede Erwähnung McLuhans.

3 | Vgl. außer den Genannten etwa auch Sybille Krämer (1998:81) und den »Mediologen« Régis Debray (2003:45 ff.). Sowohl Krämers als auch Debrays Medientheorien würden die hier grob (aber unter pragmatischen Gesichtspunkten ausreichend) gehaltene medientheoretische Differenzierung um einige Perspektiven erweitern; an dieser Stelle kann darauf allerdings nur auf sie verwiesen werden. Vor allem Krämers Vorschlag, technische Medien als »Apparate« im Sinne materialer »welterzeugender« Technologien zu betrachten, erlaubt innovative Anschlüsse. Die Mediologie Debrays bietet gegenüber den meisten anderen Medientheorien in ihrem praxeologischen und archäologischen Zugang zur Medienthematik eine außerordentlich weitgefasste Sicht auf das kulturelle Phänomen ›Medium‹ und achtet dabei zugleich auf eine adäquate begriffskritische Differenzierung.

Theorie als Do-it-yourself-Baukasten an Foucault erinnert und, in der teils radikalisierten Nichtlinearität seines Textes, wie ein Vorläufer des rhizomatischen Denkens Deleuze/Guattaris erscheinen mag (Kloock/ Spahr 2000), trennt doch bereits der Gestus seinen Diskurs von diesen einflussreichen Exponenten der französischen Postmoderne. Auf der methodischen Ebene bedient sich McLuhan zudem sowohl konventioneller historischer Erklärungsmuster als auch unreflektierter, normativ-anthropologischer Grundannahmen. Seine rationalitätskritische Haltung entspringt nicht einem theoriekritisch fundierten Projekt, sondern ist Ergebnis einer Reihe von Annahmen über Medialität und Technik, die überwiegend lediglich anekdotisch belegt und im Grunde unhinterfragt bleiben.

Auch wenn McLuhan die Basis seines weit ausgreifenden medientheoretischen Weltgebäudes – den Medienbegriff – nicht systematisch klärt, lässt sich dieser anhand der in *The Gutenberg Galaxy* dargebotenen Mediengeschichte sowie der in *Understanding Media* zentralen Unterscheidung von »heißen« und »kühlen« Medien rekonstruieren.

McLuhan fasst Medialität als ein historisches, die Kulturgeschichte der Menschheit tangierendes Phänomen. Durchaus in der Manier linearer Historiographie unterscheidet er vier Phasen: die Epoche der oralen Stammeskultur, darauf folgend die Manuskript-Kultur, die »Gutenberg-Galaxis« sowie das elektronische Zeitalter. Medientechnisch entspricht dieser Aufreihung die Abfolge Sprache – Schrift – Buchdruck – Elektrizität. McLuhan weist diesen medialen Grundtypen quasi paradigmatischen Status zu; das Aufkommen anderer, ebenfalls als Medien verstandener technisch-kultureller Phänomene wie das Rad oder Geld (McLuhan 1968:31) wird im Kontext dieses Schematismus betrachtet.

Entsprechend seiner Ausgangsthese, dass Medien »extensions of man« (so der Untertitel der Originalausgabe) seien – ein Ausdruck, der sich sowohl auf die »Menschheit« als auch auf Personen beziehen lässt – tendiert McLuhan dazu, den jeweiligen historischen Leitmedien eine exklusive, die anderen Medien dominierende und überlagernde Wirkung zuzuschreiben. In dieser Überzeichnung lassen sich den Medienepochen unterschiedliche sensorische Erfahrungstypen zuordnen. Für die orale Stammeskultur ist dies die Auditivität; die Manuskript-Kultur ist von Taktilität geprägt; die »Gutenberg-Galaxis« von Visualität; das elektronische Zeitalter schließlich zeichnet sich durch eine Integration der verschiedenen Sinneskanäle aus. Die Charakteristik der jeweiligen Medienepoche generiert McLuhan dabei v.a. aus der Analyse und Übertragung des jeweiligen sensorischen Erfahrungstyps.

Besonders problematisch ist an diesem Vorgehen das ahistorische Verständnis von Sinneserfahrung. Dass das Medium die »Message« ist, spielt zum einen auf McLuhans innovative Feststellung an, dass »der ›Inhalt‹ jedes Mediums immer ein anderes Medium ist« (McLuhan 1968:14). Wirkung und Funktion von Medien, so die damit einhergehende These, werden im Wesentlichen von den Eigenschaften des Mediums bestimmt und weniger von den transportierten Inhalten. Die »›Botschaft‹ jedes Mediums oder jeder Technik«, so führt McLuhan weiter aus, »ist die Veränderung des Maßstabs, Tempos oder Schemas, die es der Situation des Menschen bringt« (McLuhan 1968:14). Sie ließe sich hinsichtlich des wahrnehmungstechnischen Hintergrundes dieses Medienbegriffs vielleicht als die Bedeutung und Auswirkung des kulturellen Gebrauchs jeweils eines isolierten, dominanten Sinneskanals beschreiben.

Hinsichtlich ihrer »Botschaft« unterteilt McLuhan Medien in »heiße« und »kühle«. Heiße Medien wie Buchdruck oder Radio werden als intensiv, informations- und detailreich beschrieben. Da sie keine wesentliche persönliche Beteiligung der Rezipienten voraussetzen[4], könnte man ihre Wirkung als kulturell *invasiv* und individuell *immersiv* beschreiben. Sie wirken zweitens *ausschließend und trennend*, was sich für McLuhan bspw. in der Individualisierung des neuzeitlichen Lesers und in den nationalistischen Effekten der »Stammestrommel« Radio äußert (vgl. McLuhan 1968:324 ff.). Die »Botschaft« heißer, invasiver Medien ist letztendlich Exklusion.

Kühle Medien hingegen benötigen die konstruktive Beteiligung der Rezipienten. Weil sie relativ informationsarm sind, ist ihnen ein Moment der Distanz zum Rezipienten gleichsam eingeschrieben. Durch diese notwendige Beteiligung und aktive Teilnahme eignet kühlen Medien ein

---

4 | Vielleicht ist es genauer zu sagen, dass eine möglicherweise notwendige persönliche Beteiligung (wie etwa die Tätigkeit des Radio-Hörens) für McLuhan keine konstitutive Funktion hinsichtlich der jeweiligen Medienwirkung besitzt. Nach McLuhan ist das Signum heißer Medien die Passivität des Rezipienten, der, was die »Message« betrifft, buchstäblich »nichts zu sagen« hat.

Moment des Sozialen. Die »Nachricht« kühler Medien ist also eine gedoppelte Form der Inklusion: einerseits die Beteiligung der Rezipienten, andererseits die dadurch bedingte Vergemeinschaftung der beteiligten Rezipienten.

Den in den *Magischen Kanälen* verstreuten inhaltlichen Konkretisierungen der hot/cool-Unterscheidung liegen folgende Leitmotive zugrunde, die zusammengenommen McLuhans Medienbegriff charakterisieren lassen:

- *Sinnliche Affektion und Verkörperung symbolischer Ordnung.* Bestimmte Medien affizieren einen oder mehrere Sinne. Es ist undeutlich, ob McLuhan dies eher im engeren, etwa wahrnehmungspsychologischen Sinn meint (so wie Sprache, Radio und Telefon das Ohr, Schrift, Buchdruck und Telegraf das Auge und Fernsehen Auge und Ohr ansprechen), oder ob eine abstraktere Konzeption intendiert ist. Wenn McLuhan jedenfalls Geld, das Rad, eine Stahlaxt »oder irgendeine [andere] Form von spezialistischer Beschleunigung des Austausches und der Information« (McLuhan 1968:31) abwechselnd als »heiße Technik« und als als »heißes Medium« beschreibt (ebd), wird das Medium als symbolischer Träger sozialer Ordnungen aufgefasst, der als solcher nicht in bestimmter Weise auf Sinne zu beziehen ist.
- *Informationsdichte.* McLuhan beschreibt Medien als mit sehr unterschiedlicher Informationsdichte ausgestattet. Die kühlen, als informationsarm charakterisierten Medien können dabei aufgrund der notwendigen konstruktiven Rolle des Rezipienten als die »kommunikativeren« betrachtet werden; je »heißer« und invasiver ein Medium wird, desto einseitiger wird der Informationsfluss – auch hieran kann McLuhan den ausschließenden, trennenden Effekt heißer Medien anbinden.
- *Rezeptivität.* Die konstruktive Rolle und Beteiligung des Rezipienten hinsichtlich des Zustandekommens des medialen Wahrnehmungsereignisses bezieht sich nicht etwa auf die soziale Wirkung oder Funktion des Mediums; insofern ist Mike Sandbothes Kritik beizupflichten, dass McLuhan in theoretizistischer Manier die gebrauchstheoretische Dimension weitestgehend vernachlässigt (2001:154). Die rezeptive Aktivität wird von McLuhan vielmehr als eine Art kreativer sinnhafter

Vervollständigung der »Gestalt« des – in diesem Kontext dann doch nur so zu benennenden – übermittelten »Inhalts« vorgestellt, wenn bspw. das »Punktemosaik« des Fernsehbildschirms zu einem Bild synthetisiert wird. Die Frage der Veränderung eines Mediums selbst durch die Art seines sozialen Gebrauchs bleibt hierbei gänzlich unberührt.
- *Betäubung*. Nach McLuhan führen Medien ihre »Botschaft« nicht overt auf, ganz im Gegenteil wirkt hier ein Mechanismus der Verschleierung: »Denn wird die Gesellschaft mit einer neuen Technik operiert, ist nicht die aufgeschnittene Stelle der am meisten betroffene Teil. Die Druck- und Schnittstelle ist betäubt. Das ganze System aber wird verändert. Die Wirkung des Radios ist visuell, die Wirkung des Fotos auditiv« (McLuhan 1968:75).
- *Autonomie, Komplexität, Selbstreferenzialität*. Schließlich sind Medien, seien sie »heiß« oder »kühl«, hinsichtlich dieser Wirkung autonom; ihre Struktur ändert sich nicht mit ihrem Gebrauch. McLuhan beschreibt sie in diesem Zusammenhang auch als für die Rezipientenseite undurchschaubar und komplex (erstens aufgrund ihrer »sinnesbetäubenden« Wirkung; zweitens, weil sie ein Konglomerat von Sinnlichkeit, immaterieller Symbolik und Technik bilden). Schließlich werden Medien als selbstreferenziell beschrieben. Wenn der »Inhalt« eines Mediums *immer* ein anderes Medium ist (insofern das Medium selbst die »Botschaft« ist), kann dieser inter- oder transmediale Verweisungszusammenhang schwerlich eine »Botschaft« enthalten, die von außerhalb stammt.

Darüber hinaus gehört es durchaus zu den Leistungen McLuhans, einen weiten Kreis von medientheoretischen Bezügen bereitzustellen, die Zusammenhänge, aber auch nicht zuletzt Differenzierungsbedarf anzeigen. Erwähnt wurde bereits die Vermischung von Verbreitungsmedien und generalisierten Interaktionsmedien. Offen bleibt zudem die Abgrenzung von Medien und Technik einerseits, andererseits das Verhältnis von Körperlichkeit und Medialität, das mit dem Audruck »extensions of man« ausgesprochen metaphorisch, begrifflich unterbestimmt bleibt. In diesem Zusammenhang wäre ohnehin zu fragen, ob McLuhan Medien nicht eher als *Invasionen* denn als *Extensionen* konzipiert. Denn die Ausblendung der gebrauchstheoretischen Dimension erzeugt das Bild des marginalen Rezipienten, ja der Kultur als Epiphänomen des jeweilig kursierenden Leitmediums. Gerade die Merkmale der Autonomie, Komplexität und Selbstbezüglichkeit von Medien erinnern an die systemtheoretische Medientheorie, ohne allerdings ihrem Beschreibungsniveau nahe zu kommen.

11.2 Massenmedien als System (Niklas Luhmann)

Luhmann und McLuhan

Wenn oben McLuhans Medienbegriff in die Nähe der Systemtheorie gerückt wurde, so bezieht sich das selbstredend auf oberflächliche Ähnlichkeiten; dennoch ist kaum von der Hand zu weisen, dass der Gedanke der Selbstreferenzialität und Autonomie der Medien zuerst bei McLuhan zu finden war. Tatsächlich kann von einem expliziten oder impliziten Bezug McLuhans etwa auf die systemtheoretische Soziologie eines Parsons oder Merton nicht gesprochen werden. Umgekehrt kommen Luhmanns medientheoretische Erörterungen (Luhmann 1996; Luhmann 1998) nicht nur ohne inhaltlichen Bezug, sondern sogar ohne jede, sei es auch nur kritische Nennung McLuhans aus.

Der Medienwissenschaftler Terje Rasmussen hat – versuchsweise – McLuhans Medientheorie in die Nähe der systemtheoretischen Medientheorie Luhmanns gebracht (Rasmussen 1998). Er hebt hervor, dass bei McLuhan das Individuum nicht als Agent konzipiert sei, sondern vielmehr als medienproduziertes Bewusstsein.»He is not concerned with how individuals and social groups act and interact, in and through media, intentionally and willfully« (ebd). Dies entspricht – aus entgegengesetzter Perspektive – der McLuhan-Kritik Sandbothes. Ferner verstehe McLuhan auch Gesellschaft als ein System – und zwar ein mediendeterminiertes, insofern es ausschlaggebend sei, welche Arten von Medien jeweils zwischen Bewusstsein und Gesellschaft vermittelten. Hierbei seien bei McLuhan wie bei Luhmann nicht die kommunizierten Inhalte relevant, sondern der verwendete Code (die »Message« bei McLuhan), für welchen McLuhans binäre heiß/kühl-Unterscheidung stehe.

Systemdeterminismus vs. Gebrauchsdimension: alte vs. neue Medien

Wie Rasmussen verdeutlicht, teilt McLuhan offenbar drei grundlegende Standpunkte der Systemtheorie in seiner Medientheorie – erstens die Abkehr von einem subjektzentrierten Kommunikationsmodell, zweitens die theoretizistische Vorstellung, dass Medien hinsichtlich ihrer Form und Wirkungsweise autonom und selbstbezogen, hinsichtlich ihrer sozialen Verwendung ›irritationsresistent‹ sind, drittens schließlich die mediendeterministische These des strukturbildenden Einflusses der Medien auf Kulturen und Gesellschaften. Jedoch darf dabei nicht übersehen werden, dass bei McLuhan konzeptuelle Grundbausteine der Systemtheorie (ja überhaupt jede erkennbare konzeptionelle Struktur) schlicht fehlen – etwa die Vorstellung der Autopoiesis, der operativen Schließung, der Fremd- und Selbstreferenz (auch wenn Rasmussen versucht, sie dort zu konstruieren), überhaupt der Systemgedanke. Wie Luhmann beispielsweise feststellt, führt die These der medialen Ausweitung der Reichweite menschlicher Sinnesorgane nicht unmittelbar zur Einsicht in den Systemcharakter des Phänomens der Kommunikation.[5] Immerhin aber kam der Vorschlag, Massenmedien als selbstereferentiell geschlossene Systeme zu verstehen (Luhmann 1996), erst drei Jahrzehnte nach McLuhans *Understanding Media*; und erst in jüngster Zeit scheint die systemtheoretische Soziologie sich der Bedeutung von Medien in dem Umfang bewusst zu werden, den McLuhan schon damals proponierte.[6]

Ebenfalls beachtenswert ist, dass McLuhans Ausführungen bisweilen in die Nähe des systemtheoretischen Begriffs symbolisch generalisierter Kommunikationsmedien zu geraten scheinen. Luhmann (1987:222, 1998:316 ff.) versteht hierunter Mittel, in komplexer werdenden Gesell-

---

5 | So Luhmann (1998:193): »Wenn Lebewesen nicht einzeln leben müssten, wenn es keine Vorteile von Information auf Distanz gäbe und wenn es nicht hilfreich wäre, die Grenzen des eigenen Sinnesapparates […] zu erweitern, könnten sich keine Kommunikationssysteme bilden. Die dies ermöglichende Umwelt erklärt viel. Sie erklärt aber gerade nicht, dass es zur Autopoiesis von Kommunikation, zur operativen Schließung kommunikativer Systeme kommt […].« Auch an dieser Stelle bezieht sich Luhmann nicht etwa auf McLuhans alleitts bekannte Vorstellung der Medien als »extensions of man«, sondern auf die evolutionistisch-funktionalistische Variante der These, wie sie zeitgleich u.a. von Donald T. Campbell vertreten wurde (vgl. Luhmann 1998:192).
6 | Im Gegensatz zu seinem Opus Magnum (Luhmann 1998) spielen Medien, insbesondere Verbreitungsmedien, noch in dem Band *Soziale Systeme* (Luhmann 1987) eine deutlich untergeordnete Rolle.

schaften die Annahmechancen von Kommunikation zu erhöhen. Symbolisch generalisierte Kommunikationsmedien sind funktionale Elemente jeweils eigener Subsysteme, deren Kommunikation sie organisieren, etwa im Bereich der Politik (Macht/Recht), Wissenschaft (Wahrheit) oder der Ökonomie (Geld). Bemerkenswert ist, dass – obwohl McLuhan dem soziologischen Gesellschaftsbegriff Tönnies, Weber oder Mannheims sicherlich näher steht als der systemtheoretischen Differenzierungsthese[7] – im genannten Beispiel Geld als ein Medium der *Kommunikation* aufgefasst wird, und dass genau *darin* der Grund dafür gefunden wird, dass es Gesellschaften umstrukturieren kann (McLuhan 1968:143 ff.).

Das System der Massenmedien und die Frage der »referenzlosen Bilder«

Unter den vier aufgezählten Medienbegriffen Luhmanns ist im Hinblick auf eine Abgrenzung ›alter‹ von Neuen Medien v. a das System der Massenmedien von Interesse (Luhmann 1996; 1998:1196 ff.). Zunächst muss dieses von dem abstrakten Konzept der Medium/Form-Differenz unterschieden werden. Mit letztere thematisiert Luhmann im Anschluss an Fritz Heiders Arbeit über *Ding und Medium*, die seit ihrer Adaption durch Luhmann verstärkte Aufmerksamkeit findet. Medium in diesem Sinne ist etwas, das sich nicht beobachten lässt, denn die Beobachtung unterscheidet – Formen. Medium bezeichnet »eine Menge nur lose gekoppelter Elemente […], die für Formbildung zur Verfügung stehen« (Luhmann 1998:1098). Die Medium/Form-Differenz ist re-entrant, d.h. sie lässt sich auf beiden Seiten der Differenz wieder einführen: Medium ist lose gekoppelte Form, und Form ist Element der losen Kopplung von Medien. »Das Medium ist ›gekörnt‹, es setzt sich seinerseits auf Formen zusammen: die Luft aus Molekülen, der Sand aus Körnern oder Sinn aus Sinnverweisungen« (Fuchs 1994:22). Die Medium/Form-Differenz spielt eine besondere Rolle für den Begriff des Sinns, insofern jede (operational aktualisierte) Form mit der nächsten Operation wieder zerfällt, Medium wird. In diesem Sinn etwa versteht Luhmann Sprache als Medium (und

---

7 | Man darf wohl eher annehmen, dass McLuhan auch hinter diesen Gesellschaftsbegriffen weit zurück bleibt. Im Gegensatz zur Soziologie des frühen 20. Jahrhunderts stellt McLuhan Gesellschaft immer wieder als bloßes Derivat von Gemeinschaft vor.

nicht als Instrument), insofern die jeweils Formen zu aktualisieren erlaubt, die, sobald der Satz ausgesprochen, wieder in das Medium zerfallen, das seinerseits durch »Kopplung/Entkopplung des Wortbestandes« (Luhmann 1998:220) den nächsten Sinnanschluss, den nächsten Satz erlaubt. Insofern ist »Medium« die Potentialität sinnhafter Anschlussmöglichkeiten an Formen bzw. Unterscheidungen. Als Beispiel nennt Luhmann die öffentliche Meinung (ebd. 1098).

Davon zu unterscheiden ist, so Luhmann, welches Funktionssystem dieses Medium produziert und reproduziert: »Nur dieses Funktionssystem soll mit dem Begriff der Massenmedien bezeichnet werden« (ebd.). Als operational geschlossenes, autopoietisches und selbstreferenzielles System produzieren die Massenmedien – wie jedes sinnverwendende System um Luhmann'schen Theorieuniversum – ihre eigene Realität. Diese ist, wie oben dargestellt, Beobachtung erster Ordnung, d.h., das Mediensystem betrachtet seine Umwelt nach Maßgabe eigener Unterscheidungen, bzw. der eigenen »Codierung« – der Leitdifferenz Information/Nichtinformation, welche die Selbstbeobachtung des Systems determiniert und somit Selbst- und Fremdreferenz ermöglicht (was einen anderen Code verwendet, gehört nicht zum Mediensystem; Luhmann 1996:36). Die Kopplung an das restliche Gesellschaftssystem, also seine Umwelt, verläuft über Themen. Diese »repräsentieren die Selbstreferenz der Kommunikation. [...] Auf thematischer Ebene kommt es [...] zu einer laufenden Abstimmung von Fremdreferenz und Selbstreferenz *innerhalb der systemeigenen Kommunikation*« (ebd. 28), so dass auf diese Weise eine strukturelle Kopplung des Mediensystems mit anderen Gesellschaftsbereichen gewährleistet ist: »Der gesellschaftsweise Erfolg der Massenmedien beruht auf der Durchsetzung der Akzeptanz von Themen [...]« (ebd.29).

Luhmann beschreibt als Binnendifferenzierung die Herausbildung unterschiedlicher Programmbereiche, die jeweils den Code Information/Nichtinformation in verschiedener Weise benutzen: Nachrichten und Berichte, Werbung und Unterhaltung (ebd. 51). Diese produzieren jeweils eigene Versionen medialer »Realität«, deren Bedeutung Luhmann nicht nur in ihrer kommunikativen (gesellschaftlichen) Funktion, sondern ebenfalls im Hinblick auf »Individuen als lebende Körper und als Bewußtseinssysteme« (ebd. 190) entfaltet. Zwischen diesen und dem System der Massenmedien bestehe, so Luhmann, ein Verhältnis struktureller Kopplung die sich an *Schemata* und *Skripts* orientiert.[8] Die Bedeutung dieses Vorgangs ist nicht zu unterschätzen, denn »wenn die Weltkenntnis nahezu ausschließlich durch die Massenmedien erzeugt wird«, wird die familiale oder traditionale Weltkenntnis »verdrängt oder überformt [...] durch die Teilnahme an den Sendungen der Massenmedien« (ebd. 191 f.) – ein nicht unwesentlicher Anteil der Bedenken über ›den Wirklichkeitsverlust‹ dürfte auf das Konto dieses Vorgangs gehen. Luhmann beschreibt diese Strukturelle Kopplung als wechselseitigen Prozess, in dem die Massenmedien Schemata als »das Ergebnis des Konsums massenmedialer Darstellungen« voraussetzen und (um Verständlichkeit herzustellen) reproduzieren (ebd. 196).

Wie man sieht, geht es weniger um konkrete Inhalte der Massenmedien – Bilder, bestimmte Informationsarten etc. – sondern um generative Prinzipien des Beobachtens und Handelns. Was für Baudrillard Ausdruck einer von Simulakren übernommenen Welt ist – »referenzlose Bilder« – erweist sich auf dem Hintergrund der systemtheoretischen Betrachtung als massenmediales Schema. Es ist, im Hinblick auf die Mediengeschichte der *Science Fiction* etwa, zu vermuten, dass der Gedanke des Realitätsverlusts selbst ein massenmedial ›gekoppeltes‹ Schema darstellt, welches ermöglicht, den Ontologieverlust der modernen Gesellschaften zu thematisieren, aufzuführen und in seiner Paradoxie sichtbar zu entfalten.

Luhmanns Medientheorie erlaubt indes ebenfalls zu sehen, dass – wie immer das System der Massenmedien an die Wahrnehmungsgewohnheiten von Individuen gekoppelt sein mag – es letztlich seine eigene Realität autonom entwirft. Der Eindruck der durch Medien verbreiteten »selbstreferenziellen« Bilder verdankt sich ja nicht zuletzt dem Umstand, dass sowohl Anzahl als auch Machart dieser Bilder zumindest einige Beobachter erheblich ›stören‹, und dies dürfte nicht zuletzt eben damit zusammenhängen, dass Massenmedien ihre Produkte nur nach selbstreferenziellen Maßstäben, in operativer Geschlossenheit von den (soziolo-

---

8 | Luhmann definiert »Schema« als etwas, »das regelt, was bewahrt bleibt und wiederverwendet werden kann« und damit zugleich auch – qua Selektion – ein Instrument des Vergessens ist (ebd. 193). Schemata bieten Handlungsoptionen, ohne Handeln festzulegen. »Skript« bezeichnet den Sonderfall eines verzeitlichten Schemas.

Systemdeterminismus vs. Gebrauchsdimension: alte vs. neue Medien

gisch gesprochen) ihrerseits operativ geschlossenen ›Interaktionssystemen‹ der Individuen herstellen können. *Dass* diese Bilder(fluten) überhaupt auffallen und die akademischen Diskurse bevölkern, verweist nun interessanter Weise darauf, dass offenbar die kritischen Beobachter dieser Entwicklung sozusagen nur schwach an bestimmte Teile des Systems Massenmedien ›gekoppelt‹ sind. Die Besorgnis über mediale Derealisierung dürfte wesentlich geringer ausgefallen sein, hätte sich statt der Bildmedien etwa das seriöse Zeitungswesen plötzlich multipliziert (auch eine Form der Realitätsverdoppelung). Derealisierungsthesen sind – das wird an dieser Stelle nochmals deutlich – Beobachtungen zweiter Ordnung, die ihre Standortgebundenheit nicht reflektieren. Die These der »referenzlosen Bilder« findet sich aus der hier vertretenen Perspektive in der Systemtheorie der Massenmedien zugleich explizit und – aufgehoben.

Was von hier aus außerdem deutlich wird: die Neuen Medien sind nicht auf das System der Massenmedien reduzierbar. Zwar finden auch hier massenmediale Kommunikationsangebote statt (wie etwa Online-Präsenzen von Printmedien oder Rundfunksendern), doch ist das Internet ein hochgradig heterogener Verbund verschiedenster Kommunikationseinrichtungen (vgl. Jörissen 2002). Weder lässt es sich in konsistente Subsysteme, noch in Sparten zergliedern, weder lässt sich ein »Code« angeben, noch besteht – obwohl eine Selbstthematisierung des Internets im Internet stattfindet – Anlass, *eine* Differenz von Selbst- und Fremdreferenz für ›das‹ Internet zu reklamieren. Das Internet ist kein System, sondern ein Medium, innerhalb dessen Formbildungen – für verschiedenste Systeme zugleich – ermöglicht werden. Aus dieser Tatsache erhellt, dass die Rede von referenzlosen Bildern, die mit Vorliebe gerade auf die Neuen Medien appliziert wird, hier deplaziert ist. In der Tat handelt es sich bei dieser Übertragung um eine Folge der Fixierung auf die Digitalisierung der Bilder, also einen Medienmaterialismus Kittlerscher Prägung, der den konkreten Gebrauchsformen dieses Mediums zu wenig Beachtung schenkt. Man muss auf Konzepte nach Art der Benjaminschen *Aura* zurückgreifen, wenn man aus der bloßen Reduplizierbarkeit digitalisierter Bilder eine Verlustthese folgern will. Dass diese Eindrücke entstehen, wenn man in der Unübersichtlichkeit eines sicherlich epochalen Medienumbruchs Orientierungspunkte sucht, ist kaum zu monieren. Doch es ist Zeit, sich an den konkreten Gebrauchsdimensionen Neuer

Medien zu orientieren, wenn man sie im Hinblick auf ihre sozialen Eigenschaften beurteilen will.[9]

11.3 Die pragmatische Dimension der Medien (Mike Sandbothe)

Mike Sandbothes Kritik an McLuhan, dem »Vordenker der theoretizistischen Medienphilosophie« (Sandbothe 2001:153) wurde bereits oben angesprochen. Als kritischen Gegenbegriff zum Projekt einer pragmatisch ausgerichteten Medienphilosophie eingeführt, werden als ›theoretizistisch‹ solche medientheoretischen Reflexionen bezeichnet, in denen »von allen *konkreten* Interessenzusammenhängen und allen *bestimmten* Zielsetzungen menschlicher Gemeinschaft abstrahiert wird« (Sandbothe 2001:104). Trotz der pragmatischen (emanzipatorischen) Motive McLuhans bilde der Theoretizismus die Grundsignatur seiner Medientheorie; das Primat der theoretischen Analyse offenbare sich in zentralen Thesen, etwa der repräsentationalistisch konzipierten Auffassung der menschlichen Sinne als Schemata zur kognitiven Konstruktion von Wirklichkeit, der mediendeterministischen Annahme einer unmittelbaren kausalen Wirkung von Medien auf das Gefüge menschlicher Sinne sowie der »schicksalhaft aus der theoretizistischen Logik eines medientechnischen Wirkungsgeschehen« interpretierten geschichtsphilosophischen Heilskonstruktion (ebd. 156 ff.). Nicht zuletzt sei in diesem Zusammenhang die Unterscheidung von heißen und kühlen Medien betroffen, die in der von McLuhan gebotenen Form nur im Kontext seines problematischen mediengeschichtlichen Entwurfes Sinn ergäbe.

Sandbothes Vorschlag besteht in einer pragmatischen Transformation v.a. der hot/cool-Unterscheidung. Zurückgewiesen wird die ontologi-

---

9 | Dies entspricht tatsächlich der inzwischen überwiegend anzutreffenden Forschungspraxis. Ausgesprochen vielsagend hinsichtlich dieser Entwicklung ist der Vergleich der Titel von vier Sammelbänden – alle im Suhrkamp Verlag, und zwar in der Reihe ›edition suhrkamp‹ erschienen, die sich grundsätzlich an einen weiteren Leserkreis als etwa die Reihe »stw« zu richten scheint, alle von berufenen Herausgebern initiiert, und insofern durchaus ein Spiegel der gesellschaftlichen wie auch fachlichen Debatte. Die Titel lauten: *Digitaler Schein* (Rötzer 1991) – *Mythos Internet* (Münker/Roesler 1997), offenbar schon in kritischer Einstellung, sodann entlarvend: *Cyberhypes* (Maresch/Rötzer 2001) und schließlich, die Gebrauchsdimension erschließend: *Praxis Internet* (Münker/Roesler 2002).

Systemdeterminismus vs. Gebrauchsdimension: alte vs. neue Medien

sierende Fixierung dieser Kategorien zugrunsten einer gebrauchsorientierten Fassung: »›Kühl‹ und ›heiß‹ bezeichnen vielmehr Mediennutzungsstile, die sich epochalen Konstruktionen entziehen, weil sie sich innerhalb unterschiedlicher technischer und kultureller Konstellationen auf je spezifische Weise realisieren« (ebd. 158). Maßgeblich hierfür ist einerseits die bei allen Medien auffindbare Möglichkeit der Nutzer, sich aktiv oder passiv zu verhalten; andererseits sei McLuhans Mediendifferenz im Sinne einer relationalen Konstellation fruchtbar zu machen: »Die Nutzerinnen und Nutzer konstruieren duch soziale habitualisierte Weisen des Mediengebrauchs das, was ein Medium (in Relation zu einem anderen Medium) jeweils ist. Medien sind aus dieser gebrauchstheoretischen Sicht nicht als wahrnehmungstechnische Erweiterungen von Sinnesorganen, sondern vielmehr als soziale Konstruktionen zu verstehen« (ebd. 163).

Aus dieser Perspektive des Gebrauchskontextes heraus ergibt sich eine dreiteilige Systematisierung des Medienbegriffs. Zunächst einmal ist dieser auf konkretisierte, ›verwendbare‹ Medienformen zu beziehen, also dort, wo Gebrauch stattfindet. Unter diesen »Medien im engsten Sinn« (Sandbothe 1997a:57) wären *technische Verbreitungsmedien* (wie Stimme, Buchdruck, Radio, Fernsehen, Internet; vgl. Sandbothe 2001:104) zu fassen. Der soziale Gebrauch – als aktiver und konstruktiver Umgang – dieser Verbreitungsmedien hat einerseits konstitutiven Einfluss auf das, was Sandbothe auf einer abstrakteren Stufe als »Medien im engen Sinn« kennzeichnet – *semiotische Kommunikationsmedien* wie Bild, Sprache, Schrift und Musik, andererseits auf *sinnliche Wahrnehmungsmedien* wie Raum und Zeit, die Sandbothe als »Medien im weiten Sinn« (Sandbothe 1997a:56) versteht.

So treten im Kontext einiger Gebrauchsweisen des Internets (an welchem Sandbothes Medienphilosophie primär interessiert ist) die semiotischen Kommunikationsmedien Sprache, Schrift und Bild in ein neues Verhältnis zueinander, aus dem sie verändert hervorgehen. Sandbothe (1998:70 ff.) beschreibt diese Vorgänge als Verschriftlichung der Sprache und Versprachlichung der Schrift einerseits, Verbildlichung der Schrift und Verschriftlichung des Bildes andererseits. Im praktischen Gebrauch bewirken die synchronen Kommunikationstechnologien des Internets, aber bereits auch asynchrone Systeme wie *Email* einen pragmatisierten

Einsatz der Schrift: »Es ist dieses performative Schreiben eines Gesprächs, in dem Sprache interaktiv geschrieben statt gesprochen wird, das ich als Verschriftlichung von Sprache bezeichne« (Sandbothe 1998:70). Von der Verbildlichung der Schrift spricht Sandbothe im Hinblick auf die rhizomatische Struktur des Hypertextes, der sich als eine Art »Textbild« beschreiben lässt: »Die Situierung des Textes im Raum, die taktile Auszeichnung einzelner Zeichenkomplexe als anlickbare Links, die variabel festaltbare Struktur des Texthintergrundes oder die von *Java* [einer im Internet gebräuchlichen, in *html*-Code eingebetteten Programmiersprache, B.J.] angebotenen Möglichkeiten, Buchstaben in Bewegung zu setzen und in graphische Szenen einzubetten« (ebd. 72) sind Beispiele für diesen Vorgang.

Dieses Aufbrechen der linearen Textstruktur entspricht einer »Abkühlung« im Vergleich zum von McLuhan als »heiß« charakterisierten Buchdruck. Der Text bricht auf – es gibt keine festzusetzende lineare Ordnung von Hypertexten – und bezieht des Rezipienten als notwendigen aktiven Bestandteil des Ereignisses der Textkonstruktion ein (Sandbothe 2001:202). Dieser Vorgang impliziert für Sandbothe eine Transformation der sinnlichen Wahrnehmungsmedien. Die synchrone Wahrnehmung des nicht-linearen »Textbildes« und vor allem der in es eingeschriebenen Auswahlmöglichkeiten – als Markierungen möglicher *zukünftiger* Handlungsweisen, die simultan und *gegenwärtig* als solche bewusst werden – bedeutet eine forcierte Verzeitlichung des Schriftraumes.[10]

In der »Eigenräumlichkeit und Eigenzeitlichkeit« (ebd.199) von Kommunikationsumgebungen wie dem *Chat*, den »MUD- und MOO-Welten […] verbindet sich auf der Seite der Nutzer die spezifisch telematisch Teilnahmeform der ›appräsenten Präsenz‹« (ebd.). Mit diesem an Husserl angelehnten Ausdruck bezeichnet Sandbothe »die für die Kommunikation im Internet charakteristische Form der Telepräsenz, das heißt eine Weise der virtuellen Anwesenheit, welche auf der Abwesenheit der realen körperlichen Präsenz beruht. Die appräsente Präsenz ist da-

---

10 | Im Gegensatz zum linearen Schriftraum, der ebenfalls Verzeitlichung in Form von Antizipationen beinhaltet, handelt es sich hiebei um eine mehrdimensionale Verzeitlichung, und gerade diese Wahlfreiheit lässt den entkoppelten Charakter, die Entbindung des Schriftraums, zu einem »bewussten Vollzug« werden (Sandbothe 2001:203).

durch aufgezeichnet, daß die körperliche Präsenz aufgeschoben bleibt, das heißt im Modus der Appsäenz mitgegenwärtig, aber nicht im Sinne einer reinen Präsenz gegenwärtig ist« (ebd. 200).

Diese Ausführungen formulieren aus pragmatistischer und phänomenologischer Perspektive den im Kontext unserer Untersuchung bereits konzeptionell vorbereiteten These, dass auch in »körperlosen« Umgebungen »Körper« denknotwendig ist, wenn die Beobachtungs- und Handlungsvollzüge verstanden, wenn also Online-Umgebungen irgend als sozialer Raum bzw. Online-Interaktionen als soziale Ereignisse sichtbar gemacht werden wollen.

11.4 Neue Medien: neue Bilder. Zur Ikonologie des Performativen in den Neuen Medien

Die Diskussion der Medientheorien Luhmanns und Sandbothes macht deutlich, dass der Bereich der Massenmedien und der der Neuen Medien von weitestgehend unterschiedlicher Struktur sind. Dies ist insbesondere im Hinblick auf die Thematik des Bildes interessant. Während das Modell des Mediums als eines formverzerrenden, aber unvermeidlichen Bildträgers wie gesehen seit Platon (jedenfalls bei Platon) implizit das Medienverständnis prägt, erweist sich das Verhältnis von Bild und Medium als wesentlich komplexer. Der Gedanke, den Körper als Medium von Bildern zu betrachten (Belting 2001) ratifiziert die Erschließung des Sozialen als performatives und bildhaftes Geschehen auch von bildtheoretischer bzw. bildanthropologischer Seite.

Differenziert man das Medienverständnis wie oben angedeutet unter Einbeziehung interdisziplinärer Erkenntnisse etwa aus Philosophie und Soziologie, so erweist sich die Spannweite von selbstreferenzieller medialer Bilderzeugung bis hin zur Umdefinition von Wahrnehmungsgewohnheiten durch die sozialen Gebrauchsweisen neuer Medien. Was dabei – da einerseits die Sicht immer noch von der These referenzloser Bilder (oder auch: repräsentationsfixierter Bilder; vgl. Boehm 1994b) in den Neuen Medien verstellt zu sein scheint, andererseits weil die meisten Thematisierungen von Internet-Aktivitäten noch immer am (technisch) veralteten Modell schriftlicher Interaktion orientiert sind – noch kaum Beachtung fand, ist, dass mit den in jüngster Zeit sich formierenden vernetzten Computerspielen eine kulturgeschichtlich völlig neue Art von Bild entstanden ist.[11] Insofern diese Spiele unter ästhetischen Gesichtspunkten als kaum beachtenswert – allenfalls beklagenswert – wahrgenommen werden, wird ihre Bedeutung leicht verkannt. Denn man kann sie, wie nicht zuletzt Thematisierung und Adaption in verschiedenen Bereichen der Kunst zeigt, als eine Art Experimentierfeld betrachten, dessen erhebliche Wirkung auf die Rolle und Verwendung von Bildern in sozialen Kontexten sich derzeit nur ahnen lässt – manchem schon seit langem ein visueller *Overkill*, hat in der Tat die Verbreitung von Bildschirmen und neuen (flachen, leichten, mobilen, faltbaren etc.) Bildschirmtechnologien, die Ausbreitung des Internets durch ubiquitäre Funkstationen (»W-LAN«) und auf – selbstverständlich multimediafähige – Mobiltelefone sowie die Ausweitung des Internets auf Gegenstände des alltäglichen Gebrauchs (Autos, Kühlschränke etc.; immer mit neuen Displaytechnologien verbunden) gerade erst begonnen. Es steht insofern nicht in Aussicht, dass die Frage nach dem Sozialen und dem Bild bzw. nach der Sozialität der Bilder sich in absehbarer Zeit ad acta legen lässt.

Die Zusammenhänge von Bildlichkeit und Performativität wurden unter dem programmatischen Titel einer »Ikonologie des Performativen« in ersten Ansätzen sondiert (vgl. Wulf/Zirfas 2005). Der Ausdruck verweist auf die Vielfalt und die unterschiedlichen Dimensionen kulturell vermittelter Zusammenhänge von Bildlichkeit, Performativität und Sozialität. Man kann dabei folgende Ebenen analytisch unterscheiden:

- innerbildliche Performativität, als Ebene der inszenatorischen Dynamik von Bildern (und Filmen), die ikonographisch erschlossen und in einer (Panofsky 1997) bzw. ikonischen (Imdahl 1994) Analyse auf ihre konstitutiven kulturellen, kunst- und kulturhistorischen oder sozialen Gehalte (Bohnsack 2001) befragt werden kann,
- phänomenale, ›zwischenbildliche‹ Performativität, als ästhetisch-aisthetische Ebene des Wahrnehmens und Erblickens (Merleau-Ponty 1994), in der es zu einer primären Co-Konstitution von Bild und Betrachtung i. S. eines Ereignisses (Seel 2000) oder einer erzeugten Atmosphäre kommt (Böhme 2001). Auch dieses Blicken ist sozial ver-

---

11 | Vgl. dazu die informativen Analysen von Lambert Wiesing (2005:116 ff.).

mittelt i. S. einer kulturellen Formung des Blicks, eines visuellen und ikonischen Habitus,
- soziale, also außerbildliche Performativität, als Wirkung des Kursierens und der Verwendung von Bildern im sozialen und kulturellen Raum, also etwa in rituellen oder ritualisierten Kontexten (bspw. in familiären Ritualen),
- sodann die *Herstellung* von Bildern als performativem Akt, dessen Spur sich in der ikonologischen Analyse erschließt (z.B. Herstellung von Bildern in rituellen Kontexten, vgl. Belting 1990; Fotografie als Gemeinschaftsritual, vgl. Pilarczyk 2003).
- Schließlich lässt sich, in Umkehrung der Perspektive, der Titel »Ikonologie des Performativen« als Aufforderung verstehen, performative soziale Vollzüge, die nicht *schon* materialisiertes Bild geworden sind, mit ikonologischen Methoden zu analysieren. Hierbei geht es darum, die Bildhaftigkeit sozialer Interaktionen und Situationen i. S. der *visual anthropology* (Hockings 2003) in den Blick zu nehmen.[12]

All diese Konstellationen sind überwiegend dadurch ausgezeichnet, dass der performative Vollzug einerseits und das manifestierte Bild andererseits sich *gegenüberstehen*: Bilder *verweisen* auf eine soziale Symbolik, werden co-konstituiert *durch* einen kulturell geprägten Blick, wirken *auf* den sozialen Raum, werden *von* demselben hervorgebracht oder halten ihn als szenisches Arrangement bedeutungsgeladener Gesten und Haltungen *im* Bild fest. In keinem dieser Fälle ist das performative Moment mit dem Bild selbst gleichzusetzen.

Mit den neuen Medien ist in dieser Hinsicht ein Bereich entstanden, der einen kulturgeschichtlich neuen Typ von Bildern hervorgebracht hat. Mike Sandbothe hat darauf hingewiesen, dass Bildlichkeit im Computer und im Internet weniger repräsentationalistisch, sondern eher pragmatisch und performativ zu verstehen ist: Im Umgang mit den hypertextuell vernetzten Bildzeichen (z.B. *Icons*, Fotos oder Werbeeinblendungen auf den Seiten des *World Wide Web*) lesen wir das Bild »als ein differentielles, also schriftartiges Zeichen, das uns nicht nur semantisch, sondern auch und vor allem pragmatisch, das heißt durch einen einfachen

---

12 | Typischerweise geschieht dies aufgrund der Flüchtigkeit sozialer Vollzüge nicht unmittelbar, sondern wieder über Bilder als Medien, in denen soziale Interaktionen aufgezeichnet werden.

Mausklick auf andere Zeichen und vermittelt über diese auf virtuelle oder reale Handlungskontexte verweist« (Sandbothe 2001:193). Das Computerbild ist unmittelbar Teil eines operativen Codes (d.h. des digitalen Codes), der die Trennung von Ausführung (Aktion) und Darstellung (Repräsentation) unterläuft. Sandbothe erweitert damit Friedrich Kittlers These des unmittelbar operationalen Charakters von Sprache in digitalen Umgebungen (Kittler 1993) auf den Bereich der Bildlichkeit und korrigiert zugleich dessen medienmaterialistische Sichtweise durch eine pragmatische orientierte Lesart: Man vollzieht etwas im Gebrauch dieser Bilder. Dabei erweist sich jedes auf dem Bildschirm erscheinende Bild bei genauer Betrachtung als unmittelbar mit pragmatischen Vollzügen verknüpft, denn jedes Bild entsteht *unmittelbar* als Ergebnis eines Amalgams, im welchem die Handlungen des Benutzers, die semiotischen Anweisungen der bildhaften »Benutzeroberfläche« und die bilderzeugenden digitalen Operationen des Computers miteinander verschmolzen sind.

Doch mit der Beschränkung auf Standardanwendungen des Computers bzw. des Internets (das *World Wide Web*, das *Chatten* im Internet) kam das entdeckte neue Verhältnis von Bildlichkeit und Performativität bisher nur in *einer* Richtung zur Sprache, nämlich i. S. einer Frage, die man in Paraphrasierung eines berühmten Aufsatztitels »*How to do things with icons*« nennen könnte (wobei der Begriff des Performativen hier auf den Vollzugcharakter beschränkt und das Aufführungsmoment mithin unthematisiert blieb). Der Code der digitalen Bilder und Animationen als Identität oder, genauer, Einheit der Differenz von Aktion und Repräsentation determiniert jedoch bekanntermaßen ein symmetrisches Verhältnis: man vollzieht etwas im Gebrauch dieser Bilder, wie Sandbothe aufgezeigt hat, aber diese Bilder werden auch selbst im Gebrauch hergestellt und verändert – mehr noch, jedes auf dem Bildschirm erscheinende Bild erweist sich bei genauer Betrachtung als unmittelbar mit pragmatischen Vollzügen verknüpft: jedes Bild ist *unmittelbar* Ergebnis eines Amalgams von digitalen Operationen, semiotischen Anweisungen und Handlungen, und es existiert nicht außerhalb dieses Kontextes – daher wird entweder es von Moment zu Moment neu geschaffen, oder es verschwindet unverzüglich.

Systemdeterminismus vs. Gebrauchsdimension: alte vs. neue Medien

Dies kennzeichnet grundsätzlich jede Form digitaler Bilder, stellt aber für den Bereich der im anschließenden Kapitel zu thematisierenden Online- bzw. Netzwerk-Computerspiele einen besonders wichtigen Aspekt dar, der die vorrangige Bedeutung der *Ereignishaftigkeit* der beim Computerspielen erzeugten Bilder hervorhebt. Der Charakter des *permanenten Hergestelltwerdens* ist ihnen nicht nur technisch-abstrakt inhärent, sondern konkret sichtbar und erfahrbar. Denn das Spiel, das sich primär in Bildsequenzen manifestiert – fast alle Computerspiele könnten grundsätzlich auch ohne Ton, keines jedoch ohne Bild gespielt werden – ist in jedem Augenblick abhängig von den Aktionen der Spielenden, d.h.: dem interdependenten Zusammenhang von Handlung, Anweisung bzw. »Input« und Verrechnung des Inputs nach Maßgabe der Software.[13] Sind diese Bilder folglich stets und offensichtlich *je* hergestellte, so sind sie außerdem hochgradig flüchtig: das Spielgeschehen ist, sobald vergangen, als bildhafte Szene unwiederholbar verschwunden. Soll diese wiederholt werden, so muss sie neu gespielt, also erneut hergestellt werden.[14]

In diesem Zusammenhang wird erkennbar, dass der Unterschied zwischen »reinen« Computerspielen, die klassischerweise von nur einer Person gespielt werden (Singleplayer-Spiele) und so genannten Multiplayer-Spielen, die über vernetzte Computersysteme von mehreren Teilnehmern gespielt werden, als maßgeblich zu betrachten ist. So wie Computernetzwerke im Vergleich zum unvernetzten Computer ein hochgradig emergentes Phänomen darstellen und völlig neue Qualitäten und Effekte aufweisen (vgl. Faßler 2001; de Kerckhove 2002), zeigt der noch junge Bereich vernetzter Computerspiele eine (technische wie auch so-

---

13 | Zudem haben solche Spiele *grundsätzlich* das Problem, eine geeignete Bildwiederholrate zu erzeugen, um wie im Film eine Synthese der Einzelbilder zu gewährleisten. Da proportional zur steigenden Rechenkraft bezahlbarer Computer die Spiele komplexer werden, gehört das Problem, stotternde Bildabläufe durch korrekte Softwareeinstellungen zu verhindern, auch heute noch zur Alltagserfahrung jedes Spielers. Auch auf dieser Ebene der Schnittstelle zwischen Benutzer und Maschine bildet die Erfahrbarkeit des Herstellungscharakters dieser Bilder, im Gegensatz etwa zu Film und Fernsehen, die Regel, und nicht die Ausnahme.

14 | Die wenigsten Spiele bieten eine Aufzeichnungsfunktion, und wenn, dann eine zeitlich ausgesprochen beschränkte. Um dennoch Turnierspiele wie Sportübertragungen aufzeichnen und im Internet verbreiten zu können, wurden für einige Spiele spezielle Programme erstellt. Aber auch diese erzeugen interessanter Weise keinen Film im traditionellen Verständnis, sondern einen Code, der die Software anweist, das aufgezeichnete Turnier als exakte Kopie neu zu generieren.

ziale) Dynamik, die bei Singleplayer-Spielen nicht zu beobachten ist. Im Sinne einer adäquaten ikonologischen Thematisierung von Computerspielen muss es angesichts des den Entwicklungen hinterherhinkenden Forschungsstandes als eine vorrangige Aufgabe betrachtet werden, diese Phänomenbereiche *differentiell* zu erfassen.

In Bezug auf die eingangs skizzierten Relationsmodi von Bildhaftigkeit und Performativität kann man festhalten:

- Die permanente »interaktive« Herstellung der Bilder durch (die nur analytisch zu trennenden, im Vollzug verschmolzenen Ebenen) Handlung, Input und Verrechnung generiert Bilder bzw. Bildsequenzen, die zwar »geschaffen« sind, jedoch keine »Werke« darstellen. Sie ähneln in ihrer flüchtigen Visualität am ehesten der Bildhaftigkeit performativer sozialer Vollzüge (bzw. in der Kunst dem *Happening*), sind aber im Unterschied zu diesen erstens *unmittelbar* Bild und zweitens zugleich ermöglicht und beschränkt durch die jeweilige Programmierung der Software bzw. die visuellen und sonstigen Vorgaben des *Gamedesigns*.[15]
- Die ikonologische Analyse dessen, was oben als »innerbildliche Performativität« bezeichnet wurde, wäre auf der Ebene des *Gamedesigns*, verstanden als Konglomerat von vorgegebenen Bildern und ihren programmtechnisch vorgesehenen Aufführungsmöglichkeiten, anzusiedeln. Sie bedarf jedoch im Hinblick auf die Flüchtigkeit und den Kontingenzcharakter der *tatsächlich* generierten Bilder, also auf den Vollzug des Spielens i. S. eines performativen Ereignisses, immer der Relativierung: der bloße Blick auf den Mitschnitt oder gar ein Standbild (sog. »Screenshot«) eines Computerspiels enthüllt dessen Bedeutungszusammenhänge kaum. Es ist vielmehr davon auszugehen, dass für das Gamedesign – und insofern auch die Bildlichkeit des Spiels – ein pragmatisches Moment konstitutiv ist und insofern ein reziprokes Verhältnis von Gamedesign als technisch-ästhetischem und Spielpraxis als sozial-kulturellem Phänomenbereich in dem Sinne besteht, dass ein bestimmtes Gamedesign bestimmte Spielpraxen hervorbringt und umgekehrt bestimmte Spielpraxen bestimmte Gamedesigns be-

---

15 | Dieser etablierte Begriff umfasst grafische Gestaltung, Bewegungsformen, Gestiken der Figuren bis hin zur Logik des Spiels und ihrer Implementierung.

fördern. Damit wäre ein Zusammenhang angezeigt zwischen den im Gamedesign sedimentierten, ikonologisch rekonstruierbaren kulturellen und sozialen Gehalten auf der einen Seite und den analysierbaren performativen Vollzügen des Spielens auf der anderen.

- Der Ort, an dem dieser Zusammenhang beobachtbar wird, ist gleichsam die Schnittstelle zwischen Gamedesign und Spielvollzug, nämlich der *Blick* auf das Spielgeschehen, durch den erst das Spiel als Wahrnehmungs- und ggf. Gemeinschaftsereignis konstituiert und die es prägende Atmosphäre hergestellt wird. Bereits um überhaupt als Spiel funktionieren zu können, bedarf es bekanntermaßen einer ludischen Einstellung, eines spielerischen (engagierten, involvierten) Blickens.[16] Daher ist es angesichts der Variationsbreite möglicher Betrachtungs- und Gebrauchsweisen nötig, den ludischen Blick zu provozieren, indem eine entsprechende *Rahmung* angeboten wird.

---

16 | Andere Einstellungen, etwa ein undistanziert-ernsthafter Blick, der das Spiel als möglichst realitätsgetreue Kampf- oder Tötungssimulation in Anspruch nehmen will, wie auch der distanziert-analytische Blick des Forschers, konstituieren kein Spiel, sondern im ersten Fall eine Simulation (wie in den auf der gleichen Software basierenden Kampfsimulationen der US-Armee oder den tötungsfaszinierten Außenseitern, die von den Spielergemeinschaften als »Amokspieler« bezeichnet werden) und im zweiten ein wissenschaftliches Diskursobjekt.

12 Die Vergegenwärtigung von Sozialität im virtuellen Bild: die *Counterstrike*-Spielercommunity

Es geht im Folgenden darum, die Grundthesen der vorliegenden Untersuchung anhand eines konkreten Feldes zu illustrieren und zu explizieren.[1] »Virtualitätslagerung« nennt Winfried Marotzki den Sachverhalt, »daß Menschen offline ein Leben in sozialen Räumen organisieren und viabel gestalten *und* daß sie parallel dazu beginnen, ein Leben online in digitalen Welten zu gestalten« (Marotzki 2000:245). Dieses Phänomen ist in der öffentlichen Diskussion v. a. der 1990er Jahre hochgradig dramatisiert und auch emotionalisiert worden.[2] Wie Marotzki hervorhebt, »ist nicht strittig, daß es Unterschiede zwischen online und offline Beziehungen gibt, strittig ist vielmehr, wie gravierend diese Unterschiede sind und was daraus folgt« (ebd. 246). Die besorgten Kommentatoren sind auf das – in der Regel kaum nachvollzogene – Geschehen auf den Bildschirmen fixiert, während die Benutzer neue soziale und kulturelle Räume erschließen, die sich keinesfalls auf die Oberfläche des Monitors beschränken – weder in ihrer symbolischen Komplexität, noch in ihrem sozialen und bildungsbezogenen Potential, und schon gar nicht bezüglich der faktisch anzutreffenden Handlungspraxen, also den konkreten im Kontext

---

1 | Dieses Kapitel ging aus der Mitarbeit im Projekt »Die Hervorbringung des Sozialen in Ritualen und Ritualisierungen« des Sonderforschungsbereiches *kulturen des performativen* (SFB 447) an der Freien Universität Berlin hervor. Die hier dargestellten Thesen und Aspekte verdanken der Zusammenarbeit mit Constanze Bausch (meiner Teamkollegin im Unterprojekt »Medien«) wie auch den Diskussionen innerhalb der Projektgruppe um Christoph Wulf viel.
2 | Vgl. etwa: Steurer (1996); Becker/Paetau (1997); Turkle (1999); Guggenberger (1999); v. Hentig (2002).

Die Vergegenwärtigung von Sozialität im virtuellen Bild

Neuer Medien anzutreffenden Gebrauchsformen, die sehr häufig in soziale »offline«-Beziehungen (bspw. kommunikativ oder durch gemeinsame Erfahrungen) eingebunden sind, aus diesen entstehen oder sogar solche konstituieren. Dieses Kapitel will ein signifikantes Beispiel für letztere Variante vorstellen und dabei zumindest einige Einblicke in die Komplexität, Sozialität und Kulturalität dieses Bereiches gewährleisten.[3] Die zuvor theoretisch geleistete Analyse und Kritik von Derealisierungsthesen soll hierbei illustriert und in ihrem Potential verdeutlicht werden.

Es geht um das Online-Computerspiel *Counterstrike*, das seit seiner Entwicklung im Jahr 1999 eine beachtliche Spieler-Community von schätzungsweise zwischen 250.000 und 1 Million mehr oder weniger regelmäßig aktiven Spielern (im deutschsprachigen Raum) hervorgebracht hat. Die folgenden Ausführungen beziehen sich überwiegend auf die Ergebnisse einer Untersuchung, die zusammen mit Constanze Bausch im Rahmen eines emirisch-qualitativen Ritualforschungsprojekts erhoben und teilweise gemeinsam ausgewertet wurden (vgl. Bausch/Jörissen 2004; 2005b sowie Jörissen 2004). Hierbei handelte es sich um eine der wenigen ethnographisch ausgerichteten und m.W. die einzige ritualtheoretisch orientierte Untersuchung zu Aktivitäten im Kontext der Neuen Medien. Flankierend wurde das hier behandelte Spiel kontrastiv einer ikonologischen Analyse unterzogen (Bausch/Jörissen 2005a), so dass sich insgesamt ein Einblick in eine konkrete Online-Praxis ergibt, der zwar weniger auf Detailanalysen der Online-Aktivitäten abheben konnte (vgl. etwa Götzenbrucker 2001), dafür aber einerseits die *Spill-over*-Effekte in Online-Communities (in Form der ethnographischen Beforschung zweier Berliner LAN-Partys[4]) und andererseits die Art, Konstitution und soziale Einbindung der Bildhaftigkeit im Kontext Neuer Medien sichtbar macht. Zudem erlaubte das reichhaltig erhobene Material (Interviews, Gruppendiskussionen, Teilnehmende Beobachtung und Videogestützte Beobachtung) eine ansatzweise Rekonstruktion der Sozialstruktur der *Counterstrike*-Onlinecommunity aus der Perspektive der Spieler. Es kann an dieser Stelle nicht das Material in seiner ganzen Fülle expliziert werden; stattdessen werden lediglich einige ausgewählte Ergebnisse der Un-

---

3 | Vgl. Jones (1997; 1998), Smith/Kollock (2000), Thimm (2000), Sandbothe/Marotzki (2000), Götzenbrucker (2001), Poster (2001).
4 | Für eine Erläuterung der Bezeichnung »LAN-Party« s.u. S. 233.

tersuchung auf der Basis der zuvor entwickelten Gedanken und Begriffe reflektiert und in einen Zusammenhang gebracht.

12.1 Zur (Sub-)Kulturgeschichte der Netzwerk-Computerspiele

Seit den frühen 1970er Jahren findet das Video- oder Computerspiel – sowohl in Form von öffentlich aufgestellten Arcadegames als auch von Heimkonsolen, später als Software für den Home- bzw. der Personal Computer – immer raschere Verbreitung. Der jährliche Umsatz von PC- und Videospielen hat längst den der Kinokassen überwunden,[5] und Videospiele sind mit über 80% maßgeblich am Gesamtumsatz der Deutschen Unterhaltungssoftware-Industrie beteiligt, wobei wiederum über die Hälfte (55%) auf PC-Spiele entfallen.[6] Insbesondere in der Jugendkultur ist das Computerspiel längst als geläufiger Bestandteil implementiert. Im Jahr 2000 spielten knapp die Hälfte der 12- bis 19-Jährigen täglich oder mehrmals pro Woche Computerspiele (Feierabend/Klingler 2000:521) – ein Trend, der nicht zuletzt aufgrund seiner Entwicklungsdynamik in der letzten Dekade eine Verunsicherung hervorruft, die sich in periodisch wiederkehrend öffentlichen, von führenden Printmedien begleiteten oder auch inszenierten Diskussionen äußert.

Wenn man im Blick auf die Technologisierung der Spielkulturen beklagt, dass »von den ungefähr 100 nichtkommerziellen Kinderspielen, die um die Jahrhundertwende unseren (Ur)Großeltern in ihren Kindertagen noch geläufig waren, […] noch ganze 4-6 übrig geblieben« seien (Guggenberger 1995:91), so kommt darin die verbreitete Ansicht zum Ausdruck, Computerspiele seien im Vergleich zu ›real-life‹-Spielen defizient und für eine ›gesunde Sozialisation‹ problematisch. In diesem Zusammenhang stehen Computerspiele insbesondere in Verdacht, sozial isolierte Individuen mit narzisstisch gesteigertem Selbstwertgefühl hervorzubringen, die durch stark herabgesetzte Frustrationstoleranz (Stengel 1997:279 f.) und »freiwillige Selbstentmündigung« (Turkle 1999:110) ge-

---

5 | Laut Gesellschaft für Konsumforschung »GfK« wurden in Deutschland im Jahr 2000 folgende Umsätze erwirtschaftet: Kino 1,6 Mrd. DM, Videospiele 3,1 Mrd. DM.
6 | Die restlichen 45% entfallen nach Auskunft des Verbands der Unterhaltungssoftware Deutschland »VUD« auf Spielekonsolen.

kennzeichnet sind. Besonders die Diskussionen um Gewalt in Computerspielen tragen dabei – auch von erziehungswissenschaftlicher Seite – bisweilen nur sehr wenig zu einer ausgewogenen Bewertung der Spiele und Spieler bei. So schreibt etwa der Erziehungswissenschaftler Klaus W. Döring in einer Tageszeitung über ›einschlägige‹ Computerspiele:

»Sie sind Trainings- und Konditionierungsmaschinen mit Handlungs- und Vorbildbezug. Das Morden und Verletzen wird darin hundert-, ja tausendfach über Wochen und Monate hinweg eingeübt und trainiert. Im ›Spiel‹ bewegt sich der Anwender dabei durch Straßen und Gebäude und schießt blindwütig auf alles, was sich bewegt und sich ihm in den Weg stellt. Gerade so, wie es in Erfurt geschah und in Washington noch passiert: Je mehr Leichen, desto größer der ›Spielerfolg‹.« (Döring 2002)

Diese Sichtweisen auf Computerspiele werden dem Phänomen kaum gerecht. Sie verdanken sich durchweg einer Isolation einzelner Aspekte der Spiele – vornehmlich der flüchtigen Analyse einiger Spielszenen – und ignorieren sowohl die sozialen Kontexte, in welche die Spiele eingebettet sind, als auch die kulturellen Verflechtungen, die von dem Bezug der Spielinhalte und -formen auf politische und soziale Problemlagen und Ereignisse über die inter- bzw. transmedialen Bezüge bis hin zu reflexiven Ästhetisierungsprozessen in der Computer-Avantgardekunst reichen (vgl. Fromme/Meder/Vollmer 2000).[7]

Die in unserem Kontext vorwiegend relevanten Actionspiele – v.a. die sogenannten Multiplayer-›First-Person-Shooter‹ (auch ›Ego-Shooter‹ genannt), die seit dem Erscheinen des Spieles *Doom* im Jahr 1993 einen steilen Aufstieg vorzuweisen haben – verweisen unmittelbar auf kulturgeschichtlich traditionelle Spielformen, die auch in heutigen Kinderkulturen noch zu finden sind. Der strategisch ausgerichtete First-Person-

---

7 | Damit sei die in der Medienwirkungsforschung aufgeworfene These, dass eine habitualisierte Mimesis an brutale Gewalthandlungen – insbesondere für die kindliche Sozialisation – erhebliche negative Wirkungen aufweisen kann, nicht grundsätzlich zurückgewiesen. Einseitig auf »Wirkung« fixierte Analysemodelle jedoch blenden schon auf methodologischer Ebene wichtige Kontexte aus. Sie verkennen die Phänomene und damit die sozialen »Wirkungs«-Zusammenhänge, in denen sie stehen: bevor ein Bild eine »Wirkung« enfalten kann, muss es logischerweise eine bestimmte *Bedeutung* für das Individuum haben. Diese Bedeutung ist aber in sozialen Kontexten stark subkulturell konstituiert. Vgl. für ein klassisches Medium Eckert/Vogelgesang/Wetzstein/Winter 1990; Vogelgesang 1991.

Shooter *Counterstrike* wird sowohl von den Spielern als auch von der pädagogischen Fachwelt mit Kinderspielen wie »Räuber und Gendarm« oder »Cowboy und Indianer« verglichen.[8] Spiele können im Rekurs auf Elemente des kulturellen Gedächtnisses oder der Bilderwelt einer Kultur Topoi adaptieren oder generieren, die Spannung erzeugen: »Die gesellschaftlichen Praktiken einer Generation zeigen die Neigung, von der folgenden Generation in ›Spiel‹-Regeln gefasst zu werden« (McLuhan 1968:259). In der Welt der First-Person-Shooter spielen hier zunächst Vorlagen aus dem Science-Fiction-Bereich eine große Rolle. Technisch brillante, aber mit nur rudimentären Rahmenhandlungen ausgestatteten First-Person-Shooter wie *Doom* (1992), *Quake* (1996) und *Unreal Tournament* (1998) bestehen im wesentlichen in einer Jagd auf ›Monster‹, ›Aliens‹ und ›Mutanten‹. Bezeichnender Weise wurden sehr schnell sowohl von kommerzieller wie nichtkommerzieller Seite auf der Technologie dieser Spiele aufbauende First-Person-Shooter mit teilweise ausgefeilten, filmähnlichen Handlungssträngen auf den Markt gebracht, darunter *Half-Life* (1998), sowie *Counterstrike* (2000), das seinerseits eine nichtkommerzielle Modifikation von *Half-Life* ist.

Im Gegensatz zu gängigen Klischees sind auch nicht vernetzte Computerspiele häufig in soziale Kontexte eingebunden (vgl. etwa Mertens/Meißner 2002). Dies beginnt bereits auf dem Schulhof oder in der Freizeit, bspw. wenn Computerspiele ein dominierendes Gesprächsthema darstellen,[9] wenn die neuesten Spiele als illegale Raubkopien ausgetauscht werden oder wenn Kinder und Jugendliche sich vor Computerspielen versammeln, um abwechselnd oder gemeinsam zu spielen. Eine besonders hervorzuhebende, in unserem Kontext wichtige Praxis ist das gemeinsame Spielen mit verschiedenen Rechnern über ein Netzwerk, das den Teilnehmern in eine gemeinsame virtuelle Umgebung zur Verfügung stellt, und das eine eigene Subkulturgeschichte aufweist. Die Geschichte der LAN-Partys ist die Geschichte ihrer technischen Realisierbarkeit. Da die Fähigkeit von Personalcomputern, zu *Local Area Networks* (*LAN*) zusammengeschlossen zu werden erst im Laufe der 1990er Jahre weitere Verbreitung fand, gab es vor dieser Zeit – mit wenigen, marginalen Aus-

---

8 | Vgl. Brinkmann 2001; Eilers 2001.
9 | Laut JIM 2000 befanden sich im Jahr 2000 Computerspiele mit 32% auf dem vierten Rang der Medien als Kommunikationsgegenstand Jugendlicher (nach Fernsehen, Zeitschriften und Zeitungen); vgl. Feierabend/Klingler (2000), 519.

nahmen – keine vernetzten Spiele. Der ebenso legendäre wie berüchtigte First-Person-Shooter *Doom* aus dem Jahr 1993 ermöglichte die Vernetzung von – unter günstigen technischen Bedingungen – bis zu vier Rechnern in einem lokalen Netzwerk oder von zwei Rechnern über eine direkte Modem-Telefonverbindung, die allerdings aufgrund der Übertragungsverzögerung kein flüssiges Spielerlebnis bieten konnte. Trotz seiner bescheidenen Netzwerkfähigkeiten wurde *Doom* ein großer kommerzieller Erfolg. In den folgenden Jahren reagierte die Spieleindustrie auf das Vernetzungsbedürfnis ihrer Klientel; bereits die erste Version von *Quake* (1996) war problemlos per Internet mit mindestens acht Teilnehmern, im LAN mit sechzehn und mehr Teilnehmern spielbar. Mit *Counterstrike* erschien im Jahr 2000 schließlich das erste reine Netzwerkspiel, das nicht über einen sog. Single-Player-Modus verfügt, also nicht alleine gespielt werden kann.

12.2 *Counterstrike* – Gamedesign und Visualität

Gamedesign

Counterstrike ist ein unmittelbares Produkt der Computerspieler-Subkultur. Es handelt sich bei diesem Ego-Shooter um eine nichtkommerzielle Modifikation eines kommerziellen Spiels, die im Jahr 1999 von passionierten ›Gamern‹ entworfen wurde und seitdem kostenlos im Internet erhältlich ist. Ziel dieser Modifikation war es, ein Spiel zu programmieren, das den Ansprüchen und Bedingungen des Multiplayer-Netzwerkspiels möglichst gut entsprach. *Counterstrike* wird überwiegend im Internet gespielt. Hierzu betreiben sowohl kommerzielle Anbieter als auch Spielervereinigungen (*Clans*) oder Privatpersonen so genannte ›Server‹, permanent an das Internet angeschlossene Rechner, auf denen eine entsprechende Software installiert ist, die die Spielaktivitäten des jeweiligen Online-Spiels zentral verarbeiten. Wer an einem solchen Spiel teilnehmen will, trifft entweder aus einer Liste aller erreichbaren Server eine Auswahl, die mehr oder weniger zufällig bleibt[10], oder verfügt bereits über eine Liste ausgewählter Serveradressen, die häufig von anderen

---

10 | Es sind zu jedem Zeitpunkt mehrere zehntausend *Counterstrike*-Server online.

Spielern mitgeteilt werden – typischerweise werden diese speziellen Adressen auf sogenannten ›Public-Servern‹ (viel besuchten öffentlich zugänglichen Servern, die bspw. von bekannten Gaming-Internetseiten betrieben werden) ausgetauscht, indem etwa ein Mitglied eines Clans einen anderen Spieler auf den Clan-eigenen Server einlädt.

Das Setting des Spiels besteht im Einsatz einer Antiterror-Einheit gegen eine Gruppe von Terroristen. Je nach Spielsituation können beide Mannschaften aus über zwanzig Teilnehmern bestehen, während in Turnieren oder turnierähnlichen Spielsituationen standardisierte Mannschaftsgrößen, zumeist mit fünf Spielern pro Partei, eingehalten werden. Es existieren verschiedene Spielmodi, bei denen Geiseln bewacht bzw. gerettet, Bomben gelegt bzw. entschärft, oder »Very Important Persons« eskortiert bzw. angegriffen werden müssen. Die Kämpfe werden auf diversen virtuellen Territorien ausgetragen, den sogenannten »Maps«. Neben einem guten Dutzend der Standard-Installation dieses erweiterbaren Spiels beiliegenden Maps, darunter etwa ein stillgelegtes Fabrikgelände, eine aztekische Tempelanlage, ein Wüstenfort und ein italienisches Dorf, sind mehrere hundert oder auch tausende weitere Maps im Internet frei erhältlich.

Das Spiel findet in Runden von durchschnittlich etwa fünf Minuten statt, in denen jeder Spieler seine Spielfigur, aus deren Perspektive er das Spielfeld sieht, möglichst in strategischer Koordination mit den Mitspielern seines Teams steuert – d.h. sie bewegt, mit ihrer Waffe schießt, sie die Magazine wechseln lässt, sie andere Waffen vom Boden aufheben lässt. Eine Runde endet, nachdem entweder eine Mannschaft das Missionsziel erfüllt hat oder aber alle gegnerischen Figuren besiegt wurden, spätestens aber nach Ablauf eines vorab festgelegten Standard-Zeitraums. Zu Beginn jeder Runde statten die Spieler ihre Figuren mit Waffen aus. Jeder Spieler sieht seine Figur aus der Ich-Perspektive (daher der Ausdruck »Ego-Shooter«); dabei ist nur der rechte Arm der virtuellen Spielfigur sichtbar, dessen Hand die gerade verwendete Waffe hält. Die Bewegungen dieses sog. »Avatars« werden mittels einer Kombination von Tastatureingaben und Bewegungen der Computermaus gesteuert; kontrollierte und flüssige Bewegungsabläufe verlangen einiges an Übung, zumal zugleich mit der Fortbewegung die von dem in der Bildmitte befindlichen Fadenkreuz markierte Trefferzone verändert wird – das bedeutet, wie festzuhalten ist, dass die Beteiligung an diesem Spiel sehr spezifische körperlich-feinmotorische Kompetenzen erfordert. Wird eine Spielfigur getroffen, so wird dies je nach Art des Treffers durch weithin erkennbare ›Blutspritzer‹ markiert (in der deutschen Vertriebsversion handelt es sich hierbei um grünes »Blut«); tödlich getroffene Figuren brechen unter kurzem Aufstöhnen zusammen; ihre Körper, die übrigens zu jeder Zeit unversehrt, ohne Einschusslöcher oder Blutflecken dargestellt werden, bleiben während des restlichen Verlaufs der Runde am Boden liegen. Am Ende jeder Runde wird eine Tafel eingeblendet, auf der die Matchpunkte der beiden Mannschaften sowie die Punkte der einzelnen Spieler eingeblendet werden. Während des Spiels ist eine Kommunikation sowohl innerhalb des eigenen Teams als auch übergreifend möglich, indem entweder in der Art eines *Internet Relay Chat* geschriebene Botschaften am Rand des Bildes erscheinen, oder aber indem die Spieler miteinander über ein spielinternes Sprachübertragungssystem per Mikrophon und Lautsprecher kommunizieren. Da die Spieler in ihrem gemeinsamen Onlinegaming-Alltag das Spiel buchstäblich permanent ›vor Augen‹ haben, kommt seiner *Visualität* für die mit ihm einhergehenden sozialen Prozesse eine besondere Bedeutung zu.

12.3 Die Aufführung des Teamkörpers – visuelle und performative Aspekte des Spiels

Das Multiplayer-Egoshooterspiel *Counterstrike* ist wohl das mit Abstand erfolgreichste Spiel seiner Art. Seitdem es im Jahr 1999 als nichtkommerzielle, von einigen Spielern aufwändig programmierte Modifikation des Einzelspieler-Egoshooters *Half Life* herauskam, ist seine Popularität ungebrochen – eine außergewöhnlich lange Zeitspanne in einem Markt, dessen Produkte bereits ein Jahr nach ihrer Veröffentlichung als technisch veraltet gelten können. Counterstrike verzichtet gänzlich auf eine narrative Einbindung oder Motivation des Spielgeschehens, obwohl das Setting – Kampfhandlungen zwischen Antiterroristen und Terroristen – eine Ideologisierung oder moralische Besetzung durchaus nahe legen könnte.

Obwohl simulierte Tötungshandlungen das Spiel visuell dominieren, ist es bemerkenswerter Weise jedoch in den von Bausch/Jörissen (2004)

Die Aufführung des Teamkörpers – visuelle und performative Aspekte des Spiels

durchgeführten Gruppendiskussionen mit Counterstrike-Clans nicht gelungen, Beschreibungen der Erfahrung des ›virtuellen‹ Tötens oder Getötet-Werdens im Spiel zu erhalten; entsprechende Fragen wurden durchweg auf die Spielstrategie bezogen und entsprechend spieltechnisch beantwortet. Der Versuch, eine stärker emotional gefärbte Reaktion durch eine suggestive Vorgabe zu provozieren (die Spieler wurden gefragt, was es für sie bedeutete, wenn statt der im Spiel vorkommenden männlichen Geiseln Frauen und Kinder auftauchen und dabei gegebenenfalls verletzt oder getötet würden) stieß bei den Spielern überwiegend auf Unverständnis. Man sah nicht den Sinn dieser Maßnahme, die für den Ablauf des Spiels, für Taktik, Strategie und Teamplay keinen Unterschied mache, sondern eher irritierend und hinderlich sei (Bausch/Jörissen 2004:338).

Der naive Blick des außenstehenden Betrachters erfasst, mit Spielszenen aus Counterstrike konfrontiert, wahrscheinlich vor allem dies: sterbend niederstürzende Körper, Blutspuren an den Mauern und Wänden, an denen, niedergestreckt, Figuren in Kampfanzügen liegen. Begibt man sich erstmals selbst in die Spielsituation, stellt sich zudem die beklemmende Erfahrung des simulierten Erschossen-Werdens ein. Wie erklärt es sich, dass die Spieler von diesen Erfahrungen nichts zu berichten wissen? Diese Frage macht es notwendig, über den reinen Bildgehalt hinaus die performative Dimension des »gespielten Bildes« in den Blick zu nehmen. Die »erspielten« Bilder stimmen augenscheinlich in ihrem performativen Bedeutungsgehalt nicht mit ihrem repräsentationalen Gehalt überein.

Im Vergleich der Inszenierungen von Sterben und Tod in *Counterstrike* mit denen anderer Ego-Shooter wie *Doom* oder *Quake*, bei denen Splatter-Effekte das visuelle Geschehen beherrschen, oder mit solchen hochgradig realistischen Kriegssimulationen, deren Grafikerzeugung es ermöglicht, Gegnern gezielt Körperteile abzuschießen (so bspw. im Spiel *Soldiers of Fortune*), fällt auf, dass in *Counterstrike* die Körper *selbst* zu jedem Zeitpunkt unversehrt bleiben: Selbst im Tod erscheinen die Spielfiguren unverletzt und weisen – im Gegensatz zu den Wänden hinter ihnen – weder Einschusslöcher noch Blutflecken auf. Es gibt ebenfalls keine bildliche oder sonstige qualitative Repräsentation von Verletzung. Lediglich auf dem Bildschirm eingeblendete »Healthpoints« geben darüber Auskunft, ob eine Spielfigur, wie es bei den Spielern heißt, »angefraggt«

ist (vermutlich aus engl.: »fragility« gebildet). Die Figuren bleiben bis zum letzten »Healthpoint« uneingeschränkt leistungsfähig – obwohl das System aufgrund eines in Zonen unterteilten Körpermodells recht genau erkennt, an welchen Stellen der virtuelle Körper von welcher Waffe aus welcher Entfernung und mit welcher Durchschlagskraft getroffen wurde. Es wäre technisch leicht zu realisieren gewesen, Verletzungen sichtbar zu machen, die Bewegungen verletzter Avatare zu verändern, sie zu schwächen, (sichtbar) Blut verlieren zu lassen, etc. Es ist offenbar gerade der *Verzicht* auf Verletzung, eindrückliche Sterbeszenen und Splatter-Effekte, der *Counterstrike* als ein genuines Teamplay-Spiel qualifiziert. *Gamedesign* einerseits und sozialer Gebrauch des Spiels (zu Zwecken des Teamplays und der Kooperation) andererseits entsprechen und determinieren sich gegenseitig. Dieses ausgesprochen schnelle Spiel erfordert ein enormes Maß an visueller Konzentration; das Geheimnis des Erfolgs von *Counterstrike* dürfte nicht zuletzt in der Reduktion der visuellen Informationsmenge liegen.

Die Darstellung von Sterben und Tod in *Counterstrike* wird im Rahmen der Vorgabe einer noch als »realistisch« markierbaren Simulation von Kampfhandlungen minimal gehalten. Damit wird das Sterben als undefinierter Zwischenbereich von Leben und Tod, und werden mit ihm alle Momente von körperlicher Kontingenz, Verletzlichkeit und Verfall aus der bildlichen Inszenierung ausgeklammert. Der *Counterstrike*-Avatar agiert, übrigens auch in seinen eher rudimentären Bewegungsmöglichkeiten, wie eine Maschine. Es ist ein Körper, der nicht stirbt, sondern der allenfalls »ausgeschaltet« wird, der einer diskreten, digitalen Funktionslogik folgt, und der in jeder Hinsicht *eindeutig* und berechenbar ist (vgl. Richard 1999). Entgegen dem ersten Augenschein des naiven Betrachters erscheint somit der Tod in diesem Spiel geradezu als ein *aufgehobener Tod*.

Dieser Eindruck wird durch die streng zyklische Zeitstruktur, den Neubeginn des Spiels nach Ablauf jeder Runde, bestätigt. *Virtuell* ist der hier inszenierte Körper unsterblich, denn der Tod wird nach jeder Runde überwunden. Es erinnert an eine ins Monetäre gewendete Karma-Lehre, wenn die Avatare mit unterschiedlichem Startgeld (zum Erwerb von Waffen oder Schutzwesten und -helmen) wiedergeboren werden, nach Maßgabe ihrer spielerischen Leistungen in der vorhergehenden Runde.

Die Aufführung des Teamkörpers – visuelle und performative Aspekte des Spiels

Das so erzeugte Bild vom Tod entspricht dem Phantasma der vollkommenen, durch keine intrakorporale Kontingenz getrübten Kontrolle eines eindeutigen, maschinengleichen vollkommen beherrschten Körpers (vgl. Frank 1991). Eher denn als Prothese wäre der Körper dieses Avatars als eine Art *Gadget* zu beschreiben, eine hochtechnisierte, unbelebte Marionette, die als Identifikationsfigur offenbar eher uninteressant ist – entgegen unserer Erwartung bevorzugte keiner der interviewten Spieler ein bestimmtes der vor Spielbeginn wählbaren, äußerlich recht unterschiedlichen Terroristen- bzw. Counterterroristen-Modelle. Wird der eigene Avatar tödlich getroffen, so wird er buchstäblich fallengelassen: Von dem – ab diesem Moment nur noch zuschauenden – Spieler im Moment des Todes getrennt, fällt er ins Bild, wird somit erstmalig auf dem Bildschirm als Gesamtkörper sichtbar und markiert hierdurch sein Ausscheiden aus dem Spielgeschehen. Es ist dabei kein Misserfolg, wenn die eigene Spielfigur vom Gegner niedergestreckt wird, solange damit die Strategie eingehalten, dem Teamplay genüge getan, oder etwa taktisch wichtigeren Mitspielern geholfen wurde. Counterstrike inszeniert somit eine Art der Aufhebung des Todes im Überleben des Teams.

Eindeutigkeit, Strategie und Beherrschbarkeit sind ebenfalls die Merkmale der virtuellen Räume in *Counterstrike*. In – und trotz – ihrer unübersehbaren Vielzahl bleiben die *Maps* unter ästhetischen Gesichtspunkten weitgehend austauschbar – schon die Bezeichnung *Map* verweist auf die reduktive Wahrnehmungsweise der verschiedenen Landschaften und Anlagen, die verzichtbare Kulisse bleiben. Was zählt, sind vielmehr die strategischen Möglichkeiten, die eine *Map* zu bieten hat. Der Clou dieses Teamplay-basierten Spiels ist es gerade, dass die jeweiligen Maps allen Spielern vollkommen bekannt sind – bis hin zu den taktisch verwertbaren Softwarefehlern, die nur Eingeweihten offenbart werden. Der Raum von *Counterstrike* ist ein agonal angelegter strategischer Raum, der eine reibungslose Koordination des Teams erlaubt, das idealiter *wie ein Gesamtkörper* agiert und sich Schritt für Schritt über die umkämpften Territorien ausbreitet (vgl. Bausch/Jörissen 2004:325 ff.).

Counterstrike findet, wie die Spieler bekunden, weniger in einer ›virtuellen Realität‹ als vielmehr »im Kopf« statt (Bausch/Jörissen 2005a), auf einem verinnerlichten strategischen Areal der Gemeinschaft, das der Inszenierung von Teamplay und Agon eine geeignete Bühne bereitstellt. So wie das virtuelle Spielareal im Multiplayer-Spiel nicht als Ganzes existiert, sondern sich aus den Einzelperspektiven auf den Monitoren der Spieler zusammensetzt, gibt es bei genauer Hinsicht auch kein einheitlich erzeugtes *Bild* im bzw. des Spiels. Dies ist nicht nur von technischer Relevanz: Wie der gemeinschaftliche virtuelle Spielraum der verschiedenen *Maps*, so müssen auch die Bilder des Spiels im *sozialen* Raum der Spielergemeinschaft konstituiert werden. Damit fällt der rezeptiven Seite, den Konstruktionsleistungen der Mitspielenden, die entscheidende synthetisierende Rolle zu, denn die bildkonstitutive ›Performativität des Blicks‹ überkreuzt sich mit der Performativität gemeinschaftsbildender sozialer Prozesse im Ritual des gemeinsamen Spielens. Wo dies gelingt – und nur dort – kommt es genau betrachtet überhaupt dazu, dass *ein* gemeinsames Spiel gespielt wird. Wie man an dieser Stelle sehen kann, muss das, was oben als *emergente soziale Situation* bezeichnet wurde, in Online-Umgebungen erst *hergestellt* werden, oder genauer: solche Situationen ereignen sich dort, wo und insofern sie als solche aufgeführt werden. Damit fällt den involvierten *Unterscheidungen*, also den Differenzen der Beobachter (die insofern »Körper« sind, also sie vollzogen werden und auf praktischem Wissen basieren), eine wesentliche Rolle zu.

Die Habitualisierung des Blicks

Feststellbar ist in diesem Zusammenhang, dass es in den Spielergemeinschaften zu einer Normierung des Blicks i. S. einer *Habitualisierung der Abstraktion* von der gegebenen bildlichen Realisierung des Spiels (i. S. des repräsentationalen Gehalts seiner Bilder) kommt (ebd. 338 ff.). Der strategische Blick wird infolgedessen zum Inklusions- bzw. sein Fehlen zum Exklusionskriterium der Gemeinschaft (in Abgrenzung zu »Amokspielern«, »ballernden Computerkids« und anderen als von der Gemeinschaft als charakterlich unreif markierten Personengruppen); und dieser Blick entspricht durchaus der dargelegten Zurückhaltung des *Gamedesigns* im Hinblick auf die Ausgestaltung von Körperlichkeit, Verletzung, Tötung und Tod. Der alltagsweltlich involvierte Blick wird durch ein strategisches Sehen ersetzt: Der Tod im Bild wird auf seine spieltaktische Bedeutung reduziert. Erst diese Abstraktion von den konkreten bildlichen Gehalten ermöglicht eine gemeinsame Erzeugung einer Spiel-Welt der strategischen Kooperation. Hinter der Flächigkeit der Monitor-

Die Aufführung des Teamkörpers – visuelle und performative Aspekte des Spiels

bilder wird ein in seinen Bedeutungen sozial bestimmter Bildraum erschaffen, der als zentrales Verbindungsmoment der Spieler-Gemeinschaft, als ihr genuiner Existenzraum, fungiert.

Das Gamedesign von *Counterstrike* stellt auf einen Spielvollzug ab, der von gegenseitiger Fairness (sog. *Cheater*, die ihre Software manipulieren, werden dauerhaft ausgeschlossen) und Kooperationsbereitschaft (Kommunikationsbereitschaft, Subordination unter das Mannschaftsziel) *abhängig* ist. Die Praxis des Spielens – soweit sie in organisierten Strukturen wie den *Clans* stattfindet – verweist insofern auf eine soziale Praxis außerhalb bzw. an den Grenzen des Spiels, die dieses erst konstituiert und von der seine visuellen Gehalte nicht zu trennen sind, die aber umgekehrt *als* soziale Praxis sich nirgendwo anders ereignet als im Vollzug und den Bildern des Spiels selbst.

Was in klassischen Bildtypen i. S. der oben (Kap. 11.4) dargelegten Thesen als *komplementäres* Verhältnis von Bildern und sozialen Handlungen, als Veräußerung des Sozialen in das Bild und aisthetische, ästhetische und mimetische Aufnahme des Bildes in die sozialen Vollzüge hinein darstellt, findet sich im Fall des sozial eingebetteten Multiplayer-Computerspiels, jedenfalls potentiell, zu einer untrennbaren Einheit verschmolzen: Die Bilder dieses Spiels existieren nur im Augenblick ihres Vollzugs, der im Teamspiel ein *sozialer* ist (und auf dem gemeinschaftlichen Ausschluss von Kontingenz, Fremdheit und Alterität zugunsten von Berechenbarkeit und Identität basiert), und umgekehrt treten die sozialen Vollzüge unmittelbar und nur als Bild auf. Sozialität wäre in diesem Bereich nicht in einem wie immer konzipierten Verhältnis der Spiegelung in Bildern zu verstehen, sondern sie *ereignet* sich primär im und *als* Bild selbst. Bildhaftigkeit, Performativität und Sozialität bedingen sich gegenseitig.

12.4 Clan-Identität und Online-Spiel

Als organisierte und strukturierte Zusammenschlüsse von einigen wenigen bis zu über fünfzig Mitgliedern sind »Clans« kleineren, privaten Sportvereinen vergleichbar. Vermittelt über zentrale Koordinationsserver, bei denen sich die Clans und ihre Mitglieder registrieren lassen können, bekannte IRC-(Chat-)Server, Foren auf den Homepages der Clans und nicht zuletzt auf LAN-Partys findet ein Austausch zwischen verschiedenen Clans statt; es gibt lokale, nationale und internationale Ligen (die wie im Sport funktionieren). Die Counterstrike-Community ist somit ein dichter, auf verschiedenen Ebenen vernetzter Zusammenschluss, der sein Fundament in den sozialen Organisationsweisen und Interaktionen auf der Clan-Ebene hat. Deren innere Organisationsweise variiert von Clan zu Clan. Allen gemeinsam ist, dass sie sich Statuten geben, die bisweilen eher hierarchisch-autoritär, zumeist aber demokratisch organisiert sind. Es gibt in den meisten Clans einen oder mehrere Clanleader, Kassenwarte, Organisatoren (z.B. für Turnierbegegnungen), »Squadleader« (viele Clans haben verschiedene feste »Kampfteams«), Vollmitglieder, Juniormitglieder und Mitglieder auf Probe.

In der Regel stammen die Mitglieder eines Clans aus den verschiedensten Gegenden (Deutschlands), und es ist recht wahrscheinlich, dass sich noch nie alle Mitglieder eines Clans gleichzeitig ›face-to-face‹ begegnet sind. Zumeist werden Clans durch zeitliche Organisation und Ritualisierungen zusammengehalten. In der Regel legen sie Trainingszeiten fest, zu denen die Anwesenheit der Mitglieder erwartet wird. Hierzu treffen sich die Mitglieder online auf dem clan-eigenen, angemieteten Server, wobei sie gleichzeitig über ein sog. ›Voice-Chat-System‹, das wie in einer Konferenzschaltung Sprachbeiträge an alle Beteiligten übermittelt, verbal miteinander kommunizieren. Strategien und Taktiken werden eingeübt, die Fertigkeiten der einzelnen Spieler werden trainiert, claninterne Organisationsfragen besprochen etc. Nach dem Training, aber auch an Tagen außerhalb des Trainings treffen sich Clanmitglieder regelmäßig online, um soziale Kontakte zu pflegen, »einfach zu quatschen«, was von den Spielern mit dem Treffen in einer »Stammkneipe« verglichen wird.

Identität und »credit«

Obwohl es sehr verschiedene Ambitionsniveaus von Clans gibt – von sog. »Fun Clans« über »ambitionierten« bis zu »Pro-Gaming-Clans«, die eine Professionalisierung anstreben, von Firmen gesponsert und an internationalen, teilweise sehr hoch dotierten Wettkämpfen teilnehmen – messen sich doch auch die weniger ambitionierten Clans regelmäßig mit anderen entweder in sogenannten »Fun-Wars«, trotz der doch sehr unterschiedlichen Wortassoziation vergleichbar mit »Freundschaftsspielen«

im Sport, v.a. allem aber in organisierten Liga-Turnieren. Auch über diese Institutionen werden direkte Kontakte zwischen den Clans etabliert, die sich ggf. zu einem regelmäßigen Austausch entwickeln, aus denen sich weitere soziale Aktivitäten – wie etwa das gemeinsame Veranstalten einer LAN-Party – ergeben können. Durch die Praxis der Online-Turniere und Fun-Wars entsteht ein sehr weit gespanntes soziales Netz, ohne das ein substantieller Zusammenhalt der *Counterstrike*-Community nicht denkbar wäre.

Clannamen dienen in der *Counterstrike*-Community vordergründig der Selbstinszenierung. Je nach Ambition geben sich Clans ironische, martialische, auf etwa bestimmte Filme Bezug nehmende oder den sportlichen Aspekt des Unternehmens herausstreichende Namen. Durch die Wahl des Clannamens kann ebenfalls die Ambitionsstufe signalisiert werden; ein offenbar ironisch gemeinter Clanname wie etwa »KloTop« verweist auf einen »Fun-Clan«, während der in der Szene wohlbekannte Name »MouseSports« bereits das sportliche Selbstverständnis dieses semiprofessionellen Clans kennzeichnet. Die Clanmitglieder erhalten entweder selbstgewählte oder dem Thema des Clannamens entnommene Alias. Im Falle von »KloTop« stammen die Spielernamen aus dem Sanitärbereich: Waschbecken, Waschlappen, Lokus etc. Jeder der Clanname wird in voller oder abgekürzter Form dem Spielernamen vorangestellt («[KloTop]Waschlappen«). Auf diese Weise ist jeder Spieler unmittelbar als Mitglied dieses Clans identifizierbar; Mitglieder in der Probezeit haben außerdem ihrem Namen einen diesen Status kennzeichnenden Zusatz anzuhängen. In dieser Benennungspraxis liegt ein unverzichtbares funktionales Element des *Counterstrike*-Onlinegamings. Denn die Zugehörigkeit zu einem gut beleumundeten Clan weist sein Mitglied als vertrauenswürdig aus; ihm wird, etwa auf fremden Servern, ein diese Identität anerkennender Vertrauensvorschuss, »credit« gegeben (vgl. Althans 2000: 155 ff.). In der Regel achten Clans sehr darauf, dass ihre Mitglieder den Ruf des Clans nicht in Mitleidenschaft ziehen. Dies bezieht sich auch auf angemessene Umgangsformen; so werden Mitglieder, die dazu neigen, verbale Streitigkeiten vom Zaun zu brechen (*flaming*), abgemahnt. Der Ruf eines Clans beruht jedoch vor allem darauf, dass unter keinen Umständen irgendeines seiner Mitglieder jemals »cheatet« und damit eine der wichtigsten Community-Regeln bricht.

»Körper« und Stimme

Die Abgrenzung gegen *Cheater* übersteigt die Clanebene; im Gegensatz etwa zu schlechten Umgangsformen, die außerhalb des eigenen Clans hingenommen und innerhalb des eigenen Clans korrektiv bearbeitet werden, gehört das Cheaten zu den Distinktionskriterien auf der Community-Ebene. Die Regeln sind strikt: Es zählt nicht die Ausführung, die Verwendung von Cheats, sondern lediglich die »Berührung«, sei es auf der digitalen Ebene der ›Verschmutzung‹ des Rechners (die bloße Installation ist suspekt und kann bereits geahndet werden) oder auf der personalen Ebene des Gerüchts. Cheaten ist ein Tabu, mit dem die Spieler – und ihre Rechner – keinesfalls in Berührung kommen dürfen. Nach Mary Douglas besteht das Unreine in der Auflösung und Vermischung verschiedener »Klassen von Dingen« (Douglas 1988:93) – fundamentale Abgrenzungen, durch welche die Matrix der sozialen Ordnung definiert wird. Worin besteht im Fall des Cheatens die Vermischung? Dieses technisch vermittelte agonale Spiel basiert in erster Linie auf dem Prinzip des »Teamplay«. Wie bei jedem Mannschaftsspiel schaffen die Spieler durch Abtretung ihrer Selbstbestimmtheit und Selbstmächtigkeit an die Koordinationsanforderungen des Teams eine Macht, die weitaus größer ist als die Summe ihrer Einzelteile. Als Voraussetzung eines gut abgestimmten Teamspiels sind die Fähigkeiten und Fertigkeiten der einzelnen Spieler im Umgang mit der Maschine von Bedeutung. Monitor und Maus bilden die Schnittstelle, über die vermittelt die Hand-Auge-Koordination verläuft. Das Spiel als Ganzes wurzelt, wie in vielen Sportarten, in der *Beherrschung des Geräts* durch die Einzelnen. Doch wer »cheatet«, vermischt seine Fähigkeiten mit denen des Rechners, er hebt die Unterscheidbarkeit »reinen« und »unreinen« Spielens und somit die Mensch/Maschine-Differenz, die ja gerade da Spielprinzip definiert, auf. Interessanter Weise funktioniert die »Cheat«-Software genau nach dieser Logik: sie setzt exakt an der Stelle an, wo auch die Bewegungen von Maus und Tastatur verarbeitet werden: zwischen dem bildgebenden Teil der Spielesoftware und dem Teil, der für die Berechnung der Figurenbewegung zuständig ist. Die Aktionen des Spielers und die Manipulationen der »Cheat«-Software verschmelzen auch technisch zu einer untrennbaren Einheit: Das Äquivalent im klassischen Sport hierzu wäre die Einführung von Neuro- oder auch Körperprothesen, etwa ein Chip im Kopf des Fechters, der ihn unbesiegbar werden lässt. Die Verwendung von *Cheats* substituiert das Können des Spielers: es ersetzt Reaktionsschnelligkeit und Feinmotorik des Mausgebrauchs – und damit die das Spiel konstituierende Vollzugsinstanz »Körper«. Der Cheater täuscht damit nicht nur ein praktisches Wissen vor, das der Spieler nicht hat (eine falsches Selbst gleichsam), und *Cheating* zerstört nicht nur die Voraussetzungen des Spiels (Fairplay). Vielmehr zerstört es, im Gegensatz zum Körpersport, indem es die Vollzugsinstanz »Körper« ersetzt und simuliert, *unmittelbar* die Authentizität der emergenten sozialen Situation des Spiels.

Anhand des Bedeutung des ausgreifenden Diskurses über das Cheaten für die Community lässt sich daher ex negativo auf die Bedeutung von »Körper« in der Online-Interaktion schließen.[11] »Körper« ist hier zunächst als spezialisiertes praktisches Wissen zu verstehen, durch das erst das hochgradig koordinierte Teamspiel in der erforderlichen Geschwindigkeit möglich wird. Das Spiel eines gut eingespielten Teams vergleichen die Spieler mit einer Ballettaufführung und verweisen damit auf das Element des *flow* (Bausch/Jörissen 2004:328 f.). In der Betonung des Elements des Fließens im Spielvollzug entspricht *Counterstrike* den Bewegungsparadigmen neuer Sportarten (wie Skating oder Paragliding), die ihrerseits mit der Aufführung der Schwerelosigkeit, des Gleitens, der Reibungslosigkeit (Alkemeyer/Gebauer 2002; Schmidt 2002) ebenfalls eine Transzendierung des Körpers (als Widerstand, Schwere) inszenieren. Die *Counterstrike*-Spieler optimieren ihre Computermäuse und die dazugehörigen Unterlagen aus High-Tech-Materialien (Mousepads mit Gleitspray, laserbasierte Computermäuse mit Teflonaufklebern), um einen reibungslosen Spielfluss zu erreichen: die Bewegungen der Hände und die Aktionen der Mannschaft sind nur analytisch zu trennen. Das Gleiten der Computermäuse auf den Mousepads bewirkt eine spezifische haptische Qualität, die dem Ideal des Gleitens in den neuen Körpersportarten zumindest ähnlich ist.[12]

---

11 | Insofern sich die Datenerhebung primär auf das Ritual der LAN-Party konzentrierte, reicht das erhobene Online-Material bedauerlicherweise nicht aus, um diesen Sachverhalt positiv zu belegen, so dass hier bis auf weiteres nur auf Indizien verwiesen werden kann.
12 | Für diesen Hinweis sei Robert Schmidt herzlich gedankt.

»Körper« ist im Online-Spiel jedoch noch auf einer anderen wichtigen Ebene ›appräsent‹, nämlich als Stimme. Es ist nach unseren Beobachtungen charakteristisch für das *Counterstrike*-Spiel auf öffentlichen, nicht an einen Clan gebundenen Spiele-Servern, dass dort hauptsächlich per Texteingabe kommuniziert wird (ähnlich einem Text-*Chat*), während das Mannschaftsspiel oder das Online-Training nicht ohne Stimme auskommt. Es ist in der Tat so, dass das Spiel zwar eine sog. *Voicechat*-Funktion von sich aus bereit stellt; die Spieler jedoch auf externe Software zurückgreifen wie etwa das eigens für diesen Bereich entwickelte und kostenlose erhältliche Programm *Teamspeak*.[13] Diese Lösung erfüllt mehrere Funktionen zugleich: Erstens ist Teamspeak ein Instrument der Inklusion durch Exklusion. Es ermöglicht eine ›private‹ verbale Kommunikation unter Spielern eines Clans, die von den anderen Spielern nicht mitgehört werden kann. Es erlaubt zweitens im Gegensatz zur proprietären Lösung von *Counterstrike,* auch nach dem Ausscheiden der eigenen Spielfigur noch mit den anderen zu kommunizieren (der sog. »Leichenchat«).[14] Drittens bietet es als eine seiner wichtigsten Funktionen den Benutzern an, verschiedene Kanäle zu eröffnen, die etwa verschiedenen »Chaträumen« gleichen. Auf diese Weise wird *Teamspeak* zu einem auditiven sozialen Treffpunkt auch für solche Clan-Mitglieder oder bekannte Mitglieder anderer Clans, indem parallel in einem »Raum« die Kommunikation des Spielgeschehens, in anderen »Räumen« ggf. themenorientiert Clan-interne Angelegenheiten besprochen oder auch nur soziale Kontakte gepflegt werden. Die hohe soziale Signifikanz dieser Kommunikationstechnologie verweist auf die besondere Bedeutung der *Stimme* für die neueren Implementationen und Gebrauchsweisen der Neuen Medien.[15]

---

13 | http://www.goteamspeak.com [19.9.2004]
14 | Die proprietäre Lösung von *Counterstrike* verbietet dies, da ansonsten die noch aktiven Spieler von ihren ausgeschiedenen Clan-Mitgliedern Hilfestellung erhalten können. In *Counterstrike* werden ausgeschiedene Spiele automatisch einem eigenen Kanal zugeordnet, der für die anderen nicht hörbar ist (während die Ausgeschiedenen die Kommunikation der noch Spielenden mitverfolgen und sich darüber unterhalten können).
15 | Auch in dieser Hinsicht ist, zumindest im Vergleich zu alten symmetrischen Kommunikationsmedien wie etwa dem Telefon, der Vorwurf der Entkörperlichung in den Neuen Medien in dieser Pauschalität nicht haltbar. Die beobachtungstheoretische Kritik der Ontologisierung »des« Körpers hatte bereits darauf hingewiesen, dass »Körper« als Phänomen des gestischen Unterscheidungsvoll-

12.5 Spill over: Die LAN-Party als soziales Ritual

Rituale als emergente soziale Situationen

Im Vergleich zu klassischen Formen des sozialen Rituals – wie etwa Einschulungsfeier, Konfirmation, Weihnachtsfest etc. – sind LAN-Partys sicherlich im Grenzbereich des Phänomens Ritual anzusiedeln. Sie stehen exemplarisch für eine Tendenz, die unter dem Titel »Transritualität« Eingang in die neuere Ritualforschung gefunden hat (vgl. Wulf/Zirfas 2004) und sind insofern ein geeignetes Beispiel zur Darstellung dessen, was oben als *emergente soziale Situation* bezeichnet wurde. Angesichts der Vielzahl kursierender Ritualdefinitionen ist es nicht möglich, allgemeinverbindliche Kriterien für das, was ein Ritual ist, anzugeben. Es lassen sich jedoch Charakteristika herausstellen wie etwa (vgl. dazu Arbeitsgruppe Ritual 2004:188 ff.):

- Konstruktivität
- Performativität (szenische Arrangements von Körpern, Gesten, Requisiten),
- Gemeinschaftsbezug (Inklusion/Exklusion),
- praktisches rituelles Wissen und Mimesis,
- Kreativität und Innovation sowie ein
- Bezug zum Anderen bzw. Fremden.

Als zusätzliche formale Kriterien lassen sich die Aspekte der äußeren (konstitutiven) performativen Rahmung und der inneren symbolisch-performativen Vollzüge hervorheben. Aspekte der äußeren Rahmung sind etwa: Abgrenzung von der Alltagszeit und vom Alltagsraum durch inszenierte Schwellen sowie die temporäre und partielle Aufhebung der sozialen Ordnung; als performative Vollzüge innerhalb der Rituals sind etwa Aufführung der symbolischen Ordnung durch szenische Arrangements, Gesten und Sprache, Bezug zu einer Form von Transzendenz bzw. Inszenierung eines Unerfahrbaren sowie Einsetzung und Differenzbear-

---

zugs nicht auf den sichtbaren Körper reduziert werden kann. Es gelingt denn auch nur im Rekurs auf den phänomenologischen Glaubenssatz vom »Leibkörper«, die Abwesenheit »des« Körpers in Online-Umgebungen zu dramatisieren (vgl. etwa: Becker 2000).

beitung (dauerhafte Zuweisung sozialer Rollen bzw. Abgrenzung von Unterschieden) hervorzuheben.

Das Konzept der Transritualität will dem Umstand Rechnung tragen, dass »Rituale in vielen Fällen nicht mehr die Eindeutigkeit, Linearität und kanalisierte Funktionalität, die oftmals von der etablierten Ritualtheorie aufgestellt werden«, aufweise (Wulf/Zirfas 2004:379); es verweist auf Veränderungen und Innovationen, auf die Komplexität und Kontingenz von Ritualen (ebd. 380). Damit erhebt sich grundsätzlich die Frage nach der Grenze dessen, was man noch als Ritual bezeichnen, bzw.: was man als Ritual *beobachten* will.

In erster Linie hängt dies selbstverständlich von der gewählten Perspektive, etwa den oben aufgelisteten, Kriterien ab, und insofern reflektiert die Diskussion um die Grenze der Transformierbarkeit des Ritualkonzepts Prozesse der gesellschaftlichen Positionsbestimmung (vgl. Krieger/Belliger 1998); alleine schon aus diesem Grund ist sie nicht durch eine einheitliche Definition ersetzbar (und das wäre auch gar nicht zu wünschen). Unabhängig von dieser Selektionsentscheidung jedoch bildet der Aspekt der *Eigenständigkeit* des Rituals, das wie jeder andere soziale Rahmungstyp gelingen oder scheitern kann, ein konstantes Merkmal.[16] Das Ritual erklärt sich weder alleine als ›Ausdruck‹ oder Aufführung eines Mythos, noch erschließt es sich in seinen Eigenqualitäten durch eine funktionalistische Verortung im gesellschaftlichen Kontext. Das Ritual schafft seine eigenen Sinnbezüge, die *nur* in seinem Kontext (für Beobachter also durch entsprechende Dekontextualisierungsverfahren) ihre symbolischen Gehalte annehmen. Wie beispielsweise Ludwig Jäger unter Rekurs auf Stanley Tambiahs performative Theorie des Rituals betont,

---

16 | Rituale können freilich auch simuliert werden, nicht nur durch die Aufhebung in einer anderen, äußeren Rahmung (etwa als Bestandteil einer Theaterinszenierung), sondern auch dadurch, dass ihre *Emergenz* simuliert wird: man lässt die Körper/Gesten durch dramaturgische Inszenierung so agieren, *als ob* sich ein multizentrisches, aber aufeinander bezogenes Interaktionsgeschehen ereignet – tatsächlich konstituiert sich die Situation dann nicht selbstreferenziell, weil die Körper/Gesten nicht als mimetischer Bezug auf Andere, sondern als »Copie« (s.o. S. 150) vorgeschriebener Schemata hervorgebracht werden. Das impliziert keineswegs, die Ambivalenz von Ritualen als teilweise rigide verfahrende, disziplinierende und unterwerfende Aufführungen von Macht zu relativieren, doch es gibt Anlass zur Vermutung, dass zumindest ein nicht unerheblicher Teil des Ritualbestands etwa in Diktaturen seinem Wesen nach kein soziales Ritual, sondern eher ein Hybrid aus Machtinszenierung und »Copiermaschine« darstellt.

täuscht der bisweilen generalisierte *äußere* Eindruck der Bedeutungslosigkeit einiger Rituale (in denen etwa unverständliche Gesänge aufgeführt werden); auch wo ein derartiges Ritual »keine Bedeutung im Sinne einer *referentiellen* Semantik enthält, lässt sich [...] doch eine differenzierte *indexikalische* Semantik ablesen« (Jäger 2004:314), also ein Bezug auf den extra-rituellen Kontext des Rituals (ebd. 312), den es nach Maßgabe seines eigenen Unterscheidungsrepertoires (innere Semantik) beobachtet.

Tambiah beschreibt das Problem, dass Rituale *zugleich* als intern strukturiert *und* als Teil eines extra-rituellen kulturellen Zusammenhangs begriffen werden müssten (Tambiah 1998:247). Ob man dieses tatsächlich ›zugleich‹ in den Blick bekommt, wäre zu bezweifeln, insofern der Fokus auf die Gesamtkultur gerade die Reduktion der Komplexität seiner Elemente bedingt (Ritual etwa auf Funktion reduziert). Insofern darf man Tambiahs Anliegen dahingehend verstehen, dass – mit dem Fokus auf das Ritual – dieses nur zu verstehen ist, wenn man es zugleich in seiner Eigenständigkeit *und* in *seiner* Orientierung in Bezug auf den extra-rituellen Kontext betrachtet. Tambiah selbst beschreibt, dass das Ritual über eigenständige Verfahren verfügt, auf seine extra-rituelle Umwelt zu reagieren. Einerseits, so Tambiah, reflektieren Rituale »kosmologische Ideen und Prinzipien (Tambiah 1998:247), andererseits finden sie »zwischen Menschen in ›statusgeprägten Positionen‹ von Autorität und Unterordnung, von Kompetenz und Berechtigung, von ›Macht und Solidarität‹« statt (ebd.). Nun reagiert das Ritual auf diese extra-rituellen Kontingenzen gerade nicht im Kontext der Alltagssemantik seiner Kultur, denn es definiert seine Unterscheidungen selbst: es übersetzt Statuspositionen in seine eigene ›Sprache‹, indem es sie bspw. in der Anzahl von Iterationen bestimmter ritueller Elemente abbildet. In diesem Sinne berichtet Jäger, dass bei Beerdigungsriten der Thai »je nach dem sozialen Rang des Verstorbenen und der finanziellen Potenz von Sponsoren – dieselbe Kollektion von Pali-Gesängen in einer stereotypen und unveränderlichen Performance von Mönchen unterschiedlich häufig wiederholt« wird (Jäger 1994:314).

Der angesprochene Aspekt der Sequenzbildung führt jedoch noch weiter. Wenn das Ritual in der Weise wie von Tambiah und Jäger beschrieben *interne* und *externe* Anforderungen zu vermitteln weiß, so wird bereits daran ersichtlich, dass ein Ritual sich als soziale Situation mittels seiner eigenen Semantik verortet: was etwa eine Störung ist und wie darauf zu reagieren ist, definiert das Ritual selbst. So beschreibt Tambiah, dass *innerhalb* von Ritualen »Sequenzierungsregeln und Einschränkungen gleichzeitigen Vorkommens« bestehen (Tambiah 1998:247), mittels derer Rituale wie beschrieben etwa Statusunterschiede in Iterationen ›übersetzen‹: Es gibt »gebundene Relationen« (ebd.), also Ordnung in Ritualen (Anordnung der Körper in Zeit und Raum, Ordnungen der Gesten und Worte etc.), ohne die sie nicht als besondere, »öffentliche, ernsthafte und feierliche Anlässe« betrachtet werden könnten. Das Ritual ist, wie daraus zu entnehmen ist, ein grundsätzliches ›polylogisches‹ Ereignis, das aus heterogenen und simultanen Beobachtern – Körpern – besteht, die jedoch durch gemeinsames (rituelles) praktisches Wissen miteinander in Bezug stehen (ansonsten: wäre es kein Ritual). In der Aufführung erfolgt dort eine Reduktion dieser Multizentrizität, wo bestimmte Inhalte explizit kommuniziert (aufgeführt) werden, etwa i.S. der Aufführung der kosmischen und liturgischen Ideen (ebd.).

Derartige ›Techniken‹ des Rituals: Sequenzialisierung, Betonung, Rekursivierung, mediale Verschiebung so wie Kombination jeweils ritualeigener Elemente ermöglichen es dem Ritual, mittels seiner »horizontalen Relationen und Verbindungen [...] die *vertikale* Dimension zu konstituieren, durch die eine Integration auf höherer Ebene erreicht wird« (ebd. 248). Wie man daran sieht, »integriert« sich das Ritual im Kontext der Ritualtheorie Tambiahs *selbstständig* aufgrund der eigenen Operationen mittels eigener Elemente und Bedeutungsgehalte in einen umgebenden sozialen Kontext.[17] Es selektiert nicht nur seine Umwelt nach eigener Maßgabe, sondern es ›kommuniziert‹ mit dem extra-rituellen Kontext ausschließlich aufgrund eigener Mittel, Elemente und Schemata.

Versteht man in diesem Sinne Rituale als ›operativ geschlossen‹ und insofern als *emergente soziale Situationen*, so rücken, wie zu sehen war, vor allem die Aspekte ihrer Selbstbezüglichkeit, Selbstorganisation (Emergenz), ihrer multizentrisch-simultanen Struktur, die konstitutive Bedeutung der »Körper« (Mimesis, praktisches Wissen, Multizentrizität) sowie die Bedeutung der Performativität i.S. eines ›Sich-vor-sich-selbst-

---

17 | Ob man tatsächlich die bruchlose Metapher der »Integration« verwenden sollte oder dies nicht wieder einen Reduktionismus impliziert, sei dahingestellt.

Aufführens‹, also einer performativen Selbstirritation, sowie eines ›Sich-vor-anderen-Aufführens‹, also einer performativen Wirkung auf den extra-rituellen Kontext.

Tambiah hebt im dargestellten Zusammenhang hervor, dass, gegenüber dieser Theorie der Selbstkonstitution von Ritualen der klassische ethnologische Rahmen für die Untersuchung von Ritualen – das Dreierschema von van Gennep: Absonderung, liminale Phase und Reintegration (wie es von Victor Turner adaptiert und immer noch in der Ritualtheorie verwendet wird) – mit Vorbehalt zu behandeln ist: »Wenn dieses Schema mechanistisch angewandt wird, kann es bestimmte Aspekte des Rituals verschleiern« (Tambiah 1998:247). – Wie man aus beobachtungstheoretischer Perspektive sehen kann: Dieses Dreierschema ist ein Konstrukt einer unreflektierten Beobachtung zweiter Ordnung, die ihren Gegenstand von außen abgrenzt. Tambiahs Ritualtheorie hingegen beobachtet die Bedingungen der Selbstkonstitution von Ritualen. Erst wenn man sie als eigenständige, autopoietische Phänomene unterscheidet, eröffnen sie dem Beobachter ihre komplexe Organisation.

Aufführung, Erneuerung und Authentifizierung der Community im Ritual der LAN-Party

LAN-Partys sind, kurz gesagt, Zusammenkünfte überwiegend junger Männer zwischen etwa achtzehn und fünfundzwanzig Jahren. Sie variieren zwischen zwanzig und zweitausend Teilnehmern, die für ein Wochenende zusammentreffen und zu diesem Zweck (unter meist nicht unerheblichem Anreiseaufwand) ihre Computerausrüstung zu einem angemieteten Veranstaltungsort bringen, um dort Computerspiele über ein installiertes lokales Netzwerk (LAN) zu spielen. Üblicherweise haben LAN-Partys keinen markierten Beginn und auch kein definiertes Ende: Die Spieler reisen nach und nach an, bauen ihre Computer auf und verbinden sie Computer mit dem lokalen Netzwerk und beginnen zu spielen; irgendwann beginnen die Turniere zu einem mehr oder weniger festgesetzten Zeitpunkt; manche Mitglieder der im Spielverlauf ausgeschiedenen Mannschaften reisen bereits früher ab, andere bleiben bis zum letzten Tag, an dem die restlichen Spieler nach und nach abreisen, ohne dass man von einem definierten Ende – die Siegerehrung findet kaum Beachtung – sprechen könnte. Von besonderem Interesse im Hinblick auf den *Community*-Aspekt ist die Tatsache, dass ein nicht unerheblicher Anteil der LAN-Partys aus der Spieler-Szene heraus selbst, also nichtkommerziell organisiert wird, womit jeweils ein erheblicher Aufwand für eine große Zahl von unentgeltlichen Organisatoren und Helfern sowie ein nicht zu vernachlässigendes finanzielles Risiko der Veranstalter verbunden ist.

LAN-Partys sind eines der augenscheinlichsten Exempel für den sog. *Spill-over*-Effekt, also das ›Überschwappen‹ von Online-Sozialität in den Bereich der außermedialen Erfahrung. LAN-Partys lassen sich als soziale Rituale lesen, die einerseits in einer komplementären Beziehung zum Online-Alltag gesehen werden können, indem sie diesen bzw. dessen symbolische Ordnung aufführen, iterativ erneuern und authentifizieren (Bausch/Jörissen 2004:309). Der *Aufführungsaspekt* bezieht sich dabei auf die abstrakte Online-Community als solche, die auf der LAN-Party zur greifbaren Netzwerk-Gemeinschaft vergegenständlicht erscheint; auf ihre gemeinschaftsbildenden Prinzipien wie Teamspiel oder Fairplay; sodann auf die Clans selbst, die sich einerseits als Clangemeinschaft auf der LAN-Party inszenieren, und die dort andererseits im Vollzug des Spielens das Community-Ideal der fließenden Team-Kooperation in der Aufführung des perfekt abgestimmten Teamkörpers sichtbar machen. Die *Erneuerung* der Gemeinschaft tritt dort besonders in den Vordergrund, wo bisherige Online-Bekanntschaften in realen Begegnungen ›geerdet‹ werden. Die leibliche Begegnung ermöglicht eine habituelle Adaption insbesondere neuer Mitglieder, die sich sowohl auf die Zurschaustellung des Umgangs mit Technik als auch auf ihre sozialen Kompetenzen und Umgangsformen beziehen kann. Die Kommunikation der Community basiert zu nicht unwesentlichen Teilen auf gemeinsamen *Themen* – ein wichtiger Punkt der Erneuerung von Gemeinschaft ist in dieser Hinsicht nicht nur das Gespräch über szene-interne Neuigkeiten, sondern ebenfalls der Austausch neuester Software, neuer Videoaufzeichnungen von *Counterstrike*-Spielen etc. durch das Netzwerk, so dass auch über die LAN-Party hinaus Fortgang und Anschlussfähigkeit community-interner Kommunikation gesichert werden. Der Aspekt der *Authentifizierung* schließlich – genauer: der ›Inszenierung von Authentizität‹ (Fischer-Lichte/Pflug 2000) – benennt eine Ebene der Bewahrheitung, Vergewisserung und Prüfung: Die Teilnehmer können sich als diejenigen »authentifizieren«, als die sie im Online-Alltag bekannt sind; Clans können sich vor der durch die LAN-Party ›repräsentierten‹ Community – je nach Ausrichtung – als die solidarischen, aktionistischen oder sportlich leistungsfähigen Zusammenschlüsse beweisen, die ihrem Selbstverständnis entsprechen; die Community als ganze schließlich kann sich als Gemeinschaft von fairen Spielern, die ihre Kräfte ohne Softwaremanipulationen miteinander messen, verifizieren, denn das »cheaten« auf LAN-Partys würde sofort entdeckt werden.

Ein auffälliger Aspekt von LAN-Partys im Vergleich zu anderen öffentlichen jugendkulturellen *Events* ist, dass die Teilnehmer größtenteils in unauffälliger Alltagskleidung erscheinen. Im Gegensatz zu den weitestgehend ungeschmückten Besuchern der LAN-Party bilden allerdings aufwändig geschmückte und umgestaltete Computer ein regelmäßig anzutreffendes Element von LAN-Partys; diese Praxis der Inszenierung des Computers hat unter dem Namen »Case-Modding« weite Verbreitung gefunden. Teilweise werden auf LAN-Partys »Case-Modding«-Wettbewerbe veranstaltet, was offenbar ein besonderes Interesse an der ästhetischen Bearbeitung der Computergehäuse anzeigt. Das Prinzip des »Case-Modding« liegt grundsätzlich darin, die Blechgehäuse der Computer zu durchbrechen, so dass eine Plexiglasscheibe wie ein Fenster den Blick auf das Innere des Rechners freigibt. Im Innern werden Lichter installiert; teilweise auch spezielle Schläuche oder Leitungen verlegt, die die Hardware in leuchtende Farbkontraste tauchen, wobei häufig auffällige, speziell designte Lüftungs- und Kühlvorrichtungen statt der üblicherweise eher unscheinbaren Computer-Komponenten zum Vorschein kommen. Häufig sind auch Teile der Blechverkleidungen schablonenartig ausgeschnitten, so dass durch die innere Beleuchtung der Computer zum Träger illuminierter Symbole wird.

Durch das Öffnen und Durchbrechen der Computer-Gehäuse werden die abstrakten, unsichtbaren Rechenvorgänge durch Licht und Symbole als dramatischer Vorgang in Szene gesetzt. Gerade durch die faktische Unmöglichkeit und die Vergeblichkeit des Versuchs, die eigentlichen Vorgänge im Rechnerinneren, die weit jenseits menschlicher Wahrnehmungskapazitäten liegen, sichtbar werden zu lassen, erhält das Case-Modding einen besonders ostentativen Charakter. Es setzt einen weithin sichtbaren Akzent an eben der Stelle, die aufgrund ihrer (technischen)

Medialität reines Durchgangselement ist, und wirkt damit wie eine Antithese zu Kittlers Feststellung, dass die »Hardware, zumal von Computern, [...] in unseren Vorstellungen von Wirklichkeit nicht vorzukommen« scheint (Kittler 1998:119). Der Computer wird – nicht zuletzt auch im Zuge einer unübersehbaren Technikfaszination – zum Kunst- und Kultobjekt stilisiert. Gerade in dieser ästhetischen Überzeichnung kann das technische Gerät, der ›welterzeugende Apparat‹ i.S. Krämers (1998:83) im Raum der LAN-Party eine performative und rituelle Wirkung entfalten. Die versammelten Computer und Monitore erzeugen, zumal in abgedunkelter Umgebung, eine eigentümliche Atmosphäre, die zwischen der in der Masse eindruckvollen Materialität der Gerätschaften einerseits und ihrer Medialität andererseits, auf die vielleicht gerade das Element des Lichts (der Monitore und Gehäuse) verweist, oszilliert. Das Netzwerk (»LAN«), de facto nicht weniger abstrakt als etwa das Internet selbst oder die Datenströme im Inneren der Rechner, wird als Versammlung geschmückter und miteinander verbundener Computer aufgeführt. Es ist der Schmuck und die Ordnung der *Counterstrike*-Community: *kosmos*.

Der rituelle Raum der LAN-Party konstituiert sich eher über dieses materialisierte Netzwerk als durch die (austauschbaren) Räumlichkeiten, in welcher die Veranstaltungen stattfinden. Dabei ist die Anordnung der Computer zugleich eines der wenigen Ordnungsprinzipien für die Körper im Raum der LAN-Party. Da die Turniere und Spiele nur einem schwachen zeitlichen Raster folgen und sich dabei auch noch überlagern, kann allenfalls von okkasionellen zeitlichen Synchronisationsebenen oder -inseln gesprochen werden (etwa dort, wo zwei Teams zu einem bestimmten Zeitpunkt gegeneinander anzutreten verabreden). Infolgedessen kommt es zu einem für den äußeren Betrachter eher chaotischen Eindruck. Achtet man jedoch auf die konstitutiven Elemente und auf die Art der Ordnung dieses Rituals, so wird ersichtlich, dass es sich tatsächlich handelt durchaus nicht um Unordnung handelt, sondern um sich überlagernde Selbstorganisationsprozesse, wie sie auch für den Online-Alltag typisch sind – die Gemeinschaft erscheint in Form von Interferenzen, von Überlagerungseffekten verschiedener Rhythmen. In dieser Hinsicht hat die Anordnung der Computer einen integrativen Effekt: Als sichtbares Ordnungsschema (das bspw. auch momentan abwesende Spieler durch ihren ›Platz‹ repräsentiert) erzeugt sie eine Konstanz, die ein fließendes Kommen und Gehen erlaubt, ohne dass ein Bild der Desintegration entstünde. Wie ein »strange attractor« (Coveney/Highfield 1994:266) fungiert das sichtbare Netzwerk – das Ensemble von Stühlen, Tischen, Computern und Kabeln – als Anziehungspunkt einer nichthierarchischen, dezentral organisierten, fluktuierenden und selbstähnlichen Ordnung des Sozialen.

13 Resümee

1.

In den bild- und medientheoretischen Diskussionen der 1990er Jahre bilden Thesen des Realitätsverlusts, der Entwirklichung der Erfahrungswelt oder sogar der Derealisierung, des Verschwindens der Wirklichkeit zugunsten bloßer Simulakren, ein verbreitetes Kritikmuster. Die vorliegende Arbeit verfolgte das Ziel, dieses *Fragen nach der Wirklichkeit* im Zeitalter der Neuen Medien seinerseits kritisch zu hinterfragen.

Dieses Muster der Derealisierungsbesorgnis ist nicht eben neu, sondern es verweist auf eine kulturgeschichtliche Dimension. Ein wichtiger Bezugspunkt hierfür sind die Schriften Platons. Denn nicht nur kann Platon als der erste – und einer der wirkungsmächtigsten – Bildkritiker gelten. Vielmehr geschieht diese Bildkritik im Kontext eines komplexen Geflechts von ontologisch-kosmologischen Wirklichkeitsentwürfen, anthropologischen Modellen, pädagogischen Konzepten und politisch-normativen Handlungsanweisungen. Die dabei entstandene thematische Allianz von Bildlichkeit und Bildung ist ein nicht nur in der Geschichte der Pädagogik, sondern auch ein heute noch wirksames Motiv.

Dabei lässt sich die hochgradig ambivalente Einschätzung des Bildes bei Platon, die in der Bildungstheorie Meister Eckharts in höchst paradoxen Formulierungen widerhallt, allein mit bildtheoretischen Mitteln nicht hinreichend erklären. Die begriffskritische Analyse zeigt, dass Platon mit zwei Bildkonzepten: einem nichtmedialen und einem medialen, operiert.

Der Ausdruck *eikôn* steht überwiegend für die *Ebenbildlichkeit* mit den Ideen, die sich in ganz verschiedenen medialen Verkörperungen ma-

Resümee

nifestieren kann. Im Medium von Chora und Zahl ist dies der Kosmos; im Medium der Sprache der *eikos logos* (Mythos); im Medium der Stofflichkeit (Hyle) sind *eikones* materielle Dinge. All dies sind »gute« Ebenbilder der idealen Ordnung. *Eidôlon* hingegen steht für das medial verkörperte Bild, dessen mediale Darstellungsform (Perspektive etc.) zumeist die wahren (idealen) Formverhältnisse verzerrt. So entstehen die ideenfernen *Phantasmen*: Bilder, die sich nicht auf die Ordnung der Ideen beziehen, sondern ihrer eigenen Ordnung folgen.

Damit sind zwei widerstreitende Pole markiert: die medialen Darstellungsformen konkurrieren mit dem idealen (göttlichen) Formgebungsmonopol. Bilder und andere mediale und künstlerische Darstellungen werden deswegen von Platon nicht etwa pauschal verurteilt, sondern ambivalent bewertet: die Frage ist, ob sie Bezug nehmen auf die Referenz der höchsten Wirklichkeit der Ideen und somit am Seienden teilhaben, oder ob sie nicht Bezug nehmen und damit gleichsam selbstreferentiell, nur auf ihre eigene mediale Form bezogen, zu irrealen Phantasmen werden.

Nicht die Bildlichkeit an sich, sondern: die Dominanz ihres medialen Formanteils bestimmt über ihre Nähe oder Ferne zur höchsten Realität der Ideenwelt. In diesem Sinne kann von einer »Medienkritik avant la lettre« bei Platon gesprochen werden, und in diesem Sinne verweisen viele medienkritische Beiträge der 1990er Jahre auf ein geradezu verdächtig altes Muster europäischen Denkens.

2.

Referenzmodelle wie das der Ideenwelt bei Platon sind historisch variabel. Rekonstruiert man diese Geschichte in Grundzügen, so wird deutlich, dass in der Moderne der Repräsentationsgedanke – und damit die Legitimierbarkeit ontologisch eindeutiger Weltbilder – zunehmend in die Krise gerät. Damit taucht das Problem auf, von welchem Standpunkt aus das Verhältnis von Bild, Medium und Realität noch thematisiert werden kann.

Grundsätzlich besteht ein Lösungsweg darin, das in die Krise geratene korrespondenztheoretische Wissenschaftsmodell durch ein Modell der Bezugnahme auf symbolische Entitäten zu ersetzen: die Subjekt-Objekt-Dichotomie, die für das neuzeitlich-cartesianische Wissenschaftsverständnis prägend ist, wird damit ersetzt durch das Modell der Bezugnahme von einer symbolischen Welt auf andere. Der »radikale Relativismus« Nelson Goodmans stellt hierfür ein prominentes Beispiel und eine wichtige Zurückweisung realistischer Erkenntnismodelle dar.

Doch Goodmans radikaler Relativismus diskutiert den Repräsentationsgedanken zwar kritisch, bleibt diesem Konzept jedoch gleichwohl verbunden. Insbesondere der Versuch, ein *objektives* Kriterium zur Beurteilung der Richtigkeit der Bezugnahmen zwischen symbolischen Welten einzuführen, ist kritisch zu bewerten. Das Konzept der »externen Strukturisomorphie« ist für Goodman ein Instrument, solche symbolische Welten zu identifizieren, die falsche Bezugnahmen darstellen, und die deshalb als »nicht wirkliche Welten« keine Anerkennung beanspruchen dürfen. Nicht-wirkliche Welten sind mithin bei Goodman formal als »referenzlos« definiert, und Goodman selbst hebt die strukturelle Nähe dieses Standpunkts zu dem der Platoniker hervor.

3.

Damit begründet sich der Versuch, einen nicht-repräsentationalistischen Standpunkt für die bild- und medientheoretische Diskussion fruchtbar zu machen, wie er von dem Neopragmatisten Richard Rorty propagiert wird. Problematisch in bezug auf die Realitätsproblematik ist, dass Rorty selbst zur Vermeidung repräsentationalistischer Bezugnahmen vorschlägt, Begriffe wie Realität gänzlich »aus dem Vokabular zu verbannen«. Der »differenztheoretische Konstruktivismus« Niklas Luhmanns bietet hier eine Alternative, insofern dessen methodologischer Kern, die Beobachtungstheorie, eine antirepräsentationalistische Position darstellt, die gleichwohl eine de-ontologisierte Thematisierung von Realität erlaubt.

Auf der Grundlage der Luhmann'schen Beobachtungstheorie kann gezeigt werden, dass es sich bei Derealisierungsthesen generell (und zwar unabhängig vom jeweilig angewandten Referenzmodell) um Beobachtungen zweiter Ordnung handelt, die ihre Standortgebundenheit nicht reflektieren (Metabeobachter, die über keine Beobachtungstheorie verfügen). Im Kontext einer beobachtungstheoretischen Reflexion kann »Realität« nicht mehr als externes und auch nicht als internes Bezugsfeld von Aussagen verstanden werden, sondern nur mehr als – beobachtergebun-

Resümee

denes – Korrelat der Beoachtung von Beobachtern. Die Vorstellung einer Referenz auf *Entitäten*, seien sie als symbolische oder als extern-reale gedacht, wird so durch die Referenz auf *Differenzen* ersetzt – der Beobachter oder, sozial gewendet, der Andere, wird dabei als Prozess einer autopoietischen, d.h. selbstprozessierten Differenzsetzung konzipiert.

Auf diesem Komplexitätsniveau der Beobachtung werden klassische Derealisierungsthesen in ihrem normativen Gehalt durchsichtig und damit letztlich gegenstandslos.

4.

Wenn in dieser Weise Realität an Beobachtungsverhältnisse gebunden ist, so erlangt die Thematik des Beobachters bzw. Beoachtens eine vorrangige Bedeutung. Luhmanns selbstreferentieller »Beobachter« führt hier in unauflösbare Begründungsproblematiken: Denn jeder *Vollzug* einer Unterscheidung ist auf eine Vollzugsinstanz angewiesen, doch der autopoietische Luhmannsche Beobachter entsteht erst im Vollzug: er betritt die Bühne »logisch verspätet« und bleibt ein imaginäres Element der Theorie. Fraglich ist, wie im Hinblick auf eine konkrete soziale Praxis ein theorieimmanent nur imaginäres Konstrukt für konkrete Beobachtungshandlungen verantwortlich gemacht werden soll. Luhmann versucht dies unter Bezug auf den logischen Kalkül Spencer-Browns mit dem Konzept des »reentry«, des rekursiven (autopoietischen) Wiedereintritts des Beobachters in seine Beobachtung zu legitimieren. Doch gerade an dieser Stelle bleibt Luhmanns Rezeption des Kalküls entscheidend unterkomplex.

Im Rekurs Wittgensteins Meditation über den Grund des Sprachspiels ließ sich mit G. Gebauer aufweisen, dass sinngenerierende Handlungen (nach Luhmann: »Unterscheidungen«), als basale Form der *Geste* verstanden werden können. Wittgenstein demonstriert das Scheitern des experimentellen Versuchs, an sprachlichen Bedeutungen zu zweifeln, denn bereits das Zweifeln ist ein Sprachspiel, das nur auf der Basis von Gewißheiten gespielt werden kann. Als *Vollzug* ist das Zweifeln ein Handeln, so wie das Beobachten als *Vollzug* eine Unterscheidungshandlung ist. Beides basiert auf Gewissheiten des Körpers, die somit die Bedingung von Erkenntnis darstellen. Der so thematisierte Körper hat zwei besondere Eigenschaften: er ist erstens erkenntnislogisch unhintergehbar und zweitens autopoietisch konzipiert, denn wenn er keinen ihm äußeren Grund hat, so kann er sich nur selbst abgrenzen. Dies bedingt zugleich, ein Prinzip »Körper« von »dem« objektivierten, bereits von außen unterschiedenen Körper zu differenzieren. »Körper« steht mithin für ein unbeobachtbares Prinzip, das nicht auf den sichtbaren Körper zu reduzieren ist (denn dieser unterscheidet nicht sich selbst, sondern wird durch den Blick etc. unterschieden).

5.

Dieser Handlungskörper ist nicht wie bei Luhmann als Umwelt von Systemen zu denken, sondern als Vollzugsgrund von Systemen. Soziale Situationen, die Luhmann als Interaktionssysteme begreift, werden so als emergente soziale Situationen reformulierbar. Das Prinzip »Körper« ist für alle Unterscheidungshandlungen denknotwendig und insofern konstitutiv für alle sozialen Situationen – auch in sogenannten »virtuellen« Umgebungen.

»Emergente soziale Situationen« können in dieser Weise als »verkörperlichte« Situationen beobachtet werden, als ereignishaft verdichteter Zusammenhang der gegenseitigen »Beobachtung von Beobachtern«. Dies entspricht formal betrachtet der antirepräsentationalistischen Auffassung von Realität, wie sie im Kontext des differenztheoretischen Konstruktivismus gewonnen wurde. Dieser Gedanke entspricht überdies dem Grundgedanken der Meadschen Sozialphilosophie (dem Gedanken der Sozialität, die Gegenwärtigkeit stiftet, und Gegenwärtigkeit, die Realität konstituiert) und ist insofern auch in einem handlungsorientierten Theoriekontext anschlussfähig.

6.

Bezieht man diese Thesen auf den Bereich der Neuen Medien und auf die Frage des Verhältnisses von Bildlichkeit, Medialität und Realität, so fällt in der medientheoretischen Reflexion zuallererst ins Auge, dass im Gegensatz zu den Massenmedien, die mit Luhmann als geschlossenes soziales System mit eigenen Wirklichkeitsentwürfen aufgefasst werden müssen, die Neuen Medien primär durch ihre sozialen Gebrauchsweisen definiert sind. Sie sind damit prädestiniert (und teilweise auch eigens dazu entworfen worden), soziale Situationen zu ermöglichen.

Der These, dass hierbei eine entkörperte Form von Kommunikation gegeben sei, ist nicht zuzustimmen. Der Medienphilosoph Mike Sandbothe hat mit Nachdruck auf eine »Appräsenz« des Körpers in den Neuen Medien hingewiesen. Die These, dass »Körper« ein für *alle* sozialen Situationen konstitutives Prinzip darstellt, bestätigt diese Beobachtung und geht zugleich über sie hinaus.

Dies wird besonders deutlich am Thema der Bildlichkeit im Kontext Neuer Medien. Jedes auf dem Bildschirm erscheinende Bild zeigt sich in der Analyse als mit pragmatischen Vollzügen verknüpft, denn jedes Bild entsteht unmittelbar als Ergebnis eines Amalgams von Handlungen (eines oder mehrerer Benutzer), semiotisch-technischer Anweisungen auf der Ebene der graphischen Benutzeroberfläche (»performativer Code«) und bilderzeugender digitaler Operationen des Computers. Dies gilt generell und unabhängig von der jeweiligen konkreten Anwendung. Der *Gebrauch* der Bilder ist Vollzug, und das Entstehen der Bilder ist ein singuläres und vergängliches Ereignis. Im Fall von *kollektiv* hergestellten Bildern und Szenen – etwa im Rahmen von Online-Communities oder von Online-Computerspielen – sind die Bilder unmittelbares Produkt gemeinschaftlicher interaktiver Vollzüge.

Weil der Vollzug konstitutiv für das Entstehen der Bilder ist, können sich auf mehreren Ebenen sowohl habituelle als auch stilistische Unterschiede bzw. Gemeinsamkeiten der Spieler manifestieren. Eine wichtige Rolle spielen dabei bspw. *Körperinszenierungen* durch Auswahl und Ausstattung der ›virtuellen‹ Spielfiguren, durch bestimmte Bewegungsabläufe und Stile, durch bestimmte spielstrategische Entscheidungsmuster etc. (Aufführung praktischen Wissens), sowie die Ausbildung eines bestimmten Umgangs mit Zeit, eines *Zeithabitus* – sowohl was die gemeinschaftlich organisierten »Anwesenheitszeiten« angeht, vor allem jedoch was das »Timing« im Spiel betrifft oder auch die erforderlichen Geschwindigkeiten, die etwa im Chat-Raum den Insider von Neuling unterscheiden lassen.

In besonderem Maße ist das, was in Online-Interaktionen geschieht, davon abhängig, *wie* das Geschehen auf den Bildschirmen von den einzelnen Teilnehmern konstruiert wird. In der Counterstrike-Onlinespielercommunity konnte beobachtet werden, dass nicht nur die Aktionsstile, sondern auch der Blick der einzelnen Spieler auf das Bild gemeinschaftlichen Sozialisations- und Habitualisierungsprozessen unterliegt – in diesem Fall geht es darum, die visuelle Gewalt in spielstrategische Information zu transformieren. Der entsprechende Wahrnehmungsstil – eine bestimmte *Beobachtungsform* – wird wiederum wird zum zentralen Bestandteil einer gemeinschaftsstiftenden Aufführung.

7.

In den Neuen Medien entstehen neue Formen des Sozialen. Die neuen, interaktiven Bilder folgen nicht einer schlichten Logik der Abbildung, Repräsentation oder Simulation: vielmehr gehören sie einer Ordnung des *sozialen Ereignisses* an. Bilder ermöglichen in den Neuen Medien die Entstehung von dichten, emergenten sozialen Situationen. Sie ermöglichen ludische und rituelle Umbestimmtheitsräume, in denen Prozesse der Distinktion und der Gemeinschaftsbildung, der Habitualisierung, Sozialisation und wesentlich auch visuell vermittelter Bildungerfahrungen ermöglicht werden.

Nicht nur sind pauschale Derealisierungsbefürchtungen angesichts dieser Sachlage zurückzuweisen. Aus der Sicht einer antirepräsentationalistischen, beobachtungstheoretisch reflektierten Auffassung von Realität kann festgestellt werden, dass die Neuen Medien durchaus neue Kulturräume für »reale« soziale Situationen bereitstellen: *erstens* im Sinne des Umstands, dass die Aktionen und Vollzüge in virtuellen Räumen als solche soziale Handlungsrealitäten konstituieren (sind es virtuelle, so sind es daher keine »falschen realen«, sondern »wahre virtuelle« Vollzüge); *zweitens* im Sinne der entstehenden emergenten sozialen Situationen, in denen sich Gemeinschaften aufführen und – wie im gemeinsamen Mannschaftsspiel – bewähren; *drittens* schließlich in den Erfahrungsmöglichkeiten von Alterität, die in den tentativen Spiel- und Freiräumen der Neuen Medien neue Formen des Selbst- und Weltentwurfs ermöglichen und befördern.

Siglenverzeichnis

Um die Lesbarkeit des Textes zu verbessern, wurde darauf verzichtet, klassische Werke durch die Jahresangabe der Druckausgabe zu kennzeichnen. Stattdessen wurden folgende Siglen verwendet:

Adorno	Negative Dialektik	=	Adorno (1970)
Aristoteles	De anima	=	Aristoteles (1995)
Augustinus:	Bekenntnisse	=	Augustinus (1987)
Darwin:	The expression of emotions ...	=	Darwin (1872)
Descartes:	Meditationen ...	=	Descartes (1996)
Durkheim:	Pragmatismus und Soziologie	=	Durkheim (1993)
	Soziologie und Philosophie	=	Durkheim (1976)
Hegel:	Enz. II	=	Hegel (1986b)
	Enz. III	=	Hegel (1986c)
	Phänomenologie des Geistes	=	Hegel (1986a)
	Rechtsphilosophie	=	Hegel (1986d)
Heidegger:	Sein und Zeit	=	Heidegger (1993)
	Vom Ereignis	=	Heidegger (2003)
Heider:	Ding und Medium	=	Heider (1923)
Husserl:	Cartesianische Meditationen	=	Husserl (1992)
	Erfahrung und Urteil	=	Husserl (1999)
Jean Paul:	Vorschule der Ästhetik	=	Jean Paul (1963)
Kant:	KdrV	=	Kant (1983)
Locke:	Vers. ü.d. menschl. Verstand	=	Locke (1981)
Nietzsche:	Die fröhliche Wissenschaft	=	Nietzsche (1954)
Platon:	Menon	=	Platon (1919b)
	Nomoi	=	Platon (1919d)

Siglenverzeichnis

(Forts. Platon)	Parmenides	=	Platon (1919a)
	Phaidon	=	Platon (1919c)
	Phaidros	=	Platon (1919a)
	Politeia	=	Platon (1919d)
	Sophistes	=	Platon (1919b)
	Timaios	=	Platon (1919d)
Rousseau:	Emil	=	Rousseau (1995)
Schopenhauer:	Ueber den Willen ...	=	Schopenhauer (1977)
Wittgenstein:	ÜG [= Über Gewißheit]	=	Wittgenstein (1984)

Literaturverzeichnis

Adorno, Theodor W. (1970): Negative Dialektik. Jargon der Eigentlichkeit (Ges. Schriften Bd. 6). Frankfurt/M. ⁵1996
Adorno, Theodor W. (1973): Ästhetische Theorie. Frankfurt/M. ¹⁰1990
Adorno, Theodor W. (2002): Ontologie und Dialektik. Frankfurt/M. 2002
Alkemeyer, Thomas/Gebauer, Gunter (2002): Tiefenstrukturen als Vermittlungen zwischen Spielen und Alltagswelt. In: Paragrana 11 (2002) 1, S. 51-63
Althans, Birgit (2000): Der Klatsch, die Frauen und das Sprechen bei der Arbeit. Frankfurt/M. 2000
Arbeitsgruppe Ritual (2004): Differenz und Alterität im Ritual. Eine interdisziplinäre Fallstudie. In: Paragrana 13 (2004) 1, S. 187-249
Aristoteles: Über die Seele. Hamburg 1995
Auerbach, Erich (1982): Mimesis. Dargestellte Wirklichkeiten in der abendländischen Literatur. Bern/München 1982
Augustinus (1987): Bekenntnisse. Frankfurt/M. ⁷2000
Balke, Friedrich (1999): Dichter, Denker und Niklas Luhmann. Über Sinnzwang in der Systemtheorie. In: Koschorke, Albrecht/Vismann, Cornelia (Hg): Widerstände der Systemtheorie. Kulturtheoretische Analysen zum Werk von Niklas Luhmann. Berlin 1999, S. 135-157
Baraldi, Claudio/Corsi, Giancarlo/Esposito, Elena (1997): GLU. Glossar zu Niklas Luhmanns Theorie sozialer Systeme. Frankfurt/M. ⁴2003
Baudrillard, Jean (1978): Agonie des Realen. Berlin 1978
Baudrillard, Jean (1991): Der symbolische Tausch und der Tod. München 1991
Bausch, Constanze/Jörissen, Benjamin (2004): Erspielte Rituale. Kampf und Gemeinschaftsbildung auf LAN-Partys In: Wulf, Christoph/Al-

thans, Birgit/Audehm, Kathrin e.a.: Bildung im Ritual. Schule, Familie, Jugend, Medien. Opladen 2004, S. 303-357

Bausch, Constanze/Jörissen, Benjamin (2005a): Das Spiel mit dem Bild. Zur Ikonologie von Action-Computerspielen. In: Wulf, Christoph/ Zirfas, Jörg (Hg.): Ikonologie des Performativen. München 2005, S. 245-264

Bausch, Constanze/Jörissen, Benjamin (2005b): LAN-Partys. Spieler-Communities als eine Bewegung, die Virtualität und Technik mit Gemeinschaft und Spiel verbindet. In: *Schüler* Heft 2005: Jugend, Glauben, Sinn. S. 68-71

Becker, Barbara/Paetau, Michael (Hg.) (1997): Virtualisierung des Sozialen. Die Informationsgesellschaft zwischen Fragmentierung und Globalisierung. Frankfurt/M. 1997

Becker, Barbara (2000): Cyborgs, Robots und ›Transhumanisten‹ – Anmerkungen übe rdie Widerständigkeit eigener und fremder Materialität. In: dies./Schneider, Irmela (Hg.): Was vom Körper übrig bleibt. Körperlichkeit – Identität – Medien. Frankfurt/M. 2000, S. 41-69

Belting, Hans (1990): Bild und Kult. Eine Geschichte des Bildes vor dem Zeitalter der Kunst. München 1990

Belting, Hans (2001): Bild-Anthropologie. Entwürfe für eine Bildwissenschaft. München 2001

Belting, Hans/Kamper, Dietmar (Hg.) (2000): Der zweite Blick. Bildgeschichte und Bildreflexion. München 2000

Bender, Christiane (1989): Identität und Selbstreflexion. Zur reflexiven Konstruktion der sozialen Wirklichkeit in der Systemtheorie von N. Luhmann und im Symbolischen Interaktionismus von G. H. Mead. Frankfurt/M./Bern/New York 1989

Benner/Brüggen (1997): Bildung/Lernen. In: Wulf, Christoph (Hg.) (1997): Vom Menschen. Handbuch Historische Anthropologie. Weinheim/Basel 1997, S. 768-779

Berger, Peter L./Luckmann, Thomas (1980): Die gesellschaftliche Konstruktion der Wirklichkeit. Eine Theorie der Wissenssoziologie. Frankfurt/M. 1980

Bergmann, Werner (1981): Zeit, Handlung und Sozialität bei G. H. Mead. In: Zeitschrift für Soziologie 10 (1981) 4, S. 351-363

Bergson, Henri (1948): Denken und schöpferisches Werden. Aufsätze und Vorträge. Meisenheim am Glan 1948

Blumer, Herbert (1969): Symbolic Interactionism. Perspective and Method. Berkeley/Los Angeles, Ca. 1986
Boehm, Gottfried (Hg.) (1994): Was ist ein Bild? München ³2001
Boehm, Gottfried (1994a): Die Wiederkehr der Bilder. In: ders. (Hg.) (1994), S. 11-38
Boehm, Gottfried (1994b): Die Bilderfrage. In: ders. (Hg.) (1994), S. 325-343
Böhme, Gernot (1996a): Idee und Kosmos. Platons Zeitlehre – eine Einführung in seine theoretische Philosophie. Frankfurt/M. 1996
Böhme, Gernot (1996b): Philosophie- und Wissenschaftsgeschichte der vier Elemente. In: *Paragrana* 5 (1996) 1, S. 13-35
Böhme, Gernot (2001): Aisthetik. Vorlesungen über Ästhetik als allgemeine Wahrnehmungslehre. München: Fink 2001
Böhme, Gernot (2004): Theorie des Bildes. München ²2004
Bohnsack, Ralf (1993): Rekonstruktive Sozialforschung. Einführung in Methodologie und Praxis qualitativer Forschung. Opladen 1993
Bohnsack, Ralf (2001): Die dokumentarische Methode in der Bild- und Fotointerpretation. In: ders./Nentwig-Gesemann, Iris/Nohl, Arnd-Michael (Hg.): Die dokumentarische Methode und ihre Forschungspraxis. Grundlagen qualitativer Sozialforschung. Opladen 2001
Bolz, Norbert (1998): Chaos und Simulation. München ²1998
Bolz, Norbert/Kittler, Friedrich/Tholen, Christoph (Hg.) (1999): Computer als Medium. München 1999
Bourdieu, Pierre (1987): Die feinen Unterschiede. Kritik der gesellschaftlichen Urteilskraft. Frankfurt/M. ¹⁰1998
Bourdieu, Pierre (1993): Sozialer Sinn. Kritik der theoretischen Vernunft. Frankfurt/M. ²1997
Bourdieu, Pierre (1998): Praktische Vernunft. Zur Theorie des Handelns. Frankfurt/M. 1998
Brandom, Robert B. (2001): Begründen und Begreifen. Eine Einführung in den Inferentialismus. Frankfurt/M. 2001
Breidbach, Olaf (1998): Der Innenraum des Schädels und der Außenraum der Welt. In: Fischer, Hans Rudi (Hg.) (1998): Die Wirklichkeit des Konstruktivismus. Zur Auseinandersetzung um ein neues Paradigma. Heidelberg ²1998, S. 309-323
Buber, Martin (1995): Ich und Du. Stuttgart 1995

Buck, Günther (1984): Rückwege aus der Entfremdung. Studien zur Entwicklung der deutschen humanistischen Bildungsphilosophie. Paderborn, München 1984

Cantwell, Robert (1993): Ethnomimesis. Folklife and Representation of Culture. Chapel Hill, London 1993

Chang Yen-Ling (1970): The Problem of Emergence: Mead and Whitehead. In: Kinesis 2 (1970), S. 69-80

Clam, Jean (2002): Was heißt, sich an Differenz statt an Identität orientieren? Zur De-Ontologisierung in Philosophie und Sozialwissenschaft. Konstanz 2002

Coveney, Peter/Highfield, Roger (1994): Anti-Chaos. Der Pfeil der Zeit in der Selbstorganisation des Lebens. Reinbek b. Hamburg 1994

Craig, Edward (1998): Realism and antirealism. In: Routledge Encyclopedia of Philosophy. Version 1.0. London/New York 1998

Cronk, George (1987): The Philosophical Anthropology of George Herbert Mead. New York 1987

Darwin, Charles (1872): The Expression of the Emotions in Man and Animals. New York 1872

de Berg, Henk/Prangel, Matthias (Hg.) (1995): Differenzen. Systemtheorie zwischen Dekonstruktion und Konstruktivismus. Tübingen 1995

Debray, Régis (2003): Einführung in die Mediologie. Bern/Stuttgart/Wien 2003

de Kerckhove, Derrick (2002): Die Architektur der Intelligenz. Wie die Vernetzung der Welt unsere Wahrnehmung verändert. Basel/Boston/Berlin 2002

Descartes, René (1996): Philosophische Schriften in einem Band. Hamburg 1996

Derrida, Jacques (1976): Die Schrift und die Differenz. Frankfurt/M. 1976

Dewey, John (1925): Experience & Nature. Chicago/La Salle, Ill. [10]1997

Döring, Klaus W. (2002): Konditionierung zum Killer. Erfurt und Washington: Zufall, oder auch Folge von Gewaltdarstellungen in Film und Computerspielen? In: *Der Tagesspiegel* Nr. 17913 v. 14.10.2002

Douglas, Mary (1988): Reinheit und Gefährdung. Eine Studie zu Vorstellungen von Verunreinigung und Tabu). Frankfurt/M. 1988

Dummett, Michael (1980): Truth and Other Enigmas. Cambridge, Mass. [2]1980

Durkheim, Emile (1976): Soziologie und Philosophie. Frankfurt/M. ³1996

Durkheim, Emile (1984): Die Regeln der soziologischen Methode. Frankfurt/M. ⁴1999

Durkheim, Emile (1993): Schriften zur Soziologie der Erkenntnis. Frankfurt/M. 1993

Eco, Umberto (1986): Travels in Hyperreality. San Diego/New York/London 1986

Eckert, Roland/Vogelgesng, Waldemar/Wetzstein, Thomas A./Winter, Rainer (1990): Grauen und Lust – Die Inszenierung der Affekte. Eine Studie zum abweichenden Videokonsum. Pfaffenweiler 1990

Ehrenspeck, Yvonne/Schäffer, Burkhard (Hg.) (2003): Film- und Fotoanalyse in der Erziehungswissenschaft. Ein Handbuch. Opladen 2003

Encarnação, José/Felger, Wolfgang (1997): Internationale Aktivitäten und Zukunftsperspektiven der Virtuellen Realität. In: Encarnação, José/Pöppel, Ernst/Schipanski, Dagmar e.a. (Hg.): Wirklichkeit versus Virtuelle Realität: Strategische Optionen, Chancen und Diffusionspotentiale. Baden-Baden 1997, S. 9-39

Esposito, Elena (1998): Fiktion und Virtualität. In: Krämer, Sybille (Hg.): Medien – Computer – Realität. Wirklichkeitsvorstellungen und Neue Medien. Frankfurt/M. 1998, S. 269-296

Farbermann, Harvey A. (1992): Mannheim, Cooley and Mead: Toward a Social Theory of Mentality. In: Hamilton, Peter (Ed.): George Herbert Mead. Critical Assessments. Bd. IV. London, New York 1992

Faßler, Manfred/Halbach, Wulf (Hg.) (1998): Geschichte der Medien. München 1998

Faßler, Manfred (2001): Netzwerke. Einführung in die Netzstrukturen, Netzkulturen und verteilte Gesellschaftlichkeit. München 2001

Feierabend, Sabine/Klingler, Walter (2000): Jugend, Information, (Multi-)Media 2000. Aktuelle Ergebnisse der JIM-Studie zum Medienumgang Zwölf- bis 19-Jähriger. in: Media Perspektiven 11/2000, S. 517-527

Feldmann, Harald (1988): *Mimesis und Wirklichkeit*. München 1988

Fichte, Johann Gottlieb (1969): Ueber den Begriff der Wissenschaftslehre (1974). Grundlage der gesammten Wissenschaftslehre (1974/95). Werke I,2 (Teilausgabe). Stuttgart-Bad Cannstatt 1969

Fischer, Hans Rudi (Hg.) (1998): Die Wirklichkeit des Konstruktivismus. Zur Auseinandersetzung um ein neues Paradigma. Heidelberg ²1998

Fischer, Hans Rudi/Schmidt, Siegfried J. (Hg.) (2000): Wirklichkeit und Welterzeugung. In memoriam Nelson Goodman. Heidelberg 2000

Fischer-Lichte, Erika (1998): Auf dem Wege zu einer performativen Kultur. In: Paragrana 7 (1998) 1, S. 13-29

Fischer-Lichte, Erika (2000a): Theatralität und Inszenierung. In: Fischer-Lichte, Erika/Pflug, Isabel (Hg.): Inszenierung von Authentizität. Tübingen/Basel 2000, S. 11-27

Fischer-Lichte, Erika (2000b): Inszenierung von Selbst? Zur autobiographischen Performance. In: S. 59-70

Fischer-Lichte, Erika/Pflug, Isabel (Hg.) (2000): Inszenierung von Authentizität. Tübingen/Basel 2000

Flessner, Bernd (Hg.) (1997): Die Welt im Bild. Wirklichkeit im Zeitalter der Virtualität. Freiburg i. Br. 1997

Foucault, Michel (1974): Die Ordnung der Dinge. Eine Archäologie der Humanwissenschaften. Frankfurt/M. [11]1993

Frank, Arthur W. (1991): For a Sociology of the Body: An Analytical Review. In: Featherstone, Mike; Hepworth, Mike; Turner, Bryan S. (eds.): The Body. Social Process and Cultural Theory. London 1991

Frank, Manfred/Kurz, Gerhard (Hg.) (1975): Materialien zu Schellings philosophischen Anfängen. Frankfurt/M. 1975

Freud, Sigmund (1992): Das Ich und das Es. In: ders., Das Ich und das Es. Metapsychologische Schriften. Frankfurt/M. 1992

Fromme, Johannes/Meder, Norbert/Vollmer, Nikolaus (2000): Computerspiele in der Kinderkultur. Opladen 2000

Fuchs, Peter (1994): Der Mensch – ein Medium der Gesellschaft? In: ders./Göbel, Andreas (Hg.): Der Mensch – das Medium der Gesellschaft? Frankfurt/M. 1994, S. 15-39

Fuchs, Peter (1999): Intervention und Erfahrung. Frankfurt/M. 1999

Fuchs, Peter (2004): Der Sinn der Beobachtung. Begriffliche Untersuchungen. Weilerswist 2004

Fuß, Peter (2001): Das Groteske: ein Medium kulturellen Wandels. Köln 2001

Gadamer, Hans Georg (1968): Dialektik und Sophistik in siebenten platonischen Brief. In: ders., Platons dialektische Ethik und andere Studien zur platonischen Philosophie. Hamburg 1968

Gebauer, Gunter (1997): Über Aufführungen der Sprache. In: Trabant, Jürgen (Hg.): Sprache denken. Positionen aktueller Sprachphilosophie. Frankfurt/M. 1997, S. 224-246

Gebauer, Gunter (1998): Hand und Gewißheit. In: ders. (Hg.): Anthropologie. Leipzig 1998, S. 250-274

Gebauer, Gunter/Kamper, Dietmar/Lenzen, Dieter u.a. (1989): Historische Anthropologie. Zum Problem der Humanwissenschaften heute oder Versuche einer Neubegründung. Reinbek b. Hamburg 1989

Gebauer, Gunter/Wulf, Christoph (1992): Mimesis. Kultur – Kunst – Gesellschaft. Reinbek b. Hamburg ²1998

Gebauer, Gunter/Wulf, Christoph (1995): Mimesis – Poiesis – Autopoiesis. In: Paragrana 4 (1995) 2, S. 9-12

Gebauer, Gunter/Wulf, Christoph (1998): Spiel – Ritual – Geste. Mimetisches Handeln in der sozialen Welt. Reinbek b. Hamburg 1998

Gebauer, Gunter/Wulf, Christoph (2003): Mimetische Weltzugänge. Soziales Handeln – Rituale und Spiele – ästhetische Produktionen. Stuttgart 2003

Geulen, Dieter (1982): Perspektivenübernahme und soziales Handeln. Text zur sozial-kognitiven Entwicklung. Frankfurt/M. 1982

Geulen, Dieter (1989): Das vergesellschaftete Subjekt. Zur Grundlegung der Sozialisationstheorie. Frankfurt/Main 1989

Geulen, Dieter (1991): Das Gesellschaftliche in der Seele. In: Jüttemann, Gerd/Sonntag, Michael/Wulf, Christoph (Hg.): Die Seele. Ihre Geschichte im Abendland. Weinheim 1991, S. 528-552

Gimmler, Antje/Sandbothe, Mike/Zimmerli, Walther Ch. (Hg.) (1997): Die Wiederentdeckung der Zeit. Reflexionen – Analysen – Konzepte. Darmstadt 1997

Gödde, Günter (1999): Traditionslinien des »Unbewußten«. Schopenhauer – Nietzsche – Freud. Tübingen 1999

Gombrich, Ernst H. (1967): Kunst und Illusion – Zur Psychologie der bildlichen Darstellung. Köln 1967

Goodman, Nelson (1990): Weisen der Welterzeugung. Frankfurt/M. ⁴1998

Götzenbrucker, Gerit (2001): Soziale Netzwerke und Internet-Spielewelten. Eine empirische Analyse der Transformation virtueller in realweltliche Gemeinschaften am Beispiel von MUDs (Multi User Dimensions). Opladen 2001

Grau, Oliver (2001): Virtuelle Kunst in Geschichte und Gegenwart: Visuelle Strategien. Berlin 2001

Guggenberger, Bernd (1995): Spiel als Utopie. In: Rötzer, Florian (Hg.): Schöne neue Welten? Auf dem Weg zu einer neuen Spielkultur. o.O. [Boer] 1995, S. 91-101

Guggenberger, Bernd (1999): Das digitale Nirwana. Vom Verlust der Wirklichkeit in der schönen neuen Online-Welt. Reinbek b. Hamburg 1999

Hahn, Alois (2000): Konstruktionen des Selbst, der Welt und der Geschichte. Frankfurt/M. 2000

Hauser, Christian (1994): Selbstbewußtsein und personale Identität. Positionen und Aporien ihrer vorkantischen Geschichte: Locke, Leibniz, Hume und Tetens. (=Forschungen und Materialien zur deutschen Aufklärung, Abt.II: Monographien. 7). Stuttgart-Bad Cannstatt 1994

Havelock, Eric A. (1963): Preface to Plato. Oxford 1963

Hegel, Georg Wilhelm Friedrich (1986a): Phänomenologie des Geistes. [2]1989

Hegel, Georg Wilhelm Friedrich (1986b): Enzyklopädie der philosophischen Wissenschaft. Bd. 2. Frankfurt/M. [3]1996

Hegel, Georg Wilhelm Friedrich (1986c): Enzyklopädie der philosophischen Wissenschaft. Bd. 3. Frankfurt/M. [3]1996

Hegel, Georg Wilhelm Friedrich (1986d): Grundlinien der Philosophie des Rechts. (Werke Bd.7). Frankfurt/M. [5]1996

Heider, Fritz (1921): Ding und Medium. In: Pias, Claus/Vogl, Joseph/Engell, Lorenz e.a. (Hg.): Kursbuch Medienkultur. Die maßgeblichen Theorien von Brecht bis Baudrillard. Stuttgart 1999, S. 319-333

Heidegger, Martin (1993): Sein und Zeit. Tübingen [17]1993

Heidegger, Martin (2003): Vom Ereignis. (= Gesamtausgabe Bd. 65). Frankfurt/M. [3]2003

Hejl, Peter M. (1987): Konstruktion der sozialen Konstruktion: Grundlinien einer konstruktivistischen Sozialtheorie. In: Schmidt, Siegfried J. (Hg.): Der Diskurs des Radikalen Konstruktivismus. Frankfurt/M. [8]2000, S. 303-339

Hentig, Hartmut v. (1984): Das allmähliche Verschwinden der Wirklichkeit. Ein Pädagoge ermutigt zum Nachdenken über die Neuen Medien. München/Wien 1984

Hentig, Hartmut v. (2002): Der technischen Zivilisation gewachsen bleiben. Nachdenken über die Neuen Medien und das gar nicht mehr allmähliche Verschwinden der Wirklichkeit. Weinheim 2002

Hitzler, Ronald/Reichertz, Jo/ Schröer, Norbert (Hg.) (1999): Hermeneutische Wissenssoziologie. Standpunkte zur Theorie der Interpretation. Konstanz 1999

Hockings, Paul (Ed.) (2003): Principles of Visual Anthropology. Berlin/New York ³2003

Honneth, Axel (1994): Kampf um Anerkennung. Zur moralischen Grammatik sozialer Konflikte. Frankfurt/M. ²1998

Hörisch, Jochen (1980): Herrscherwort, Geld und geltende Sätze. Adornos Aktualisierung der Frühromantik und ihre Affinität zur poststrukturalistischen Kritik des Subjekts. In: Lindner, Burkhadt/Lüdke, Martin (Hg.): Materialien zur ästhetischen Theorie Th.W.Adornos. Konstruktion der Moderne. Frankfurt/M. 1980, S. 397-409

Horkheimer, Max/Adorno, Theodor W. (1989): Dialektik der Aufklärung. Philosophische Fragmente. Frankfurt/Main 1989

Horn, Christoph/Rapp, Christof (Hg.) (2002): Wörterbuch der antiken Philosophie. München 2002

Husserl, Edmund (1992): Cartesianische Meditationen. Krisis. Hamburg 1992

Husserl, Edmund (1999): Erfahrung und Urteil. Hamburg 1999

Imdahl, Max (1994): Ikonik. Bilder und ihre Anschauung. In: Boehm, Gottfried (Hg.): Was ist ein Bild? München 1994, S. 300-324

Jäger, Ludwig (2004): Zur medialen Logik der Rituale. Bemerkungen zu einigen Aspekten des Verhältnisses von Sprache und Ritual. In: Wulf, Christoph/Zirfas, Jörg (Hg.): Die Kultur des Rituals. Inszenierungen. Praktiken. Symbole. München 2004, S. 303-317

Janka, Markus/Schäfer, Christian (Hg.) (2002): Platon als Mythologe. Neue Interpretationen zu den Mythen in Platons Dialogen. Darmstadt 2002

Jean Paul (1963): Werke. Bd. 5. München 1963

JIM 2000 (2000): Jugend, Information, (Multi-)Media. Basisuntersuchung zum Medienumgang 12- bis 19jähriger in Deutschland. Baden-Baden 2000

Joas, Hans (1989): Praktische Intersubjektivität. Die Entwicklung des Werkes von G. H. Mead. Frankfurt/M. 1989

Joas, Hans (Hg.) (1985): Das Problem der Intersubjektivität. Frankfurt/M. 1985

Jones, Steven G. (Ed.) (1997): Virtual Culture. Identity and Communication in Cybersociety. London/Thousand Oakes/New Delhi 1997

Jones Steven G. (Ed.) (1998): Cybersociety 2.0. Revisiting Computer-Mediated Communication and Community. London/Thousand Oakes/ New Delhi 1998

Jörissen, Benjamin (2000): Identität und Selbst. Systematische, begriffsgeschichtliche und kritische Aspekte. Berlin 2000

Jörissen, Benjamin (2001): Aufführungen der Sozialität. Aspekte des Performativen in der Sozialphilosophie George Herbert Meads. In: Wulf, Christoph/Göhlich, Michael/Zirfas, Jörg (Hg.): Grundlagen des Performativen. Eine Einführung in die Zusammenhänge von Sprache, Macht und Handeln. Weinheim/München 2001, S. 181-201

Jörissen, Benjamin (2002): *Virtually different* – interkulturelle Erfahrungsräume im Internet. In: Wulf, Christoph/Merkel, Christine (Hg.): Globalisierung als Herausforderung der Erziehung. Theorien, Grundlagen, Fallstudien. Münster/New York/München 2002, S. 308-338

Jörissen, Benjamin (2004): Virtual Reality on the Stage. Performing Community at a LAN-Party. In: Hernwall, Patrik (ed.): Envision. The New Media Age and Everyday Life. Stockholm 2004, S. 23-40

Jörissen, Benjamin/Marotzki, Winfried (2007): Web 2.0. Die Herstellung von Sozialität im Internet. In: Marotzki, Winfried/Sander, Uwe/ Gross, Friederike von (Hrsg.): Internet – Bildung – Gemeinschaft. Wiesbaden 2007 (erscheinend)

Jüttemann, Gerd/Sonntag, Michael/Wulf, Christoph (Hg.) (1991): Die Seele. Ihre Geschichte im Abendland. Weinheim 1991

Kablitz, Andreas/Neumann, Gerhard (Hg) (1998): Mimesis und Simulation. Freiburg 1998

Kaempfer, Wolfgang (1997): Zeit. In: Wulf, Christoph (Hg.): Vom Menschen. Handbuch Historische Anthropologie. Weinheim/Basel 1997, S. 179-197

Kamper, Dietmar (1994): Bildstörungen. Im Orbit des Imaginären. Karlsruhe 1994

Kamper, Dietmar (1995): Unmögliche Gegenwart. Zur Theorie der Phantasie. München 1995

Kamper, Dietmar (1997): Selbstfremdheit. In: Paragrana 6 (1997) 1, S. 9-11

Kamper, Dietmar (1999a): Ästhetik der Abwesenheit. Die Entfernung der Körper. München 1999

Kamper, Dietmar (1999b): Körper-Abstraktionen. Das anthropologische Viereck von Raum, Fläche, Linie und Punkt. Köln 1999
Kamper, Dietmar/Wulf, Christoph (Hg.) (1982): Die Wiederkehr des Körpers. Frankfurt/M. ⁴1994
Kamper, Dietmar/Wulf, Christoph (Hg.) (1984): Der Andere Körper. Berlin 1984
Kamper, Dietmar/Wulf, Christoph (Hg.) (1989a): Transfigurationen des Körpers. Spuren der Gewalt in der Geschichte. Berlin 1989
Kamper, Dietmar/Wulf, Christoph (Hg.) (1989b): *Der Schein des Schönen*. Göttingen 1989
Kant, Immanuel (1983): Kritik der reinen Vernunft. (Werke Bd. 3 & Bd. 4). Darmstadt 1983
Kauder, Peter (2001): Der Gedanke der Bildung in Platons Höhlengleichnis. Eine kommentierende Studie aus pädagogischer Sicht. Hohengehren 2001
Kittler, Friedrich (1993): Es gibt keine Software. In: ders.: Draculas Vermächtnis. Technische Schriften. Leipzig 1993, 225-242
Kittler, Friedrich (1998): Hardware, das unbekannte Wesen. In: Sybille Krämer (Hg): Medien, Computer, Realität. Wirklichkeitsvorstellungen und neue Medien. Frankfurt/M. 1998, S. 119-132
Klein, Gabriele (2002): Image und Performanz. Zur lokalen Praxis der Verkörperung globalisierter Bilder. In: Hahn, Kornelia/Meuser, Michael (Hg.): Körperrepräsentationen. Die Ordnung des Sozialen und der Körper. Konstanz 2002, S. 165-178
Kloock, Daniela/Spahr, Angela (2000): Medientheorien. Eine Einführung. 2., korr. und erw. Auflage. München ²2000
Koschorke, Albrecht (1999): Derealisierung als Theorie. Das System und die operative Unzugänglichkeit seiner Umwelt bei Niklas Luhmann. In: Porombka, Stephan/Scharnowski, Susanne (Hg.): Phänomene der Derealisierung. Wien 1999, S. 139-153
Koschorke, Albrecht/Vismann, Cornelia (Hg.) (1999): Widerstände der Systemtheorie. Kulturtheoretische Analysen zum Werk von Niklas Luhmann. Berlin 1999
Krämer, Sybille (Hg.) (1998a): Medien – Computer – Realität. Wirklichkeitsvorstellungen und Neue Medien. Frankfurt/M. 1998
Krämer, Sybille (Hg.) (1998b): Über Medien. Geistes- und kulturwissenschaftliche Perspektiven. Internet http://userpage.fu-berlin.de/~sybkram/medium/inhalt.html 1998 [116.9.2004]

Krämer, Sybille (2003): Erfüllen die Medien eine Konstitutionsleistung? Thesen über die Rolle medientheoretischer Erwägungen beim Philosophieren. In: Münker, Stefan/Roesler, Alexander/Sandbothe, Mike (Hg.): Medienphilosophie. Beiträge zur Klärung eines Begriffs. Frankfurt/M. 2003, S. 78-90

Krause, Detlef (2001): Luhmann-Lexikon. Eine Einführung in das Gesamtwerk von Niklas Luhmann. Stuttgart ³2001

Krieger, David J./Belliger, Andréa (1998): Einführung. In: Belliger, Andréa/Krieger, David J. (Hg.): Ritualtheorien. Ein einführendes Handbuch. Opladen 1998, S. 7-33

Lacan, Jacques (1994): Was ist ein Bild/Tableau. In: Boehm, Gottfried (Hg.): Was ist ein Bild? München 1994, S. 75-89

Lacan, Jacques (1987): Das Seminar XI. Weinheim 1987

Lagaay, Alice/Lauer, David (Hg.) (2004): Medientheorien. Eine philosophische Einführung. Frankfurt/New York 2004

Lenzen, Dieter (Hg.) (1989): Melancholie als Lebensform. Über den Umgang mit kulturellen Verlusten. Berlin 1989

Lévinas, Emmanuel (1983): Die Spur des Anderen. Untersuchungen zur Phänomenologie und Sozialphilosophie. Freiburg/München 1983

Locke, John (1981): Versuch über den menschlichen Verstand. Hamburg 1981

Lüdeking, Karlheinz (1994): Zwischen den Linien. Vermutungen zum aktuellen Frontverlauf im Bilderstreit. In: Boehm, Gottfried (Hg.): Was ist ein Bild? München 1994, S. 344-366

Luhmann, Niklas (1987): Soziale Systeme. Grundriß einer allgemeinen Theorie. Frankfurt/M. ³1994

Luhmann, Niklas (1990): Soziologische Aufklärung 5: Konstruktivistische Perspektiven. Opladen 1990

Luhmann, Niklas (1990a): Das Erkenntnisprogramm des Konstruktivismus und die unbekannt bleibende Realität. In: ders.: Soziologische Aufklärung 5: Konstruktivistische Perspektiven. Opladen 1990, S. 31-58

Luhmann, Niklas (1992): Die Wissenschaft der Gesellschaft. Frankfurt/M. ⁴2002

Luhmann, Niklas (1994): Die Tücke des Subjekts und die Frage nach dem Menschen. In: Fuchs, Peter/Göbel, Andreas (Hg): Der Mensch – das Medium der Gesellschaft? Frankfurt/M. 1994

Luhmann, Niklas (1994b). Copierte Existenz und Karriere. Zur Herstellung von Individualität. In: Beck, Ulrich/Beck-Gernsheim, Elisabeth (Hg.): Riskante Freiheiten. Frankfurt/M. 1994, S. 191-200

Luhmann, Niklas (1995): Soziologische Aufklärung 6: Die Soziologie und der Mensch. Opladen 1995

Luhmann, Niklas (1995a): Wahrnehmung und Kommunikation sexueller Interessen. In: ders.: Soziologische Aufklärung 6: Die Soziologie und der Mensch. Opladen 1995, S. 189-203

Luhmann, Niklas (1996): Die Realität der Massenmedien. 2., erweiterte Auflage. Opladen²1996

Luhmann, Niklas (1998): Die Gesellschaft der Gesellschaft. (2 Bde.). Frankfurt/M. ³2001

Luhmann, Niklas (2001): Aufsätze und Reden. Stuttgart 2001

Luhmann, Niklas (2002): Einführung in die Systemtheorie. Heidelberg 2002

Lyotard, Jean-François (1982): Das postmoderne Wissen. Ein Bericht. Bremen 1982

Mannheim, Karl (1980): Strukturen des Denkens. Ff/M: Suhrkamp

Maresch, Rudolf/Rötzer, Florian (Hg.) (2001): Cyberhypes. Möglichkeiten und Grenzen des Internets. Frankfurt/M. 2001

Marotzki, Winfried (1990): Entwurf einer strukturalen Bildungstheorie. Biographietheoretische Auslegung von Bildungsprozessen in hochkomplexen Gesellschaften. Weinheim 1990

Marotzki, Winfried (2000): Zukunftsdimensionen von Bildung im neuen öffentlichen Raum. In: ders./Meister, Dorothee M./Synder, Uwe (Hg.): Zum Bildungswert des Internets. Opladen 2000, S. 233-258

McLuhan, Marshall (1962): The gutenberg galaxy. The making of typographic man. Toronto 1962

McLuhan, Marshall (1968): Die magischen Kanäle. Understanding Media. Düsseldorf 1968

McLuhan, Marshall/Fiore, Quentin (1984): Das Medium ist Massage. Frankfurt/M. 1984

Mead, George Herbert (1934): Mind, Self and Society from the Standpoint of a Social Behaviorist. Chicago 1934

Mead, George Herbert (1936): Movements of Thought in the Nineteenth Century. Chicago 1936

Mead, George Herbert (1969): Philosophie der Sozialität. Aufsätze zur Erkenntnisanthropologie. Frankfurt/Main 1969

Mead, George Herbert (1973): Geist, Identität und Gesellschaft aus der Sicht des Sozialbehaviorismus. Frankfurt/Main ^{10}1995

Mead, George Herbert (1980): The Philosophy of the Present. Chicago 1980

Mead, George Herbert (1987a): Gesammelte Aufsätze. Bd. 1. Frankfurt/M. 1987

Mead, George Herbert (1987b): Gesammelte Aufsätze. Bd. 2. Frankfurt/M. 1987

Melberg, Arne (1995): Theories of Mimesis. Cambridge 1995

Merleau-Ponty, Maurice (1994): Die Verflechtung – Der Chiasmus. In: ders.: Das Sichtbare und das Unsichtbare. München ^{2}1994, S. 172-203

Merten, Klaus/Schmidt, Siegfried J./Weischenberg, Siegfried (Hg.) (1994): Die Wirklichkeit der Medien. Eine Einführung in die Kommunikationswissenschaft. Opladen 1994

Mertens, Mathias/Meißner, Tobias O. (2002): Wir waren Space-Invaders. Geschichten vom Computerspielen. Frankfurt/M. 2002

Mesch, Walter (2002): Die Bildlichkeit der platonischen Kosmologie. Zum Verhältnis von Logos und Mythos im *Timaios*. In: Janka, Markus/Schäfer, Christian (Hg.): Platon als Mythologe. Neue Interpretationen zu den Mythen in Platons Dialogen. Darmstadt 2002, S. 194-213

Meyer-Drawe, Käte (1984): Leiblichkeit und Sozialität: phänomenologische Beiträge zu einer pädagogischen Theorie der Inter-Subjektivität. München 1984

Mitchell, William J.T. (1994): Picture Theory. Essays on Verbal and Visual Representation. Chicago 1994

Müller, Vincent C. (1999): Realismus und Referenz. Arten von Arten. Dissertation, Univ. Bielefeld, 1999

Münker, Stefan/Roesler, Alexander (Hg.) (1997): Mythos Internet. Frankfurt/M. ^{4}2001

Münker, Stefan/Roesler, Alexander (Hg.) (2002): Praxis Internet. Kulturtechniken der vernetzten Welt. Frankfurt/M. 2002

Münker, Stefan/Roesler, Alexander/Sandbothe, Mike (Hg.) (2003): Medienphilosophie. Beiträge zur Klärung eines Begriffs. Frankfurt/M. 2003

Nagl, Ludwig (1998): Pragmatismus. Frankfurt/M./New York 1998

Nassehi, Arnim (1992): Wie wirklich sind Systeme? Zum ontologischen und epistemologischen Status von Luhmanns Theorie selbstreferentieller Systeme. In: Krawietz, Werner/Welker, Michael (Hg.): Kritik der Theorie sozialer Systeme. Auseinandersetzungen mit Luhmanns Hauptwerk. Frankfurt/M. ²1992, S. 43-70

Natorp, Paul (1921): Platos Ideenlehre. Eine Einführung in den Idealismus, Zweite, durchgesehene und mit einem metakritischen Anhang vermehrte Ausgabe. Leipzig 1921

Neubert, Stefan (1999): Erkenntnis, Verhalten und Kommunikation. John Deweys Philosophie des ›experience‹ in interaktionistisch-konstruktivistischer Interpretation. Münster/New York/München/ Berlin 1999

Nietzsche, Friedrich (1954): Werke in drei Bänden. Herausgegeben von Karl Schlechta. Bd. 2. München 1954

Panofsky, Erwin (1985): Die Perspektive als »symbolische Form«. In: ders.: Aufsätze zu Grundfragen der Kunstwissenschaft. Berlin 1985, S. 99-168

Panofsky, Erwin (1997): Studien zur Ikonologie. Humanistische Themen in der Kunst der Renaissance. Köln 1997

Paragrana (2000): Metaphern des Unmöglichen. Paragrana 9 (2000) 1. (Hg. v. Chr. Wulf). Berlin 2000

Pietsch, Christian (2002): Mythos als konkretisierter Logos. Platons Verwendung des Mythos am Beispiel von *Platon, Nomoi* X 903B-905D. In: Janka, Markus/Schäfer, Christian (Hg.): Platon als Mythologe. Neue Interpretationen zu den Mythen in Platons Dialogen. Darmstadt 2002, S. 99-114

Pilarczyk, Ulrike (2003): Fotografie als gemeinschaftsstiftendes Ritual. Bilder aus dem Kibbuz. In: Paragrana 12 (2003) 1/2 (Doppelheft), S. 621-640

Platon (1919a): Platons Werke von F. Schleiermacher. Hg. v. Heinrich Conrad. Bd.1. München 1919

Platon (1919b): Platons Werke von F. Schleiermacher. Hg. v. Heinrich Conrad. Bd.2. München 1919

Platon (1919c): Platons Werke von F. Schleiermacher. Hg. v. Heinrich Conrad. Bd.3. München 1919

Platon (1919d): Platons Werke von F. Schleiermacher. Hg. v. Heinrich Conrad. Bd.4. München 1919

Popper, Karl R. (1972): Zur Logik der Sozialwissenschaften. In: Adorno, Theodor W./Dahrendorf, Ralf, Pilot, Harald e.a.: Der Positivismusstreit in der deutschen Soziologie. Luchterhand ¹²1987, S. 103-123

Porombka, Stefan/Scharnowski, Susanne (Hg.) (1999): Phänomene der Derealisierung. Wien 1999

Poster, Mark (2001): What's the Matter with the Internet? Minneapolis/ London 2001

Putnam, Hilary (1993): Von einem realistischen Standpunkt. Schriften zu Sprache und Wirklichkeit. Reinbek b. Hamburg 1993

Putnam, Hilary (1999a): Repräsentation und Realität. Frankfurt/M. 1999

Putnam, Hilary (1999b): The threefold cord: mind, body, and world. New York/Chichester, West Sussex 1999

Rasmussen, Terje (1998): Mashall McLuhan and sociological systems theory (Working paper). Internet: http://www.media.uio.no/prosjekter/internettiendring/publikasjoner/tekst/ras mussen/mcluhan.html [18.9.2004]

Reale, Giovanni (1993): Zu einer neuen Interpretation Platons. Eine Auslegung der Metaphysik der großen Dialoge im Lichte der »ungeschriebenen Lehren«. Paderborn/München/Wien/Zürich 1993

Reale, Giovanni (1996): Platons protologische Begründung des Kosmos und des idealen Polis. In: Rudolph, Enno (Hg.): Polis und Kosmos. Naturphilosophie und politische Philosophie bei Platon. Darmstadt 1996, S. 3-25

Reich, Kersten (1998): Die Ordnung der Blicke. Perspektiven des interaktionistischen Konstruktivismus. Bd. 2. Neuwied 1998

Richard, Birgit (1999): Explosion und Blitz-Gewitter. Bilder von sublimen Körpern in Computerspielen und Jugendkulturen. In: Schäfer, Gerd/Wulf, Christoph (Hg.): Bild – Bilder – Bildung. Weinheim 1999, S. 281-297

Richards, John/Glasersfeld, Ernst v. (1987): Die Kontrolle von Wahrnehmung und die Konstruktion von Realität. Erkenntnistheoretische Aspekte des Rückkopplungs-Kontroll-Systems. In: Schmidt, Siegfried J. (Hg): Der Diskurs des Radikalen Konstruktivismus. Frankfurt/M. ^{8}2000, S. 192-228

Rorty, Richard (Hg.) (1967): *The Linguistic Turn. Essays in Philosophical Method.* (With Two Retrospective Essays). Chicago 1992

Rorty, Richard (1987): Der Spiegel der Natur. Eine Kritik der Philosophie. Frankfurt/M. ^{4}1997

Rorty, Richard (1991): Wittgenstein, Heidegger und die Hypostasierung der Sprache. In: McGuiness, Brian/Habermas, Jürgen/Apel, Karl-Otto e.a.: Der Löwe spricht ... und wir können ihn nicht verstehen.

Ein Symposion an der Universität Frankfurt anläßlich des hundertsten Geburtstags von Ludwig Wittgenstein. Frankfurt/M. 1991, S. 69-93

Rorty, Richard (1992): Kontingenz, Ironie und Solidarität. Frankfurt/M. ⁶2001

Rorty, Richard (1994): Hoffnung statt Erkenntnis. Eine Einführung in die pragmatische Philosophie. IWM-Vorlesungen zur modernen Philosophie. Wien 1994

Rorty, Richard (1997): Relativismus: Finden und Machen. In: Gimmler, Antje/Sandbothe, Mike/Zimmerli, Walther Ch. (Hg.): Die Wiederentdeckung der Zeit. Reflexionen – Analysen – Konzepte. Darmstadt 1997, 9-26

Rorty, Richard (2000): Philosophie & die Zukunft. Essays. Frankfurt/M. ²2001

Rorty, Richard (2001): Solidarität oder Objektivität? Drei philosophische Essays. Stuttgart 2001

Roth, Gerhard (1987a): Erkenntnis und Realität: Das reale Gehirn und seine Wirklichkeit. In: Schmidt, Siegfried J. (Hg): Der Diskurs des Radikalen Konstruktivismus. Frankfurt/M. ⁸2000, S. 229-255

Roth, Gerhard (1987b): Autopoiese und Kognition: Die Theorie H. R. Maturanas und die Notwendigkeit ihrer Weiterentwicklung. In: Schmidt, Siegfried J. (Hg): Der Diskurs des Radikalen Konstruktivismus. Frankfurt/M. ⁸2000, S. 256-286

Roth, Gerhard (1997): Das Gehirn und seine Wirklichkeit. Kognitive Neurobiologie und ihre philosophischen Konsequenzen. Frankfurt/M. 1997

Rötzer, Florian (Hg.) (1991): Digitaler Schein. Ästhetik der elektronischen Medien. ⁴2001

Rousseau, Jean-Jacques (1995): Emil oder Über die Erziehung. Paderborn, München/Wien 1995

Rudolph, Enno (Hg.) (1996): Polis und Kosmos. Naturphilosophie und politische Philosophie bei Platon. Darmstadt 1996

Ryle, Gilbert (1969): Der Begriff des Geistes. Stuttgart 1969

Sachs-Hombach, Klaus (2003): Das Bild als kommunikatives Medium. Elemente einer allgemeinen Bildwissenschaft. Köln 2003

Sachs-Hombach, Klaus/Rehkämper, Klaus (Hg.) (2000): Vom Realismus der Bilder. Interdisziplinäre Forschungen zur Semantik bildhafter Darstellungsformen. Magdeburg 2000

Sacks, Oliver (2003): Eine Anthropologin auf dem Mars. Reinbek b. Hamburg ³2003

Sandbothe, Mike (1997a): Interaktivität – Hypertextualität – Transversalität. Eine medienphilosophische Analyse des Internets. In: Münker, Stefan/Roesler, Alexander (Hg.): Mythos Internet. Frankfurt/M. ⁴2001, S. 56-82

Sandbothe, Mike (Hg.) (2000): Die Renaissance des Pragmatismus. Aktuelle Verflechtungen zwischen analytischer und kontinentaler Philosophie. Weilerswist 2000

Sandbothe, Mike (2000a): Pragmatische Medienphilosophie und das Internet. In: ders./Marotzki, Winfried (Hg.) (2000): Subjektivität und Öffentlichkeit. Kulturwissenschaftliche Grundlagenprobleme virtueller Welten. Köln 2000, S. 82-101

Sandbothe, Mike (2001): Pragmatische Medienphilosophie. Grundlegung einer neuen Disziplin im Zeitalter des Internets. Weilerswist 2001

Sandbothe, Mike (2004): Filmphilosophie als Medienphilosophie. Pragmatische Überlegungen zu »The Matrix« und »Minority Report«. In: Nagl, Ludwig/Waniek, Eva: Film/Denken. Der Beitrag der Philosophie zur aktuellen Debatte in den Film Studies. Wien 2004

Sandbothe, Mike/Marotzki, Winfried (Hg.) (2000): Subjektivität und Öffentlichkeit. Kulturwissenschaftliche Grundlagenprobleme virtueller Welten. Köln 2000

Sartre, Jean-Paul (1980): L'être et le néant. Essay d'ontologie phénoménologique. Paris 1980

Schäfer, Gerd/Wulf, Christoph (Hg.) (1999): Bild – Bilder – Bildung. Weinheim 1999

Schanze, Helmut (Hg.) (2002): Medientheorie – Medienwissenschaft. Ansätze – Personen – Grundbegriffe. Stuttgart/Weimar 2002

Schelling, Friedrich Wilhelm Joseph (1985): Ausgewählte Schriften. Band 1: 1974-1800. Frankfurt/M. ²1995

Schmidt, Robert (2002): Pop – Sport – Kultur. Praxisformen körperlicher Aufführungen. Konstanz 2002

Schmidt, Siegfried J. (Hg) (1987): Der Diskurs des Radikalen Konstruktivismus. Frankfurt/M. ⁸2000

Schmidt, Siegfried J. (2004): Geschichten und Diskurse. Abschied vom Konstruktivismus. Reinbek b. Hamburg 2004

Schmidt, Siegfried J./Zurstiege, Guido (2000): Orientierung Kommunikationswissenschaft. Was sie kann, was sie will. Reinbek b. Hamburg 2000

Schöfthaler, Traugott; Goldschmidt, Dietrich (Hrsg.) (1989): Soziale Struktur und Vernunft. Jean Piagets Modell entwickelten Denkens in der Diskussion kulturvergleichender Forschung. Frankfurt/M. 1989

Schopenhauer, Arthur (1977): Über die vierfache Wurzel des Satzes vom zureichenden Grunde. Über den Willen in der Natur. Zürich 1977

Schrader, Monika (1975): Mimesis und Poiesis. Poetologische Studien zum Bildungsroman. Berlin/New York 1975

Schuhmacher-Chilla, Doris (1999): »Nie gesehene Bilder«. Das technisierte Bild von Ganzheit. In: Schäfer, Gerd/Wulf, Christoph (Hg.): Bild – Bilder – Bildung. Weinheim 1999, S. 263-279

Schütz, Alfred/Luckmann, Thomas (2003): Strukturen der Lebenswelt. Konstanz 2003

Searle, John R. (1984): Geist, Hirn und Wissenschaft. Die Reith Lectures. Frankfurt/M. 1984

Searle, John R. (1997): Die Konstruktion der gesellschaftlichen Wirklichkeit. Zur Ontologie sozialer Tatsachen. Reinbek b. Hamburg 1997

Seel, Martin (2000): Ästhetik des Erscheinens, München 2000

Simons, Eberhard (1974): Transzendenz. In: Krings, Hermann/Baumgartner, Hans Michael/Wild, Christoph (Hg.): Handbuch philosophischer Grundbegriffe. Bd. 6. München 1974, S. 1540-1556

Sloterdijk, Peter (2002): Das Andere am Anderen. In: Wulf, Christoph/Kamper, Dietmar (Hg.) (2003): Logik und Leidenschaft. Erträge Historischer Anthropologie. Berlin 2003, S. 368-390

Smith, Marc A./Kollock, Peter (Eds.) (1999): Communities in Cyberspace. London/New York 1999

Sontag, Susan (2001): The Talk of the Town. In: The New Yorker Magazine, 24.9.2001

Spencer-Brown, George (1997): Laws of Form. Gesetze der Form. Lübeck ²1999

Stadler, Michael (1991): Renaissance: Weltseele und Kosmos, Seele und Körper. In: Jüttemann, Gerd/Sonntag, Michael/Wulf, Christoph (Hg.): Die Seele. Ihre Geschichte im Abendland. Weinheim 1991, S. 180-197

Stearn, Gerald Emanuel (1968): McLuhan Hot & Cool. A primer for the understanding of and a critical symposium with a responses by McLuhan. Harmondsworth, Middlesex 1968

Stengel, Martin (1997): Primäre Sozialisation in virtueller Realität: Sieg des Scheins über das Sein? In: Flessner, Bernd (Hg.): Die Welt im Bild. Wirklichkeit im Zeitalter der Virtualität. Freiburg i.Br. 1997, S. 271-296

Stern, Daniel (1996): Die Lebenserfahrungen des Säuglings. Stuttgart 1996

Steurer, Siegfried (1996): Schöne neue Wirklichkeiten. Die Herausforderung der virtuellen Realität. Wien 1996

Sturken, Marita/Cartwright, Lisa (2001): Practices of Looking. An Introduction to Visual Culture. Oxford 2001

Szlezák, Thomas (1985): Platon und die Schriftlichkeit der Philosophie. Berlin 1985

Szlezák, Thomas (1996): Psyche – Polis – Kosmos. In: Rudolph, Enno (Hg.) (1996): Polis und Kosmos. Naturphilosophie und politische Philosophie bei Platon. Darmstadt 1996, S. 26-42

Tambiah, Stanley (1998): Eine performative Theorie des Rituals. In: Belliger, Andréa/Krieger, David J. (Hg.): Ritualtheorien. Ein einführendes Handbuch. Opladen 1998, S. 227-250

Taussig, Michael (1993): Mimesis and Alterity. A Particular History of the Senses. New York 1993

Taylor, Charles (1996): Quellen des Selbst. Die Entstehung der neuzeitlichen Identität. Frankfurt/M. ²1996

Teubner, Gunther (1999): Ökonomie der Gabe – Positivität der Gerechtigkeit: Gegenseitige Heimsuchungen von System und *différance*. In: Koschorke, Albrecht/Vismann, Cornelia (Hg): Widerstände der Systemtheorie. Kulturtheoretische Analysen zum Werk von Niklas Luhmann. Berlin 1999, S. 199-212

Theunissen, Michael (1977): Der Andere. Studien zur Sozialontologie der Gegenwart. Berlin/New York ²1977

Turkle, Sherry (1999): Leben im Netz. Identität in Zeiten des Internets. Reinbek b. Hamburg 1999

Treusch-Dieter, Gerburg (1991): Metamorphose und Struktur. Die Seele bei Platon und Aristoteles. In: Jüttemann, Gerd/Sonntag, Michael/Wulf, Christoph (Hg.): Die Seele. Ihre Geschichte im Abendland. Weinheim 1991, S. 15-42

Urban, Claus/Engelhardt, Joachim (Hg.) (2000): Wirklichkeit im Zeitalter ihres Verschwindens. Münster 2000
Vattimo, Gianni/Welsch, Wolfgang (Hg) (1998): Medien – Welten – Wirklichkeiten. München 1998
Venus, Jochen (1997): Referenzlose Simulation? Argumentationsstrukturen postmoderner Medientheorie am Beispiel von Jean Baudrillard. Würzburg 1997
Veith, Hermann (2001): Das Selbstverständnis des modernen Menschen. Theorien des vergesellschafteten Individuums im 20 Jahrhundert. Frankfurt/M./New York 2001
Vogelgesang, Waldemar (1991): Jugendliche Video-Cliquen. Action- und Horrorvideos als Kristallisationspunkte einer neuen Fankultur. Opladen 1991
Vollmer, Gerhard (1987): Evolutionäre Erkenntnistheorie. Angeborene Erkenntnisstrukturen im Kontext von Biologie, Psychologie, Linguistik, Philosophie und Wissenschaftstheorie. Stuttgart ^{4}1987
Wackernagel, Wolfgang (1994): Subimaginale Versenkung. Meister Eckharts Ethik der bild-ergründenden Entbildung. In: Boehm, Gottfried (Hg.): Was ist ein Bild? München ^{3}2001, S. 184-208
Wagner, Hans-Joachim (1993): Strukturen des Subjekts. Eine Studie im Anschluß an George Herbert Mead. Opladen 1993
Wagner, Hans-Joachim (1993b): Sinn als Grundbegriff in den Konzeptionen von George Herbert Mead und Pierre Bourdieu. Ein kritischer Vergleich. In: Gebauer, Gunter/Wulf, Christoph (Hg.): Praxis und Ästhetik. Neue Perspektiven im Denken Bourdieus. Frankfurt/M. 1993, S. 317-340
Wagner, Hans-Joachim (1999): Rekonstruktive Methodologie. George Herbert Mead und die qualitative Sozialforschung. Opladen 1999
Wagner-Willi, Monika (2001): Videoanalysen des Schulalltags. Die dokumentarische Interpretation schulischer Übergangsrituale. In: Bohnsack, Ralf/Nentwig-Gesemann, Iris/Nohl, Arnd-Michael (Hg.): Die dokumentarische Methode und ihre Forschungspraxis. Grundlagen qualitativer Sozialforschung. Opladen 2001
Waldenfels, Bernhard (2001): Einführung in die Phänomenologie. München 2001
Wellbery, David E. (1999): Die Ausblendung der Genese. Grenzen der systemtheoretischen Reform der Kulturwissenschaften. In: Koschorke, Albrecht/Vismann, Cornelia (Hg): Widerstände der Systemtheo-

rie. Kulturtheoretische Analysen zum Werk von Niklas Luhmann. Berlin 1999, S. 19-27

Welsch, Wolfgang (1998): »Wirklich«. Bedeutungsvarianten – Modelle – Wirklichkeit und Virtualität. In: Krämer, Sybille (Hg.): Medien – Computer – Realität. Wirklichkeitsvorstellungen und Neue Medien. Frankfurt/M. 1998, S. 169-212

Welsch, Wolfgang (2000a): Verteidigung des Relativismus. In: Fischer, Hans Rudi/Schmidt, Siegfried J. (Hg.): Wirklichkeit und Welterzeugung. In memoriam Nelson Goodman. Heidelberg 2000, S. 29-50

Welsch, Wolfgang (2000b): Richard Rorty: Philosophie jenseits von Argumentation und Wahrheit? In: Sandbothe, Mike (Hg.): Die Renaissance des Pragmatismus. Aktuelle Verflechtungen zwischen analytischer und kontinentaler Philosophie. Weilerswist 2000, S. 167-192

Welsch, Wolfgang (2000c): Virtual to begin with? In: Sandbothe, Mike/ Marotzki, Winfried (Hg.): Subjektivität und Öffentlichkeit. Kulturwissenschaftliche Grundlagenprobleme virtueller Welten. Köln 2000, S. 25-60

Wenzel, Harald (1985): Mead und Parsons. Die emergente Ordnung sozialen Handelns. In: Joas, Hans (Hg.): Das Problem der Intersubjektivität. Frankfurt/M. 1985, S. 26-59

White, Hayden (2000): Vergangenheiten konstruieren. In: Fischer, Hans Rudi/Schmidt, Siegfried J. (Hg.): Wirklichkeit und Welterzeugung. In memoriam Nelson Goodman. Heidelberg 2000, S. 327-338

Widmer, Peter (1997): Subversion des Begehrens. Eine Einführung in Jacques Lacans Werk. Wien ²1997

Wiehl, Reiner (1998): Zeitwelten. Philosophisches Denken an den Rändern von Natur und Geschichte. Frankfurt/M. 1998

Wiesing, Lambert (2005): Artifizielle Präsenz. Studien zur Philosophie des Bildes. Ff/M. ²2006

Willms, Hans (1935): Eikon. Eine begriffsgeschichtliche Untersuchung zum Platonismus. Aschendorff/Münster 1935

Wimmer, Michael/Schäfer, Alfred (1999): Einleitung. Zu einigen Implikationen der Krise des Repräsentationsgedankens. In: Schäfer, Alfred/Wimmer, Michael (Hg.): Identifikation und Repräsentation. Opladen 1999, S. 9-26

Windgätter, Christof (2004): Jean Baudrillard – Wie nicht simulieren oder: Gibt es ein Jenseits der Medien? In: Lagaay, Alice/Lauer, David

(Hg.): Medientheorien. Eine philosophische Einführung. Frankfurt/ New York 2004, S. 127-148

Wittgenstein, Ludwig (1984): Über Gewißheit. (= Werkausgabe Bd. 8). Frankfurt/M. ⁷1997

Wulf, Christoph (1989a): Mimesis. In: Gebauer, Gunter/Kamper, Dietmar/Lenzen, Dieter e.a.: Historische Anthropologie. Zum Problem der Humanwissenschaften heute oder Versuche einer Neubegründung. Reinbek b. Hamburg 1989, S. 83-125

Wulf, Christoph (1989b): Mimesis und der Schein des Schönen. In: Kamper, Dietmar/Wulf, Christoph (Hg.): *Der Schein des Schönen*. Göttingen 1989, S. 520-528

Wulf, Christoph (1989c): Mimesis und Ästhetik. Zur Entstehung der Ästhetik bei Platon und Aristoteles. In: Treusch-Dieter, Gerburg e.a. (Hg.): Denkzettel Antike. Berlin 1989

Wulf, Christoph (1991): Präsenz und Absenz. Prozeß und Struktur in der Geschichte der Seele. In: Jüttemann, Gerd/Sonntag, Michael/Wulf, Christoph (Hg.): Die Seele. Ihre Geschichte im Abendland. Weinheim 1991, S. 5-12

Wulf, Christoph (1996): Aisthesis, Soziale Mimesis, Ritual. In: Mollenhauer, Klaus/Wulf, Christoph: Aisthesis/Ästhetik. Zwischen Wahrnehmung und Bewußtsein. Weinheim 1996, S. 168-179

Wulf, Christoph (Hg.) (1997): Vom Menschen. Handbuch Historische Anthropologie. Weinheim/Basel 1997

Wulf, Christoph (1997): Geste. In: ders. (Hg.): Vom Menschen. Handbuch Historische Anthropologie. Weinheim/Basel 1997, S. 516-524

Wulf, Christoph (1998a): Jenseits im Diesseits. Körper – Andersheit – Phantasie. In: Paragrana 7 (1998) 2, S. 11-23

Wulf, Christoph (1998b): Mimesis in Gesten und Ritualen. In: Paragrana 7 (1998) 1, S. 241-263

Wulf, Christoph (1999a): Der Andere. In: Hess, Remi/Wulf, Christoph (Hg.): Grenzgänge. Über den Umgang mit dem Eigenen und dem Fremden. Frankfurt/M./New York 1999, S. 13-37

Wulf, Christoph (1999b): Bild und Phantasie. Zur historischen Anthropologie des Bildes. In: Schäfer, Gerd/Wulf, Christoph (Hg.): Bild – Bilder – Bildung. Weinheim 1999, S. 331-344

Wulf, Christoph (2000): Vorwort. [Metaphern des Unmöglichen]. In: Paragrana 9 (2000) 1, S. 9-10

Wulf, Christoph (2001a): Einführung in die Anthropologie der Erziehung. Weinheim/Basel 2001
Wulf, Christoph (2001b): Rituelles Handeln als mimetisches Wissen. In: Wulf, Christoph/Althans, Birgit/Audehm/Kathrin e.a.: Das Soziale als Ritual. Zur performativen Bildung von Gemeinschaften. Opladen 2001, S. 325-338
Wulf, Christoph (2001c): Mimesis und Performatives Handeln. Gunter Gebauers und Christoph Wulf Konzeption mimetischen Handelns in der sozialen Welt. In: Wulf, Christoph/Göhlich, Michael/Zirfas, Jörg (Hg.): Grundlagen des Performativen. Eine Einführung in die Zusammenhänge von Sprache, Macht und Handeln. Weinheim/München 2001, S. 181-201
Wulf, Christoph/Althans, Birgit/Audehm, Kathrin e.a. (2001): Das Soziale als Ritual. Zur performativen Bildung von Gemeinschaften. Opladen 2001
Wulf, Christoph/Althans, Birgit/Audehm, Kathrin e.a. (2004): Bildung im Ritual. Schule, Familie, Jugend, Medien. Opladen 2004
Wulf, Christoph/Kamper, Dietmar (Hg.) (2003): Logik und Leidenschaft. Erträge Historischer Anthropologie. Berlin 2003
Wulf, Christoph/Wagner, Hans-Joachim (1987): Lebendige Erfahrung und Nicht-Identität – Die Aktualität Adornos für eine kritische Erziehungswissenschaft. In: Paffrath, F. Hartmut (Hg.): Kritische Theorie und Pädagogik der Gegenwart – Aspekte und Perspektiven der Auseinandersetzung. Weinheim 1987, S. 21-39
Wulf, Christoph/Zirfas, Jörg (2004): Bildung im Ritual. Perspektiven performativer Transritualität. In: Wulf, Christoph/Althans, Birgit/Audehm, Kathrin e.a.: Bildung im Ritual. Schule, Familie, Jugend, Medien. Opladen 2004, S. 359-382
Wulf, Christoph/Zirfas, Jörg (Hg.) (2005): Ikonologie des Performativen. (in Vorbereitung)
Zirfas, Jörg (1999a): Bildung als Entbildung. In: Schäfer, Gerd/Wulf, Christoph (Hg.): Bild – Bilder – Bildung. Weinheim 1999, S. 159-193
Zirfas, Jörg (1999b): Die Lehre der Ethik. Zur moralischen Begründung pädagogischen Denkens und Handelns. Weinheim 1999
Zirfas, Jörg/Jörissen, Benjamin (2007): Phänomenologien der Identität. Sozial- und kulturwissenschaftliche Analysen. Wiesbaden 2007
Žižek, Slavoj (1999): Die Pest der Phantasmen. Die Effizienz des Phantasmatischen in den neuen Medien. Wien 1999

Sozialtheorie

Johannes Angermüller
Nach dem Strukturalismus
Theoriediskurs und
intellektuelles Feld
in Frankreich

Oktober 2007, ca. 280 Seiten,
kart., ca. 29,80 €,
ISBN: 978-3-89942-810-0

Tanja Bogusz
Institution und Utopie
Ost-West-Transformationen an
der Berliner Volksbühne

Oktober 2007, ca. 320 Seiten,
kart., ca. 29,80 €,
ISBN: 978-3-89942-782-0

Anette Dietrich
»Weiße Weiblichkeiten«
Konstruktionen von »Rasse«
und Geschlecht im deutschen
Kolonialismus

Oktober 2007, ca. 360 Seiten,
kart., ca. 29,80 €,
ISBN: 978-3-89942-807-0

Patricia Purtschert,
Katrin Meyer,
Yves Winter (Hg.)
Die Sicherheitsgesellschaft
Zeitdiagnostische Beiträge zu
Foucaults »Geschichte der
Gouvernementalität«

Oktober 2007, ca. 220 Seiten,
kart., ca. 24,80 €,
ISBN: 978-3-89942-631-1

Daniel Suber
**Die soziologische Kritik der
philosophischen Vernunft**
Zum Verhältnis von Soziologie
und Philosophie um 1900

Oktober 2007, ca. 550 Seiten,
kart., ca. 38,80 €,
ISBN: 978-3-89942-727-1

Sandra Petermann
Rituale machen Räume
Zum kollektiven Gedenken der
Schlacht von Verdun und der
Landung in der Normandie

September 2007, ca. 350 Seiten,
kart., zahlr. Abb., ca. 33,80 €,
ISBN: 978-3-89942-750-9

Susanne Krasmann,
Jürgen Martschukat (Hg.)
Rationalitäten der Gewalt
Staatliche Neuordnungen vom
19. bis zum 21. Jahrhundert

September 2007, ca. 220 Seiten,
kart., ca. 24,80 €,
ISBN: 978-3-89942-680-9

Jörg Döring,
Tristan Thielmann (Hg.)
Spatial Turn
Das Raumparadigma in den
Kultur- und Sozial-
wissenschaften

September 2007, ca. 350 Seiten,
kart., ca. 29,80 €,
ISBN: 978-3-89942-683-0

Markus Holzinger
**Die Einübung des
Möglichkeitssinns**
Zur Kontingenz in der
Gegenwartsgesellschaft

August 2007, ca. 320 Seiten,
kart., ca. 29,80 €,
ISBN: 978-3-89942-543-7

Andreas Pott
Orte des Tourismus
Eine raum- und gesellschafts-
theoretische Untersuchung

August 2007, ca. 300 Seiten,
kart., ca. 27,80 €,
ISBN: 978-3-89942-763-9

Leseproben und weitere Informationen finden Sie unter:
www.transcript-verlag.de

Sozialtheorie

Jochen Dreher,
Peter Stegmaier (Hg.)
Zur Unüberwindbarkeit kultureller Differenz
Grundlagentheoretische Reflexionen
Juli 2007, 304 Seiten,
kart., 28,80 €,
ISBN: 978-3-89942-477-5

Benjamin Jörissen
Beobachtungen der Realität
Die Frage nach der Wirklichkeit im Zeitalter der Neuen Medien
Juli 2007, 282 Seiten,
kart., 27,80 €,
ISBN: 978-3-89942-586-4

Susanne Krasmann,
Michael Volkmer (Hg.)
Michel Foucaults »Geschichte der Gouvernementalität« in den Sozialwissenschaften
Internationale Beiträge
Juni 2007, 314 Seiten,
kart., 28,80 €,
ISBN: 978-3-89942-488-1

Hans-Joachim Lincke
Doing Time
Die zeitliche Ästhetik von Essen, Trinken und Lebensstilen
Mai 2007, 296 Seiten,
kart., 28,80 €,
ISBN: 978-3-89942-685-4

Anne Peters
Politikverlust?
Eine Fahndung mit Peirce und Zizek
Mai 2007, 326 Seiten,
kart., 29,80 €,
ISBN: 978-3-89942-655-7

Nina Oelkers
Aktivierung von Elternverantwortung
Zur Aufgabenwahrnehmung in Jugendämtern nach dem neuen Kindschaftsrecht
März 2007, 466 Seiten,
kart., 34,80 €,
ISBN: 978-3-89942-632-8

Ingrid Jungwirth
Zum Identitätsdiskurs in den Sozialwissenschaften
Eine postkolonial und queer informierte Kritik an George H. Mead, Erik H. Erikson und Erving Goffman
Februar 2007, 410 Seiten,
kart., 33,80 €,
ISBN: 978-3-89942-571-0

Christine Matter
»New World Horizon«
Religion, Moderne und amerikanische Individualität
Februar 2007, 260 Seiten,
kart., 25,80 €,
ISBN: 978-3-89942-625-0

Thomas Jung
Die Seinsgebundenheit des Denkens
Karl Mannheim und die Grundlegung einer Denksoziologie
Februar 2007, 324 Seiten,
kart., 29,80 €,
ISBN: 978-3-89942-636-6

Petra Jacoby
Kollektivierung der Phantasie?
Künstlergruppen in der DDR zwischen Vereinnahmung und Erfindungsgabe
Januar 2007, 276 Seiten,
kart., 27,80 €,
ISBN: 978-3-89942-627-4

Leseproben und weitere Informationen finden Sie unter:
www.transcript-verlag.de